新编21世纪哲学系列教材

新编马克思主义哲学发展史

第3版

The New History of Marxist Philosophy

安启念 著

中国人民大学出版社
·北京·

作 者 简 介

安启念，1947 年出生，中国人民大学哲学系教授，博士研究生导师。多年从事马克思主义哲学及俄罗斯哲学的教学与研究。主要著作有《马克思恩格斯伦理思想研究》、《苏联哲学 70 年》、《俄罗斯文化与列宁主义问题》、《苏联解体后的俄罗斯哲学》，主编《马克思主义哲学中国化研究》，另有译著《作为哲学问题的主客体》、《全球性问题哲学》、《精神王国与凯撒王国》以及合著多种，在国内外重要学术刊物上发表论文一百多篇。现任中国俄罗斯哲学研究会会长，中国马克思主义哲学发展史学会常务理事，俄罗斯《哲学问题》、《自由思想》、《全球化时代》、《科学技术哲学》杂志外籍编委。

内 容 简 介

本书站在新世纪的高度，广泛吸收中外哲学家马克思主义哲学反思的最新成果，对马克思主义哲学的发展历史做了新的审视与梳理，在马克思主义哲学的实质及其在东西方国家发展的具体机制、经验教训、当前面临的主要问题以及对西方马克思主义的认识等方面，提出了自己独到的见解，揭示出马克思主义哲学发展的内在逻辑。富有创新精神是本书的突出特点。

前　言

罗素在《西方哲学史》英国版序言中说：

> 向研究不同学派和个别哲学家们的专家们，应当说几句辩解的话。对于我所论述的每一个哲学家，莱布尼茨可能例外，都有人比我知道的更多。然而，如果要写一部涉及广泛范围的著作，这种情况就是难以避免的：既然我们不是不死的神仙，则凡写这样书的人，其对于书中任何一部分所花费的时间，势必比一个集中精力于一个作者或一个短时代的人所能花费的时间要少。有些对学术要求严格而毫不宽贷的人们会断言：涉及广泛范围的书根本就不应当写，或者，如果写的话，也应当由许多作者的专题论文所组成。但是许多作者的合作是有其缺点的。如果在历史的运动中有任何统一性，如果在前后所发生的事件之间有任何密切联系；那么，为了把它表述出来，对前后不同时代所发生的事情就应在一个人的思想中加以综合。一个研究卢梭的学者在正确叙述其和柏拉图与普鲁塔克书中的斯巴达的关系方面可能有困难，一个研究斯巴达的历史学家未必就能先知般地意识到霍布斯、费希特和列宁。本书的目的正是要显示这样的关系。而这一目的只有通过进行广泛范围的考察才能完成。[①]

罗素所说的，正是本书作者在这里想说的话。

马克思主义哲学诞生至今只有160多年的时间，不算长，但经历了曲

---

① ［英］罗素：《西方哲学史》，上卷，8页，北京，商务印书馆，1963。

折复杂的发展过程，其间涌现出了众多的哲学家。要对其中的每一个重要人物和重要问题加以透彻的研究，远非一个人的力量所能及。我本人虽多年从事马克思主义哲学发展史的教学与研究，但真正的专长也主要是在苏联哲学及与此相关的一些问题上，在此外的众多领域，知道得比我多的，大有人在。我之所以鼓起勇气，决定基本上依靠自己一个人的力量写一本关于马克思主义哲学发展史的著作，除了想在一些问题上提出自己的可能有点新意的独立见解外，主要是想"在一个人的思想中对相关的成果加以综合"。

改革开放以来，我国出版了十几种马哲史教材，相关的研究专著不断问世，对个别哲学家或重要著作、流派的研究，相当深入，八卷本的《马克思主义哲学发展史》更是卷帙浩繁，令人叹为观止。但是，现有的马克思主义哲学发展史著作，可能对马克思主义哲学发展史的叙述比较全面，或对个别人物、著作、思想的研究比较深入，然而对马克思主义哲学发展史上各种事件和思想的内在统一性，对它们之间的密切联系，还没有充分地揭示和阐述。也就是说，如果从罗素所说的"历史运动中的统一性"、"前后所发生的事件之间的密切联系"来看，我们所做的工作还很不够。

上面提到的罗素的论述，与马克思在《资本论》研究中使用的方法有相似之处。马克思在《资本论》第一卷1872年第二版跋中说："研究必须充分地占有材料，分析它的各种发展形式，探寻这些形式的内在联系。只有这项工作完成以后，现实的运动才能适当地叙述出来。这点一旦做到，材料的生命一旦观念地反映出来，呈现在我们面前的就好像是一个先验的结构了。"① 马克思的意思与罗素相近，但比罗素讲得更好。马克思把先后出现的各种思想的内在联系，它们的统一性，称之为材料的生命，把在观念上反映这种生命，反映它们的运动所体现的如先验结构般的历史必然性，视为理论研究的基本任务。这是马克思对哲学史研究方法和宗旨的深刻说明，它理所当然地应当成为马克思主义哲学发展史研究的指针。

马克思所说的，也就是人所共知的"逻辑与历史的一致"。逻辑与历史的一致，是一切历史研究的最高境界。实现这种一致，最关键的是揭示和建立反映历史事实的那些概念之间的逻辑联系，展现概念和理论发展的必然性。能够揭示和展现出这种必然性，书写的历史就是有生命的，否则就只能是按照时间顺序简单罗列历史材料。

揭示理论发展的历史必然性，在马克思主义哲学这里，有一点特殊之处。许多学者以问题或者范畴为线索，概括西方哲学和中国哲学发展的历史，取得了很好的成果。但这一方法用在对马克思主义哲学发展史的研究中，比较困难。马克思主义哲学只有一百多年的历史，基本问题和基本范畴的演化并不突出，通过对问题和范畴的研究不足以充分揭示马克思主义哲学的生命所在，不足以揭示其发展中的历史必然性。马克思主义哲学的生命，在于实践，在于马克思主义者批判、否定资本主义的实践。实践的需要促使马克思主义哲学诞生，实践需要的变化，决定了马克思主义哲学的发展。马克思主义哲学的演化逻辑，就在马克思主义者革命实践的发展之中。

实践不仅仅是马克思主义的而且是一切哲学理论的生命所在。但是，在其他哲学理论那里，哲学基本上是作为学者的哲学家个人的事情，是一种理论，是与宗教并列的最

---

① 《马克思恩格斯选集》，2版，第2卷，111页，北京，人民出版社，1995。

高抽象层次的意识形态。哲学家并不直接面对生活中的具体问题，直接面对的是前人的哲学思想。马克思主义哲学不是这样。实践性是马克思主义哲学的本质特征，它是无产阶级革命实践的理论工具，直接服务于社会主义实践的需要。马克思主义哲学家，不论是马克思恩格斯，还是他们在东方国家或西方国家的后继者，研究的都是与社会主义革命中的现实需要有直接关系的哲学问题，即使是所谓纯学术研究，也无不以实践需要、政治需要为背景，是对实践提出的问题的理论回应。离开社会主义实践的直接需要，要想对马克思主义哲学的发展作出合乎实际的说明，是根本不可能的。社会主义实践的需要是马克思主义哲学的生命之源，是它的秘密所在。

正因为如此，本书把从革命实践的需要出发揭示马克思主义哲学发展的历史必然性，它的内在逻辑，作为基本宗旨。如果说有特色，我想这就是它最主要的特色。也可能尝试并不成功，或有这样那样的缺点甚至错误，但这一宗旨，是作者一刻也不敢忘记的。

本书重在揭示马克思主义哲学发展的内在逻辑，就是说，对马克思主义哲学发展史的研究采用的是逻辑的方式，而不是按时间顺序罗列材料的历史的方式。在讲到经济学研究的历史方式与逻辑方式的区别时，恩格斯曾经说：

> 这种形式（即历史的方式——引者）看来有好处，就是比较明确，因为这正是跟随着**现实的**发展，但是实际上这种形式至多只是比较通俗而已。历史常常是跳跃式地和曲折地前进的，如果必须处处跟随着它，那就势必不仅会注意许多无关紧要的材料，而且也会常常打断思想进程；并且，写经济学史又不能撇开资产阶级社会的历史，这就会使工作漫无止境，因为一切准备工作都还没有做。因此，逻辑的方式是唯一适用的方式。但是，实际上这种方式无非是历史的方式，不过摆脱了历史的形式以及起扰乱作用的偶然性而已。历史从哪里开始，思想进程也应当从哪里开始，而思想进程的进一步发展不过是历史过程在抽象的、理论上前后一贯的形式上的反映；这种反映是经过修正的，然而是按照现实的历史过程本身的规律修正的，这时，每一个要素可以在它完全成熟而具有典型性的发展点上加以考察。①

由于采用了逻辑的方式，本书把某些以往马克思主义哲学发展史研究中人们经常提到的著作和人物忽略不论，或者只是简单提及，一方面凸显了马克思主义哲学发展历史中的逻辑必然性，另一方面最大限度地节省了篇幅。

人们总是从自己所处的时代出发回顾、认识、总结历史的，任何历史都是当代史。改革开放以来，我国哲学界对马克思主义哲学及其发展历史做了深入的反思与开拓，实践唯物主义于20世纪80年代崛起，极大地更新和丰富了人们对马克思主义哲学的理解，也为马克思主义哲学发展史研究提供了新的视角。本书对马克思主义哲学发展历史的总结，就立足于改革开放以来我国哲学领域的这种新变化。

本书是中国人民大学哲学系“211工程”中的一个项目，任务是写一本马克思主义

---

① 《马克思恩格斯选集》，2版，第2卷，43页。

哲学发展史的教材。但是，作者无意充当“教师爷”，不想把这本教材写成“真理”汇编，把得到大家一致认同的种种观点罗列出来，供学生背诵。这种把哲学当作自然科学、把学生当作教条的记录者、背诵者的做法，与哲学的本性是格格不入的。哲学问题永远是开放性的，解决这些问题的理论只是哲学家个人的理论，是他个人的学术素养、理论兴趣和思维能力的反映。因此，这本教材更像是一本关于马克思主义哲学发展史的专著，它力图突出所讨论问题的开放性，提出作者个人的看法，供愿意使用它的教师及学生参考。本书在正文之后列出了“马克思主义哲学发展史中需要进一步研究的几个重大问题”，旨在突出这种开放性，并供大家思考。书末所列的参考资料，不是本书写作的参考资料，也不是供研究使用，只是想为学生了解和把握马克思主义哲学的发展历史，提供必要的帮助，因此没有涉及外文资料，也不够详尽。

书中的不当和错误之处，恳请批评指正。

目　录

导　论

马克思主义哲学是人类哲学史上非常有个性的哲学理论。这个个性主要是说它的形成与发展有许多与其他哲学理论不同的特点。这些特点涉及的不是马克思主义哲学的细节或者个别观点，而是涉及它的总体特征。马克思主义哲学发展史研究应该从对这些基本特点的考察开始。

什么是马克思主义哲学

毫无疑问，“什么是马克思主义哲学?”是首先应该弄清楚的问题。对别的哲学来说，这样的问题不是特别鲜明，但对马克思主义哲学而言，它却不仅存在，而且是一个相当复杂的问题。

人们赋予马克思和恩格斯以无产阶级革命家、经济学家、哲学家、历史学家，甚至军事学家的称号，但是对于他们本人而言，终其一生所关注的，其实只有一件事，就是无产阶级革命斗争的实践。马克思和恩格斯首先是无产阶级革命家，他们从事经济学、哲学、历史学等研究，只是出于无产阶级革命的需要。在成为马克思主义者以后，他们虽然写出了大量的学术著作，例如马克思出版了至今仍是经济学经典的《资本论》，是当之无愧的经济学家，然而他们本人却并不想作经济学家或者哲学家、历史学家。他们从事哲学研究，是为了探寻历史发展的规律，说明资本主义灭亡和共产主义胜利的历史必然性；从事经济学研究，是为了揭示资本家剥削工人的秘密以及资本主义怎样成为生产力发展的障碍，为什么它必然要走向灭亡；从事历史研究，一方面是为了总结人类社会的发展机制和规律，也即创立唯物史观，另一方面也是为了总结阶级斗争，特别是无产阶级阶级斗争的经验教训，为无产阶级革命提供指导。革命斗争的实际需要，始终是马克思和恩格斯理论研究的出发点。

早在1844年初发表的《〈黑格尔法哲学批判〉导言》中，马克思就说："哲学把无产阶级当作自己的**物质**武器，同样，无产阶级也把哲学当作自己的**精神**武器"①。这表明，马克思一开始就是把哲学作为无产阶级革命斗争的武器来看待的。马克思和恩格斯研究哲学，是为了给无产阶级锻造精神武器，这决定了他们在形成自己的基本哲学思想后，没有时间，往往也没有兴趣，就已经获得的研究成果做进一步的开拓和系统化，从而提出完整的哲学理论并进而建立自己的哲学体系。这样的著作，哲学家或哲学教授感兴趣，马克思和恩格斯从来没有写过。他们关注的，主要是这些思想在实践中的应用。

唯物史观是马克思最重要的哲学发现之一，按照马克思自己的说法，早在1843年他已经形成了唯物史观的基本思想，但所谓他对唯物史观的经典表述，是在16年以后的《〈政治经济学批判〉序言》中，而且是在说明自己的经济学研究方法时"顺便"提到的，这一表述远未涵盖他关于唯物史观的全部思想。系统全面阐述唯物史观思想的著作，在马克思那里找不到。马克思在1868年5月9日致约·狄慈根的信中说："一旦我卸下经济负担，我就要写《辩证法》。辩证法的真正规律在黑格尔那里已经有了，自然是具有神秘的形式。必须把它们从这种形式中解放出来"②。实际上他始终无暇从事这件工作，直到去世也没有写出系统的辩证法著作。自19世纪70年代初起，恩格斯集中精力研究自然辩证法，想要把它与历史辩证法，即唯物史观，联系起来，构筑一个完整的唯物辩证法体系，使马克思主义哲学系统化。但是，这一工作尚未完成，他便投入了与杜林的论战。1883年马克思逝世以后，恩格斯更因忙于整理马克思的遗著而完全放弃了自己的研究计划，且不说十几年中他还因革命的实际需要写了大量与政治斗争和无产阶级政党建设有关的文章。

马克思和恩格斯不只是没有系统地阐述过自己的哲学思想，而且根本就没有为阐述自己的哲学思想而写的专门著作。马克思最有代表性的哲学著作《1844年经济学哲学手稿》，只是一部未完成的手稿，主要内容是关于政治经济学的，是马克思政治经济学研究的一部分，而不是哲学专著。除此而外，他和恩格斯的主要哲学著作几乎都是在与他人的论战和斗争中写出来的。《黑格尔法哲学批判》是批判黑格尔的，《神圣家族》和《德意志意识形态》是批判青年黑格尔派的，《反杜林论》是与杜林的论战，《路德维希·费尔巴哈和德国古典哲学的终结》是恩格斯应邀写的关于丹麦人施达克《路德维希·费尔巴哈》一书的书评。《反杜林论》被认为是恩格斯对马克思主义哲学的系统论述，实际并非如此。就写作动机而言，它的写作只是为了反驳杜林，因而在逻辑上不得不跟着杜林的思路走，不可能按照马克思主义哲学自身的内在逻辑展开论述；就内容而言，因为马克思的《1844年经济学哲学手稿》、《关于费尔巴哈的提纲》以及《德意志

---

① 《马克思恩格斯选集》，2版，第1卷，15页，北京，人民出版社，1995。

② 《马克思恩格斯全集》，中文1版，第32卷，535页，北京，人民出版社，1956。

意识形态》中的许多十分重要的思想与批判杜林无关，恩格斯在《反杜林论》中对这些思想完全没有涉及，以至有人借此提出马克思和恩格斯相互对立的说法。

上述情况为人们全面准确地理解马克思恩格斯的哲学思想造成了很大的困难。由于马克思和恩格斯没有系统阐述过自己的哲学思想，人们只能通过他们的分散的、个别的、论战性的哲学论述把握这些思想。他们的这些分散的、个别的、论战性的哲学论述，往往只是出于具体的需要强调自己思想中的某一个方面，因而人们很容易陷入片面性，对他们产生误解。马克思恩格斯从与唯心史观斗争的需要出发，主要强调生产力和生产关系在社会生活中的重要意义，以至不少青年误认为唯物史观主张经济是社会发展的唯一的决定性因素。针对这一点，恩格斯曾在 1890 年的一封信中说：

> 这有一部分是马克思和我应当负责的。我们在反驳我们的论敌时，常常不得不强调被他们否认的主要原则，并且不是始终都有时间、地点和机会来给其他参与相互作用的因素以应有的重视。①

可见，还在恩格斯在世时，全面准确地把握他和马克思的哲学思想已经是一件不大容易的事情了。这无疑为我们理解究竟什么是马克思主义哲学，增加了许多困难。

在以往我国的哲学原理教材中，什么是马克思主义哲学，并没有作为一个问题来探讨，这些教材断言马克思主义哲学就是辩证唯物主义和历史唯物主义。但是从马克思主义哲学发展史的角度看，答案并不那么明确，我们可以找到对这个问题的许多不同说法。

马克思曾经说，他和恩格斯的哲学见解与德国哲学的意识形态的见解相对立，“我们见解中有决定意义的论点，在我的 1847 年出版的为反对蒲鲁东而写的著作《哲学的贫困》中第一次作了科学的、虽然只是论战性的概述”②。恩格斯也说：“我们的这一世界观，首先在马克思的《哲学的贫困》和《共产党宣言》中问世。”③《哲学的贫困》和《共产党宣言》中的哲学思想，主要是关于生产力、生产关系以及由它们的辩证运动引起的社会发展的历史唯物主义。如此看来，马克思主义哲学就是历史唯物主义。

恩格斯晚年的说法又有不同。从他在上面所引的那句话前面的论述看，“我们的这一世界观”是指《反杜林论》中阐述的“共产主义世界观”，而《反杜林论》除了历史唯物主义以外还论述了辩证唯物主义的基本原理。此外，恩格斯在《路德维希·费尔巴哈和德国古典哲学的终结》中，在讲到马克思主义哲学的诞生终结了德国古典哲学时，所说的马克思主义哲学既有唯物辩证的历史观，也有唯物辩证的自然观。可见，在恩格斯的理解中，马克思主义哲学包含历史唯物主义和辩证唯物主义两个方面。

还应该指出，恩格斯在《路德维希·费尔巴哈和德国古典哲学的终结》结尾处，把马克思主义哲学称作“在劳动发展史中找到了理解全部社会史的钥匙的新派别”。按照这一说法，历史唯物主义的主要特点不是用生产力、生产关系的辩证运动解释历史，而是把社会历史理解为劳动发展史，属于实践唯物主义。

---

① 《马克思恩格斯选集》，2 版，第 4 卷，698 页，北京，人民出版社，1995。

② 《马克思恩格斯选集》，2 版，第 2 卷，34 页。

③ 《马克思恩格斯选集》，2 版，第 3 卷，347 页，北京，人民出版社，1995。

恩格斯曾说：马克思写于1845年春天的《关于费尔巴哈的提纲》是“包含着新世界观的天才萌芽的第一个文件，是非常宝贵的”①，我国学术界也有许多人把它视为马克思主义哲学诞生的标志。但是，提纲的内容既没有讲到哲学原理教科书所说的历史唯物主义，也没有讲到辩证唯物主义。按照恩格斯的这一提法，很难说马克思主义哲学就是辩证唯物主义历史唯物主义。还不仅如此，提纲的基调是批判包括费尔巴哈哲学在内的“旧唯物主义”，马克思指责它们仅仅从物质出发解释世界，不懂实践活动的意义，强调在解释世界时还必须吸收唯心主义的合理因素，从人、人的主体性、主观能动性出发，把世界作为人的实践活动的对象与产物来看。他还提出，是不是从改造世界的实践活动出发解释世界，是他和一切其他哲学家的主要区别。马克思称自己的哲学是新唯物主义。有人就此认为这种新唯物主义就是实践唯物主义，并进而把辩证唯物主义历史唯物主义排除在马克思主义哲学范畴之外。

马克思恩格斯的类似论述还可以找到很多。此外还应当看到，辩证唯物主义、历史唯物主义、实践唯物主义并没有穷尽对马克思主义哲学的概括。西方国家20世纪出现了西方马克思主义、后马克思主义。随着对马克思哲学思想研究的深入，进入新世纪后我国学术界又产生了对马克思哲学思想的生存论、大唯物史观、人类学等多种新的解读。正因为如此，当前中外学术界对于什么是马克思主义哲学存在严重分歧，迄今没有定论。

这给马克思主义哲学发展史研究带来极大困难，因为明确究竟什么是马克思主义哲学是马克思主义哲学发展史的研究的前提条件。在这个问题上学术界没有成熟的统一的看法，不过我们可以看到，单独使用辩证唯物主义、历史唯物主义、辩证唯物主义和历史唯物主义、实践唯物主义，或者其他说法，都很难全面概括马克思恩格斯的哲学思想。

马克思恩格斯，尤其是恩格斯，多次讲到，他们的哲学是一种世界观，不仅包括对人类社会的解释，也包括对自然界的和人的解释。辩证唯物主义、历史唯物主义、实践唯物主义，以及辩证唯物主义和历史唯物主义的结合，都不能充当这样的世界观。辩证唯物主义可以解释自然界的运动发展，但解释不了人类社会和人自身的发展；历史唯物主义可以解释社会历史的发展，但没有突出人类社会的辩证运动特有的与自然界不同的特点，而且不适用于自然界；实践唯物主义显然只是从一个特定的角度对人类出现以后的世界的说明，不能运用于人类出现以前的世界。辩证唯物主义和历史唯物主义似乎比较完整，前者说明了自然界的发展，后者说明了人类社会的发展，但实际上也存在不少问题：例如，马克思认为强调实践活动的世界观意义是他与其他一切哲学家的根本不同，但这一特点没有得到体现；历史唯物主义用生产力的发展解释了人类社会的发展，但是生产力本身的发展又是由什么决定的？再者，马克思的世界观主要关注人类生活于其中的现实世界的历史发展，认为我们面对的自然界不是古已有之的自在的自然界，它是人化的自然，而人化的自然无论辩证唯物主义还是历史唯物主义都无法完全解释；还有，马克思的世界观的价值指向是人的发展与解放，这只有在实践唯物主义中才能得到合理解释；最后，辩证唯物主义和历史唯物主义的关系也是长期争论不休而至今没有得

---

① 《马克思恩格斯选集》，2版，第4卷，213页。

到合理解决的问题。

本书认为，如果把辩证唯物主义和实践唯物主义结合起来，就可以形成一个符合马克思恩格斯的基本精神并能对自然界、人类社会和人本身的存在与发展都作出合理解释的马克思主义的世界观。

这个世界观是辩证唯物主义和实践唯物主义的结合。辩证唯物主义是关于整个物质世界存在与运动的一般性理论，它可以合理解释人类出现以前自然界的存在与发展，解释在人类出现以后存在于人的实践活动以外的物质世界。辩证唯物主义不能解释人化自然和人类社会的发展，实践唯物主义则可以对它们作出合理说明。除此而外，实践唯物主义还对人本身的发展提供了合理的解释。马克思在《1844 年经济学哲学手稿》中详细说明了人怎样在实践活动中使自己的本质不断丰富，劳动活动怎样造成人的异化以及人的异化又将怎样随着劳动实践的进一步发展而最终被克服。恩格斯在《自然辩证法》中进一步说明了劳动实践怎样使人最终脱离动物界，成为生物学意义上的人。通过这些论述，马克思主义哲学建立了完整的实践人类学理论。至于我们所说的历史唯物主义，本书将说明它只是马克思大唯物史观的一个组成部分，而大唯物史观的理论基础是实践唯物主义。综上所述，辩证唯物主义和实践唯物主义的结合对整个世界，自然界和人类社会以及人本身，它们的过去和现在，提供了科学的解释，构成一个完整的哲学世界观。这个世界观是依照马克思和恩格斯的基本哲学思想建立的，突出体现了马克思主义哲学与唯心主义哲学以及其他唯物主义哲学的根本区别，是马克思主义哲学特有的世界观。

把马克思主义哲学理解为辩证唯物主义和实践唯物主义的结合，有两个问题需要解决。

第一，自上个世纪 80 年代以来，我国哲学界曾对辩证唯物主义和实践唯物主义的关系进行了热烈的讨论，人们普遍认为它们是两种不同的坐标系：一个从物出发解释世界，另一个从人出发解释世界，是互相排斥的。辩证唯物主义者用“人类出现以前自然界是否存在”诘难实践唯物主义者，实践唯物主义者则指责辩证唯物主义者见物不见人，不能解释“人类出现以后的自然界”。实际上辩证唯物主义和实践唯物主义并不矛盾，二者是互补的。二者统一的关键在于：客观世界在人类出现以前是物质的自我运动，人类出现以后则成为物质的自我运动和人的实践活动共同作用的过程；人化的自然带有实践的烙印，但实践活动本身是人通过对自然的认识借助于自然界自身的力量进行的，一旦实践活动结束，其创造物的存在立即又回到物质之间的相互作用和自我运动过程中；同时有一些事物是始终处于人的实践活动所能改变的范围之外的，例如马克思所说的“澳洲新出现的一些珊瑚岛”①，地球以外的宇宙，原子之内的基本粒子，等等；人们面对的世界是自然过程和实践过程共同作用的产物，辩证唯物主义和实践唯物主义是从不同的角度对客观事物的说明，事物本身内在的自然与实践的统一，决定了辩证唯物主义和实践唯物主义的统一。从总体上看，马克思恩格斯用以解释人类出现以前世界的理论，是辩证唯物主义，用以解释人类出现以后的世界的理论，是辩证唯物主义和实践唯物主义，马克思主义哲学的整体的世界观，是辩证唯物主义和实践唯物主义的结合。

---

① 《马克思恩格斯选集》，2 版，第 1 卷，77 页。

第二，实践唯物主义与历史唯物主义是什么关系。历史唯物主义，也即用生产力的发展解释人类社会历史的理论，是马克思主义哲学的重要内容，以往人们把辩证唯物主义和历史唯物主义等同于马克思主义哲学，足见历史唯物主义理论有多么重要。认为马克思主义哲学是辩证唯物主义和实践唯物主义，似乎把历史唯物主义从马克思主义哲学中排除出去了。实际情况并非如此。以往我们所说的历史唯物主义，包含在了实践唯物主义之中。

关于人类社会的发展，前面所引用的恩格斯的那段话说，他和马克思是“在劳动发展史中找到了理解全部社会史的钥匙”。这一说法表明，在恩格斯和马克思看来，是劳动的发展决定了人类社会的发展，也就是说，社会的发展是应该由实践唯物主义加以解释的。历史唯物主义用生产力的性质与发展解释生产关系和上层建筑以及整个社会的性质与发展，但是生产力本身的性质与发展是由什么决定的，这才是唯物史观能否成立最关键的问题。以往的历史唯物主义理论不能回答这个问题，对它作出科学回答的，是实践唯物主义。生产力是人的生产实践能力，生产关系是人在共同的生产实践中的相互关系。生产力的标志是生产工具，生产工具又是人对自然界的认识的结晶，而这种认识源于实践并在实践中不断发展，最终而言，是人的实践活动决定了生产力，进而决定了生产关系和整个社会的发展。只有从实践唯物主义出发，才能为原有的历史唯物主义，为人类社会的发展，提供科学的解释。历史唯物主义是实践唯物主义在社会历史问题上的运用与展开。

由此可见，马克思主义哲学，就内容说，不能简单地称之为辩证唯物主义，也不能简单地称之为实践唯物主义，更不能把它归结为历史唯物主义。它应该是辩证唯物主义和实践唯物主义的结合（而不是辩证唯物主义和历史唯物主义的结合）。

在马克思主义哲学概念的理解上，除了准确概括马克思恩格斯的哲学思想并不容易之外，还有一个充满争议的问题：怎样判断马克思恩格斯之后出现的各种哲学理论是不是属于马克思主义哲学。相关争论几乎从恩格斯去世第二天就开始了，至今依然存在。它在20世纪主要和社会主义国家与西方资本主义国家之间的意识形态对立有关，今天主要表现在我国对马克思恩格斯哲学思想不同理解之间的相互评价上。争论的出现，根本原因是马克思恩格斯自己没有对他们的哲学思想做过全面、系统的阐述。他们自己的论述比较分散，有时还显得相互抵触，后人作为判断标准使用，难免进退失据。本书认为，鉴于这种情况，判断标准应该有一定的弹性，即只是原则性的。具体说：第一，它必须是对马克思恩格斯的哲学思想的阐释或者运用、发展；第二，它不能否定马克思主义的基本精神——批判资本主义，追求人类解放。按照这两条原则，马克思主义哲学将适应各种具体情况而发展，在内容上必定丰富多彩，不断推陈出新。

马克思主义哲学是如何发展的

马克思恩格斯不是书斋里的哲学家，他们首先是无产阶级革命家。他们所创立的马克思主义哲学是服务于无产阶级革命实践的精神武器，马克思说："哲学家们只是用不同的方式**解释**世界，而问题在于**改变**世界。"① 这种强烈的实践性，而且是为无产阶级革命服务的实践性，使马克思主义哲学的发展表现出与其他哲学明显不同的特点。

首先，接受、运用和发展马克思主义哲学的，主要不是把马克思主义哲学作为纯学术问题看待的学者教授，而是革命家，即使是学者教授，也是致力于对资本主义进行批判否定的马克思主义者。对这种哲学的接受、运用和发展，本身就是政治实践的组成部分。

马克思主义的本质特征，是对资本主义进行批判否定。这种批判否定既包括理论的批判，更表现为武器的批判，哲学是头脑，无产阶级是心脏，马克思主义哲学与无产阶级革命实践不可分割。只有接受马克思和恩格斯所号召的这场革命，至少也是像他们一样致力于对资本主义制度的理论批判的人，才有可能接受、运用并发展马克思恩格斯的哲学思想。一个马克思主义者不可能只接受马克思恩格斯的哲学而反对他们对资本主义的批判。有的人置身于革命实践之外研究马克思主义哲学，他们的工作属于马克思学，而不是马克思主义哲学；他们可以因此而被称为马克思学家，但不可能是马克思主义哲学家。他们只是作为局外人研究马克思主义哲学，但不可能发展这一哲学，他们也就不属于马克思主义哲学发展史的研究对象。

这一特点在俄罗斯和中国这样的东方国家，表现为充当马克思主义哲学代表的不仅是革命家，而且是列宁、斯大林、毛泽东这样的革命领袖。因为在这些国家，革命运动和社会主义建设，全部社会生活，都实行党的高度集中的领导，党的领袖因此成为马克思主义哲学的理论权威。这种状况不论怎样的不合理，但它却是客观的事实。在西方资本主义国家，卢卡奇、柯尔施、葛兰西本身是共产党的领袖；其他的西方马克思主义者没有直接参与革命实践，然而他们的哲学研究也都是围绕对资本主义的批判否定展开的。

其次，每一个国家都有自己特殊的国情，即使是同一个国家，在不同的历史时期革命和建设的实践也有不同的具体情况。因此，各国的马克思主义者在运用马克思主义哲学以解决自己在实践中遇到的问题时，必然要"各取所需"，从马克思和恩格斯的哲学思想中选取对自己的实践最有意义的内容，他们的实践因此也只能是对这些思想的检验和发展。前面已经强调指出，马克思和恩格斯的哲学思想内容十分丰富，但是他们本人并没有建立起自己完整的哲学体系，这就使得马克思恩格斯哲学思想中的不同方面在不同的国家或地区各自独立地向前发展，并由此形成互有区别的新的马克思主义哲学理论，发展出不同的马克思主义哲学派别。马克思恩格斯哲学思想的缺乏系统性，在表述上的不同色彩和相互区别，使得上述不同派别具有截然不同的面貌，甚至相互对立，互相批判。然而从总体上看，它们是马克思恩格斯的哲学思想，马克思主义，与不同国家和地区的具体情况以及马克思主义者的不同实践需要的结合。

最后，每一个派别都是对马克思恩格斯不同哲学思想的继承与发展，都有充分的理由认为自己是马克思主义哲学。这些派别相互之间有着重大的不同，它们的统一，取决

---

① 《马克思恩格斯选集》，2版，第1卷，61页。

于它们各自所发展的马克思恩格斯不同哲学思想的统一，然而如前所述，马克思和恩格斯并没有为我们指出他们之间以及他们在不同时期、不同场合提出的哲学思想之间的内在联系，因此，对马克思主义哲学不同派别的哲学思想加以综合，建构统一的马克思主义哲学，迄今为止仍是一个有待完成的历史任务。

马克思主义哲学的上述发展特点，使得一百多年来人们在对马克思主义哲学的理解和发展问题上存在众多分歧。对这些分歧意见加以概括，我们可以看到，现实存在的马克思主义哲学基本上可以归结为两个流派，即东方国家的马克思主义哲学和西方国家的马克思主义哲学。这里所说的东方国家，主要指俄罗斯、中国、东欧以及亚洲的其他一些国家。这里所说的西方国家，主要指欧洲以及北美的发达资本主义国家。

上述东方国家的共同特点：一是没有经历文艺复兴和启蒙运动的洗礼，整个社会面临批判专制制度和封建迷信的历史任务；二是生产力和整个社会发展的程度较低，但阶级斗争激烈，无产阶级发动革命并夺取政权具有现实的可能。在这些国家相继发生了社会主义革命并建立了社会主义制度，开始了社会主义建设的实践。启蒙的需要和论证社会主义革命与建设的合理性的需要，使这些国家的马克思主义者选择了马克思恩格斯哲学思想中强调世界的客观性和客观世界运动的规律性、必然性等弘扬科学理性的内容，他们继承发展的主要是恩格斯的思想，建成了以苏联哲学为代表的辩证唯物主义历史唯物主义体系。

上述西方国家的共同特点，是社会发展程度较高，但阶级矛盾不断缓和，始终没有形成无产阶级革命的客观条件。与此同时，随着科学技术的广泛运用和生产力的极大提高，马克思早已批判过的异化现象日益严重，出现了"人的单向度化"的现象。马克思主义者在这里不可能成功地发动无产阶级革命夺取政权。他们的现实任务是对资本主义展开理论批判，培养无产阶级的革命意识，或者寻找其他的否定资本主义制度的途径。因此他们建立的不是革命理论，而是批判理论；他们需要的不是弘扬科学理性，强调世界的客观性必然性的思想，而是马克思主义哲学中的人道主义精神；他们选择的也主要不是恩格斯的思想，而是马克思的思想，特别是以对资本主义不人道现实进行理论批判为主要内容的马克思的早期思想。他们建立的是凸显人道主义的西方马克思主义。

这就是一百多年来马克思主义哲学发展的基本脉络。

这个基本脉络向我们展现了一幅马克思主义哲学发展的生动画面，揭示了它的内在逻辑，描绘出了马克思主义哲学有生命的自我发展过程。在这里，逻辑和历史是完全一致的。

需要指出的一点是，由于长期以来存在把马克思主义教条化的情况，我们把列宁、斯大林和毛泽东对马克思主义哲学的理解，与马克思主义哲学本身画上等号，不愿意承认苏联在20世纪30年代形成的辩证唯物主义历史唯物主义体系只是马克思恩格斯哲学思想的部分内容，是马克思主义哲学与东方国家具体实际相结合的产物。于是，一方面我们长期宣传的辩证唯物主义历史唯物主义体系被说成是唯一的马克思主义哲学，看不到马克思主义哲学在实践中的发展，马哲史成为一系列据说是万古不变的正确观点的罗列；另一方面西方马克思主义被视为修正主义，也即对马克思主义的背叛，遭到排斥和批判。马克思主义哲学的有生命的自我发展不见了，它的丰富内容也被消解了。现在，历史已经进入 21 世纪，社会主义运动的曲折和改革开放已经使我们的视野大为开阔，思想极大解放，是结束这种教条主义的时候了。

是不是承认西方马克思主义也是马克思主义哲学的重要流派之一，关键在于我们是不是坚持用马克思主义的基本精神来认识它。我们常说实事求是是马克思主义的活的灵魂。在对西方马克思主义的认识上，所谓“实事”就是西方发达资本主义国家的具体国情。1871 年巴黎公社之后，西方资本主义进入相对稳定的发展时期，物质生产力迅速提高，无产阶级的贫困化得到改善，资本主义民主日益扩大，与此相应，阶级斗争趋于缓和。进入 20 世纪，这种倾向有增无减，暴力革命难以提上日程。西方国家的马克思主义者也曾为发动无产阶级革命做过努力，但都因得不到广大群众的支持而告失败。这就是那里的“实事”。马克思主义者如何是好？放弃对资本主义的批判否定，就是放弃了马克思主义；进行对资本主义的“武器的批判”，等于自杀。他们唯一能做的工作，就是对现代资本主义进行再认识，深入分析无产阶级革命热情淡化的原因，对资本主义进行“理论的批判”。正是从这里出发，他们看到了资产阶级文化以及技术理性对无产阶级和广大民众革命意识的腐蚀作用，看到了现代资本主义社会无所不在的“支配现象”，于是着力批判资本主义文化，并力图从现实生活中寻找否定资本主义的新途径。这是西方国家的马克思主义者唯一可能的选择，它不是对马克思主义的背叛，而是在新的历史条件下对它的发展。

160 多年来马克思主义哲学的发展，就是由它自身的上述特点以及东西方国家马克思主义者不同的实践需要决定的。揭示上述特点并以此为基础概括马克思主义哲学的发展，是本书的基本内容，也是本书的基本特色。

第一章

马克思主义哲学形成的时代背景

讲到马克思主义哲学与它所处时代的关系，我们以往常常强调两点。第一是历史条件，其中主要是无产阶级开始登上历史舞台，如1831年和1834年法国里昂工人起义、1844年德国纺织工人起义以及英国的宪章运动等。第二是理论来源，即德国古典哲学。大体来看，这一说法是不错的，但仅仅这样讲还不够。

思想与理论的发展，直接原因只能在思想和理论中去找。哲学与自然科学一样，新的理论产生于问题之中。当已有的理论不能解释新的经验事实也即二者相矛盾时，如何解决理论和实践的矛盾成为困扰哲学家或科学家头脑中的严重问题，进而成为促使他们依托前人成果从事理论创新的动机，新的理论便随之诞生。马克思主义哲学就是这样产生的。要理解马克思主义哲学的形成与当时时代背景的关系，必须深入到马克思和恩格斯思想转变的具体过程之中，揭示出时代发生的变化与他们的思想之间的具体联系，找到促使他们进行思想创造的理论矛盾、思想动机。

第一节　资本主义在19世纪的发展和人道主义理想的失落

19世纪资本主义发展中人道主义理想的失落，激发起马克思和恩格斯思想创造的具体动机。生活中的非人现实，是促使马克思和恩格斯开始艰苦的思想探索，创造新哲学理论的深层原因。

资本主义的产生和发展是和人道主义的口号联系在一起的。资本主义出现于欧洲文艺复兴运动中。文艺复兴是一种文化运动，其时间在14世纪到17世纪初，最早出现于意大利，其标志是人们对古希腊罗马的文化表现出浓厚的兴趣。布克哈特说："意大利人在14世纪以前并没有表现出对于古典文化的巨大而普遍的热情来。这需要一种市民生活的发展，只是在当时的意大利才开始出现，此前是没有的。"① 新兴的市民阶层追求现实的利益和当前的享受，出于生产和经营的需要，向往经济和政治生活的自由。他们需要新的文化肯定自己的生活，表达自己对幸福和自由的追求。他们在古希腊、罗马的哲学、文学、历史著作和艺术作品、自然科学中找到了对人的关注与颂扬，发现了自己所需要的东西。意大利的学者普遍热衷于古希腊著作的搜集、翻译、出版和注释，形式上是在恢复长期被遗忘的古代文化，内容上则是在宣传人道主义。

在中世纪，神至高无上，人在现实生活中不但没有自由，而且为了克服"原罪"得到救赎，必须压制甚至消灭自己的各种物质欲望，把自己献给上帝及其在人间的代表——教会。市民阶层为了追求现实的利益和当前的享受，必然要首先冲破教会和神学的束缚，为人正名。在这样的背景下，在介绍和学习古希腊罗马文化作品的同时，《神曲》、《十日谈》等高度肯定人的自由和人的物质欲望、物质享受的文学作品纷纷问世。人的现世幸福得到赞扬，教会虚伪则受到讥讽与批判。虽然人道主义一词在18世纪才出现，但人道主义事实上是当时时代最令人鼓舞的思想旗帜。

人道主义是对中世纪神学统治的否定，是对人和人性的赞美，强调人是万物之灵，是生活的中心。具体而言，它反对中世纪神学的禁欲主义，主张人按照自己的本性生活追求物质和精神上的满足与享受，是合乎道德的；它要求实现人的解放与自由，认为自由是人的本性，对人的自由的一切限制都应该破除；它推崇人的理性，反对一切形式的蒙昧主义。人道主义极大地推动了资本主义的发展。它对禁欲主义的批判为发展生产追求物质财富提供了动力，它对人类理性和自由的颂扬又通过促进科技进步，使生产的发展成为可能。反过来，资本主义的发展进一步唤醒了人的自我意识，也推动了人道主义的普及与深化。到17世纪，人道主义不再局限于文学艺术之中，它转化为对人与上帝、人与自然以及与他人相互关系的理论思考，掀起了一场启蒙运动，涌现出一大批弘扬人道主义的哲学、文学及政治理论著作。

经过几百年的发展，人道主义在和资本主义工业文明的相互促进中深入人心，作为时代精神在先进国家被普遍接受，以至于在18世纪的资产阶级革命中，羽翼丰满的资产阶级把天赋人权的人道主义思想写入宪法。诞生于1789年法国大革命中的《人权宣言》（经局部修改后成为1791年颁布的法国第一部资产阶级宪法的序言）宣称：

> 在权力方面，人们生来而且始终是自由平等的……任何政治结合的目的都在于保存人的自然和不可动摇的权利。这些权利就是自由、财产、安全和反抗压迫。……法律是公共意志的表现。全国公民都有权亲身或经由其代表去参与法律的制定。法律对于所有的人，无论是施行保护或处罚都是一样的。在法律面前，所有的公民都是

---

① ［瑞士］雅各布·布克哈特：《意大利文艺复兴时期的文化》，170页，北京，商务印书馆，1991。

平等的。①

人道主义被人们普遍接受并深刻改变了欧洲的生活，它的具体表现是：启蒙思想席卷欧洲；拿破仑制定的保障人道主义的法律即使在他下台以后仍在欧洲广为流行。

人道主义思想深入人心，它的实现得到法律保障，它既为物质财富的增长提供了动力，也通过弘扬理性和自由为这一增长提供了科学技术保障，资本主义似乎已经找到了一条实现人道主义理想的幸福自由之路，人类的前途一片光明。

资本主义的确极大地推动了生产的发展。例如，瓦特在18世纪70年代前后制造出高效率的蒸汽机，此后，1807年第一条汽船下水，1830年第一条铁路开通，1838年英国有500英里铁路，1850年为6 600英里。英国的资本总额，1750年为5亿磅，1800年增长为15亿磅，1833年则达到25亿磅。在法国，1820年使用了65台蒸汽机，1830年为610台，1840年猛增到2 591台；纺织品产值1815年是4 000万法郎，1830年就达到8 000万法郎。1848年问世的《共产党宣言》说："资产阶级在它的不到一百年的阶级统治中所创造的生产力，比过去一切世代创造的全部生产力还要多，还要大。自然力的征服，机器的采用，化学在工业和农业中的应用，轮船的行驶，铁路的通行，电报的使用，整个整个大陆的开垦，河川的通航，仿佛用法术从地下呼唤出来的大量人口，——过去哪一个世纪料想到在社会劳动里蕴藏有这样的生产力呢？"②

然而无情的事实是，与此同时，人道主义理想并没有成为现实。增加的财富流进极少数富人的腰包，数量急剧增加的工人日益贫困。机器的使用直接造成大量工人失业，在岗工人常常每天要工作16小时，而且没有休息日。为节约成本，资本家大量使用女工和童工。1788年英国142座纺纱厂共用男工26 000名，童工有25 000名，此外还有女工31 000名，最小的童工只有6岁。1842年，一名年仅8岁的小女孩，作为童工，向矿山委员会提供了如下证词：

> 我是高沃煤矿的矿坑通风口值班工人。工作并不累人，但我必须在没有亮光的情况下值班，我很害怕。我早晨4点钟，有时3点半就起来，5点半以前出门。我从来不入睡。有时，心情愉快时，我就唱歌，但不是在黑暗中；在黑暗中我不敢唱。我不喜欢待在矿坑里。有时清晨上班时，我非常瞌睡。……我已多次听说过关于耶稣的传说。我不知道他究竟为什么要来到人间，真的，我也不知道他为什么会死，但是，他已经得到了可以供脑袋枕着休息的石头。我希望上学，不想待在煤矿里。③

恩格斯在写于1839年的《乌培河谷来信》中对工人的非人处境也有很好的描述：

> 在低矮的房子里进行工作，吸进的煤烟和灰尘多于氧气，而且从六岁起就是这样，这就势必要失掉全部力量和朝气。单干的织工从早到晚蹲在自己家里，弓腰曲

① 《人权宣言》，见《改变人类命运的八大宣言》，16页，北京，中国社会出版社，1996。

② 《马克思恩格斯选集》，2版，第1卷，277页。

③ 转引自［美］斯塔夫里阿诺斯：《全球通史——1500年以后的世界》，304页，上海，上海社会科学院出版社，1992。

背地坐在织机旁，在炎热的火炉旁烤着自己的脊髓。……在当地的皮匠中间也会遇到一些身强力壮的人，但只消过上三年这样的生活，就会在肉体上和精神上把他们葬送掉：五个人就会有三个人因肺结核死去，原因是尽人皆知的酗酒。……下层阶级，特别是乌培河谷的工厂工人，普遍处于可怕的贫困境地；梅毒和肺部疾病蔓延到难以置信的地步；光是爱北斐特一个地方，2 500 个学龄儿童就有 1 200 人不能上学，而是在工厂里长大的——这只是便于厂主雇佣童工而不再拿双倍的钱来雇佣被童工代替的成年工人。①

资本主义以人道主义为口号，人道主义也极大地推动了资本主义的发展，然而资本主义的发展却使工人农民这些占人口大多数的劳动者陷入非人的境地，陷入令人绝望的贫困。文艺复兴后深入人心给每一个人都带来希望的人道主义理想失落了。

马克思尖锐地指出：

当然，劳动为富人生产了奇迹般的东西，但是为工人生产了赤贫。劳动创造了宫殿，但是给工人创造了贫民窟。劳动创造了美，但是使工人变成畸形。劳动用机器代替了手工劳动，但是使一部分工人回到野蛮的劳动，并使另一部分工人变成机器。劳动生产了智慧，但是给工人生产了愚钝和痴呆。

…………

结果，人（工人）只有在运用自己的动物机能——吃、喝、性行为，至多还有居住、修饰等等的时候，才觉得自己是自由活动，而在运用人的机能时，却觉得自己不过是动物。动物的东西成为人的东西，而人的东西成为动物的东西。②

恩格斯在讲到傅立叶时曾经说：

他不仅拿这种贫困同启蒙学者关于只是由理性统治的社会、关于能给所有的人以幸福的文明、关于人类无限完善化的能力的诱人的诺言作对比，而且也拿这种贫困同当时的资产阶级思想家的华丽的词句作对比；他指出，同最响亮的词句相对应的到处都是最可怜的现实，他辛辣地嘲讽这种词句的无可挽救的破产。③

无情的现实给进步知识分子、人道主义者，带来触及灵魂的深刻震撼。人道主义理想的失落促使他们对资本主义制度进行认真的批判反思。他们苦苦思索，力图提出新的理论，为人道主义的实现寻找一条与资本主义不同的道路。

第二节　空想社会主义

这种批判反思首先是由空想社会主义开始的。空想社会主义由来已久。柏拉图的社

① 《马克思恩格斯全集》，中文 1 版，第 1 卷，498～499 页，北京，人民出版社，1956。
② 《马克思恩格斯全集》，中文 1 版，第 42 卷，93～94 页，北京，人民出版社，1979。
③ 《马克思恩格斯选集》，2 版，第 3 卷，610 页。

会理想，早期基督教在反抗罗马人的残暴统治中宣传的人类之爱，中国古代文献提出的大同世界，都有空想社会主义成分。但是真正的比较系统的空想社会主义理论，是在资本主义的发展中，特别是在19世纪初出现的。

在资本主义发展中最早出现的空想社会主义者，是英国人托马斯·莫尔（1478—1535）。他的主要著作是完成于1516年的《乌托邦》。在他之后有意大利人康帕内拉（1568—1639）、法国人摩莱里（1700？—1780?）、马布利（1709—1785）、巴贝夫（1760—1797）、圣西门（1760—1825）、傅立叶（1772—1837）以及英国人欧文（1771—1858）。这些空想社会主义者前后相继，从文艺复兴时期直到19世纪中叶。可以说，空想社会主义思想一直与资本主义相伴随。

人道主义理想与资本主义现实相矛盾，是促使上述空想社会主义者进行理论创造的共同原因，他们的目标则是设想并建立一种新的、能使人道主义彻底实现的制度。莫尔生活在资本主义早期，正是资本的原始积累阶段。为了饲养绵羊给纺织业提供原料而进行的“圈地运动”，剥夺了农民赖以生存的土地，迫使他们四处流浪；政府的有关法律又规定流浪汉或者被处以绞刑，或者被关进监狱，农民走投无路。莫尔出生在伦敦的一个富裕家庭，从小受到文艺复兴时代人道主义思潮的熏陶，朋友中有许多是著名的人道主义者。面对残酷的现实，他在《乌托邦》中谴责了这种“羊吃人”的怪现象。他说：“绵羊本来是那么驯服，吃一点点就满足，现在据说变成很贪婪很凶蛮，甚至要把人吃掉，把你们的田地、家园、城市要蹂躏完啦。”①

其他空想社会主义者进而从人道主义出发对阶级剥削和阶级压迫提出控诉。马布利质问：“如果有富人，就得有穷人；他们彼此是必要的。但是，太奇怪了，您为什么偏偏叫我安于可怜的穷人地位，而叫他人不知为什么居于显要的富人地位呢?”② 巴贝夫在被捕以后大声疾呼：“谁在大声叫嚷，要求判处我们有罪呢？……他们不是别人，是一帮极不恰当地被称为‘上流社会’的人物，这些人同全体人民比较起来，只是极可怜的少数……他们自己不劳动，只靠大多数别人的血汗和劳动来生活，他们蔑视和奴役唯一能够对社会作出贡献的人民群众，他们永远要购买群众的体力、智力和他们的劳动，同时又要让他们饿死。”③

不仅空想社会主义者提出的理想难以被上流社会接受，而且他们为实现自己的理想而进行的社会实验，无一例外全都失败了。莫尔和巴贝夫被处死，康帕内拉在监狱中度过20多年，摩莱里和马布利终其一生也只能是写写书，空谈一番而已。圣西门把实现理想的希望寄托在国王和资本家身上，虽放弃自己的贵族封号，倾家荡产，奔走呼号，却始终无人响应。傅立叶和欧文运用自己的资金进行了实现理想的社会实验。欧文在苏格兰和英格兰交界处设计并建立了自己理想中的公社——新拉纳克。他在管理上做了大胆改革，把工人的工作日由十三四小时缩短为十个半小时，禁止使用9岁以下的童工，建设比较合乎卫生的工人住宅，开设为工人提供物美价廉的消费品的商店，创办公共食

① ［英］托马斯·莫尔：《乌托邦》，36页，北京，三联书店，1956。
② 《马布利选集》，109页，北京，商务印书馆，1960。
③ 《巴贝夫文选》，76～77页，北京，商务印书馆，1962。

堂、幼儿园和学校，发放抚恤金，等等。实验一度取得极大成功，为他赢得很大荣誉。此后他在美国和英国又几次建立公社，继续实验。但最终他的实验一一失败，他自己不但被上流社会排斥，连工人运动也和他日渐疏远。

空想社会主义者的失败，与他们的社会理论有关。他们都以为是人的观念、意志在决定着社会发展。欧文认为，资本主义之所以必然被共产主义所取代，是因为资本主义是不合乎理性和人性的罪恶制度，共产主义则是“受理性和良知指导的正确行为所孕育出来的幸福的源泉”①，合乎理性和人性。只要经过宣传与示范，大家都认识到这一点，合乎人性的美好生活就会到来。圣西门的理论比较庞杂，不成系统，但他有着惊人的洞察力，提出了许多十分宝贵的思想。他认为历史的发展是有规律的，阶级斗争和经济的发展是推动历史进步的动力，但他又认为最终推动经济和社会发展的，是人的智力和理性的进步，是知识和科学的发展。他说：“这个对社会能够发生最有力影响的原因，就是一般观念、一般信仰的改变或改进”②。他重视研究历史，把历史发展看做数学“级数”，它的前项是过去，末项是未来，研究历史就是研究理性，“研究人类理性的既往发展，可以为我们指出人类理性的未来发展道路”③。人类理性又是如何发展的？圣西门除了用人从幼年、童年、青年到成年的发展加以比附以外，提不出别的答案。也就是说，在他那里最终还是“意见支配世界”。

由于以上原因，社会主义、共产主义的到来，人道主义的真正实现，在空想社会主义者那里只能是一种善良而美好的愿望。他们没有发现社会历史发展的客观规律，社会主义取代资本主义的历史必然性在他们的视野之外，他们在实践上的失败是不可避免的。

社会是人的社会，历史是人的历史，社会制度是由人制定的。人的意见、理性毫无疑问在社会历史的发展中起着至关重要的作用，从一定角度看，社会的变迁的确是人的“意见”和理性的变迁。由此可见，鉴于空想社会主义的失败，要使人道主义理想真正成为现实，必须揭示“意见”和理性发展的客观机制与规律，把理想建立在历史发展客观规律的基础上，使理想具有客观必然性。这是当时时代摆在追求人道主义理想和以社会主义取代资本主义为己任的进步知识分子面前的一项历史性任务。

在这里，黑格尔哲学显示出了它的重要意义。

第三节　科学理性在黑格尔哲学中的辉煌胜利

在讲到辩证法理论的形成背景时，恩格斯说：

旧的研究方法和思维方法，黑格尔称之为“形而上学的”方法，主要是把**事物**

① 《欧文选集》，上卷，222 页，北京，商务印书馆，1965。

② 《圣西门选集》，上卷，120 页，北京，商务印书馆，1979。

③ 同上书，125 页。

当作一成不变的东西去研究，它的残余还牢牢地盘踞在人们的头脑中，这种方法在当时是有重大的历史根据的。必须先研究事物，尔后才能研究过程。必须先知道一个事物是什么，尔后才能觉察这个事物中所发生的变化。自然科学中的情形正是这样。认为事物是既成的东西的旧形而上学，是从那种把非生物和生物当作既成事物来研究的自然科学中产生的。而当这种研究已经进展到可以向前迈出决定性的一步，即可以过渡到系统地研究这些事物在自然界本身中所发生的变化的时候，在哲学领域内也就响起了旧形而上学的丧钟。事实上，直到上一世纪末，自然科学主要是**搜集材料的**科学，关于既成事物的科学，但是在本世纪，自然科学本质上是**整理材料的**科学，是关于过程、关于这些事物的发生和发展以及关于联系——把这些自然过程结合为一个大的整体——的科学。①

形而上学的丧钟敲响之后，辩证法的时代也就开始了。近代德国哲学从康德开始便尝试揭示外部世界各种现象之间的辩证联系和规律，黑格尔则认为他的哲学已使这一工作大功告成。恩格斯这样评价黑格尔哲学：

黑格尔第一次——这是他的伟大功绩——把整个自然的、历史的和精神的世界描写为一个过程，即把它描写为处在不断的运动、变化、转变和发展中，并企图揭示这种运动和发展的内在联系。从这个观点看来，人类的历史已经不再是乱七八糟的、统统应当被这时已经成熟了的哲学理性的法庭所唾弃并最好尽快被人遗忘的毫无意义的暴力行为，而是人类本身的发展过程，而思维的任务现在就是要透过一切迷乱现象探索这一过程的逐步发展的阶段，并且透过一切表面的偶然性揭示这一过程的内在规律性。②

黑格尔是客观唯心主义者，他的哲学不可能揭示物质世界本来的辩证过程，而是把它们转化为客观精神自我演化的逻辑系统。他认为事物是一个自我发展的过程，发展的动力是事物内在的矛盾："矛盾则是一切运动和生命力的根源；事物只因为自身具有矛盾，它才会运动，才具有动力和活动。"③ 按照他的哲学理论，概念的内在矛盾决定了概念由低级向高级也即由存在到绝对理念的运动，他的《逻辑学》一书的三个部分——存在论、本质论、概念论——对这一过程作了描述。绝对理念是这一逻辑过程的终点，它随后外化为自然界，在自然界重现自己的发展历程。按《自然哲学》的说法，自然界在理念的支配下不断提高自己的组织程度，经过力学、物理学、有机物理学三个阶段，出现了能够思维自己、意识自己的人，从而理念也就超出自然界，转入精神阶段。《精神哲学》是黑格尔体系的最后一个部分，描述了精神的发展历程。黑格尔把精神的演化也分为三个阶段：主观精神、客观精神和绝对精神。在绝对精神阶段，理念带着自《逻辑学》的存在范畴以来的一切收获回到了自身，成了最丰富、最具体的实在，达到了主体和客体、思维和存在的绝对统一。黑格尔哲学的问世是这种统一实现的标志。

---

① 《马克思恩格斯选集》，2版，第4卷，244～245页。
② 《马克思恩格斯选集》，2版，第3卷，362～363页。
③ ［德］黑格尔：《逻辑学》，下卷，66页，北京，商务印书馆，1981。

总之，尽管黑格尔的哲学头脚倒置，把现实的自然界和人的精神的发展视为理念发展的产物，但它把整个世界，从最简单的无机物到有机物、人、社会，直至黑格尔自己的复杂的哲学体系，第一次作为连续的、严格地按照客观规律进行的概念自我运动过程的产物来描述。这不能不说是一个伟大的成就。由于在黑格尔哲学中现实世界及其运动是绝对理念的外化，所以这一运动也就成为一个严格的逻辑过程。

文艺复兴结束了黑暗的中世纪，开始了理性的时代。科学思维方式在工业文明中日趋完善，寻求客观必然性的科学理性向各个领域渗透，自然科学飞速发展。自然科学的成就极大地促进了物质生产力的进步，改变了人们的生活，科学思维方式日益被人们接受。按照恩格斯的思想，科学在19世纪以前是收集材料的阶段，19世纪则进入整理材料的阶段，人们可以依据自然科学揭示的客观事物的互相联系，在各个领域建立起反映这些领域客观事物辩证运动规律的系统的科学理论。他还认为，真正向人类展示出自然界本来的辩证联系的，是19世纪中叶的“三大发现”，即细胞学说、达尔文进化论和能量守恒与转化定律。黑格尔哲学产生于“三大发现”问世之前，自然科学本身发展的不足，未能向人们揭示客观世界各事物间本来的联系，使黑格尔不得不常常借助于想像来弥补对事物之间联系环节认识的不足，以表现世界的辩证运动过程。黑格尔哲学可以说是自然科学已经进入整理材料、揭示事物之间的联系的阶段，而材料还不够丰富因而不足以展示其全部联系环节时的产物，其中包含想像的成分是可以理解的。但无论如何，黑格尔哲学的出现是科学理性把整个世界，它的过去、现在和未来，自然界、人类社会和人的精神的发展，都纳入自身的一次伟大尝试。它表明，随着自然科学的发展而发展并日益被人们认识与接受的科学思维方式，在19世纪初已经因自然科学的巨大成就而使世人折服，科学理性在黑格尔哲学中取得辉煌的胜利，成为当时的一种普遍的认识方法。人们发现，科学理性可以也应当运用于其他领域，像揭示自然科学中的规律一样，揭示出社会科学领域的规律。亚当·斯密和大卫·李嘉图的经济学研究就是这样的尝试。

人道主义在资本主义社会的失落使先进知识分子努力寻找实现人道主义理想的新途径，空想社会主义的失败又让人们认识到依靠道德谴责和美好愿望是不能改变现实世界的。出路何在？这是时代向进步知识分子提出的问题。在思考这一问题时，自然科学的辉煌成就和黑格尔哲学对理性的颂扬，向人们提供了重要的启示——应当运用科学理性揭示社会发展的规律，把人道主义理想的实现建立在客观规律的基础之上，从而为人道主义理想的实现奠定可靠的基础，使之成为具有必然性的历史过程。实现人道主义理想与科学理性的结合是当时时代的要求，是无产阶级寻求解放的斗争在理论上的反映。实现这样的结合，黑格尔的哲学无疑是一笔巨大的理论资源。

第二章

卡尔·马克思

——马克思主义哲学的形成

马克思主义哲学由马克思和恩格斯共同创立，它是辩证唯物主义和实践唯物主义的结合，是一个完整的世界观。如前所述，这样的世界观，马克思和恩格斯从来没有做过系统的阐述。在马克思和恩格斯的全部著作中，包含有这种世界观的最早的著作，是马克思的《1844 年经济学哲学手稿》。这部著作主要是阐述实践唯物主义的，但也表明马克思已经具有了对世界的辩证唯物主义理解。它是马克思主义哲学的诞生地。

从这样的角度看，创立马克思主义哲学的工作主要是由马克思完成的。恩格斯的贡献，除参与了马克思主义哲学基本思想的制定以外，主要是 19 世纪 70 年代以后对未能得到系统论述的辩证唯物主义思想做了全面的阐述，发展、完善了马克思主义哲学并使它具有了某种系统性。讨论马克思主义哲学的形成，主要是分析马克思的思想历程。

第一节　卡尔·马克思

哲学总是由具体的哲学家创立的。它是哲学家所处时代的产物，也和哲学家本人的个性及人生阅历有关。这一点在马克思主义哲学的形成中表现得尤为突出。

一 从特利尔走向世界

卡尔·马克思1818年出生于德国特利尔城，父亲是犹太人。特利尔位于与法国毗邻的莱茵省，马克思诞生时，莱茵省是德国经济上相当繁荣和政治上最进步的地区。该地区出产丰富的铁矿石和木材，又有摩塞尔河和莱茵河的交通便利，炼铁业和纺织业相当发达。此外，1795—1815年拿破仑时期包括特利尔在内的莱茵河西岸地区曾被划归法国管辖，因而该省受法国大革命影响较大，自由主义、人道主义和启蒙思想较早地在这里得到传播。在法国大革命时，莱茵河谷是革命军队和农民起义的活动场所，受到雅各宾派自由、平等、博爱思想鼓舞的德国民主派十分活跃。封建制度在这里遭到沉重打击，大地主和教会的土地所有制度被取消，封建特权被资产阶级的"拿破仑法典"取代。即使在拿破仑失败莱茵河西岸地区回归德国之后，普鲁士法也未能完全代替"拿破仑法典"。

1818年的特利尔城有居民12 000至15 000人，它是摩塞尔地区的行政中心，居民以官僚、小资产阶级和手工业者为主。特利尔依山傍水，环境优美，但和一切处于资本主义早期阶段的地区一样，贫富悬殊令人触目惊心。富人身居漂亮的别墅，穷人则生活在各种低矮、破败的小房子里，那里到处是污水、垃圾、粪便。穷人衣衫破烂，骨瘦如柴，满身污垢，愁眉不展。

卡尔·马克思的父亲亨利希·马克思是一名律师，他熟知18世纪进步思想家的著作，经常阅读卢梭和伏尔泰，对洛克、莱布尼茨、莱辛也有很深的了解。在政治上，亨利希·马克思主张资产阶级自由主义。他的职业是律师，但喜欢文学和哲学，是特利尔文学俱乐部和康德研究小组的成员。他曾参加过特利尔"文学俱乐部"的一次宴会，宴会上人们高唱《马赛曲》，甚至升起了法国的三色旗，他本人则发表了带有温和自由主义色彩的演说并因此引起警察的注意。由于景仰启蒙思想和理性主义，亨利希·马克思于1816年由注重超自然启示的犹太教改信基督教新教。他为人正直，待人宽厚，在市民中享有很高的威望，曾被推选为特利尔市律师公会会长。

马克思毕生对他的父亲怀有深厚的感情。马克思还在幼年时期，亨利希·马克思便对儿子出众的才华深信不疑，因而对他的思想成长也格外关注。马克思远去波恩和柏林上大学以后，与父亲保持了密切的通信联系。通信的内容充满了父子之情，但父亲所关心的主要还不是马克思的日常生活，而是他在精神上的健康成长。父亲在信中一再教导他要勇于承担对恋人、家庭、人类应负的责任，做一个高尚的人。亨利希·马克思于1838年去世，此后马克思一直把他的遗像带在身边。

1835年，17岁的马克思中学毕业，遵照父亲的意愿离开特利尔进入波恩大学法律系学习。马克思由此走出特利尔，开始了独立生活。

马克思在波恩大学期间，生活上多有出格表现。父亲担心自己钟爱的儿子毁掉前程，一年后安排马克思转往柏林大学法律系。马克思所学的专业是法律，但他的兴趣主要在哲学和历史。黑格尔曾长期在柏林大学任教，并被推选为该校的校长。他虽然已经在1831年11月去世，但马克思1836年10月来到柏林大学时，哲学讲坛仍由他的嫡传弟子主持，学校有着浓厚的哲学气氛。在这里，马克思开始认真钻研哲学并很快成为黑格尔主义者。

1841年，马克思从柏林大学毕业，同年获得耶拿大学哲学博士学位。他原本打算回到波恩大学当一名哲学教师，但因为这时各个大学相继解聘进步学者，马克思不得不放弃在大学任教的想法。从此马克思开始了漂泊不定的生活。

从1842年起，马克思为《莱茵报》撰稿，这一年的10月，成为该报主编。《莱茵报》激进的思想倾向引起官方的不满，1843年1月普鲁士政府决定从4月1日起封闭该报，马克思虽于3月18日声明退出编辑部的工作，但此举并没有使《莱茵报》得到挽救。1843年10月，为出版《德法年鉴》，马克思与新婚妻子燕妮迁居巴黎。

这是马克思走向世界的开始。这次离开德国，他永远失去了德国公民的资格①，成为世界公民。1848年革命期间他曾回到德国出版《新莱茵报》，革命失败后被普鲁士政府以不是德国公民为由驱逐出境。

从迁居巴黎开始，马克思因其革命倾向而被一个又一个的资产阶级政府驱逐。1845年1月，马克思被法国政府驱逐，前往比利时。三年后遭比利时政府驱逐，在巴黎短暂停留后，借1848年革命之机迁往德国。再过一年，即1849年5月，又被普鲁士政府驱逐。1849年6月马克思再到巴黎，7月19日便接到命令：“卡尔·马克思和他的妻子必须在24小时内离开巴黎。”这一年8月，马克思迁往伦敦定居，直到逝世。

马克思曾说：“工人没有祖国。”他自己便因从事工人阶级的解放事业而成为世界公民。马克思一生穷困。他因交不起房租和无力偿还食品店的债务而常常遭人白眼，曾困难到写好信却没有钱购买邮票的地步，有三个孩子因得不到治疗而夭折，往往要靠恩格斯和其他革命者的资助才能渡过难关。马克思的生活经历，尤其是青少年时期的成长环境和成年后动荡艰难的生活，对他的思想产生了深刻的影响。

1883年3月14日，马克思在书桌前平静地去世。

二　出众的才华，火一样的个性

马克思之所以成为马克思，除成长环境和人生经历以外，也和他的个人特点密切相关。

马克思具有出众的才华，称他为天才，毫不为过。马克思因才华出众而受到父亲的偏爱。在给马克思的信中，亨利希·马克思经常称赞儿子的才能，甚至用“能干的、才华横溢的”这类词句形容他。亨利希·马克思说：“你的天分着实使我感到高兴，对它我寄予很多期望……”② 直到生命的最后，亨利希·马克思还说：“有一点你要永远相信，任何时候都不能怀疑，这就是你在我内心占着很大的位置，你是我生命中最强大的杠杆之一。”③ 因为深知儿子才智过人，亨利希·马克思一再告诫马克思要注意精神修养，告诉他只有一颗高尚的心灵才能与他的才智平衡，才能有益于家庭，有益于人类。

在特利尔中学时，马克思所在的班有30多名学生，绝大多数年龄比他大，有的要大10岁之多。毕业考试十分严格，有7天的笔试和3天的口试。马克思所在的班级有

---

① 1845年12月1日，马克思在得知普鲁士政府企图通过比利时政府将他驱逐出比利时的消息后，退出普鲁士国籍。

② 《马克思恩格斯全集》，中文1版，第40卷，837页，北京，人民出版社，1982。

③ 同上书，885页。

一半的学生成绩不及格，但他却一切顺利，所有考试都取得了优良的成绩。校长对他的作文给予了这样的评语："相当好。作文的优点是思想丰富，叙述井井有条。……"考试委员会在他的毕业证书上最后签署的意见是："希望他发挥自己的才能，勿负众望"。

马克思的才华在大学期间得到更为充分的展示。他在法律系的课程之外自己钻研哲学和历史，他的才能和成绩令许多人惊叹。青年黑格尔派的重要人物科本曾称赞马克思是"一座思想的仓库、制造厂，或者按照柏林的说法，思想的牛首"①。莫泽斯·赫斯的评价更高，他说："马克思博士，这个我最崇拜的人，还是一个十分年轻的人（至多不过24岁左右）；他将给中世纪的宗教和政治以致命的打击；他既有深思熟虑、冷静、严肃的态度，又有最辛辣的机智；如果把卢梭、伏尔泰、霍尔巴赫、莱辛、海涅和黑格尔合为一人（我说的是结合，不是凑合），那么结果就是一个马克思博士。"②

马克思不仅有大智，而且有大勇。马克思主义是杰出的理论，也是战斗的宣言。创建这样的理论，除了过人的智慧，还需要革命的激情。马克思从来不是谦谦君子，他敢爱敢恨，不拘小节，有着火一样的个性。

有一份被称为《自白》的文献，记录了马克思的女儿和马克思在一系列的问题上的问答。其主要内容如下：

《自白》

您最珍爱的品德：

　　一般人——纯朴

　　男人——刚强

　　女人——柔弱

您的特点——目标始终如一

您对幸福的理解——斗争

您对不幸的理解——屈服

您最能原谅的缺点——轻信

您最厌恶的缺点——逢迎

……

您最爱的英雄——斯巴达克、刻卜勒

……

您最喜爱的格言——人所具有的，我无不具有

您最喜爱的座右铭——怀疑一切③

这份《自白》鲜明地表现出了马克思的独特个性。

进入大学以后，马克思以火一样的激情学习，也以火一样的激情生活。一方面他常常夜以继日地苦读，以至损害了自己的健康；另一方面又在日常生活上随心所欲，不拘

① 转引自［德］科尔纽：《马克思恩格斯传》，第1卷，187页，北京，三联书店，1980。

② 转引上书，289～290页。

③ 转引自［苏］瓦连京·奇金等：《卡尔·马克思对女儿20个问题的回答》，229～230页，北京，解放军文艺出版社，1997。

一格。在离开波恩大学时，校方在他的肄业证上写道：

关于该生的操行，应该指出，他曾因夜间酗酒吵嚷，扰乱秩序，受罚禁闭一天；除此之外，他在道德和经济方面，未发现有什么不良行为。该生事后被人告发，据云曾在科伦携带违禁武器，此事尚在调查中。①

实际上除酗酒滋事之外，马克思还曾和一位贵族出身的学生偷偷地决斗。正是由于以上情况，亨利希·马克思才下决心让儿子转到柏林大学学习。

即使是到了柏林大学，马克思仍然不愿循规蹈矩地生活，这让父亲深感忧虑，对他多有批评。在1837年12月写给马克思的一封信里，亨利希·马克思责备儿子说：

圣明的上帝!!! 杂乱无章，漫无头绪地踯躅于知识的各个领域，在昏暗的油灯下胡思乱想，蓬头乱发，虽不在啤酒中消磨放任，却穿着学者的睡衣放荡不羁；离群索居、不拘礼节甚至对**父亲**也不尊重。与外界交往的艺术仅限于一间肮脏的房间，在那里，也许在异常混乱的情况下，燕妮的情书和父亲的可能是噙着眼泪写的、善意的告诫，被用来点燃烟斗，这还算不错的，要是由于更不负责任的混乱而落入旁人之手，那才糟糕哩。难道在这么一个荒唐的、漫无目的的知识作坊里，你和你所爱的人神志清爽的果实能成熟吗？在这里会得到有助于履行神圣职责的收获吗？②

马克思是个热情奔放，爱憎分明，充满战斗精神的人。他在写给燕妮的一首诗中说：

假如有那么一股
汹涌澎湃的波涛，
向前奔，不绝滔滔，
奔向那险滩隘道。

向着我和我的渴望猛扑过来，
想把我摧垮，压倒，
后退——这事儿我才不干，
这字眼——我连看都不看。

为了达到目的，
我愿和风浪搏斗，
甚至烈火的威风
也会被我制服。

即使和我一起战斗的人，

① 《马克思恩格斯全集》，中文1版，第40卷，845页。
② 同上书，880页。

一个个全都牺牲；
即使他们全都意志消沉，
对付任何力量我还是能够胜任！

我一定要叫你听命——
不论是仇恨还是爱情，
我一定要英勇地战斗，
没什么叫我胆怯心惊。①

他在另外一首诗里说：

你们怎么能够理解：
我的愿望和飞升，
我的爱情和憎恨？
我要高飞、高飞，
像那雷鸣闪电一般，
带着沸腾的血液直插云天！②

对于马克思的个性，恩格斯曾做过很好的说明。1842 年恩格斯在还没有和马克思见过面时，通过别人的讲述，已对马克思有了自己的印象。他说马克思是：

是面色黝黑的**特利尔**之子，一个**血气方刚的**怪人。
他不是在走，而是在跑，他是在风驰电掣地飞奔。
他满腔愤怒地举起双臂，
仿佛要把广阔的天幕扯到地上。
不知疲倦的力士紧握双拳，
宛若凶神附身，不停地乱跑狂奔！③

没有这样的激情，马克思不会成为革命家；没有出众的才华，革命家马克思不会揭示出历史发展的规律，使社会主义由空想变为科学，从而创立马克思主义理论。

三 哲学家马克思的思想历程

大学毕业之后，马克思当哲学教授的愿望未能实现，但他是一个伟大的哲学家，这一点没有人怀疑。对哲学的爱好以及探索和运用，贯穿马克思的一生。他的哲学思想发展大体上可以分为四个阶段。

第一阶段是 1836 年进入柏林大学学习到 1842 年 4 月开始为《莱茵报》写稿以前。在此期间他接受了黑格尔哲学并对费尔巴哈的哲学思想有所了解。

马克思于 1836 年由波恩大学转到柏林大学法律系。柏林大学是当时黑格尔哲学的

---

① 《马克思恩格斯全集》，中文 1 版，第 40 卷，475～476 页。
② 同上书，593 页。
③ 《马克思恩格斯全集》，中文 1 版，第 41 卷，364 页，北京，人民出版社，1982。

中心。在柏林大学的第一年，马克思对文学创作产生浓厚兴趣，写了大量的诗歌献给恋人燕妮和自己的父亲，还写过剧本、小说和散文，但很快他就被黑格尔哲学吸引住了。

思想的发展总是从矛盾开始。马克思研究黑格尔哲学，起因于法学研究中的困惑。他在对法学的学习研究中，深感哲学的重要。他曾写过一部篇幅达 300 印张的法学习作，还没有写完便弃置一旁了。他的结论是："这又一次使我明白了，没有哲学我就不能前进。"① 问题在哪里？出路何在？他说：

> 这里首先出现的严重障碍正是现实的东西和应有的东西之间的对立，这种对立是唯心主义所固有的；它又成了拙劣的、错误的划分的根源。开头我搞的是我概然称为法的形而上学的东西，也就是脱离了任何实际的法和法的任何实际形式的原则、思维、定义，这一切都是按照费希特的那一套，只不过我的东西比他的更现代化，内容更空洞而已。在这种情况下，数学独断论的不科学的形式从一开始就成了认识真理的障碍，在这种形式下，主体围绕着事物转，这样那样议论，可是事物本身并没有形成一种多方面展开的生动的东西。三角形使数学家有可能作图和论证；……对同一对象采取的不同位置，就给三角形创造了各种不同的关系和真理。在生动的思想世界的具体表现方面，例如，在法、国家、自然界、全部哲学方面，情况就完全不同：在这里，我们必须从对象的发展上细心研究对象本身，决不应任意分割它们；事物本身的理性在这里应当作为一种自身矛盾的东西展开，并且在自身求得自己的统一。②

"事物本身的理性在这里应当作为一种自身矛盾的东西展开，并且在自身求得自己的统一"，这已经是黑格尔式的语言。马克思认为自己有必要对黑格尔哲学做进一步的研究。他说："先前我读过黑格尔哲学的一些片断，我不喜欢它那种离奇古怪的调子。我想再钻到大海里一次，不过有个明确的目的，这就是要证实精神本性也和肉体本性一样是必要的、具体的，并且具有同样的严格形式"③。

可见，马克思在法学研究中一度像数学研究一样在抽象的概念世界、应有世界中做文章，由此而来的失败使他认识到必须改变研究方法，以解决现实的东西和应有的东西之间的矛盾。在他看来，黑格尔哲学正是一种在内容上非常现实的理论。④ 黑格尔哲学的现实性，在于它以理性在内在矛盾的推动下自我展开和运动的形式再现了现实事物的丰富内容，马克思认为，正是黑格尔的方法，可以解决现实的东西和应有的东西之间的矛盾。

在这种情况下，马克思很快成为黑格尔哲学的信徒。黑格尔去世后，他的追随者分为两派。一派注重黑格尔的唯心主义体系，思想保守，被称为老年黑格尔派；另一派注

---

① 《马克思恩格斯全集》，中文1版，第40卷，13页。

② 同上书，10～11页。

③ 同上书，15页。

④ 参见《马克思恩格斯选集》，2版，第2卷，32页。恩格斯在晚年所写的《路德维希·费尔巴哈和德国古典哲学的终结》中也说：黑格尔哲学"形式是唯心主义的，内容是实在论的"（《马克思恩格斯选集》，2版，第4卷，236页）。

重黑格尔的辩证方法，其中一些人还进一步强调人的自我意识的重要，被称为青年黑格尔派。马克思本人是青年黑格尔派的重要成员之一，他不仅接受了黑格尔哲学，而且高度重视自我意识的作用。

马克思在这一时期的哲学思想集中反映在他的博士论文中。博士论文的标题是“德谟克利特的自然哲学和伊壁鸠鲁的自然哲学的差别”，完成于1841年3月，这也是他大学毕业的时间。文章把自我意识当作决定一切的力量，表明马克思是作为一个青年黑格尔派的唯心主义者离开大学的。

但与此同时，马克思对费尔巴哈的哲学思想也有深入的了解。费尔巴哈于1838年开始全面批判黑格尔哲学。1839年发表《黑格尔哲学批判》，1841年6月出版了代表作《基督教的本质》，提出了他的唯物主义人本学思想，在1843年先后问世的《关于哲学改造的临时纲要》和《未来哲学原理》中，对这一思想做了全面阐发。费尔巴哈在唯心主义气氛浓厚的德国高高举起了唯物主义旗帜，引起思想界的极大震动。马克思在写作博士论文时就阅读过费尔巴哈的著作。至于《基督教的本质》对马克思的影响，恩格斯在晚年曾经说：“它直截了当地使唯物主义重新登上王座……这部书的解放作用，只有亲身体验过的人才能想象得到。那时大家都很兴奋：我们一时都成为费尔巴哈派了。”①

第二个阶段是1842年4月到1844年4月。这是马克思开始对黑格尔哲学产生怀疑进而展开批判，并接受了费尔巴哈的人本学唯物主义的时期。

马克思1841年3月30日从柏林大学毕业，4月15日获得耶拿大学颁发的哲学博士学位证书。这一年秋天，马克思开始在报刊上发表文章，投入思想斗争。马克思从1842年4月起开始为《莱茵报》撰稿，同年十月担任主编。1843年3月马克思迫于政府的压力退出《莱茵报》，此后，马克思开始写作《黑格尔法哲学批判》并再次着手研究历史，特别是法国大革命史，同时积极筹办新刊物《德法年鉴》。1843年10月，为出版《德法年鉴》，马克思迁居巴黎。在这里开始了对经济学的研究。1844年4月着手写作《1844年经济学哲学手稿》。

这一阶段在马克思哲学思想的发展中是很重要的。

首先，马克思开始批判告别黑格尔的唯心主义哲学。在此期间，马克思第一次接触到尖锐的阶级矛盾，并不得不就许多实际的法律和经济问题发表意见。他发现，自己已有的知识，特别是自己信奉的黑格尔哲学，无法合理地解释现实生活。这使他陷入苦恼之中。他说：

> 为了解决使我苦恼的疑问，我写的第一部著作是对黑格尔法哲学的批判性的分析……我的研究得出这样一个结果：法的关系正像国家的形式一样，既不能从它们本身来理解，也不能从所谓人类精神的一般发展来理解，相反，它们根源于物质的生活关系，这种物质的生活关系的总和，黑格尔按照18世纪的英国人和法国人

① 《马克思恩格斯选集》，2版，第4卷，222页。就马克思的著作来看，他的唯物主义思想最早表现在1843年夏天写作的《黑格尔法哲学批判》中。阅读1841年6月出版的《基督教的本质》，很可能是马克思转向唯物主义的开始。

的先例，概括为“市民社会”，而对市民社会的解剖应该到政治经济学中去寻求。①

这段话已经包含了我们所说的历史唯物主义的基本思想，但是这还不是最重要的，重要的是，它表明马克思在这时再一次陷入因现实生活与自己已有的理论发生冲突而产生的困惑，并为走出困惑开始新的理论探索。这种困惑和探索使马克思开始告别黑格尔哲学。黑格尔用人类精神的一般发展解释国家和法，然而《莱茵报》时期接触到的现实生活告诉马克思，实际上国家和法总是一定阶级的利益的体现，而阶级又是物质生产、市民社会的产物，因此市民社会和物质生产才是国家和法的秘密所在。理论创新总是从思想困惑开始的。从此，马克思转向对经济学的研究，在研究中改造黑格尔哲学，创立了自己崭新的哲学理论。

其次，马克思接受了费尔巴哈的唯物主义思想。按照前述恩格斯的说法，这一过程应该是开始于1841年6月费尔巴哈的《基督教的本质》出版以后，但不能说这时马克思已经完全成为一个唯物主义者。马克思自己就说，他是在《莱茵报》时期思想陷入苦恼之后才真正告别黑格尔的唯心主义哲学的。马克思接受费尔巴哈唯物主义哲学，是在1843年。正当马克思对黑格尔哲学产生怀疑并陷入苦恼时，费尔巴哈批判黑格尔并全面阐述自己人本主义唯物主义思想的《关于哲学改造的临时纲要》，于1843年1月问世。这一纲要是以警句的形式写成的。1843年3月13日，马克思在一封信中说：“费尔巴哈的警句只有一点不能使我满意，这就是：他过多地强调自然而过少地强调政治。然而这一联盟是现代哲学能够借以成为真理的唯一联盟。”② 这一年的7月，费尔巴哈的《未来哲学原理》出版，人本主义唯物主义哲学在这本书中得到详细的阐述。与此同时，马克思开始写作《黑格尔法哲学批判》。1844年初发表的这部著作对黑格尔唯心主义的批判，在很多问题上都明显地表现出费尔巴哈的影响。例如他说：“批判的武器当然不能代替武器的批判，物质力量只能用物质力量来摧毁”③。

不过此时的马克思在历史观上还有明显的青年黑格尔派色彩。他提出：“哲学把无产阶级当作自己的**物质**武器，同样，无产阶级也把哲学当作自己的**精神**武器；思想的闪电一旦彻底击中这块素朴的人民园地，**德国人**就会解放成为**人**。”④ 无产阶级这种物质力量只有被哲学思想激活，才能成为实现人的解放的物质武器。马克思还没有真正找到打开历史奥秘的钥匙——唯物史观。

第三个阶段是1844年4月到1846年。这是马克思哲学思想的形成和初步阐发阶段，主要标志是《1844年经济学哲学手稿》、《神圣家族》、《关于费尔巴哈的提纲》以及《德意志意识形态》的写作。

毫无疑问，这是马克思哲学思想发展中最重要的阶段。

《1844年经济学哲学手稿》是马克思经济学研究的开始，也是《黑格尔法哲学批判》的继续。在这部著作中，马克思依据费尔巴哈的人本主义、唯物主义思想，彻底批

---

① 《马克思恩格斯选集》，2版，第2卷，32页。
② 《马克思恩格斯全集》，中文1版，第27卷，442～443页，北京，人民出版社，1972。
③ 《马克思恩格斯选集》，2版，第1卷，9页。
④ 同上书，15～16页。

判了黑格尔的唯心主义哲学。他用肉体的人的劳动实践辩证法取代了黑格尔的绝对精神、自我意识的辩证法，依据劳动实践的自我发展解释了自然界、人本身和人类历史，形成了实践唯物主义思想。这一思想包含了马克思哲学的全部丰富内容，它的形成标志着马克思与众不同的哲学思想，即唯物史观，诞生了。在 1845 年春天写的《关于费尔巴哈的提纲》中，马克思进而通过批评费尔巴哈不懂实践活动的重要意义，因而看不到人的主体性和意识的能动作用，看不到整个世界基于实践活动的辩证发展，与费尔巴哈划清界限，使实践唯物主义理论更为成熟。1844 年 8 月～11 月，马克思恩格斯合作写作了《神圣家族》；1845 年 11 月至 1846 年夏天，他们又共同写出了《德意志意识形态》。在这两部著作中，马克思恩格斯运用刚刚形成的马克思主义哲学，深刻全面地批判了青年黑格尔派，也包括费尔巴哈，对他们自己与哺育了他们的德国古典哲学的关系做了彻底的清算。

1846 年以后直至 1883 年逝世，是马克思哲学思想发展的第四个阶段。这一阶段主要是马克思对已有的哲学思想在经济、政治和历史研究中加以运用与发展。1879 至 1882 年间，马克思深入研究亚洲、欧洲、非洲和美洲的土地公社所有制，就氏族部落和原始土地制度的命运以及人类历史发展的多样性问题提出不少精彩思想，但这一工作基本上是对唯物史观的补充丰富。就马克思主义哲学发展史研究来说，关注重点无疑应该放在前三个阶段上。

马克思的主要哲学著作有：《德谟克利特的自然哲学和伊壁鸠鲁的自然哲学的差别》（1841 年），《黑格尔法哲学批判》及其导言（1843 年），《1844 年经济学哲学手稿》（1844 年），《神圣家族》（1844 年，与恩格斯合著），《关于费尔巴哈的提纲》（1845 年），《德意志意识形态》（1846 年，与恩格斯合著）。此外下面著作中也包含有马克思的重要哲学思想：《哲学的贫困——答蒲鲁东先生的〈贫困的哲学〉》（1847 年），《共产党宣言》（1848 年，与恩格斯合著），《经济学手稿》（1857—1858 年），《〈政治经济学批判〉序言》（1859 年），《人类学笔记》（1879—1882 年），一组有关俄罗斯社会发展问题的信件，即《给〈祖国记事〉编辑部的信》（1877 年）和《给维·伊·查苏里奇的信》及其草稿（1881 年）。

第二节　马克思主义——科学理性与人道主义的结合

马克思是哲学家，但爱憎分明的个性，火一样的激情，为人类幸福而奋斗的远大志向，以及对劳动人民生活苦难的深切同情，决定了他首先是一位革命家。离开对革命家马克思的了解，不可能真正理解哲学家马克思。应该把马克思主义哲学的形成，放在对整个马克思主义形成历史的考察中研究。

一　马克思的普罗米修斯情结

在希腊神话中，普罗米修斯因盗取天火并把它送给人间而饱受折磨，他是为了人类幸福而自我牺牲的象征。马克思内心深处始终深藏普罗米修斯情结。他在自己博士论文的序言中说：

> 哲学，只要它还有一滴血在它那个要征服世界的、绝对自由的心脏里跳动着，它就将永远用伊壁鸠鲁的话向它的反对者宣称：
>
> “渎神的并不是那抛弃众人所崇拜的众神的人，而是同意众人关于众神的意见的人。”
>
> 哲学并不隐瞒这一点。普罗米修斯承认道：
>
> 老实说，我痛恨所有的神。
>
> 这是哲学的自白，它自己的格言，借以表示它反对一切天上的和地上的神，这些神不承认人的自我意识具有最高的神性。不应该有任何神同人的自我意识相并列。
>
> 对于那些以为哲学在社会中的地位似乎已经恶化因而感到欢欣鼓舞的懦夫们，哲学再度以普罗米修斯对众神的侍者海尔梅斯所说的话来回答他们：
>
> 你好好听着，我绝不会用自己的痛苦
去换取奴隶的服役：
我宁肯被缚在崖石上，
也不愿作宙斯的忠顺奴仆。
>
> 普罗米修斯是哲学日历中最高尚的圣者和殉道者。①

这番话可以说是马克思自己的哲学宣言。马克思在这里弘扬人道主义精神，认为人的自我意识具有最高的神性，不能把任何神同人的自我意识相提并论。他认为哲学的使命就是要与一切的神斗争，因为这些神贬低人，压制人。为了给人类带来火种而牺牲自己的普罗米修斯被马克思视为崇高的榜样。

正是从这种普罗米修斯情结出发，马克思才选择了伊壁鸠鲁的自然哲学作为研究对象。伊壁鸠鲁的自然哲学与德谟克利特的自然哲学的不同，主要在于他主张原子除直线下垂运动之外还有脱离直线的偏斜运动。伊壁鸠鲁以此强调原子并不仅仅是纯粹的物质定在，它同时具有形式的规定性，具有能动性和个性。马克思认为：“伊壁鸠鲁哲学的原理……是自我意识的绝对性和自由，尽管这个自我意识只是在个别性的形式上来理解的。”② 也就是说，原子的偏斜运动被马克思认为是对自我意识的绝对性和自由的肯定。马克思极端重视伊壁鸠鲁的这一思想，因为只有这样，哲学才能改变世界，为人类创造幸福。他说：“像普罗米修斯从天上盗来天火之后开始在地上盖屋安家那样，哲学把握了整个世界以后就起来反对现象世界。现在黑格尔哲学正是这样。”③ 当然，真正的黑格尔哲学并没有把改造世界视为自己的使命，马克思这样说只是表明了他作为一个青年黑格尔派哲学家改造世界的决心。

这种普罗米修斯情结早在少年马克思那里便已存在。马克思在中学毕业时的作文

---

① 《马克思恩格斯全集》，中文1版，第40卷，189～190页。

② 同上书，241页。

③ 同上书，136页。

《青年选择职业时的考虑》中就表达了为全人类的幸福献身的崇高志向：

> 在选择职业时，我们应该遵循的主要指针是人类的幸福和我们自身的完美。……人们只有为同时代人的完美、为他们的幸福而工作，才能使自己也达到完美。
>
> 如果一个人只为自己劳动，他也许能够成为著名学者、大哲人、卓越诗人，然而他永远不能成为完美无疵的伟大人物。
>
> …………
>
> 如果我们选择了最能为人类福利而劳动的职业，那么，重担就不能把我们压倒，因为这是为大家而献身；那时我们所感到的就不是可怜的、有限的、自私的乐趣，我们的幸福将属于千百万人。①

如果说少年马克思在中学毕业时表达的只是为人类幸福而献身的抽象志向，那么经过《莱茵报》时期斗争实践的洗礼，这种志向已经转化为为无产阶级和人类解放而献身的决心。

在《莱茵报》时期，马克思发表了大量的文章，其中最主要的有《评普鲁士最近的书报检查令》、《第六届莱茵省议会的辩论（第一篇论文）》、《第六届莱茵省议会的辩论（第三篇论文）》、《摩塞尔记者的辩护》等。文章涉及出版自由、林木盗窃法等问题。普鲁士政府对出版自由的粗暴践踏，劳动人民的悲惨处境以及法律对有产者的偏袒，使马克思深深受到触动。马克思产生了对劳苦大众的深切同情和对阶级斗争以及当时法律制度虚伪本质的深刻认识。他说：

> 把林木占有者的奴仆变为国家权威的代表的这种逻辑，**使国家权威变成林木占有者的奴仆。**……一切国家机关都应成为林木占有者的耳、目、手、足，为林木占有者的利益探听、窥视、估价、守护、逮捕和奔波。②

这种认识一方面使马克思在离开《莱茵报》之后立即开始了对黑格尔法哲学思想的批判，另一方面使他把为人类谋利益的志向与无产阶级的解放联系起来。在 1844 年 2 月出版的《德法年鉴》上，马克思发表了《论犹太人问题》和《〈黑格尔法哲学批判〉导言》两篇文章。文章的内容非常丰富，但最重要的是马克思第一次把人类的解放与无产阶级的解放联系起来了。他说：

> 德国唯一**实际**可能的解放是以宣布人是人的最高本质**这个**理论为立足点的解放。……**德国人的解放**就是**人的解放**。这个解放的**头脑**是**哲学**，它的**心脏**是**无产阶级**。哲学不消灭无产阶级，就不能成为现实；无产阶级不把哲学变成现实，就不可能消灭自身。③

这番话与前面所引的他在《博士论文》中的话非常相似。同样是火一样的激情，同样是热烈的人道主义追求，也同样表达了用哲学改造世界实现人的解放和幸福的强烈愿

---

① 《马克思恩格斯全集》，中文 1 版，第 40 卷，7 页。
② 《马克思恩格斯全集》，中文 1 版，第 1 卷，160 页。
③ 《马克思恩格斯选集》，2 版，第 1 卷，16 页。

望。如果说在1837年马克思是从解决自己思想中“应有”与“现实”的矛盾出发研究哲学的，那么在《博士论文》和《〈黑格尔法哲学批判〉导言》中，马克思已经非常明确地把哲学视为改造世界的工具，视为无产阶级的精神武器。普罗米修斯为人间盗来火种，马克思则要用“思想的闪电彻底击中无产阶级这块素朴的人民园地”，他们的目的都是为了实现人类的幸福和解放。马克思说普罗米修斯是“哲学日历中最高尚的圣者和殉道者”，他自己也正是以这种圣者和殉道者的精神从事经济学和哲学的研究的。

为无产阶级和全人类的解放而奋斗是马克思毕生的事业，而他的全部工作，从一个角度看，都是在致力于使他设计的共产主义蓝图成为现实，普罗米修斯情结贯穿他的一生。

二　马克思与人道主义

马克思毕生都在追求人类的解放，是热烈的人道主义者。

人道主义是出现于文艺复兴运动中的一种社会思潮，随着文艺复兴运动的扩展和启蒙运动的兴起，人道主义成为资本主义工业文明主要的理论支柱之一。它肯定人的价值，赞美人的力量；它批判禁欲主义，注重人的现世幸福，要求满足人在物质和精神上的需要；它批判宗教信仰，赞美人的理性；它反对封建等级观念，宣扬个性解放和人与生俱来的自由平等。马克思所处的时代，以及他成长的具体环境，使他从小具有浓厚的人道主义思想。他在中学毕业的作文中为人类幸福而奋斗的誓言，在博士论文中对人的自我意识的高度肯定与对普罗米修斯的赞扬，都是人道主义的生动体现。正是这种人道主义思想，使他对无产阶级和劳动人民在资本主义社会中的悲惨处境深表同情，对不人道的现实产生强烈的愤慨。他在《黑格尔法哲学批判》中说：

> **等级**不仅建立在社会内部的**分裂**这一当代的主导规律上，而且还使人脱离自己的普遍本质，把人变成直接受本身的规定性所摆布的动物。中世纪是人类史上的**动物时期**，是人类动物学。
>
> 我们的时代即**文明时代**，却犯了一个相反的错误。它使人的**实物**本质，即某种仅仅是**外在的**，物质的东西脱离了人，它不认为人的内容是人的真正现实。①

以上论述中，前一段是对中世纪不人道现实的谴责，后一段是对资本主义社会不人道现实的揭露。在随后所写的《〈黑格尔法哲学批判〉导言》中，马克思进一步说：

> 理论只要说服人［ad hominem］，就能掌握群众；而理论只要彻底，就能说服人［ad hominem］。所谓彻底，就是抓住事物的根本。但是，人的根本就是人本身。德国理论的彻底性从而其实践能力的证明就是：德国理论是从坚决**积极**废除宗教出发的。对宗教的批判最后归结为**人是人的最高本质**这样一个学说，从而也归结为这样的**绝对命令：必须推翻**那些使人成为被侮辱、被奴役、被遗弃和被蔑视的东西的**一切关系**。②

① 《马克思恩格斯全集》，中文1版，第1卷，346页。
② 《马克思恩格斯选集》，2版，第1卷，9～10页。

这是马克思在开始自己的革命生涯时掷地有声的人道主义宣言。

马克思的人道主义思想集中反映在《1844年经济学哲学手稿》中。在这里，他通过分析资本主义社会的生活现实指出，人在四个方面被异化了，丧失了自己的本质：(1) 劳动产品同劳动者相异化；(2) 劳动行为本身与劳动者相异化；(3) 劳动是人的本质，因而人的类本质也与人相异化了；(4) 人是社会的动物，同劳动者相异化的劳动产品必定属于不劳动的人，因而人与人处于对立的状态，人与人也异化了。这表明，对异化现象的揭示与分析本身便体现出了鲜明的人道主义精神，是对资本主义现实的强烈的人道主义谴责。

马克思在和恩格斯合写的《神圣家族》中这样说：

> 由于在已经形成的无产阶级身上实际上已完全丧失了一切合乎人性的东西，甚至完全丧失了合乎人性的**外观**，由于在无产阶级的生活条件中现代社会的一切生活条件达到了违反人性的顶点，由于在无产阶级身上人失去了自己，同时他不仅在理论上意识到了这种损失，而且还直接由于不可避免的、无法掩饰的、绝对不可抗拒的**贫困**——**必然性**的这种实际表现——的逼迫，不得不愤怒地反对这种违反人性的现象，由于这一切，所以无产阶级能够而且必须自己解放自己。①

这段话表明，马克思之所以要站在无产阶级立场上追求无产阶级和整个人类的解放，是因为他有强烈的人道主义思想，因为资本主义制度使人不成其为人，人道主义失落了。

对无产阶级非人状况的抗议是马克思走上革命道路的出发点，同时人道主义的实现还是他所追求的革命的目的。马克思所理解的共产主义，主要强调的不是我们通常所说的"各尽所能，按需分配"。按需分配只是手段，马克思把它作为共产主义的基本特征提出来，是因为只有实现了按需分配，人才能从物质生产中解脱出来，获得个性发展的自由，使人的本质回归人自身。被资本主义异化了的人性的复归和人的自由发展，人道主义的彻底实现，才是马克思在实现共产主义的斗争中追求的真正目的。

在《1844年经济学哲学手稿》中，马克思说：

> **共产主义**是**私有财产**即**人的自我异化的积极的**扬弃，因而是通过人并且为了人而对**人的**本质的真正**占有**；因此，它是人向自身、向**社会的**（即人的）人的复归，这种复归是完全的、自觉的而且保存了以往发展的全部财富的。这种共产主义，作为完成了的自然主义，等于人道主义，而作为完成了的人道主义，等于自然主义，它是人和自然界之间、人和人之间的矛盾的**真正**解决，是存在和本质、对象化和自我确证、自由和必然、个体和类之间的斗争的真正解决。②

在人所公认的马克思主义的成熟著作《共产党宣言》中，马克思和恩格斯用更为简练的语言表达了上述思想。他们说：

> 代替那存在着阶级和阶级对立的资产阶级旧社会的，将是这样一个联合体，在

① 《马克思恩格斯全集》，中文1版，第2卷，45页，北京，人民出版社，1957。
② 《马克思恩格斯全集》，中文1版，第42卷，120页。

那里，每个人的自由发展是一切人的自由发展的条件。①

这段充满人道主义精神的话被马克思和恩格斯看做对共产主义的本质的揭示。有人在1894年，也即恩格斯去世的前一年，给恩格斯写信，请他用简短的字句来表述未来社会主义纪元的基本思想。恩格斯回信说："除了《共产党宣言》中的下面这句话（意大利文刊物《社会评论》第35页），我再也找不出合适的了……"② 恩格斯所说的，就是我们在上面引用的这句话。

由上所述可以看出，马克思主义作为出发点的，是对资本主义社会中无产阶级非人状况的深切同情，它所追求的目标，是人道主义的彻底实现。人道主义是马克思主义的基本精神。

人道主义并非资产阶级的专利，它与马克思主义也并不是水火不容。马克思的人道主义思想与资产阶级人道主义有着本质的不同。二者的根本区别在于，它们对人本身以及人道主义与现实生活的关系的理解是完全对立的。资产阶级的人道主义看到的是抽象的人，没有具体规定性的人，因而它的人道主义是抽象的人道主义，它用抽象的人和人道主义解释历史，把历史视为人道主义的产物，把人道主义的实现诉诸人的思想、观念；马克思的人道主义是现实的、科学的人道主义，它看到的是处在各种现实关系中的人，它用具体的人和人的历史解释人道主义，把人道主义及其实现视为历史发展的产物。马克思和恩格斯曾对资产阶级抽象的人道主义提出尖锐的批判。在批判资产阶级的所谓"真正的社会主义"时，马克思和恩格斯说：

> 他们（指"真正的社会主义"者——引者）始终一贯地把各个具体的一定的个人间的关系变为"**人**"的关系，他们这样来解释这些一定的个人关于他们自身关系的思想，好像这些思想是关于"**人**"的思想。因而他们就离开实在的历史基础而转到思想基础上去，同时又由于他们不知道现实的联系，所以他们也就很容易用"绝对的"或者另外的思想方法虚构出幻想的联系。

> 它（指"真正的社会主义"——引者）所关心的既然已经不是实在的人而是"**人**"，所以它就丧失了一切革命热情，它就不是宣扬革命热情，而是宣扬对人们的普遍的爱了。因此，它不是向无产者，而是向德国人数最多的两类人呼吁，就是向抱有博爱幻想的小资产者以及这些小资产者的思想家，即哲学家和哲学学徒呼吁。③

由于看不到现实生活对人的制约，这些"真正的社会主义"者以为，只要诉诸人类之爱，诉诸哲学，诉诸有产者，引起有产者的同情，社会主义就可以到来。

当1844年马克思对宗教的批判"归结为这样的绝对命令：必须推翻那些使人成为被侮辱、被奴役、被遗弃和被蔑视的一切关系"时，显然他还没有强调这些关系的客观

① 《马克思恩格斯选集》，2版，第1卷，294页。
② 《马克思恩格斯选集》，2版，第4卷，730页。
③ 《马克思恩格斯全集》，中文1版，第3卷，536～537页，北京，人民出版社，1960。

性，很难说已经和抽象的人道主义划清了界限。但是，这一任务马克思很快就完成了。他在 1845 年春天写的《关于费尔巴哈的提纲》中强调“人的本质不是单个人所固有的抽象物，在其现实性上，它是一切社会关系的总和”①。这样的人是处在社会关系制约中的人，是具体的人，以此为基础，他和恩格斯所理解的共产主义②也不再只是实现人道主义的美好的愿望或空洞说教，而是对现实生活、对人与人的现实关系的改造。他们说：

> 共产主义对我们来说不是应当确立的**状况**，不是现实应当与之相适应的**理想**。我们所称为共产主义的是那种消灭现存状况的**现实的**运动。这个运动的条件是由现有的前提产生的。③

在马克思恩格斯看来，为了消灭不人道现实的状况，最重要的是发展生产力并在此基础上消灭私有制。只有消灭了私有制，人的异化才会消除，人道主义才会真正实现。这样的人道主义建立在科学的基础上，是现实的、科学的人道主义。

现实的人和人道主义还被马克思作为一种完整的历史观来看。他在《经济学手稿》(1857—1858 年）中说：

> 人的依赖关系（起初完全是自然发生的），是最初的社会形态，在这种形态下，人的生产能力只是在狭窄的范围内和孤立的地点上发展着。以**物的**依赖性为基础的人的独立性，是第二大形态，在这种形态下，才形成普遍的社会物质变换，全面的关系，多方面的需求以及全面的能力的体系。建立在个人全面发展和他们共同的社会生产能力成为他们的社会财富这一基础上的自由个性，是第三个阶段。第二个阶段为第三个阶段创造条件。④

这表明，马克思认为人类历史，从一定的角度看，就是人的不断发展和人道主义的不断实现的历史。

人道主义是人类文明发展的重要成果，马克思和恩格斯没有否定它，抛弃它，而是把它继承下来并作了根本性的改造，使之建立在现实的、唯物主义的基础之上。

三　科学理性与人道主义的结合

马克思主义包括三个组成部分，即哲学、政治经济学和科学社会主义。这三个组成部分中，科学社会主义是核心。马克思主义的社会主义学说之所以是科学的，是因为有马克思主义的哲学和政治经济学作为理论基础。恩格斯说：“这两个伟大的发现——唯物主义历史观和通过剩余价值揭开资本主义生产的秘密，都应当归功于**马克思**。由于这些发现，社会主义变成了科学。”⑤ 可见，马克思主义哲学和马克思主义政治经济学，

---

① 《马克思恩格斯选集》，2 版，第 1 卷，56 页。

② 也即社会主义。马克思和恩格斯只是为了与“真正的社会主义”以及其他诉诸人类之爱和有产者同情的空想社会主义相区别，才以共产主义一词代替社会主义。参见《〈共产党宣言〉1888 年英文版序言》。

③ 《马克思恩格斯选集》，2 版，第 1 卷，87 页。

④ 《马克思恩格斯全集》，中文 1 版，第 46 卷（上），104 页，北京，人民出版社，1979。

⑤ 《马克思恩格斯选集》，2 版，第 3 卷，740 页。

是社会主义由空想变为科学的条件。

恩格斯进一步说：

> 正像达尔文发现有机界的发展规律一样，马克思发现了人类历史的发展规律（即唯物史观——引者）……不仅如此。马克思还发现了现代资本主义生产方式和它所产生的资产阶级社会的特殊的运动规律。由于剩余价值的发现，这里就豁然开朗了，而先前无论资产阶级经济学家或者社会主义批评家所做的一切研究都只是在黑暗中摸索。①

揭示事物的发展规律，是科学理性的使命。马克思的唯物史观发现了人类历史的发展规律，它的政治经济学，又揭示了资本主义社会的具体规律。这是科学理性的胜利。由于对人类历史和资本主义社会的发展的理解建立在科学理性的基础上，作为这种发展的必然结果的社会主义，也就不再是存在于人们想像中的美好愿望与社会理想，而成为科学的结论，可以付诸实践。马克思找到了通往社会主义的可靠道路，这就是发展生产力和进行无产阶级的阶级斗争。

把社会主义理想建立在科学理性的基础上，是社会主义由空想变为科学的关键，因而也是整个马克思主义与其他社会理论相区别的关键。这是马克思主义的实质所在。

马克思之所以能做到这一点，是因为他深入理解并改造继承了黑格尔的哲学思想。马克思曾多次公开宣称他是黑格尔的学生，在《资本论》中，马克思甚至说他是在有意卖弄黑格尔的辩证法，而我们知道，科学理性正是在黑格尔的辩证法中得到集中的体现。

需要特别指出的是，在黑格尔和马克思那里，辩证法不是所谓"对立统一"等三大规律或辩证法范畴，而是事物因自身的矛盾而形成的有规律的自我发展。早在1837年，即马克思刚刚接受黑格尔哲学的时候，他就说，根据黑格尔哲学，"事物本身的理性在这里应当作为一种自身矛盾的东西展开，并且在自身求得自己的统一"②。黑格尔的辩证法是绝对观念的自我演化。马克思把黑格尔集中体现科学理性的辩证法运用于对人类历史和资本主义社会的认识，揭示了它们的客观规律。他所说的辩证法，与黑格尔哲学类似，也是指事物的自我发展过程，不过不是绝对观念的，而是人类历史和资本主义社会的自我发展过程。

在马克思这里，人类社会和自然界一样，在按照客观规律自我发展着；社会主义学说也就有如自然科学理论一样，是科学理性的体现。我们在前面已经指出，马克思认为社会主义是人道主义的真正实现，因此从宏观上看，作为马克思主义的核心的科学社会主义理论，是科学理性与人道主义的结合。

实现这种结合，在人类历史上意义十分重大。

资本主义社会在创造出巨大物质财富的同时，造成了大多数人的极度贫困和残酷的阶级斗争，人道主义乐园并没有出现。一代又一代的进步知识分子为实现人道主义提出了一个又一个的社会主义设想，他们的设想都很诱人，但由于这些设想没有建立在科学

---

① 《马克思恩格斯选集》，2版，第3卷，776页。

② 《马克思恩格斯全集》，中文1版，第40卷，11页。

理性的基础上，他们找不到使之成为现实的可靠途径，只能诉诸人性或人类之爱的空谈和道德说教，他们的社会主义理论也就沦为空想。

空想社会主义者没有做到的事，马克思做到了。只有马克思实现了科学理性与人道主义的结合，也即成功地把人道主义的实现与社会发展的客观规律结合在一起。人类面前第一次出现了一条切实可行的通向人道主义理想社会的光明大道。①

第三节　实践唯物主义

科学理性与人道主义的结合不仅是马克思主义的本质特点，同时也是其理论基础。这一特点的集中体现，是实践唯物主义。实践唯物主义是马克思哲学思想的精髓，它的提出是马克思主义哲学诞生的主要标志，也是马克思为人类哲学宝库所作出的最重要的贡献。离开对实践唯物主义的深入领会，不可能真正把握马克思主义哲学。

一　实践唯物主义及其思想来源

马克思本人没有使用过实践唯物主义概念，他只是在1845—1846年与恩格斯合写的《德意志意识形态》中用过这样的说法："对于**实践的**唯物主义者即**共产主义者**来说，……"②实践唯物主义概念是人们在研究概括马克思的哲学思想时提出的。

对于理解马克思的实践唯物主义思想，《关于费尔巴哈的提纲》的第一条具有重要意义。马克思在这里说：

> 从前的一切唯物主义（包括费尔巴哈的唯物主义）的主要缺点是：对对象、现实、感性，只是从**客体的或者直观**的形式去理解，而不是把它们当作**感性的人的活动**，当作**实践**去理解，不是从主体方面去理解。因此，和唯物主义相反，**能动的**方面却被唯心主义抽象地发展了，当然，唯心主义是不知道现实的、感性的活动本身的。费尔巴哈想要研究跟思想客体确实不同的感性客体：但是他没有把人的活动本身理解为**对象性的**［gegenständliche］活动。因此，他在《基督教的本质》中仅仅把理论的活动看作是真正人的活动，而对于实践则只是从它的卑污的犹太人的表现形式去理解和确定。因此，他不了解"革命的"、"实践批判的"活动的意义。③

---

①　说马克思主义是科学理性与人道主义的结合，尤其是说马克思主义哲学是科学理性与人道主义的结合，是有条件的。黑格尔的哲学既体现了科学理性，也体现了实践理性。实践理性是能动性原则，它推动了意识的运动发展，科学理性则是意识的运动发展中体现出来的逻各斯、规律性。在下一节我们将看到，马克思的主要思想，实践唯物主义，是对黑格尔哲学的唯物主义颠倒，历史发展的规律性就体现在人的实践活动引起的自然界、人本身及人类社会的变化发展之中。马克思全面继承了黑格尔的理性思想（顺便指出，恩格斯对辩证唯物主义的论述涉及的主要是科学理性）。只是为了强调马克思主义把人道主义的实现建立在历史发展客观规律的基础上，我们才说它是科学理性与人道主义的结合。

②　《马克思恩格斯选集》，2版，第1卷，75页。

③　同上书，54页。

这段话实际上是马克思的哲学宣言。

马克思在这里宣布，他的哲学思想既不同于旧唯物主义，也不同于唯心主义。前者把世界仅仅看做自在地客观存在着的客体，看不到人的主观因素的作用；后者突出人的主观能动性，但又否认世界的物质存在性，把人的活动仅仅作为精神活动来看。马克思本人强调二者的结合，把它们看做人的实践活动的不同方面、不同因素，看做实践的结果。也就是说，马克思认为实践活动是主观世界和客观世界的相互作用，是它们的结合点，是人对待和处理外部世界的出发点，整个世界，自然界、人、人类社会，都可以纳入人的实践活动之中，由实践所决定，由实践来解释。

这是马克思对自己的哲学思想的整体定位，对它的基本特点的明确规定。如果对马克思的思想加以概括，我们可以看到，能够准确反映其哲学思想特点的，正是“实践唯物主义”概念。事物的本质是将该事物与其他事物相区别的内在规定性，实践唯物主义思想就是马克思的哲学思想有别于以往一切唯物主义和唯心主义哲学的本质特征。

马克思的实践唯物主义思想并不是简单地在唯物主义的立场上强调实践的重要性，它是一个崭新的观察世界的角度。马克思为我们提供的是一个崭新的完整的世界观。这种世界观的特点在于：

第一，实践是一束普照光，对任何事物都应该从实践，从作为实践的主体的人出发去理解。当马克思说对对象、现实、感性，应该从人的实践，从主体方面去理解时，是说整个世界都是人的物质实践活动的对象和产物，万事万物无不带有人的实践活动的烙印，只有这样，整个世界及其运动才能得到合理的解释。

第二，从上述的世界观出发，最重要的不是解释世界，而是改造世界，是人的实践活动。正因为如此，马克思批评费尔巴哈不了解“革命的”、“实践批判的”活动的意义。他还在《关于费尔巴哈的提纲》中把他与一切其他哲学家的区别概括为：“哲学家们只是用不同的方式**解释**世界，问题在于**改变**世界。”①

第三，实践唯物主义注重改变世界是因为它对世界的观察有着独特的角度——揭示人的发展规律。马克思唯一关心的是人类的解放。他赞同18世纪法国唯物主义者关于人是环境的产物这一唯物主义观点，同时认为这一观点不能唯物主义地说明环境的变化，因而最终未能克服历史的唯心主义。马克思提出，只有实践活动，主要是劳动实践活动，能够同时对人的自然环境、社会环境及其变化、发展作出合理解释，进而揭示人的发展规律与解放道路：“环境的改变和人的活动或自我改变的一致，只能被看作是并合理地理解为**革命的实践**。”② 在这里，世界观也就是历史观，而且是涵盖自然界、人类社会和人本身的历史发展的大唯物史观。他说：

> **整个所谓世界历史**不外是人通过人的劳动而诞生的过程，是自然界对人说来的生成过程，所以，关于他通过自身而**诞生**、关于他的**产生过程**，他有直观的、无可辩驳的证明。因为人和自然界的**实在性**，即人对人说来作为自然界的存在以及自然

① 《马克思恩格斯选集》，2版，第1卷，57页。

② 同上书，55页。

界对人说来作为人的存在，已经变成实践的、可以通过感觉直观的……①

第四，实践活动包含有唯心主义一贯强调的人的主体性、能动性，即人的意志和思维创造等精神因素，但归根结底是唯物主义的活动。实践的主体、对象、手段是物质的，更重要的是，精神因素的作用要受物质存在的制约，只有与物质存在及其规律一致的才能改变世界，不致沦为空想，表现出现实性。马克思说："人应该在实践中证明自己思维的真理性，即自己思维的现实性和力量，自己思维的此岸性。关于思维——离开实践的思维——的现实性或非现实性的争论，是一个纯粹**经院哲学的**问题。"②

作为一种崭新的世界观，实践唯物主义思想从何而来？来源于马克思对黑格尔和费尔巴哈哲学思想的批判继承。

人们常说，马克思主义哲学吸收了黑格尔的辩证法和费尔巴哈的唯物主义，是二者的结合。这种说法不能算错。但是如果把这种结合理解为黑格尔的辩证法和费尔巴哈的唯物主义的简单相加，得出世界是物质的，物质世界是按照辩证法的规律运动着的，这样的结论，那就不对了。实际上，实践唯物主义是用劳动实践对我们所面对的整个世界的形成过程所作的说明，它是对黑格尔哲学的唯物主义颠倒。

这一颠倒工作是马克思在《1844年经济学哲学手稿》中完成的。在这里，马克思指出：在黑格尔看来，整个世界，自然界、人、人的社会、观念等一切，都是绝对观念演化的不同阶段，是人的自我意识的外化和对这种外化的克服的产物。自我意识通过外化设定了自己的对象，进而克服这种外化和它所设定的对象，回到自身，并因此使自己得到丰富和发展。在这个否定之否定的过程中，自我意识通过不断地外化和克服外化，一步步走向绝对观念，人本身和他所面对的自然界也因此而日益复杂、丰富，得到发展。马克思认为，黑格尔实际上是抽象地、思辨地表达了人和人的世界的形成过程。他说：

> 由于黑格尔根据否定的否定所包含的肯定方面把否定的否定看成真正的和唯一的肯定的东西，而根据它所包含的否定方面把它看成一切存在的唯一真正的活动和自我实现的活动，所以他只是为那种历史的运动找到**抽象的、逻辑的、思辨的**表达，这种历史还不是作为既定的主体的人的**现实的**历史，而只是人的**产生的活动**、人的**发生的历史**。③

马克思认为，"**人的本质，人**，在黑格尔看来是和**自我意识**等同的"④，因此黑格尔所说的自我意识的外化和外化的克服，实际上就是人的劳动活动，实践活动。于是马克思进一步说：黑格尔"把**劳动**看作人的**本质**，看作人的自我确证的本质；……劳动是人

---

① 《马克思恩格斯全集》，中文1版，第42卷，131页。

② 《马克思恩格斯选集》，2版，第1卷，55页。顺便指出，实践唯物主义世界观是马克思最重要的哲学思想，其意义在于为大唯物史观奠定了理论基础，揭示了人类解放的科学道路。西方马克思主义和上世纪80年代我国的实践唯物主义思潮从本体论的角度对它加以解读，以批判否定辩证唯物主义，是不正确的。马克思讲人化自然不是要否定物质自然，而是要说明它是被人的实践活动改造过了的自然。"人是自然的产物"，因此人的存在状况及其改变与发展，人的解放，秘密在人自身，是人的自我改变。

③ 《马克思恩格斯全集》，中文1版，第42卷，159页。

④ 同上书，165页。

在**外化**范围内或者作为**外化的**人的**自为的生成**”①。通过以上分析，马克思得出的结论是：

> 黑格尔的《**现象学**》及其最后成果——作为推动原则和创造原则的否定性的辩证法——的伟大之处首先在于，黑格尔把人的自我产生看作一个过程，把对象化看作失去对象，看作外化和这种外化的扬弃；因而，他抓住了**劳动的**本质，把对象性的人、现实的因而是真正的人理解为他**自己的劳动**的结果。②

这一结论和前面引用的马克思“整个所谓世界历史……”那段论述，十分相似。由此可见，就主要内容而言，实践唯物主义是从黑格尔哲学演化而来的。马克思自己所做的工作，主要是用现实的、物质的人取代了黑格尔的抽象的精神性的自我意识，用人的现实的劳动取代了自我意识通过外化设定对象和对外化及它所设定的对象的克服。马克思说：

> 当现实的、有形体的、站在稳固的地球上呼吸着一切自然力的**人**通过自己的外化把自己现实的、对象性的**本质力量设定**为异己的对象时，这种**设定**并不是主体；它是**对象性的**本质力量的主体性，因而这些本质力量的活动也必须是**对象性的**活动。③

这清楚地表明，马克思的哲学是对黑格尔哲学的唯物主义颠倒与唯物主义改造。

在改造黑格尔哲学时，马克思继承了费尔巴哈的唯物主义。费尔巴哈是唯物主义者，他的哲学的主要特点，是强调作为自然存在物的肉体的人的意义，是自然主义的人本学唯物主义。马克思接受了这一思想。针对黑格尔把人等同于自我意识的唯心主义，他说：“**人**直接地是**自然存在物**。……人作为自然的、肉体的、感性的、对象性的存在物，和动植物一样，是**受动的**、受制约的和受限制的存在物”④。同时，马克思也用黑格尔改造了费尔巴哈，因为费尔巴哈虽然创立了人本主义的唯物主义，而且把人理解为现实的、有形体的物质存在，但他并不懂得人的本质是劳动、实践，他只看到人的受动的一面，看不到人的能动的一面。倒是唯心主义者黑格尔看到了人的能动性，看到了实践活动的意义。费尔巴哈强调自然的肉体的人，但忽视了人的能动性，不懂得实践的意义；黑格尔强调人的能动性，强调实践对整个世界的决定性作用，但又把人等同于自我意识，否认人是自然的物质的存在；对二者加以改造和综合，就是马克思的实践唯物主义。

由于这个原因，马克思一再强调，自然科学和关于人的科学是一门科学。他说：“历史本身是**自然史**的即自然界成为人这一过程的一个**现实**部分。自然科学往后将包括关于人的科学，正像关于人的科学包括自然科学一样：这将是**一门**科学。”⑤ 因为自然界和人是无法分开的。人是自然界的产物，自然界是人的无机身体。更重要的是，无论自然界还是人本身都是人的实践活动的产物。

---

①② 《马克思恩格斯全集》，中文1版，第42卷，163页。

③④ 同上书，167页。

⑤ 同上书，128页。

这里有必要再次指出，说马克思继承了费尔巴哈的唯物主义，这是不错的，但马克思所继承的，主要不是费尔巴哈的唯物主义自然观，而是他把人作为肉体的自然的存在物来理解并用以解释世界的唯物主义人本主义。如果只继承了费尔巴哈的唯物主义自然观，马克思就不是我们今天见到的马克思了，也就没有我们今天所说的马克思主义哲学了。恰恰是由于马克思用费尔巴哈所说的肉体的人取代了黑格尔抽象的绝对观念和自我意识，才完成了对黑格尔自我意识辩证发展思想的唯物主义改造，创立了实践唯物主义。

实践唯物主义与辩证唯物主义是什么关系？这个问题在导论中已经有所涉及，在下一章还要做进一步的讨论，这里应该说明的是，虽然马克思哲学思想的主要观点是实践唯物主义，但这决不意味着他没有辩证唯物主义思想。

辩证唯物主义是用物质的自我运动解释世界的理论，在马克思主义哲学中，它主要存在于恩格斯的哲学著作里。马克思集中关注的是人类产生以后世界的发展变化，因此他强调实践活动在现实世界演化中的作用，提出实践唯物主义。但是如果从宏观上看，人本身也是物质存在，实践活动是一种物质存在与另一种物质存在的相互作用，也是一个唯物辩证的过程，它所引起的变化发展也可以视为辩证唯物主义的表现。此外，人类只是自然界演化发展到某一阶段上的产物，将随着自然界的进一步演化而消亡，在人类出现以前和消亡之后，自然界的演化发展也是一个没有人参与的辩证唯物主义过程。人所共知，黑格尔哲学是站在唯心主义立场上对自然界、人本身、人的思维以及人类社会辩证过程的描述，是“辩证唯心主义”。因而马克思的哲学思想作为对黑格尔思想的唯物主义改造，理应是辩证唯物主义的体现。

说马克思拥有辩证唯物主义思想，不仅仅出于这种理论推论，而是因为马克思本人有许多关于辩证唯物主义的思想。他的《1844年经济学哲学手稿》中就有着虽然简短但又十分明确的对辩证唯物主义世界观的论述。

马克思在这本书中与唯心主义的创世说展开辩论时指出：

> 任何一个**存在物**只有当它用自己的双脚站立的时候，才认为自己是独立的，而且只有当它依靠自己而**存在**的时候，它才是用自己的双脚站立的。……自然界和人的通过自身的存在，对人民意识来说是**不能理解的**，因为这种存在是同实际生活的一切**明摆着的事实**相矛盾的。①

紧接这段话之后，马克思以具体事例说明在人类产生以前自然界是一个自我运动的辩证过程。他说：

> **大地**创造说，受到了**地球构造学**（即说明地球的形成、生成是一个过程、一种自我产生的科学）的致命打击。自然发生说是对创世说的唯一实际的驳斥。②

这段话很简短，但非常重要。

大地创造说认为自然界是由神创造的，作为对它的反驳，马克思提到了地球构造

---

① 《马克思恩格斯全集》，中文1版，第42卷，129～130页。

② 同上书，130页。

学，即说明地球的形成、生成是一个自我产生过程的地质学，并认为地质学是对大地创造说的致命打击。显而易见，马克思是赞同地质学的结论的，但是地质学认为地球的形成是一个物质世界自我产生、自我运动的过程，而它所谈论的正是人类产生之前因而也还谈不上人的实践活动时的自然界，其中所体现的正是自然界自我运动的自然辩证法。马克思认为，自然发生说进一步肯定了生命以及人类的产生也是物质自我运动的产物。马克思举地球构造学和自然发生说的例子，是为了说明自然界和自然界的各种事物是“用自己的双脚站立的”，是“通过自身的存在”，是一个自我演化的过程。这正是对辩证唯物主义世界观的说明。可见，马克思早在1844年已经形成了初步的辩证唯物主义世界观，并把它作为实践唯物主义的前提和基础。

我们曾一再强调，马克思首先是革命家，他的一切理论工作都是围绕革命的需要展开的。确立这一特定的视角，对于理解马克思十分重要。他强调实践唯物主义而对辩证唯物主义论述较少，是因为他要着重研究的，是人对现实世界的改造作用，是无产阶级的革命实践。凡是别人看到物的地方，马克思都看到了人，这是马克思始终不变的思想特征。

二　实践唯物主义的丰富内涵

实践唯物主义是一个完整的世界观，内容十分丰富。可以说，马克思的主要哲学思想全都集中在这里。

（一）辩证法思想

我们通常所说的辩证法，实际上有两种不同的含义。其一是指事物发展的辩证过程，其二是指从这些过程中概括出来的辩证规律。换句话说，前者是指作为辩证过程的“过程辩证法”，后者是指作为辩证法规律的“规律辩证法”。辩证法规律，即对立统一、否定之否定、质量互变，是恩格斯对黑格尔哲学体系中的辩证法思想的概括。[①] 迄今为止马克思主义哲学教科书所说的辩证法，主要是指这种规律辩证法。黑格尔本人没有系统论述过辩证法的规律，他的辩证法思想体现在他哲学体系之中，如马克思所说，是指概念因内在矛盾而形成的自我运动、自我展开和自我发展。只是这些过程体现出了对立统一、否定之否定、质量互变等规律。也就是说，黑格尔的辩证法是指事物的辩证运动，是过程辩证法。马克思本人也从来没有讲过辩证法的规律，从1837年初次研究黑格尔哲学，到《1844年经济学哲学手稿》，再到写作《资本论》，反复谈到他对辩证法的理解，而他的理解与黑格尔一样，所指的正是事物发展的辩证过程，即过程辩证法。

人们经常谈论《资本论》的辩证法，强调《资本论》在分析商品和劳动的二重性时体现了对立统一思想，强调马克思所说的由货币到资本的转化是质量互变规律的表现，强调“货币——商品——货币”的循环运动体现了否定之否定规律，等等。这些说法都是有道理的，但是马克思在《资本论》中所说的他对黑格尔辩证法的模仿，以及列宁在《谈谈辩证法问题》中对《资本论》辩证法思想的概括，都告诉我们，马克思所说的《资本论》中的辩证法，是指由商品的二重性这一内在矛盾引起的资本主义从产生、发

---

① 参见《马克思恩格斯选集》，2版，第3卷，310、312页。

展到走向灭亡的历史过程，是过程辩证法。

实践唯物主义把自然界和人本身以及人类社会，作为以实践为动力由低级到高级直到共产主义实现了人与人、人与自然的和解的辩证发展过程来描述，是马克思辩证法思想的集中体现。

（二）唯物论思想

作为唯物主义者，就对思维与存在的关系问题的回答而言，马克思与其他唯物主义者是一样的，但实践唯物主义所体现的唯物主义思想，有如下三个特点：其一，任何客观存在物一方面作用于他物，另一方面被他物所作用，既是能动的，又是受动的。马克思特别注重它的能动方面：

> 在**物质**的固有的特性中，**运动**是第一个特性而且是最重要的特性，——这里所说的运动不仅是**机械的**和**数学的**运动，而且更是**趋向**、**生命力**、**紧张**，或者用雅科布·伯麦的话来说，是物质的**痛苦**。物质的原始形式是物质内部所固有的、活生生的、**本质的力量**，这些力量使物质获得个性，并造成各种特殊的差异。
>
> 唯物主义在它的第一个创始人**培根**那里，还在朴素的形式下包含着全面发展的萌芽。物质带着诗意的感性光辉对人的全身心发出微笑。但是，用格言形式表述出来的学说本身却反而还充满了神学的不彻底性。
>
> 唯物主义在以后的发展中变得**片面**了。**霍布斯**把**培根的**唯物主义**系统化**了。感性失去了它的鲜明的色彩而变成了**几何学家**的抽象的感性。**物理**运动成为**机械运动**或**数学运动**的牺牲品；**几何学**被宣布为主要的科学。唯物主义变得**敌视人了**。为了在自己的领域内克服**敌视人的、毫无血肉的**精神，唯物主义只好抑制自己的情欲，当一个**禁欲主义者**。它变成**理智的东西**，同时以无情的彻底性来发展理智的一切结论。①

其二，与上述思想相关，如《关于费尔巴哈的提纲》所说，马克思的唯物主义是和人的主体性、人的实践活动联系在一起的，他所看到的是作为人的实践活动结果的人化的自然。

其三，他的唯物主义与辩证法是一个整体，是统一的世界运动过程的两个侧面。前者是就这一过程的主体与客体的客观实在性而言的，后者则是指这一过程本身。马克思的实践唯物主义既没有离开物质存在讲辩证法，也没有离开主客体辩证法讲物质存在。马克思讲的物质世界，是物质存在基于实践的辩证运动过程。

实践活动是人对物质世界的能动改造，作为实践活动结果的自然界的改变，由人的实践方案和实践意志所决定，是人的意识的对象化。改变了的自然界带有人的活动的也是人的意识的烙印，是人化的自然界。马克思说：通过生产活动，自然界表现为人的作品和人的现实，“因此，劳动的对象是**人的类生活**的**对象化**：人不仅像在意识中那样理智地复现自己，而且能动地、现实地复现自己，从而在他所创造的世界中直观自身”②，于是自然界成为人的实践活动的结果。在《德意志意识形态》中，马克思恩格斯在批评

---

① 《马克思恩格斯全集》，中文1版，第2卷，163～164页。

② 《马克思恩格斯全集》，中文1版，第42卷，97页。

费尔巴哈时说："他没有看到，他周围的感性世界决不是某种开天辟地以来就直接存在的、始终如一的东西，而是工业和社会状况的产物，是历史的产物，是世世代代活动的结果"①。人周围的感性世界是作为与实践活动一道运动发展的过程而存在的，这是马克思唯物主义思想的基本观点。

（三）历史观

与上述辩证法思想以及唯物主义思想密切相关，世界呈现为受实践活动推动的历史发展过程。实践唯物主义认为，"整个所谓世界历史不外是人通过人的劳动而诞生的过程，是自然界对人说来的生成过程"。这一观点体现出一种对人类产生以后整个世界的历史发展，即自然界、人类社会和人本身的历史，作为一个统一的过程加以唯物主义理解的历史观。如前所述，这是广义的唯物史观，大唯物史观，它是实践唯物主义思想的重要特点。我们在下面将就此进行专门的论述。

（四）人类学思想

如前所说，马克思的实践唯物主义思想用实践对人的诞生和发展做了全面的说明，为我们提供了一种完整的人类学理论，即实践人类学。实践人类学认为人是自己劳动实践的产物，这是实践唯物主义思想的宝贵理论成果。

首先，劳动使人最终脱离了动物界。这是马克思思想的题中应有之义，但对它做了充分论述的，是恩格斯的《劳动在从猿到人的转变中的作用》一文。恩格斯指出，劳动的需要使人类的祖先学会直立行走，使他们手脚分工，产生了语言，学会了用火；劳动的结果又使他们的生活条件和劳动条件得到改善，进而智力提高，结成社会，把改造自然作为生活的基础，最终成为人。

其次，劳动使人不断发展，直至成为今天的人。马克思说："不仅五官感觉，而且所谓精神感觉、实践感觉（意志、爱等等），一句话，**人的**感觉、感觉的人性，都只是由于**它的**对象的存在，由于**人化的**自然界，才产生出来的。五官感觉的**形成**是以往全部世界历史的产物。"② 在生物学的意义上，今天的人与原始人未必有多大不同，二者的区别在于今天的人有着比原始人复杂得多的情感、意志、认识、思想等，而这种不同是在历史中形成的，是由于人化的自然也即人的感觉、意志、认识的对象，在人的实践活动的发展中得到发展。对象的发展决定了人的能力的发展，因此最终而言，是实践使人不断发展，成为今天的人。

基于以上认识，马克思说："**工业**的历史和工业的已经产生的**对象性**的存在，是一本**打开了的关于人的本质力量的**书，是感性地摆在我们面前的人的**心理学**"③。通过研究我们面前的人的活动的产物，这些人化的自然物，我们可以看到人的知识、感情、意志，即看到人的心理；通过研究工业的历史，即人化自然物的演化，我们就可以了解人的心理的发展。

再次，马克思认为，私有制导致了人的异化，异化使人失去了人的本质。他说：

---

① 《马克思恩格斯选集》，2版，第1卷，76页。

② 《马克思恩格斯全集》，中文1版，第42卷，126页。

③ 同上书，127页。

"人（工人）只有在运用自己的动物机能——吃、喝、性行为，至多还有居住、修饰等等的时候，才觉得自己是自由活动，而在运用人的机能时，却觉得自己不过是动物。"①共产主义意味着私有制的消灭，因而也是人的本质向人自身的回归，是人的真正的诞生。共产主义以前的历史，在马克思看来只是人类的前史。

最后，人类社会也是人的实践活动的产物。马克思在《1844 年经济学哲学手稿》中说："通过异化劳动，人不仅生产出他同作为异己的、敌对的力量的生产对象和生产行为的关系，而且生产出其他人同他的生产和他的产品的关系，以及他同这些人的关系。"② 社会性是人的本质特征，人只有在社会中才能从事生产。社会是以生产关系为基础的各种关系为纽带结合在一起的人，而生产关系是随着人的实践活动和由生产活动决定的生产力的发展而发展着的。在私有制条件下，人的本质与人异化、人的实践活动生产出的是人对人的阶级剥削和阶级压迫关系，是对人的社会性的破坏；在私有制被消灭以后，人的本质复归于人，人类社会真正成为人的社会。

（五）人道主义思想

实践唯物主义把实践视为人的本质，把整个世界都作为人的实践活动的产物，是对人的主体性的高度肯定，是把人置于整个世界的中心。更重要的是，实践唯物主义把整个世界看做受实践活动的推动而不断发展的过程，因此世界的发展也就是人自身的发展，是人道主义的逐步实现。马克思认为，实践活动的历史局限性决定了人类社会在一定时期必然产生私有制，资本主义社会是私有制的最后形式。在分析资本主义社会时，马克思首先强调的不是它所带来的物质繁荣，而是工人阶级的异化状态，是人道主义理想的失落。他在《1844 年经济学哲学手稿》中通过分析资本主义社会中人的异化，对资本主义社会的不人道状况提出强烈的谴责。他同时指出，社会实践的发展最终将使私有制退出历史舞台，共产主义必将取代资本主义，而这也就是人道主义的真正实现。

由此可见，实践唯物主义包含着马克思对人的深刻的人道主义关怀，或者说，人道主义精神深入贯穿在他的实践唯物主义理论之中。实践唯物主义是马克思哲学思想的核心，而它又把实践作为整个世界的基础，这表明人是马克思哲学思想的出发点；实践唯物主义指出历史发展必然走向使人道主义得到彻底实现的共产主义，这表明人也是马克思哲学思想的最后归宿；至于马克思对资本主义异化现象的分析和对私有制非人本质的谴责，则既体现了他对人的深切关怀，也是他对人道主义失落的原因的分析和对实现人道主义的具体途径的探索。

实践唯物主义的提出，使唯物主义理论具有了作为主体的人的色彩。物质不再是在人之外冷冰冰地决定人的命运的客观存在，成为人的对象化；物质世界的运动规律也不再是一种表现为人对之无可奈何的铁的必然性的科学理性，它本身就体现在人的实践活动引起的客观世界的变化之中；物质世界的辩证运动，特别是社会历史的发展，成为人道主义逐步实现的过程。物质具有了人性，科学理性体现出人道主义的精神。

---

① 《马克思恩格斯全集》，中文 1 版，第 42 卷，94 页。

② 同上书，99～100 页。

三 《1844年经济学哲学手稿》在马克思哲学思想中的地位

“实践的唯物主义”这一概念是马克思在《德意志意识形态》中首次使用的，但它的诞生地却是《1844年经济学哲学手稿》。我们前面的论述已经得出了这一结论。对于《1844年经济学哲学手稿》这部著作的评价，学术界见仁见智，存在严重分歧甚至尖锐对立。一些人认为它是马克思哲学思想的顶峰，另一些人认为它还不是马克思的成熟著作。这一分歧所涉及的不是对《1844年经济学哲学手稿》这本书的具体评价，而是对其中所体现的实践唯物主义思想和对整个马克思主义哲学的理解。如果认为这本著作是不成熟的，那就势必贬低甚至否认它与《关于费尔巴哈的提纲》的本质联系，贬低甚至否认其中所体现的人道主义、实践人类学以及过程辩证法和人化自然等思想的价值，把1844年的马克思与他后来的思想，特别是与恩格斯的哲学思想，对立起来。

说《1844年经济学哲学手稿》还不成熟，主要理由是马克思在这部著作中使用了类、类本质、人本主义等费尔巴哈哲学的术语；同时给予了费尔巴哈高度的评价，马克思自认为自己只是费尔巴哈哲学的继承者。

初看起来，这种说法是有道理的。例如马克思说：

> 整个实证的批判，从而德国人对国民经济学的实证的批判，全靠**费尔巴哈**的发现给它打下真正的基础。……只是从**费尔巴哈**才开始了**实证的**人道主义的和自然主义的批判。费尔巴哈越不喧嚷，**他的**著作的影响就越扎实、深刻、广泛而持久；费尔巴哈著作是继黑格尔的《现象学》和《逻辑学》以后包含着真正理论革命的唯一著作。①

类似的说法在《1844年经济学哲学手稿》和同样写于1844年由马克思和恩格斯合著的《神圣家族》中还有不少。但是这些说法都不能作为马克思在《关于费尔巴哈的提纲》之前，在《1844年经济学哲学手稿》中，还没有形成自己特有的哲学思想——实践唯物主义的证明。

马克思的哲学思想是从黑格尔和费尔巴哈的哲学脱胎而来的，在刚刚诞生时，也即其基本思想刚刚形成时，不可能不带有来自母体的种种“污物”，不可能立即提出准确表达自己思想的概念，甚至还没有清楚地意识到自己提出的思想究竟意味着什么，自己和前人究竟是什么关系。具体说，马克思在写作《1844年经济学哲学手稿》时，也即在1844年，虽然已经形成了自己的崭新的世界观，但还来不及对一个个具体用语作深入的推敲，因而借用了费尔巴哈的“类”、“类本质”等概念，只是赋予了它们以新的内涵。例如马克思理解的“类本质”已经不是费尔巴哈所说的“理性、意志、爱”，而是物质生产劳动。此外，更重要的是，这时的马克思误认为自己提出的实践唯物主义思想只是对费尔巴哈已有的思想继承和发展而已，因此给予费尔巴哈以高度的评价。这是马克思对自己的哲学思想的误解。正是这种误解又造成人们对《1844年经济学哲学手稿》以及马克思本人的严重误解。

对于这种误解，这里有必要做一些进一步的解释。

---

① 《马克思恩格斯全集》，中文1版，第42卷，46页。

马克思高度评价费尔巴哈，首先是因为他认为费尔巴哈用现实的肉体的人取代了黑格尔和青年黑格尔派的抽象的自我意识，为德国的哲学思想奠定了唯物主义基础。他说：

> 到底是谁揭露了“体系”的秘密呢？是**费尔巴哈**。是谁摧毁了概念的辩证法即仅仅为哲学家们所熟悉的诸神的战争呢？是**费尔巴哈**。是谁不是用**“人的意义”**（好像人除了是人之外还有什么其他的意义似的！）而是用**“人”**本身来代替包括“无限的自我意识”在内的破烂货呢？是**费尔巴哈**，而且仅仅是**费尔巴哈**。①

从这样的角度来理解和评价费尔巴哈是正确的，费尔巴哈的确是马克思唯物主义思想的主要来源。如前所述，马克思哲学思想转变的关键、枢纽，是用感性的、肉体的人取代了黑格尔的抽象的自我意识，而他对人的这种理解，正是来源于费尔巴哈。

马克思高度评价费尔巴哈，还因为他误解了费尔巴哈，把自己的实践唯物主义思想误认为就是费尔巴哈的思想。马克思说：

> 费尔巴哈把形而上学的**绝对**精神归结为**“以自然为基础的现实的人”**，从而完成了**对宗教的批判**。同时也巧妙地拟定了**对黑格尔的思辨**以及**一切形而上学的批判的基本要点**。②

其实费尔巴哈并没有完成对宗教的批判，马克思自己仅仅过了几个月后写的《关于费尔巴哈的提纲》的第 4 条就明确地指出了这一点。③ 费尔巴哈把黑格尔的形而上学的绝对精神归结为“以自然为基础的现实的人”，也并没有完成对黑格尔的批判。他提出“以自然为基础的现实的人”只是为马克思提供了批判黑格尔哲学的出发点而已，在对人的理解上，费尔巴哈和马克思存在根本性的不同。费尔巴哈理解的人还是抽象的自然的人，他不懂得劳动、实践才是人的真正本质。

实践唯物主义是对黑格尔的思辨和一切形而上学的批判的基本要点，是由马克思自己拟定的。从费尔巴哈的人本学唯物主义中是得不出这样的理论要点的，因为费尔巴哈重视人却不明白实践是人的本质，不明白实践活动的意义。只有马克思才既吸收了费尔巴哈把人作为感性的肉体的人的思想，又把实践作为人的本质。

然而马克思误解了费尔巴哈，从而也误解了自己的哲学发现。他以为只要把人理解为感性的肉体的人，自然就意味着把实践作为人的本质，因为在现实生活中，劳动实践确实是人区别于其他动物的本质所在。这样，马克思就把自己对实践的崭新理解加到了费尔巴哈的头上。例如他指出：“历史**不过是**追求着自己目的的人的活动而已”，但他把这视为“费尔巴哈的天才发现”④。他在《1844 年经济学哲学手稿》中，特别是在《关于费尔巴哈的提纲》的第一条中，提出唯心主义的错误是片面强调意识的作用，是唯灵论；费尔巴哈等旧唯物主义者的错误是片面强调物质的作用；实践唯物主义则是二者的

---

① 《马克思恩格斯全集》，中文 1 版，第 2 卷，118 页。

② 同上书，177 页。

③ 参见《马克思恩格斯选集》，2 版，第 1 卷，55 页。

④ 《马克思恩格斯全集》，中文 1 版，第 2 卷，118～119 页。

扬弃和结合。但在《神圣家族》中，他却说：“唯灵论和唯物主义过去在各方面的对立已经在斗争中消除，并为**费尔巴哈**永远克服”①。实际上我们从上述《关于费尔巴哈的提纲》第一条可以看出，真正克服了这种对立的，只是马克思自己。

实践唯物主义思想本来是马克思自己的重要创造，他却误认为是对费尔巴哈的继承，并且很自然地用费尔巴哈的术语，人的本质、类等，加以表述。这是马克思在1844年时对自己和对费尔巴哈的双重误解。只是在写于1845年春天的《关于费尔巴哈的提纲》中，马克思才对这一误解恍然大悟，并着力加以纠正。正因为如此，他在1867年致恩格斯的信中说：在重读了《神圣家族》这部用费尔巴哈的术语写作的书之后，“我愉快而惊异地发现，对于这本书我们是问心无愧的，虽然对费尔巴哈的迷信现在给人造成一种非常滑稽的印象”②。要注意，马克思并没有说《神圣家族》的思想是错误的，相反，对它作了充分的肯定。他只是说，对费尔巴哈的迷信是“滑稽的”，因为迷信的原因是把自己的实践唯物主义思想加在了本来不可能提出这一思想的费尔巴哈身上，高度赞誉了一个本来不值得那样赞誉的人。至于大量运用费尔巴哈的术语，那只是由于尚未意识到自己与费尔巴哈的原则不同，而且无暇创建自己的概念体系，因而用费尔巴哈的术语表达自己刚刚形成实际上已经超越了费尔巴哈的思想而已。马克思在写于1845—1846年的《德意志意识形态》中说：

> 由于这一切还是用哲学词句来表达的，所以那里所见到的一些习惯用的哲学术语，如“人的本质”、“类”等等，给了德国理论家们以可乘之机去不正确地理解真实的思想过程并以为这里的一切都不过是他们的穿旧了的理论外衣的翻新。③

总而言之，作为马克思哲学思想的标志的实践唯物主义，真正的诞生地是《1844年经济学哲学手稿》，只不过是在这部著作中它还不够成熟，还穿着费尔巴哈的外衣。《关于费尔巴哈的提纲》只是表明马克思这时已经意识到，自己在《1844年经济学哲学手稿》中形成的实践唯物主义，原来与费尔巴哈的思想有着怎样的根本不同。

一些人认为《关于费尔巴哈的提纲》与《1844年经济学哲学手稿》有着原则的区别，认为它才是马克思本人哲学思想已经形成的标志。其实，除了使用的概念不同之外，《关于费尔巴哈的提纲》的基本思想完全来自《1844年经济学哲学手稿》。

《关于费尔巴哈的提纲》最重要的是它的第一条，即：从前的一切唯物主义（包括费尔巴哈的唯物主义）的主要缺点是：对对象、现实、感性，只是从**客体**的**或者直观**的形式去理解，而不是把它们当作**感性的人的活动**，当作**实践**去理解，不是从主体方面去理解。因此，和唯物主义相反，**能动的**方面却被唯心主义抽象地发展了，当然，唯心主义是不知道现实的、感性的活动本身的。费尔巴哈想要研究跟思想客体确实不同的感性客体：但是他没有把人的活动本身理解为**对象性的**活动。……他不了解“革命的”、“实践批判的”活动的意义。④

---

① 《马克思恩格斯全集》，中文1版，第2卷，120页。

② 《马克思恩格斯全集》，中文1版，第31卷，293页，北京，人民出版社，1972。

③ 《马克思恩格斯全集》，中文1版，第3卷，261～262页。

④ 参见《马克思恩格斯选集》，2版，第1卷，54页。

人们认为，这段话表明马克思最终与费尔巴哈划清界限，克服了旧唯物主义的主要缺陷，通过实践概念实现了唯物主义和主观能动性的结合。实际上，这一工作马克思早在《1844年经济学哲学手稿》中已经完成了。

如前文所述，马克思在《1844年经济学哲学手稿》中指出，黑格尔把劳动实践视为人的本质，但他把人理解为自我意识，进而把整个世界理解为自我意识的能动创造，理解为这种创造所推动的辩证发展过程。显然，这体现了唯心主义对人的能动性的强调，马克思继承了黑格尔的这一思想。马克思又指出，创造世界的不是自我意识，而是现实的物质的人，这又是对费尔巴哈的继承。然而马克思又提出，人之所以能够创造世界，是因为实践是人的本质，人本身和他的对象不是自然物，而是人的实践活动的产物。这又显然是对费尔巴哈的超越。马克思得出结论说：

> 我们在这里看到，彻底的自然主义或人道主义，既不同于唯心主义，也不同于唯物主义，同时又是把这二者结合的真理。①

显而易见，这已经是《关于费尔巴哈的提纲》第一条的基本思想，只不过是马克思还把它称作“彻底的自然主义或人道主义”而已。②

写作《1844年经济学哲学手稿》时，马克思只有26岁，但这并不能成为否定这本著作是马克思主义哲学的诞生地以及贬低它的价值的理由。

《1844年经济学哲学手稿》写作时间不长，只有4个月，但却是马克思自大学毕业以后第一次集中精力思考纯粹的哲学问题，超越前人提出自己完整的哲学思想并加以正面的阐述。在此之后，他再也没有从事过类似的工作。

实践唯物主义思想在《1844年经济学哲学手稿》中的形成，是当时哲学领域的一场伟大革命。如果马克思是一位哲学教授，他一定会无比珍惜自己的这一发现，写出长篇巨著对它加以论证和阐述。但是，马克思首先是一位革命家，哲学只是他的战斗武器，所以他不仅没有停留在抽象的哲学思辨领域，没有对自己的哲学发现做系统的总结和公布，而是连《1844年经济学哲学手稿》这部书稿的写作都没有完成，就立即（可以说是急不可待地）运用已获得的哲学成果投入对德国唯心主义哲学的批判，投入对经济学的研究和为无产阶级解放进行的实际斗争。从此之后，马克思再也没有回到对纯哲学的集中研究上来，直到去世，以致留下了一直想写一部关于辩证法的专著却始终无暇动手的终生遗憾，也使得后人只能在各种手稿以及与他人论战的著作中领会他的哲学思想。

在《1844年经济学哲学手稿》之后，马克思的工作主要有两个方向。第一是批判青年黑格尔派，包括费尔巴哈，时间在《1844年经济学哲学手稿》写作之后的最初几年。主要成果有《神圣家族》、《关于费尔巴哈的提纲》、《德意志意识形态》。这些都是哲学著作，但又都是批判、论战性著作，是《1844年经济学哲学手稿》思想成果的运用和深化。1847年1月着手写作的《哲学的贫困》虽然推进了对人类社会的唯物主义

---

① 《马克思恩格斯全集》，中文1版，第42卷，167页。

② 不仅是《关于费尔巴哈的提纲》中的第一条，这一提纲的每一条都能在《1844年经济学哲学手稿》中找到相对应的论述。

理解，但也是为了批判蒲鲁东。第二是从事与革命事业有直接关系的经济学和各种政治问题以及科学社会主义的研究。这是马克思自1846年以后所从事的主要工作，鸿篇巨著《资本论》就是代表性成果。在对经济和政治问题的研究中，马克思也经常涉及哲学问题，但主要是把哲学作为方法论来看待的。

综上所述，在马克思的一生中，真正算得上集中力量从事哲学创造的著作，只有《1844年经济学哲学手稿》。简单地说，在此之前是在为这种研究创造做准备；在此之后是对创新成果的运用与完善。完全可以说，《1844年经济学哲学手稿》是马克思一生最重要的哲学著作之一。

第四节　唯物史观

唯物史观是马克思主义哲学对人类哲学思想的重要贡献。它用生产力的性质和发展解释人类社会及其发展，第一次把唯物主义世界观扩大到人类社会领域。唯物史观是由马克思和恩格斯共同创立的，但做出主要贡献的，是马克思。恩格斯多次谈到这一点。例如他在《共产党宣言》1888年英文版序言中明确地说："构成《宣言》核心的基本思想（即唯物史观——引者）是属于马克思的。"①

必须指出的是，马克思对历史的唯物主义理解远比我们通常的理解要宽泛，它既包括对人本身和人类社会历史的唯物主义理解，也包括对自然界的历史的唯物主义理解。用生产力解释社会历史只是马克思唯物史观思想的一个方面。

一　唯物史观

马克思写于1859年的《〈政治经济学批判〉序言》中的这样一段话，被人们认为是他对唯物史观，即历史唯物主义的"经典"表述：

> 人们在自己生活的社会生产中发生一定的、必然的、不以他们的意志为转移的关系，即同他们的物质生产力的一定发展阶段相适合的生产关系。这些生产关系的总和构成社会的经济结构，即有法律的和政治的上层建筑竖立其上并有一定的社会意识形式与之相适应的现实基础。物质生活的生产方式制约着整个社会生活、政治生活和精神生活的过程。不是人们的意识决定人们的存在，相反，是人们的社会存在决定人们的意识。社会的物质生产力发展到一定阶段，便同它们一直在其中运动的现存生产关系或财产关系（这只是生产关系的法律用语）发生矛盾。于是这些关系便由生产力的发展形式变成生产力的桎梏。那时社会革命的时代就到来了。随着经济基础的变更，全部庞大的上层建筑也或慢或快地发生变革。②

这里所表述的历史唯物主义，实际上其内容可以区分为如下两个方面：

---

① 《马克思恩格斯选集》，2版，第1卷，257页。
② 《马克思恩格斯选集》，2版，第2卷，32～33页。

第一，社会存在决定社会意识，也即“物质生活的生产方式制约着整个社会生活、政治生活和精神生活的过程”。这是历史唯物主义的最高概括，是它的基本精神的体现。

第二，生产力的发展是历史发展的最终动力；生产力决定生产关系，经济基础（生产关系的总和）决定上层建筑。这是历史发展的规律，是它的发展机制。

以上两个方面的内容，唯物主义地解释了社会生活的实质和发展机制，共同构成一个完整的唯物主义历史观。

对于历史唯物主义，恩格斯也有一个简要的概括。他在《在马克思墓前的讲话》一文中说：“正像达尔文发现有机界的发展规律一样，马克思发现了人类历史的发展规律，即历来为繁芜丛杂的意识形态所掩盖着的一个简单事实：人们首先必须吃、喝、住、穿，然后才能从事政治、科学、艺术、宗教等等；所以，直接的物质的生活资料的生产，从而一个民族或一个时代的一定的经济发展阶段，便构成基础，人们的国家设施、法的观点、艺术以至宗教观念，就是从这个基础上发展起来的，因而，也必须由这个基础来解释，而不是像过去那样做得相反。”① 这一说法除了肯定社会存在决定社会意识以外，特别强调首先必须吃、喝、住、穿，然后才能从事各种“高尚”的活动，也就是说，物质生活资料的生产是全部社会生活的基础。恩格斯的说法以十分生动的形式表述了历史唯物主义的基本精神，在历史唯物主义的传播中，产生了重要影响。

上述马克思对历史唯物主义的经典表述写于 1859 年，但这一思想的形成，由来已久。按照马克思自己的说法，早在 1843 年夏天开始写作《黑格尔法哲学批判》时，他就得出与历史唯物主义相一致的结论——“法的关系正像国家的形式一样，既不能从它们本身来理解，也不能从所谓人类精神的一般发展来理解，相反，它们根源于物质的生活关系，这种物质的生活关系的总和，黑格尔按照 18 世纪的英国人和法国人的先例，概括为‘市民社会’，而对市民社会的解剖应该到政治经济学中去寻求”②。这段话表明，马克思最初的历史唯物主义思想，源于他对黑格尔唯心主义法哲学思想的批判。

在《1844 年经济学哲学手稿》中，马克思进一步说：“宗教、家庭、国家、法、道德、科学、艺术等等，都不过是生产的一些**特殊的**方式，并且受生产的普遍规律的支配。”③ 他还说：“通过异化劳动，人不仅生产出他同作为异己的、敌对的力量的生产对象和生产行为的关系，而且生产出其他人同他的生产和他的产品的关系，以及他同这些人的关系。”④ 马克思在这里已经比较明确地提出了社会存在决定社会意识的思想，并且开始用劳动解释人们的生产关系，显然它们大大发展了《黑格尔法哲学批判》中的说法。历史唯物主义思想在《神圣家族》、《关于费尔巴哈的提纲》、《德意志意识形态》中得到了不断的丰富、发展和精确。它的最终形成，标志是写于 1845—1846 年的《德意志意识形态》。在这本书中，马克思和恩格斯首次提出了“生产关系”这一科学概念，从而为用唯物主义精神解释社会历史奠定了可靠的基础。

历史唯物主义主要是由马克思创立的，但是正如已经多次指出的，马克思本人无意

---

① 《马克思恩格斯选集》，2 版，第 3 卷，776 页。

② 《马克思恩格斯选集》，2 版，第 2 卷，32 页。

③ 《马克思恩格斯全集》，中文 1 版，第 42 卷，121 页。

④ 同上书，99～100 页。

于当一名职业的哲学家，一旦获得新的哲学思想，他首先想到的不是建立一种成熟系统的理论，而是立即把它作为从事理论上和政治上的实际斗争的工具。即使是上面所说的“经典表述”，如马克思自己所说，也只是从政治经济学研究方法论的角度对历史唯物主义思想的简要说明，而不是对理论本身的全面系统的阐述。正因为这样，历史唯物主义的许多细节问题，马克思和恩格斯并没有从学术研究的角度做过深入细致的发掘。①

这种情况给我们今天理解历史唯物主义带来许多问题。例如，历史唯物主义所揭示的历史发展规律，其“唯物”性究竟表现在哪里？人们都说历史唯物主义就是最终用生产力及其发展解释全部的人类历史，列宁甚至说：只要我们把社会关系归结于生产关系，把生产关系归结于生产力水平，社会形态的发展就显现为一个自然历史过程，也就是说体现出与自然界一样的客观规律性。② 但在实际上，用生产力来解释社会历史，所形成的未必就是历史的唯物主义理论。因为人们可以进一步提一个问题——生产力的发展又是由什么决定的？普列汉诺夫指出，圣西门已经认识到物质生产对生产关系从而对整个社会生活起着决定性的作用，但这一思想的继续发展却把他引入了历史的唯心主义。按照圣西门的看法：“为着生产，必须劳动工具。这些工具不是由自然以现成的形式给予的，它们是由人们发明的。发明，甚至简单的使用某一工具，需要在生产者身上有一定的智慧的发展。因此，‘产业’的发展乃是人类智慧发展的无条件的结果。所以，意见、‘教育’就在这里也是完全地支配着世界。”③ 圣西门的结论的唯心主义性质是很清楚的。

在马克思的思想里，历史唯物主义的“唯物”之处，存在于劳动这种实践活动之中。

生产力的集中体现是劳动工具，而工具是由人创造的，在创造工具的活动中，知识、思维的创造等精神因素无疑起着决定性的作用。此外，即使是知识本身也可以是思维的创造。人对客观事物的认识不是照镜子式的反映，人的知识可以来自直觉、顿悟、想像，科学史上这样的事例并不少见。但是，不论从何而来，知识最终都只能是对客观事物的反映，因为它们都必须经过实践的检验。人们可以创造随便什么样的知识，但只有能够经受住实践检验的知识，即没有被实践淘汰因而具有真理性的知识，才能真正作为知识流传下来。马克思说：“人的思维是否具有客观的［gegenständliche］真理性，这不是一个理论的问题，而是一个**实践的**问题。人应该在实践中证明自己思维的真理性，即自己思维的现实性和力量，自己思维的此岸性。关于思维——离开实践的思维——的现实性或非现实性的争论，是一个纯粹**经院哲学的**问题。”④ 这就是说，付诸实践的知识必须经过实践的甄别和筛选。正是实践对人的认识的筛选，保证了知识内容的客观现实性。爱因斯坦把认识活动比作猜谜语，人们可以创造对谜语的无数解释，但谜底只有一个，猜中了的意见，必须与谜底一致，其内容是不以任何人的主观愿望为转

① 著名俄罗斯哲学家Т.И. 奥伊则尔曼对这个问题做了比较详细的分析。参见安启念：《奥伊则尔曼论历史唯物主义》，载《哲学动态》，2002（4）、（5）。

② 参见《列宁选集》，3版，第1卷，8～9页，北京，人民出版社，1995。

③ ［俄］普列汉诺夫：《论一元论历史观之发展》，30页，北京，三联书店，1961。

④ 《马克思恩格斯选集》，2版，第1卷，55页。

移的。这是对思维在获得知识的过程中的创造性和知识内容的客观性的很好说明。人对工具的创造同样如此。工具是人凭借思维的想像创造的，然而这种创造又是极其不自由的。人创造的工具必须经受生产实践的检验和选择，只有在与劳动环境和劳动对象的客观规律相一致时，所创造的工具才能在实践中真正发挥作用，这些工具本身才能因其有效被作为现实的生产力保留下来。

最终而言是实践活动赋予了人的知识以及生产力以客观性，从而使得用生产力的性质及其发展解释社会历史的理论具有了唯物主义的性质，才是历史唯物主义。

实践是历史唯物主义的重要理论支点，但我们应该看到此外它还有一个重要支点，这就是利益。生产力在随着实践的发展而发展，但是为什么生产关系和全部上层建筑一定要与生产力的发展要求相一致从而社会历史表现出唯物主义的性质？这里的关键是，物质利益使人们不得不如此。恩格斯曾经说："在黑格尔那里，恶是历史发展的动力的表现形式。……自从阶级对立产生以来，正是人的恶劣的情欲——贪欲和权势欲成了历史发展的杠杆，关于这方面，例如封建制度的和资产阶级的历史就是一个独一无二的持续不断的证明。"① 马克思则说："为了不致丧失已经取得的成果，为了不致失掉文明的果实，人们在他们的交往（commerce）方式不再适合于既得的生产力时，就不得不改变他们继承下来的一切社会形式。"② 这表明，在马克思和恩格斯看来，趋利避害的动物本能，也是使生产力成为社会生活的决定因素从而历史唯物主义得以成立的重要原因。

马克思恩格斯的上述说法，表明我们今天所理解的历史唯物主义也具有相对性、历史性。自 19 世纪中叶问世以来，历史唯物主义已经被社会实践所反复证实③，这表明它的确具有真理性。但是任何真理都既是绝对的，又是相对的，历史唯物主义也不例外。历史唯物主义所反映的是人对物质生产的依赖，或者说是物质利益和物质生产对人的主宰，人自身以及人与人的社会关系必须服从生产力的需要。按马克思的说法，它表现为"人的依赖关系"或者是"以物的依赖性为基础的人的独立性"。这只是人类历史的一个阶段，必然要让位于"建立在个人全面发展和他们共同的社会生产能力成为他们的社会财富这一基础上的自由个性"④。到那时，人既摆脱了对他人的依赖，也不再受物质生产的主宰，这将是人的自由王国。马克思说：自由王国只是在由必须和外在目的规定要做的劳动终止的地方才开始。在未来的共产主义社会，"社会化的人，联合起来的生产者，将合理地调节他们和自然之间的物质变换（即物质生活资料的生产——引者），把它置于他们的共同控制之下，而不让它作为盲目的力量来统治自己；靠消耗最

---

① 《马克思恩格斯选集》，2 版，第 4 卷，237 页。

② 同上书，533 页。

③ 20 世纪 70 年代以来社会主义国家天翻地覆的改革和发达资本主义国家人的"单向度"化，是对历史唯物主义的最好证明。社会主义国家的改革证明生产力确实是社会发展的决定性因素，靠阶级斗争和思想革命不可能越过历史发展的阶段，"社会存在决定社会意识，而不是相反"。发达国家人的"单向度"化则表明生产力的性质和发展怎样地深入决定着社会生活的一切方面，包括生产关系、政治制度以及人们的语言、哲学等等。生产力成为科学技术的运用，使得全部社会生活都具有了科学的色彩，以至于人们丧失了对现实生活的批判向度。关于发达国家人和社会的"单向度"化，参见 [美] 马尔库塞：《单向度的人》，重庆，重庆出版社，1988。

④ 《马克思恩格斯全集》，中文 1 版，第 46 卷（上），104 页。

小的力量，在最无愧于和最适合于他们的人类本性的条件下来进行这种物质变换。……在这个必然王国的彼岸，作为目的本身的人类能力的发展，真正的自由王国，就开始了"①。马克思所说的自由王国，条件是物质生产力的极大发展。这将使得直接形式的劳动不再是财富的巨大源泉，劳动时间就不再是，而且必然不再是财富的尺度，自由闲暇时间大大增加，个性的自由发展取代物质欲望的满足成为人的主要目的。②

可见，在马克思看来，人为了满足物质需求而不得不屈服于生产力的需要，以私有制的形式付出自我异化的代价从事物质生活资料的生产，只是人类历史中的一个阶段，是生产力还不够发达时出现的现象，并不是永恒的。共产主义社会也不能没有物质生产，但那时的生产将不再是统治人的盲目的力量，生产方式将以"最无愧于和最适合于人类本性"为条件，由人自觉地进行安排，而不是服从生产本身的需要。按照马克思和恩格斯的说法，到那时，人类才真正结束了自己的史前时期③，"人在一定意义上才最终地脱离了动物界，从动物的生存条件进入真正人的生存条件"④。到那时，历史唯物主义还能不能成立，值得研究，即使仍然成立，它也一定会与我们今天的理解有很大的不同。

历史唯物主义的实质，是用科学理性对人类的社会生活及其发展作出合理说明，揭示社会历史的规律，从而赋予社会理论与自然科学一样的科学性。产生了历史唯物主义理论的那个时代，是因工业化的巨大成就而使科学理性凯歌高奏的时代，用科学理性解释社会历史，是时代的要求。马克思的历史唯物主义理论就是适应这一要求的产物。历史唯物主义在人类历史上第一次使社会历史理论具有了科学性，是十分宝贵的。

二　马克思的"大唯物史观"思想

本书上一节指出，马克思对唯物史观的理解，远不局限于社会历史，对社会历史的唯物主义解释只是其唯物史观思想的一个方面。他理解的唯物史观涵盖自然界、人类社会和人本身的历史发展，是一种涵盖范围更大的唯物史观，大唯物史观。

马克思的历史观之所以要包含社会历史和自然界的历史，是因为他认为只有社会的变化和自然界的变化才能解释人的变化。我们一再说，马克思恩格斯一生从事过各种各样的理论研究和实践活动，所有这些工作都是围绕一个中心展开的，这就是人的解放。马克思的历史观也就是他的人类学。马克思（也包括恩格斯）不同于其他哲学家的地方在于，他（们）没有把人的解放诉诸道德说教（宗教、各种人道主义以及空想社会主义理论）、哲学批判（青年黑格尔派）和阶级斗争（《〈黑格尔法哲学批判〉导言》时的马克思），而是认为这是一个按照客观规律逐步实现的过程。18世纪法国唯物主义指出人是环境和教育的产物。马克思充分肯定了这种观点。环境包括自然环境和社会环境（教育是社会环境的一部分），因而马克思意识到，只有通过自然界和社会的变化发展才能

---

① 《马克思恩格斯全集》，中文1版，第25卷，926～927页，北京，人民出版社，1974。

② 参见《马克思恩格斯全集》，中文1版，第46卷（下），218页，北京，人民出版社，1980。

③ 参见《马克思恩格斯选集》，2版，第2卷，33页。

④ 《马克思恩格斯选集》，2版，第3卷，633页。

认识人的发展。

关于自然环境，他认为人本身就是自然界的一部分，自然界则是人的无机的身体；自然界的改变会改变人。在讲到人的感觉能力的产生与发展时，他说：“**人的**感觉、感觉的人性，都只是由于**它的**对象的存在，由于**人化的**自然界，才产生出来的。”① 他还说：

> **工业**是自然界同人之间，因而也是自然科学同人之间的**现实的**历史关系。因此，如果把工业看成人的**本质力量**的**公开的**展示，那么，自然界的**人的**本质，或者人的**自然的**本质，也就可以理解了；因此，自然科学将失去它的抽象物质的或者不如说是唯心主义的方向，并且将成为**人的**科学的基础……在人类历史中即在人类社会的产生过程中形成的自然界是人的**现实的**自然界；因此，通过工业——尽管以**异化**的形式——形成的自然界，是真正的、**人类学的**自然界。
>
> ……历史本身是**自然史**的即自然界成为人这一过程的一个**现实**部分。自然科学往后将包括关于人的科学，正像关于人的科学包括自然科学一样：这将是**一门**科学。②

关于社会环境，马克思有一句人所共知的名言：“人的本质不是单个人所固有的抽象物，在其现实性上，它是一切社会关系的总和。”③ 这句话是针对社会关系对人的决定作用所做的经典概括。马克思关注自然界的历史和社会历史不是出于对历史的爱好，是因为只有通过自然史和社会史才能揭示人的历史。

马克思的大唯物史观之所以能对自然史、社会史、人的历史作出科学说明，是因为它建立在实践唯物主义的基础之上。实践是自然界、社会和人自身运动发展的动力之源。马克思一再强调：物质生活资料的生产是人得以生存的前提，是人类最基本、最重要的活动，是一切历史的第一个前提：“任何历史观的第一件事情就是必须注意上述基本事实的全部意义和全部范围，并给予应有的重视。”④ 劳动实践活动改变了自然界，被改变了的自然界向人提供了关于自己的新的信息，人的科学认识和技术水平得到发展，从而生产工具、生产力得以提高；生产力的发展改变了原有的生产关系以及与之相应的上层建筑，也即改变了人的社会环境；人是环境的产物，自然环境、社会环境的变化、发展决定了人的变化、发展。马克思把上述过程概括为“人创造环境，同样，环境也创造人”⑤，“环境的改变和人的活动或自我改变的一致，只能被看作是并合理地理解为**革命的实践**”⑥。劳动实践活动永远不会停止，自然界、社会、人在劳动实践的基础上不断地相互作用、协同发展，形成历史。这就是马克思的历史观，大唯物史观。只讲环境决定人是旧唯物主义；只讲人决定环境是唯心主义；只有大唯物史观揭示了劳动实践活动引起的人与环境的相互作用，使它们运动起来，显示出历史性，唯物主义地解答了历史之谜。

---

① 《马克思恩格斯全集》，中文1版，第42卷，126页。

② 同上书，128页。

③ 《马克思恩格斯选集》，2版，第1卷，56页。

④ 马克思：《德意志意识形态》（节选本），23页，北京，人民出版社，2003。

⑤ 同上书，37页。

⑥ 《马克思恩格斯选集》，2版，第1卷，55页。

大唯物史观以实践唯物主义为基础，因而马克思十分强调劳动实践活动在历史中的作用。他在《1844年经济学哲学手稿》中说："通过异化劳动，人不仅生产出他同作为异己的、敌对的力量的生产对象和生产行为的关系，而且生产出其他人同他的生产和他的产品的关系，以及他同这些人的关系。"① 他还说："无论劳动的材料还是作为主体的人，都既是运动的结果，又是运动的出发点（并且二者必须是**出发点**，私有财产的历史**必然性**就在于此）。因此，**社会**性质是整个运动的一般性质；**正像**社会本身生产**作为人的人**一样，人也**生产**社会。"②《1844年经济学哲学手稿》提出："**整个所谓世界历史**不外是人通过人的劳动而诞生的过程，是自然界对人说来的生成过程"③。这是马克思对其大唯物史观思想的高度概括。

马克思的大唯物史观与我们通常所说的唯物史观，即用生产力、生产关系、经济基础、上层建筑的相互作用解释社会历史的理论，不存在任何矛盾。通过以上论述可以看出，我们通常所说的唯物史观是大唯物史观的一个组成部分，是关于社会历史的思想，只有放在大唯物史观中它才能得到科学的理解。反过来说，大唯物史观只有把我们通常所说的唯物史观结合在自身之中，才能揭示社会历史运动发展的具体细节。但是二者也存在明显的差别。大唯物史观不仅视野更为开阔，对历史发展机制的认识更加深刻，而且由于把自然界、社会和人的发展作为一个整体，由于关注自然界和社会的发展是因为它们决定了人的发展，换句话说，由于全部大唯物史观理论的中心是人的发展与解放，所以它提醒我们任何时候都要把人的发展与解放放在中心地位，作为一切努力的价值目标。这对于我们在纷繁复杂的历史变化中保持清醒的头脑是很重要的。

马克思之所以能形成"大唯物史观"，与黑格尔哲学有密切的关系。黑格尔哲学是关于精神发展历史的学说，它把现实的人以及他所面对的现实的世界，作为一个以精神性的"劳动"——即自我意识的外化和对外化的克服——为基础的辩证发展的统一过程来描述。他的理论是"大唯心史观"。马克思用物质的人取代了黑格尔的自我意识，用物质性的劳动活动取代了黑格尔的精神劳动，黑格尔的精神发展史于是变成现实的人的发展史。马克思说：黑格尔辩证法的伟大之处首先在于，他"把人的自我产生看作一个过程，把对象化看作失去对象，看作外化和这种外化的扬弃；因而，他抓住了**劳动的**本质，把对象性的人、现实的因而是真正的人理解为他**自己的劳动**的结果"④。黑格尔建立在唯心辩证法基础上的包罗万象的体系，在马克思这里演化为实践唯物主义，演化为他的包括人类现实生活一切方面的"大唯物史观"。马克思的哲学思想与黑格尔哲学的关系，比我们通常理解的，要深刻得多。

认识到马克思的大唯物史观思想是改革开放以来中国马克思主义哲学研究取得的重要成果。遗憾的是，迄今为止在马克思主义哲学的研究中大唯物史观没有得到应有的重视。

---

① 《马克思恩格斯全集》，中文1版，第42卷，99～100页。
② 同上书，121页。
③ 同上书，131页。
④ 同上书，163页。

第五节　阶级斗争

在马克思的社会哲学理论中，阶级和阶级斗争问题具有很重要的地位，许多人把它视为历史唯物主义的主要内容之一，甚至是最重要的内容。在考察马克思的哲学思想时，有必要对他的阶级斗争理论做一简要介绍。

一　历史唯物主义与阶级斗争

马克思曾经无数次地使用阶级概念，但没有明确地提出过阶级的定义。从马克思对阶级概念的使用情况看，它的特点是把阶级与私有制以及生产力的发展联系在一起，突出强调阶级剥削和阶级对立。在后来的马克思主义文献中通行的是列宁的阶级定义，列宁说：

> 所谓阶级，就是这样一些大的集团，这些集团在历史上一定的社会生产体系中所处的地位不同，同生产资料的关系（这种关系大部分是在法律上明文规定了的）不同，在社会劳动组织中所起的作用不同，因而取得归自己支配的那份社会财富的方式和多寡也不同。所谓阶级，就是这样一些集团，由于它们在一定社会经济结构中所处的地位不同，其中一个集团能够占有另一个集团的劳动。①

按照对阶级的上述理解，马克思主义必然把阶级关系、阶级斗争视为阶级社会人与人之间最重要的经济关系。经济基础决定上层建筑，因而阶级性也就成为决定整个上层建筑领域最基本特征的因素。但这还不是马克思阶级和阶级斗争理论的全部内容。

马克思在1852年给约·魏德迈的一封著名的信件中说：

> 无论是发现现代社会中有阶级存在或发现各阶级间的斗争，都不是我的功劳。在我以前很久，资产阶级历史编纂学家就已经叙述过阶级斗争的历史发展，资产阶级的经济学家也已经对各个阶级作过经济上的分析。我所加上的新内容就是证明了下列几点：(1) **阶级的存在**仅仅同**生产发展的一定历史阶段**相联系；(2) 阶级斗争必然导致**无产阶级专政**；(3) 这个专政不过是达到**消灭一切阶级**和进入**无阶级社会**的过渡……②

马克思在这里所说的他对阶级和阶级斗争理论的三点新贡献，集中体现了他的阶级斗争理论的特点。

马克思的阶级和阶级斗争理论，最大的特点是把它们与历史唯物主义的基本原理联系在一起。马克思把阶级作为生产力发展一定阶段的产物。他和恩格斯指出：“分工和私有制是相等的表达方式，对同一件事情，一个是就活动而言，另一个是就活动的产品

---

① 《列宁选集》，3版，第4卷，11页，北京，人民出版社，1995。

② 《马克思恩格斯选集》，2版，第4卷，547页。

而言。”① 当生产力不足以提供剩余产品时，没有私有财产，也没有人和人的阶级划分。分工提高了劳动活动的效率，效率提高了的劳动活动带来了剩余产品，而剩余产品的出现使得一些人有可能利用手中的生产资料“不劳而获”，于是导致私有制的产生。以此为基础，劳动分工演化为社会等级，一小部分人占有生产资料而置身于劳动生产之外却又享有劳动成果，绝大部分人不能完全拥有自己的劳动成果。于是，人和人的关系成为阶级关系。

在马克思看来，阶级随生产力的发展而产生，也将随着生产力的进一步发展而消亡。社会分工在资本主义社会的空前发展，使生产力极大提高，也使物质生产具有了前所未有的社会性；生产力的这种社会性与生产资料的私人占有相冲突，必然导致私有制的终结；一旦生产资料的私有制被消灭，人和人之间的阶级划分也就不复存在。有的人用人性的不同或天赋能力的不同解释阶级的存在，阶级无疑将是永存的；也有人用人的意见、意愿解释包括阶级关系在内的人和人的关系，似乎消灭阶级只是人的一念之差的事情。只有马克思从历史唯物主义基本原理出发，把阶级的产生、存在与消亡，看做一个以生产力的发展为基础的历史过程，看做生产力提供了剩余产品但又不能满足每一个人的需要时的产物。②

强调无产阶级专政的历史必然性和它在阶级消亡过程中的作用，是马克思阶级斗争理论的另一个特点。之所以有这样的特点，有两个基本的原因。

第一，在马克思看来，阶级斗争是历史进步的主要推动力量。生产力是社会发展的动力，新的生产力出现以后，必然与旧的生产关系发生矛盾，最终以新的生产关系取代旧的生产关系，并进而改变整个社会的上层建筑。这是历史唯物主义的基本原理。然而生产力和生产关系本身并不是物质实体，它们只是一定物质实体的具有客观性的能力或者关系。新的生产力和旧的生产关系之间的斗争，只有借助于分别代表它们的物质实体、物质力量才能进行。这种物质实体，就是组织成为阶级的现实的人。在阶级社会里，在一定的生产关系中总要有某一个确定的阶级居于主导地位，它的利益和要求在这种生产关系中得到最大限度的满足。新的生产力和旧的生产关系的斗争，以代表新的生产力和生产关系的阶级与代表旧的生产力和生产关系的阶级之间的阶级斗争表现出来。也就是说，以人与人之间的斗争表现出来。新的生产力克服旧的生产关系的束缚，以及整个社会的进步，只有通过新生阶级在阶级斗争中的胜利才能实现，因而阶级斗争是历史发展的主要动力。这是马克思的基本思想。恩格斯在总结马克思的这一思想时说：马克思证明，“至今的全部历史都是阶级斗争的历史，在全部纷繁复杂的政治斗争中，问题的中心仅仅是社会阶级的社会的和政治的统治，即旧的阶级要保持统治，新兴的阶级要争得统治”③。

第二，马克思认为无产阶级在人类历史上负有特殊的历史使命。马克思强调，资本主义是私有制发展的最后形式，它所创造的巨大的社会生产力，不仅与资本主义生产关

① 《马克思恩格斯选集》，2版，第1卷，84页。

② 马克思关于阶级的产生与消亡的思想，见他的《1844年经济学哲学手稿》、《德意志意识形态》、《人类学笔记》、《1852年致约·魏德迈的信》等著作，并参见恩格斯《反杜林论》、《家庭、私有制和国家的起源》等。

③ 《马克思恩格斯选集》，2版，第3卷，334页。

系相矛盾，而且否定一切可能形式的生产资料私有制，它使公有制取代私有制，从而消灭一切阶级，成为历史的必然。谁是这种历史必然性的代表？无产阶级。马克思说："共产党人可以把自己的理论概括为一句话：消灭私有制。"① 他还说："这个阶级的历史使命是推翻资本主义生产方式和最后消灭阶级。这个阶级就是无产阶级。"② 由此可见，在马克思看来，无产阶级与资产阶级的斗争是人类历史上的最后一场阶级斗争。无产阶级代表了先进生产力的要求，它必然赢得与资产阶级的阶级斗争，建立自己的专政统治；同时，由于无产阶级所代表的生产力要求消灭一切私有制，因而无产阶级的专政也就不是要为自己谋求任何的阶级私利，相反，它将以建立生产资料公有制、消灭阶级、最终解放全人类为己任。

综上所述，在马克思那里，阶级和阶级斗争不是永恒的，它们存在于生产力发展的一定历史阶段。当阶级存在时，随着生产力的发展必然出现新旧生产方式的斗争，表现为阶级冲突，阶级斗争推动了社会进步。在人类文明史上，无产阶级为建立无产阶级专政而进行的阶级斗争，是"最后的斗争"，生产资料公有制将从中诞生，阶级将因此而最终被消灭。历史证明，如何理解马克思的上述思想，是马克思主义发展史和国际工运史上引来激烈斗争的焦点问题。

二　阶级斗争与普罗米修斯情结

我们在前面已经提到过马克思的一句名言："哲学家们只是用不同的方式**解释**世界，而问题在于**改变**世界。"③ 这是他对以往哲学家的批评，更是他自己立志改造世界的宣言。他的阶级斗争理论，主要不是着眼于对这一问题进行理论探讨，而是着眼于对无产阶级实际斗争中一系列战略、策略问题的思考。马克思有关阶级斗争问题的著作主要有：《共产党宣言》、《1848 年至 1850 年的法兰西阶级斗争》、《路易·波拿巴的雾月十八日》、《法兰西内战》、《哥达纲领批判》等。这些著作详细论述了无产阶级的历史使命，以及它应该如何夺取政权、巩固政权，应该建设一个什么样的政权，应该运用手中的权力完成哪些任务，等等。

无产阶级是先进生产力的代表，肩负着消灭私有制、消灭剥削、消灭阶级，最终实现共产主义的历史使命，这是马克思的基本的思想，在前面所引用的致约·魏德迈的信里，可以看得很清楚。然而他不仅论述了无产阶级的历史使命，而且对如何完成这一使命也有很具体的设想。他在《共产党宣言》中说：

> 工人革命的第一步就是使无产阶级上升为统治阶级，争得民主。
>
> 无产阶级将利用自己的政治统治，一步一步地夺取资产阶级的全部资本，把一切生产工具集中在国家即组织成为统治阶级的无产阶级手里，并且尽可能快地增加生产力的总量。
>
> …………

---

① 《马克思恩格斯选集》，2 版，第 1 卷，286 页。
② 《马克思恩格斯选集》，2 版，第 2 卷，108 页。
③ 《马克思恩格斯选集》，2 版，第 1 卷，61 页。

最先进的国家几乎都可以采取下面的措施：

1. 剥夺地产，把地租用于国家支出。
2. 征收高额累进税。
3. 废除继承权。
4. 没收一切流亡分子和叛乱分子的财产。
5. 通过拥有国家资本和独享垄断权的国家银行，把信贷集中在国家手里。
6. 把全部运输业集中在国家手里。
7. 按照总的计划增加国家工厂和生产工具，开垦荒地和改良土壤。
8. 实行普遍劳动义务制，成立产业军，特别是在农业方面。
9. 把农业和工业结合起来，促使城乡对立逐步消灭。
10. 对所有儿童实行公共的和免费的教育。取消现在这种形式的儿童的工厂劳动。把教育同物质生产结合起来，等等。①

归纳起来看，上述论述主要有如下几个要点：第一，夺取政权，建立无产阶级专政；第二，剥夺剥夺者，利用政权的力量建立生产资料公有制；第三，有计划地组织生产；第四，消灭三大差别。马克思在写于1875年的《哥达纲领批判》中进一步完善了以上思想，指出，在社会主义社会只能实行按劳分配原则。

以上是马克思对无产阶级阶级斗争的目标和未来社会主义社会的全面设想，或者说是对无产阶级历史使命的具体化。这是一个完整的思想体系。无产阶级的历史使命是消灭阶级，把全人类从私有制中彻底解放出来；为了实现这一目的，应该用生产资料公有制取代生产资料私有制，实行计划经济和按劳分配，逐步消除三大差别；为了做到这一点，必须首先夺取政权，手中没有政权，一切无从谈起。马克思之所以提出上述设想，是因为他深信自己创立的历史唯物主义理论是客观真理，按照这一理论，社会主义、共产主义取代资本主义是历史的必然，实现这种历史的必然是无产阶级的使命。

在马克思这里，无产阶级是历史必然性的实现者，是客观规律的物质体现，是历史嘱托的执行人。与其说无产阶级在为了自己的解放进行艰苦的阶级斗争，不如说是历史在借助于它的斗争为自己开辟道路。无产阶级是客观必然性的实现者，但它是如何认识和掌握这种客观必然性的？这里的唯一途径就是接受和学习马克思主义，因为只有马克思主义才掌握了历史发展的规律。在马克思主义与无产阶级阶级斗争的结合中，马克思主义给无产阶级指明了方向，在无产阶级身上找到了使自己，也是使历史规律，变为现实的物质武器；无产阶级则借助于马克思主义的指导，找到了使自己获得彻底解放的道路。马克思主义勾画了未来社会的蓝图，无产阶级将使这种蓝图变为现实。马克思在1844年初发表的《〈黑格尔法哲学批判〉导言》中说："哲学不消灭无产阶级，就不能成为现实；无产阶级不把哲学变成现实，就不可能消灭自身"②，就是这个意思。

我们在前面曾经谈到，马克思有着明显的普罗米修斯情结。马克思要揭示历史的规律，为无产阶级和全人类的解放指出一条正确的道路，就像普罗米修斯为人从天上盗来

---

① 《马克思恩格斯选集》，2版，第1卷，293～294页。
② 同上书，16页。

火种一样。他在自己的事业刚刚开始时便说："批判的武器当然不能代替武器的批判，物质力量只能用物质力量来摧毁；但是理论一经掌握群众，也会变成物质力量。"① 他还说："哲学把无产阶级当作自己的**物质**武器，同样，无产阶级也把哲学当作自己的**精神**武器；思想的闪电一旦彻底击中这块素朴的人民园地，**德国人**就会解放成为**人**。"②他在随后几十年的斗争实践中制定的关于阶级斗争和无产阶级历史使命的理论，正是他所说的这种哲学，正是他希望用来掌握群众变为物质力量的理论。马克思的阶级斗争理论，他的无产阶级历史使命学说，是他的普罗米修斯情结的产物，是他发出的思想的闪电。

普罗米修斯情结贯穿马克思的整个一生，离开它，马克思也就不成其为马克思了。这种情结一方面是对人类的深刻的人道主义关怀，另一方面是为了人类的幸福而英勇奋斗的决心。当马克思说"问题在于改变世界"时，当他说应该把现实世界当作人的实践从主观的能动的方面去理解时，当他强调阶级斗争是历史发展的动力，赋予无产阶级以重大的历史使命时，都表现了他的这种斗争决心。与历史上其他立志为人类或人民的幸福献身的志士仁人相比，马克思的不同之处在于，他把自己的斗争决心以及无产阶级的使命，与历史发展规律联系在一起，使自己的事业具有科学性，不至于沦为空想。

但是，这只是从理论上讲的，要实际地做到斗争决心与历史规律的结合，并不是一件容易的事情。普罗米修斯情结主要是一种情感、愿望、意志，在人们对客观规律的认识中，这种情结总要作为非理性因素公开地或者潜在地发挥作用。它有可能与科学理性相冲突，夸大阶级斗争的作用，脱离实际。

马克思本人是历史唯物主义的创始人，但这并不能保证他在认识历史规律时可以完全排除普罗米修斯情结作为非理性因素对他的影响。恩格斯在去世前不久写的《卡尔·马克思〈1848年至1850年的法兰西阶级斗争〉一书导言》中，回顾总结了他和马克思1848年时的思想。他说："在当时的情势下，我们不可能有丝毫怀疑：伟大的决战已经开始，这个决战将在一个很长的和充满变化的革命时期中进行到底，而结局只能是无产阶级的最终胜利。……但是，历史表明我们也曾经错了，暴露出我们当时的看法只是一个幻想。……历史表明，我们以及所有和我们有同样想法的人，都是不对的。"③ 这是因为在1848年革命时，虽然阶级斗争异常激烈，但资本主义并非已经没有进一步发展的空间。非理性因素对理性因素的冲击，不仅表现在马克思对1848年革命的认识上，在他对1871年巴黎公社的认识和对俄国革命的热切期待中，也随处可见。

具有普罗米修斯情结的，不光是马克思。一个人如果没有普罗米修斯情结，是不可能牺牲自己投身无产阶级和人类的解放事业的。马克思身上出现过的非理性因素与理性因素的冲突，对于许多马克思主义者具有普遍性，这在20世纪的社会主义运动史中，可以看得非常清楚，并且深刻影响了20世纪马克思主义哲学的发展。

---

① 《马克思恩格斯选集》，2版，第1卷，9页。

② 同上书，15～16页。

③ 《马克思恩格斯选集》，2版，第4卷，509～512页。

第六节　其他重要哲学思想

马克思的哲学思想，内容非常丰富，除了上面所说之外，他关于科学研究方法和世界历史的论述，也包含有十分宝贵的内容。

一　作为方法论的辩证法

方法论是哲学思想的体现。哲学认识论作为哲学家认识事物的方法，将贯穿在他的研究工作之中，这是显而易见的。但对马克思来讲，他的方法论所体现的，主要还不是认识论，而是世界观。马克思是辩证唯物主义者，认为世界是物质的永不停息的辩证运动，所以他从事的一切研究，最终目的是要在理论上再现这一运动过程，这就决定了他的方法论主要是唯物辩证法。作为方法论的辩证法是马克思哲学思想富有特色的内容之一。

马克思的科学方法论主要表现在《资本论》的研究和写作之中。在《资本论》第一卷第二版跋中马克思说：

> 将近30年以前，当黑格尔辩证法还很流行的时候，我就批判过黑格尔辩证法的神秘方面。但是，正当我写《资本论》第一卷时，今天在德国知识界发号施令的愤懑的、自负的、平庸的模仿者们，却已高兴地像莱辛时代大胆的莫泽斯·门德尔松对待斯宾诺莎那样对待黑格尔，即把他当作一条“死狗”了。因此，我公开承认我是这位大思想家的学生，并且在关于价值理论的一章中，有些地方我甚至卖弄起黑格尔特有的表达方式。①

一些资产阶级学者因此而把《资本论》的方法说成是“黑格尔的诡辩”，但马克思认为，他的方法与黑格尔的辩证法有着本质的区别。他说：

> 我的辩证方法，从根本上来说，不仅和黑格尔的辩证方法不同，而且和它截然相反。在黑格尔看来，思维过程，即他称为观念而甚至把它转化为独立主体的思维过程，是现实事物的创造主，而现实事物只是思维过程的外部表现。我的看法则相反，观念的东西不外是移入人的头脑并在人的头脑中改造过的物质的东西而已。②

就是说，黑格尔运用的是唯心辩证法，马克思运用的是唯物辩证法。

辩证法认为，事物因内在矛盾而不断地运动发展，由简单到复杂；我们面对的具体事物就是这种辩证运动的产物，它因实现了多种规定的综合而成为复杂的有机整体。因此，马克思认为，科学认识的任务是在思维中从理论上把这一过程再现出来，从而获得对具体事物的正确把握，而科学认识的方法，则是从抽象上升到具体和逻辑与历史的统

---

① 《马克思恩格斯选集》，2版，第2卷，112页。

② 同上书，111～112页。

一。马克思有关科学方法的论述主要集中在《〈政治经济学批判〉导言》和《资本论》1872 年第二版跋等著作中。

从抽象上升到具体是指简单的、抽象的概念在思维中向更复杂、更具体的概念的运动。这里说的抽象不是指逻辑概念相对于感性事物的抽象性，而是指它仅仅涉及复杂事物的某一种规定、某一个方面，把其他方面抽象掉了；这里说的具体也不是指感性的具体，而是指许多概念综合而成的理性的具体。“具体之所以具体，因为它是许多规定的综合，因而是多样性的统一”①。要从科学上正确把握感性的具体事物，就必须在思维中实现众多概念的综合，再现事物的多样性。

从抽象上升到具体，要以从感性具体深入到理性抽象为前提。在现实生活中，我们面对的总是感性的具体的事物，但马克思认为，如果不把握感性具体内含的多种规定性，对事物的认识就是抽象的、空洞的。“例如，抛开构成人口的阶级，人口就是一个抽象。如果我不知道这些阶级所依据的因素，如雇佣劳动、资本等等，阶级又是一句空话。而这些因素是以交换、分工、价格等等为前提的”②，也即抛开这些前提，雇佣劳动和资本也是空话。于是马克思认为，科学研究的第一步应该从感性的具体达到越来越稀薄的抽象，直到达到一些最简单的规定，得到一些反映事物各种规定性的简单概念。这是由具体到抽象，由感性具体到理性抽象。

由感性具体到理性抽象只是认识的第一步。在此之后，认识的行程又必须回过头来，再由理性的抽象上升为理性的具体，在思维中实现各种概念的综合。这时我们才能在思维中以概念间的对立统一联系为形式再现作为多样性的统一的具体事物，深刻把握其丰富内容。这种思维中的具体与表象中的具体有着重要的区别：前者是对事物各个组成部分及其关系有了清醒认识的内容丰富的具体，后者则只是朦胧、模糊的感性表象。马克思把由具体到抽象和由抽象到具体视为认识事物的必经之路，“在第一条道路上，完整的表象蒸发为抽象的规定；在第二条道路上，抽象的规定在思维行程中导致具体的再现”③。

马克思的另外一个重要研究方法是逻辑和历史相统一。

所谓历史，是指客观事物的发展过程；所谓逻辑，是指人的头脑中的推理过程，或者说是概念的辩证运动过程。逻辑和历史相统一，是要求在理论思维中以概念的自我运动再现客观事物的发展历史。

任何事物都有一个产生、发展、灭亡的过程，我们面对的事物不是从来就有的，而是由以往的比较简单的事物发展而来的，对事物的认识应该在理论上把这一过程再现出来。但是怎样才能实现这种“再现”？马克思和恩格斯认为有两种方法，即历史的方法和逻辑的方法。历史的方法，特点是如实地把客观事物的运动过程记录下来，逻辑的方法是把这一过程转化为能把历史必然性突出地体现出来的概念运动过程。马克思和恩格斯特别注重逻辑的方法。恩格斯在介绍马克思经济学研究的方法论时批判了历史的方法，强调了逻辑方法的优点以及它和客观事物历史运动过程的一致。他说：

①②③ 《马克思恩格斯选集》，2 版，第 2 卷，18 页。

这种形式（指历史的方法——引者）看来有好处，就是比较明确，因为这正是跟随着**现实的**发展，但是实际上这种形式至多只是比较通俗而已。历史常常是跳跃式地和曲折地前进的，如果必须处处跟随着它，那就势必不仅会注意许多无关紧要的材料，而且也会常常打断思想进程；并且，写经济学史又不能撇开资产阶级社会的历史，这就会使工作漫无止境，因为一切准备工作都还没有做。因此，逻辑的方式是唯一适用的方式。但是，实际上这种方式无非是历史的方式，不过摆脱了历史的形式以及起扰乱作用的偶然性而已。历史从哪里开始，思想进程也应当从哪里开始，而思想进程的进一步发展不过是历史过程在抽象的、理论上前后一贯的形式上的反映；这种反映是经过修正的，然而是按照现实的历史过程本身的规律修正的，这时，每一个要素可以在它完全成熟而具有典型性的发展点上加以考察。①

逻辑与历史一致的方法与从抽象到具体的方法二者相互之间是统一的。逻辑方法实际上就是矛盾分析的方法，通过分析事物的也是人对这一事物的认识的内在矛盾，以逻辑的形式再现事物由简单到复杂的矛盾运动。在介绍马克思的逻辑方法时，恩格斯又说：

我们采用这种方法，是从历史上和实际上摆在我们面前的、最初的和最简单的关系出发，因而在这里是从我们所遇到的最初的经济关系出发。我们来分析这种关系。既然这是一种**关系**，这就表示其中包含着两个**相互关联的**方面。我们分别考察每一个方面；由此得出它们相互关联的性质，它们的相互作用。于是出现了需要解决的矛盾。但是，因为我们这里考察的不是只在我们头脑中发生的抽象的思想过程，而是在某个时候确实发生过或者还在发生的现实过程，因此这些矛盾也是在实践中发展着的，并且可能已经得到了解决。我们考察这种解决的方式，发现这是由建立新关系来解决的，而这个新关系的两个对立面我们现在又需要展开说明，等等。②

事物因内在矛盾而发展，人的认识也由于内在矛盾而运动；我们面对的具体事物是由简单到复杂发展的结果，人的认识也逻辑地展现为由抽象到具体的过程③，与历史过程相一致。

马克思的科学方法是他唯物主义地改造黑格尔辩证方法的结果。恩格斯对马克思的工作给予了高度的评价，认为马克思科学方法的制定“在我们看来是一个其意义不亚于唯物主义基本观点的成果”④。

马克思的上述方法在《资本论》中得到成功的运用，至今仍没有失去它的重要价值。但是我们也应该看到，上面所说的马克思的科学方法是通过再现事物的历史发展而深入、全面地说明其现状的方法，这主要是历史研究的方法。甚至可以说，对于历

---

① 《马克思恩格斯选集》，2版，第2卷，43页。

② 同上书，43～44页。

③ 顺便指出，在黑格尔那里辩证法与逻辑学相同一。这不是形式逻辑，而是关于思维内容发展的逻辑——辩证逻辑。马克思的科学方法所说的逻辑，也是辩证逻辑。

④ 《马克思恩格斯选集》，2版，第2卷，43页。

史研究而言，这是理想的方法，是对方法论的最高要求。在阐述自己的方法论时，马克思曾经说："叙述方法必须与研究方法不同。研究必须充分地占有材料，分析它的各种发展形式，探寻这些形式的内在联系。只有这项工作完成以后，现实的运动才能适当地叙述出来。这点一旦做到，材料的生命一旦观念地反映出来，呈现在我们面前的就好像是一个先验的结构了。"① 能够充分地展现事物发展的客观必然性，揭示出它的内在生命和有生命的运动过程，可以说是历史研究的最高境界。但这毕竟主要是历史方法，是向后看的、认识总结事物已经完成的发展历史的方法。它是突出科学理性的逻辑方法，让人想起黑格尔说的"密纳发的猫头鹰黄昏才起飞"。当我们从事向前看的探索性、创造性研究时，马克思的方法就不够用，往往需要用种种非理性的方法来补充。

二 关于世界历史的思想

这里所说的世界历史，是指各个国家因相互联系而形成的作为一个整体存在的世界的历史。这样的历史在今天已经是摆在我们面前的事实，日益一体化的世界经济正在把各个国家联结为一个整体。但是在一个半世纪以前就预见到这一点，则非常难能可贵。马克思不但作出了这样的预见，而且提出许多宝贵的思想。

马克思的世界历史思想散见于他的许多著作之中，比较集中的是《德意志意识形态》、《共产党宣言》和《资本论》。

马克思认为，资本主义的本性就是要不断扩张，直至统一整个世界。他说："资产阶级除非对生产工具，从而对生产关系，从而对全部社会关系不断地进行革命，否则就不能生存下去。……不断扩大产品销路的需要，驱使资产阶级奔走于全球各地。它必须到处落户，到处开发，到处建立联系。"② 资本主义向全球的扩张，造成了经济生活的世界一体化：

> 资产阶级，由于开拓了世界市场，使一切国家的生产和消费都成为世界性的了。使反动派大为惋惜的是，资产阶级挖掉了工业脚下的民族基础。古老的民族工业被消灭了，并且每天都还在被消灭。它们被新的工业排挤掉了，新的工业的建立已经成为一切文明民族的生命攸关的问题；这些工业所加工的，已经不是本地的原料，而是来自极其遥远的地区的原料；它们的产品不仅供本国消费，而且同时供世界各地消费。旧的、靠本国产品来满足的需要，被新的、要靠极其遥远的国家和地带的产品来满足的需要所代替了。过去那种地方的和民族的自给自足和闭关自守状态，被各民族的各方面的互相往来和各方面的互相依赖所代替了。③

上面就经济生活世界一体化所说的，主要是原料来源和产品销售的世界性。马克思对经济一体化的理解并不局限于此，更重要的是他看到了国际分工的出现和意义。他说："各个相互影响的活动范围在这个发展进程中越是扩大，各民族的原始封闭状态由

---

① 《马克思恩格斯选集》，2版，第2卷，111页。

② 《马克思恩格斯选集》，2版，第1卷，275～276页。

③ 同上书，276页。

于日益完善的生产方式、交往以及因交往而自然形成的不同民族之间的分工消灭得越是彻底，历史也就越是成为世界历史。”① 原料来源和产品销售的全球化是19世纪经济生活全球一体化的主要形式。在20世纪初，列宁指出，在帝国主义时代，资本输出日益取代了商品输出。这里所说的已经是一种基本的国际分工，意味着全球性的经济联系的深入。到20世纪末，物质生产的国际分工深入到技术层面，真正使人类的经济生活有机地联系在一起，成为不可分割的整体，经济全球化的时代最终到来。马克思在19世纪中叶就看到了经济生活中国际分工的存在及其历史意义，他的历史洞察力，令人惊叹。

马克思是无产阶级革命家，但他高度肯定这种资本主义的经济全球化。除了在上述引文中把固守工业脚下的民族基础的人称作“反动派”之外，他还说：

> 资产阶级使农村屈服于城市的统治。它创立了巨大的城市，使城市人口比农村人口大大增加起来，因而使很大一部分居民脱离了农村生活的愚昧状态。正像它使农村从属于城市一样，它使未开化和半开化的国家从属于文明的国家，使农民的民族从属于资产阶级的民族，使东方从属于西方。②

也就是说，资本主义全球化是一种历史的进步。正因为如此，马克思认为它是不可抗拒的：

> 资产阶级，由于一切生产工具的迅速改进，由于交通的极其便利，把一切民族甚至最野蛮的民族都卷到文明中来了。它的商品的低廉价格，是它用来摧毁一切万里长城、征服野蛮人最顽强的仇外心理的重炮。它迫使一切民族——如果它们不想灭亡的话——采用资产阶级的生产方式；它迫使它们在自己那里推行所谓的文明，即变成资产者。一句话，它按照自己的面貌为自己创造出一个世界。③

如果仅仅涉及经济的全球化，我们看到的还不是世界历史，至多只是统一的世界经济史。值得注意的是，马克思强调经济的一体化必然导致政治和文化的一体化。他说：

> 资产阶级日甚一日地消灭生产资料、财产和人口的分散状态。它使人口密集起来，使生产资料集中起来，使财产聚集在少数人的手里。由此必然产生的结果就是政治的集中。各自独立的、几乎只有同盟关系的、各有不同利益、不同法律、不同政府、不同关税的各个地区，现在已经结合为一个拥有**统一的**政府、**统一的**法律、**统一的**民族阶级利益和**统一的**关税的**统一的**民族。④

这里所说的，主要是资产阶级民族国家在历史上的形成，但其中的道理显然完全适用于全球经济一体化引起的政治发展趋势。至于文化的全球一体化趋势，马克思明确地予以肯定。在叙述了资本主义经济全球化的必然性之后，他说：

---

① 《马克思恩格斯选集》，2版，第1卷，88页。
② 同上书，276～277页。
③ 同上书，276页。
④ 同上书，277页。

物质的生产是如此，精神的生产也是如此。各民族的精神产品成了公共的财产。民族的片面性和局限性日益成为不可能，于是由许多种民族的和地方的文学形成了一种世界的文学。①

可见，马克思所描绘的是一幅因资本主义的扩张本性而出现的全球经济一体化，以及在此基础上政治、文化的全面的一体化新图画。这是真正的统一的世界历史的开始，也是今天在我们面前正在发生的事情。

马克思的世界历史思想有一个鲜明的特点，这就是他把世界历史的形成与人类的共产主义前景紧密联系在一起。他说：

地域性的个人为**世界历史性的**、经验上普遍的个人所代替。不这样，(1) 共产主义就只能作为某种地域性的东西而存在；(2) 交往的**力量**本身就不可能发展成为一种**普遍的**因而是不堪忍受的力量：它们会依然处于地方的、笼罩着迷信气氛的“状态”；(3) 交往的任何扩大都会消灭地域性的共产主义。共产主义只有作为占统治地位的各民族“一下子”同时发生的行动，在经验上才是可能的，而这是以生产力的普遍发展和与此相联系的世界交往为前提的。

…………

无产阶级只有**在世界历史意义上**才能存在，就像共产主义——它的事业——只有作为“世界历史性的”存在才有可能实现一样。②

与此相类似的说法只见于马克思以及恩格斯的早期著作之中，但我们很难因此就得出结论，说马克思和恩格斯在后来放弃了世界历史的形成是共产主义的条件的思想。无论如何，当我们今天真正现实地面对世界统一的人类历史时，马克思的以上论述可以给我们以许多启示。

马克思的世界历史思想，基础是唯物史观。生产力决定生产关系、经济基础决定上层建筑。按照唯物史观的这一基本原理，资本主义因其本性所造成的全球经济一体化，不可能不导致政治生活和文化生活的全球化，形成人类统一的世界历史。

---

① 《马克思恩格斯选集》，2版，第1卷，276页。《马克思恩格斯选集》，2版，编者注：“文学”一词泛指科学、艺术、哲学、政治等方面的著作。

② 同上书，86、87页。

第三章

弗里德里希·恩格斯

——马克思主义哲学的丰富发展和系统化尝试

第一节 弗里德里希·恩格斯

弗里德里希·恩格斯于1820年11月28日出生于普鲁士莱茵省巴门市，比马克思小两岁。父亲是一位工厂主，从事纺织业。莱茵省是当时德国资本主义工业比较发达的地区，巴门则是莱茵省的纺织业中心。恩格斯的父亲是基督教虔诚派教徒，曾长期担任当地教会学校校长，严格地用基督教教义教育子女，家里充满保守主义气氛。巴门以及它所在的乌培河谷，按恩格斯的说法，“这块地方全都浸没在虔诚主义和伪善主义的海洋里”①。

恩格斯成长于乌培河谷的巴门和爱北斐特两座城市，先后就读于巴门市立中学和爱北斐特理科中学。1837年，中学尚未毕业，由于父亲的坚持，恩格斯离开学校到他父亲在巴门的公司当办事员，1838年7月直到1841年3月，又在不来梅一家大贸易公司见习。1841年9月到1842年10月，恩格斯作为志愿兵在柏林服役，1842年11月赴英国，到欧门—恩格斯公司在曼彻斯特的纺纱厂实习经商。赴英途中恩格斯访问了《莱茵报》编辑部，与马克思初次会面。1844年8月，恩格斯从英国动身返回德国，绕道巴黎再次与马克思会面。在会面时马克思和恩格斯了解到他们“在一

① 《马克思恩格斯全集》，中文1版，第1卷，517页。

切理论领域中”意见完全一致，决定合写一部批判青年黑格尔派的著作，即后来发表的《神圣家族》，从此结下深厚友谊并开始了在政治和理论领域的毕生合作。

回到德国后，恩格斯立即投入工人阶级的解放事业，辗转于德国、法国和比利时之间，积极从事政治斗争并写作了与此有关的大量论文，受到爱北斐特和巴黎地方当局的警告、驱逐。1848 年革命爆发，恩格斯与马克思立即回到德国，投身革命。在革命期间，除积极进行理论斗争外，恩格斯还参加起义，直接拿起武器战斗。革命失败后，恩格斯流亡国外，为了在物质上帮助马克思使他能够继续从事理论研究，于 1850 年移居曼彻斯特，重新在欧门—恩格斯公司工作，直到 1870 年。1870 年以后，恩格斯退出商界，与马克思并肩战斗。1883 年马克思逝世，恩格斯一个人承担了对国际工人运动的指导工作，并把主要精力用于整理出版马克思的遗著（主要是《资本论》），直到 1895 年逝世。

恩格斯出身于资产阶级家庭，从 17 岁开始直到 50 岁，大部分时间都在参与对其父亲产业的经营管理。他与马克思一样，之所以投身无产阶级革命事业，主要原因是在思想上受到资本主义社会不人道现实的强烈震撼，对广大劳动人民产生深切的同情。不同之处在于，这一切在马克思身上，是他在《莱茵报》时期作为记者和编辑间接地感受到的；在恩格斯身上，则是因为他在从事工厂管理和商业活动中目睹了工人阶级的非人处境。马克思接受过完整的大学教育，是哲学博士，因此上述思想转变在他那里表现为现实生活与黑格尔哲学的剧烈冲突，以及由此引起的思想困境和哲学探索，写下了《黑格尔法哲学批判》（1843 年）；在恩格斯那里则表现为对工人阶级生活中非人现实的揭露、对资本主义制度的抨击和对经济问题的研究，这时恩格斯的主要著作是《乌培河谷来信》（1839 年）、《政治经济学批判大纲》（1843 年）和《英国工人阶级状况》（1844—1845 年）。对不人道现实的谴责和对工人阶级的同情是恩格斯立场转变的根本动因，这使他相信工人阶级的解放事业是正义的；在随后的理论探索中，唯物史观对历史规律的揭示，进而使他认识到，这一事业不仅是正义的，而且是必胜的。科学理性和人道主义的结合，是恩格斯与马克思共同完成的。

至于在哲学方面，恩格斯同样经历了接受、批判、告别黑格尔哲学的思想演进过程。恩格斯接受黑格尔哲学始于 1838 年。这一年，他阅读了青年黑格尔分子施特劳斯的《耶稣传》，受其影响，迅速转向无神论并开始热切地阅读黑格尔的著作。1840 年 6 月～7 月，在回忆初次接触黑格尔哲学带来的喜悦时，他说：当黑格尔的“宏伟思想”“第一次呈现在我面前的时候，一阵幸福的战栗在我身上掠过，宛如从晴空飘来的一阵清新的海风吹拂在我身上；思辨哲学的深邃，宛如无底的大海展现在我面前，使那穷根究底的视线，怎么也无法从海上移开”①。1841 年，恩格斯利用在柏林服役的机会，经常在柏林大学听课，并很快与柏林的青年黑格尔分子建立联系，积极参加他们的活动。

到 1844 年 8 月与马克思再次相见时，恩格斯已经在所有的理论问题上都与马克思观点一致，二人开始合作写作《神圣家族》。这充分表明恩格斯已经告别了黑格尔哲学和青年黑格尔派。这一转变的完成，费尔巴哈唯物主义哲学的影响是重要原因。1839

---

① 《马克思恩格斯全集》，中文 1 版，第 41 卷，96 页。

年费尔巴哈的《基督教的本质》一书问世，恩格斯把费尔巴哈在这本书里用唯物主义的人本主义对神学的秘密的揭示，视为太阳的升起。他说："宛若光辉的、自由的古希腊意识从东方的晨曦中脱颖而出，一个新的黎明、一个世界历史的黎明正在出现。太阳升起了。"①

恩格斯是马克思主义哲学的创始人之一，这是不容置疑的，因为马克思早年的重要哲学著作——《神圣家族》、《德意志意识形态》、《共产党宣言》，都是与恩格斯合作写成的。但这些著作中的思想，主要是属于马克思的。即使是恩格斯的哲学代表作《反杜林论》，他自己也说："本书所阐述的世界观，绝大部分是由马克思确立和阐发的，而只有极小的部分是属于我的。"② 马克思去世以后，恩格斯在一封信中指出："我一生所做的是我被指定做的事，就是拉第二小提琴，而且我想我做得还不错。我高兴我有像马克思这样出色的第一小提琴手。当现在突然要我在理论问题上代替马克思的地位并且去拉第一小提琴时，就不免要出漏洞，这一点没有人比我自己更强烈地感觉到。"③

恩格斯没有受过专门的教育，中学都没有毕业，用今天的话说，是自学成材。恩格斯对各种知识都有广泛的兴趣，以至马克思为他未能集中精力研究某一个问题而感到惋惜，说他为了个人的爱好而研究许多科目，分散了精力。④ 马克思的女婿保尔·拉法格说："没有一种知识是恩格斯不感兴趣的。他在一生的最后几年还开始阅读产科书籍，因为住在他家里的弗赖贝格尔夫人当时正在准备医学考试。"⑤ 凭借过人的天赋和刻苦自学，恩格斯掌握了广博的知识，仅就语言而言，他可以说将近20种语言。这为他的哲学研究提供了良好的条件。

马克思的哲学思想主要集中在早期著作中，其意义在于为马克思主义哲学奠定了基础；恩格斯的哲学研究工作主要是在他生命的最后20多年。恩格斯对马克思主义哲学的贡献，主要是在19世纪70年代以后大大发展了马克思早期著作中已经存在的辩证唯物主义思想，对它做了详细的论述，并尝试着把它与历史唯物主义结合起来，构筑一个完整的唯物辩证法世界观，使马克思主义哲学具有了某种系统性。此外，他在晚年对马克思主义哲学诞生历史的研究、对原始社会各种问题的研究补充和丰富唯物史观，也有相当重要的价值。无论是哲学著作的数量，还是哲学思想对后人的影响，恩格斯都超过了马克思。20世纪各社会主义国家的辩证唯物主义哲学，主要思想来自恩格斯。

恩格斯的哲学著作，除了与马克思合著的《神圣家族》（1844年）、《德意志意识形态》（1846年）和《共产党宣言》（1848年）之外，由他单独写作的还有：《反杜林论》（1878年）、《自然辩证法》（1873—1886年）、《家庭、私有制和国家的起源》（1884年）、《路德维希·费尔巴哈和德国古典哲学的终结》（1886年）等，他的许多著作，特别是晚年所写的书信以及为某些著作写的序和跋，也包含不少重要哲学思想。

---

① 《马克思恩格斯全集》，中文1版，第41卷，266页。
② 《马克思恩格斯选集》，2版，第3卷，347页。
③ 《马克思恩格斯选集》，2版，第4卷，667页。
④ 参见［法］保尔·拉法格等：《回忆马克思恩格斯》，29页，北京，人民出版社，1973。
⑤ 同上。

第二节 马克思主义哲学世界观的发展和系统阐述

恩格斯于1870年彻底退出商界以后，成为真正的自由人，再加上巴黎公社失败后欧洲政局的暂时平静，使他有可能一边指导无产阶级的革命斗争，一边以较多的时间从事理论研究。恩格斯对哲学的集中研究，就是在这一时期，主要成果是对唯物辩证法的丰富和系统阐述。

一 自然辩证法研究

在恩格斯的哲学工作中，对自然辩证法的研究是关键的一环。恩格斯的《自然辩证法》一书只是一部尚未完成的手稿，而且在今天看来其中涉及的不少自然科学内容已经过时，因此许多人对它的意义认识不足。人们更为重视的，是自然辩证法研究尚在进行时便已公开发表并建立起一个完整哲学体系的《反杜林论》。其实，《反杜林论》的基本哲学思想主要来自恩格斯对自然辩证法的研究，这从《反杜林论》的序言和内容都可以看得很清楚。《反杜林论》的旧序还被恩格斯作为《自然辩证法》草稿的一部分与其他草稿收集在一起。恩格斯还说："当我退出商界并移居伦敦，从而获得了研究时间的时候，我尽可能地使自己在数学和自然科学方面来一次彻底的——像李比希所说的——'脱毛'，八年当中，我把大部分时间用在这上面。当我不得不去探讨杜林先生的所谓自然哲学时，我正处在这一脱毛过程的中间。"① 恩格斯在下面还指出了自己在《反杜林论》中因自然科学知识的不足而在阐述自然辩证法时表现出的不尽如人意之处。这足以证明自然辩证法研究在恩格斯理论活动中的重要性以及它和《反杜林论》有着怎样的密切关系。

恩格斯一生都对自然科学有着浓厚的兴趣。1858年在给马克思的一封信中，他说：

> 请把已经答应给我的黑格尔的《自然哲学》寄来。目前我正在研究一点生理学，并且想与此结合起来研究一下比较解剖学。在这两门科学中包含着许多极富思辨成分的东西，但这全是新近才发现的；我很想看一看，所有这些东西老头子（指黑格尔——引者）是否一点也没有预见到。有一点是肯定的，如果他**现在**要写一本《自然哲学》，那么各种事物会从四面八方向他飞来。②

紧接着，恩格斯一一列举了化学、物理学、生物学的许多重要新发现。

1873年5月30日，恩格斯在给马克思的信中说：

> 今天早晨躺在床上，我脑子里出现了下面这些关于自然科学的辩证思想。
>
> 自然科学的对象是运动着的物质，物体。物体是离不开运动的，各种物体的形

---

① 《马克思恩格斯选集》，2版，第3卷，349页。

② 《马克思恩格斯选集》，2版，第4卷，550页。

式和种类只有在运动中才能认识，处于运动之外，处于同其他物体的一切关系之外的物体，是谈不上的。物体只有在运动之中才显示出它是什么。因此，自然科学只有在物体的相互关系之中，在物体的运动之中观察物体，才能认识物体。对运动的各种形式的认识，就是对物体的认识。所以，对这些不同的运动形式的探讨，就是自然科学的主要对象。①

接下来，恩格斯分别概述了机械运动以及物理、化学和有机体领域的一些主要运动形式。这封信被学术界认为是恩格斯对未来《自然辩证法》一书基本内容的设想，或者说是该书的写作纲要。就自然辩证法研究的起因来看，上述1858年的信关于黑格尔《自然哲学》的意见，已经表现出了这方面的意愿。

恩格斯的自然辩证法思想，概括起来主要有如下内容。

（一）为什么要研究自然辩证法

恩格斯认为，自然科学本身的发展已经到了迫切需要也必然会产生辩证法的阶段。在19世纪以前，自然科学主要处于收集材料的阶段，人们首先需要认识一个一个的事物；到19世纪，已经进入整理材料的阶段，人们开始揭示事物之间的联系和事物的发展。前一个阶段产生的是形而上学，后一个阶段产生的是辩证法。自然科学本身显示出自然界是一个辩证发展的过程，并且迫切需要用辩证法来指导自身的研究，时代在呼唤辩证思维。

此外，研究自然辩证法也是马克思主义哲学自身发展的需要。恩格斯曾经说："马克思和我，可以说是把自觉的辩证法从德国唯心主义哲学中拯救出来并用于唯物主义的自然观和历史观的唯一的人。"② 这表明，在他看来马克思主义哲学首先是唯物主义辩证法，然后是把它运用于唯物主义的自然观和历史观。唯物辩证的历史观已经由马克思和他在19世纪40年代建立起来，但辩证的自然观还只是以黑格尔唯心主义自然哲学的形式存在，因此建立唯物主义的辩证自然观是一项有待完成的任务。不完成这一任务，马克思主义唯物辩证的世界观就不完整。换一个角度说，恩格斯是自觉地把建立唯物辩证的自然观从而使马克思主义哲学成为完整的体系，作为自己的任务的。恩格斯在离开商界之后，按他自己的计划，把主要精力用于自然辩证法研究，并不完全是个人兴趣，而是他完善和发展马克思主义哲学的重要举措。

（二）自然界的辩证运动形式

恩格斯在《自然辩证法》中分别考察了数学、力学、天体力学、物理学、化学、生物学领域的物质运动形式，从最简单的机械运动到蛋白质，颇为详细。这一部分的内容，在今天看来是《自然辩证法》一书中最不成熟的。一方面是因为自然科学本身在当时的发展程度还很不够，另一方面是因为要在哲学上再现自然界由简单到复杂直到人类社会的运动发展，难度太大了。这等于要唯物主义地重建黑格尔式的自然哲学。但恩格斯的研究毕竟成功地揭示出了这些领域辩证运动的基本形式，足以说明它们和人类社会一样都是一个辩证运动的过程。

① 《马克思恩格斯选集》，2版，第4卷，614页。
② 《马克思恩格斯选集》，2版，第3卷，349页。

（三）辩证法的一般规律

基于对自然界和人类社会辩证运动的认识，恩格斯借助于对黑格尔哲学的改造，明确提出了辩证法的一般规律。他说：

> 辩证法的规律是从自然界和人类社会的历史中抽象出来的。辩证法的规律无非是历史发展的这两个阶段和思维本身的最一般的规律。它们实质上可归结为下面三个规律：
>
> 量转化为质和质转化为量的规律；
>
> 对立的相互渗透的规律；
>
> 否定的否定的规律。
>
> 所有这三个规律都曾经被黑格尔按照其唯心主义的方式当作纯粹的**思维**规律而加以阐明；……错误在于：这些规律是作为思维规律强加于自然界和历史的，而不是从中推导出来的。①

这段话包含有很丰富的内容。

首先，“辩证法的规律是从自然界和人类社会的历史中抽象出来的”，黑格尔的错误就在于把它们“按其唯心主义的方式当作纯粹的思维规律而加以阐明”。这是对黑格尔辩证法的明确无误的唯物主义改造。

其次，“辩证法的规律无非是历史发展的这两个阶段和思维本身的最一般的规律”，这里所说的“历史发展的这两个阶段”指自然界和人类社会。这告诉我们：（1）辩证法具有普遍性，它的规律适合于整个世界；（2）自然界和人类社会是历史发展的两个阶段，也就是说，恩格斯所说的辩证法在人类产生以前就起作用，自然界本身就在辩证地运动着，与是否有人的实践活动参与无关。

最后，对辩证法规律的概括无疑是这段话最重要的内容。恩格斯在这里把辩证法的规律明确概括为“量转化为质和质转化为量的规律；对立的相互渗透的规律；否定的否定的规律”。此外，他在《自然辩证法》一书的另外一个地方又说：“辩证法是关于普遍联系的科学，主要规律：量和质的转化——两极对立的相互渗透和它们达到极端时的相互转化——由矛盾引起的发展或否定的否定——发展的螺旋形式。”② 两处相比，后一处表述更为全面，但两处表述的基本精神是完全一致的。对辩证法三大规律的概括是恩格斯的创举，与三大规律相关的思想在黑格尔那里都有，但对它们加以概括并明确地表述出来，是黑格尔所没有做的。

（四）思维的辩证法

自然辩证法所说的是自然界的客观物质运动所体现出来的辩证法，要认识这样的运动，必须有辩证的思维。恩格斯对思维的辩证法也做了阐述。

他首先指出，思维辩证法也即主观辩证法，它是客观辩证法在人头脑中的反映：

> 所谓的**客观**辩证法是在整个自然界中起支配作用的，而所谓的主观辩证法，即辩

① 《马克思恩格斯选集》，2版，第4卷，310～311页。

② 同上书，259页。

证的思维，不过是在自然界中到处发生作用的、对立中的运动的反映，这些对立通过自身的不断的斗争和最终的互相转化或向更高形式的转化，来制约自然界的生活。①

其次，他还具体研究了辩证的思维方法，也即辩证逻辑的科学方法。辩证思维就是思维的辩证运动，对它的描述必须借助于辩证法的范畴。恩格斯着重研究的辩证法范畴主要有：

（1）同一和差异。在这个问题上恩格斯着重考察了形而上学和辩证法的对立。形而上学的同一表现为形式逻辑的同一律，指事物与自身同一，a＝a，否认差异与变化。恩格斯以许多自然科学的实例，说明这样的统一性实际上是不存在的。一方面每一个物体都不断地受到力学的、物理的、化学的作用，这些作用不断使它发生变化，使它的统一性变形。这表明同一总是与变化联系在一起。为什么会有变化？因为统一性自身中包含着差异，"这一事实在**每一个命题**中都表现出来，……**百合花**是一**种植物**，**玫瑰花是红的**。这里不论是在主词中还是在谓词中，总有点什么东西是谓词或主词所涵盖不了的……**与自身的同一**，从一开始就必须有**与一切他物的差异**作为补充，这是不言而喻的"②。

（2）必然性与偶然性。形而上学与辩证法的对立在必然性与偶然性的问题上也表现出来。形而上学把必然性与偶然性绝对地对立起来，同时又把科学能解释的东西称为必然的，科学不能解释的称为偶然的。恩格斯说，这样一来一切科学都完结了，因为科学的任务就是要解释我们暂时还不能解释的东西。形而上学的另一种表现是只讲必然性，否认偶然性，这是一种简单的决定论，是非常可笑的。它会得出结论说："今天清晨4点钟一只跳蚤咬了我一口，而不是3点钟或5点钟，而且是咬在右肩上，而不是咬在左腿上，——这一切都是由一连串不可更改的因果链条，由一种不可动摇的必然性引起的事实"③。辩证法认为，必然的东西是偶然的，偶然的东西也是必然的；必然性通过偶然性表现出来，偶然性是必然性的表现和补充；二者是客观事物的运动本来就有的，是对立统一的关系。辩证思维要善于从偶然性中发现必然性，也要在注重必然性时充分考虑偶然性的作用。

（3）原因和结果。恩格斯根据对立统一的观点深刻论述了原因和结果的相互关系。原因和结果是互相转化、互相制约的，在这里是原因，在那里就是结果。因果性的存在，根据是事物之间的相互作用。相互作用是事物的真正的终极原因，我们不能比对这种相互作用的认识追溯得更远了，因为在这之后没有什么要认识的东西了。只是为了了解单个的现象，人们才不得不把它们从普遍的联系中抽出来，孤立地考察它们，这时，它们之中一个表现为原因，另一个表现为结果。

除以上几对范畴外，恩格斯还简单提到了抽象和具体。

最后，恩格斯不仅论述了辩证法的规律和范畴，也对认识本身以及普遍和特殊、归纳和分析、有限和无限、假说等辩证认识方法做了分析，并突出强调了辩证法在科学研究中的重要意义。他认为，认识的目的是要在思维中再现客观事物的辩证运动，为此就

① 《马克思恩格斯选集》，2版，第4卷，317页。
② 同上书，323页。
③ 同上书，325页。

必须运用各种辩证法范畴和辩证的认识方法，使人的概念在思维中运动起来。

（五）自然辩证法向社会历史辩证法的过渡

自然辩证法在很大程度上涉及的是人类产生以前的自然界，一旦人类产生，历史立即翻开新的一页，出现了社会历史的辩证运动，进入了唯物史观的研究领域。二者的结合点在哪里？恩格斯认为在劳动。《自然辩证法》中有一篇比较完整的论文——《劳动在从猿到人的转变中的作用》，这篇论文第一次从唯物主义哲学的高度论述了人是怎样从自然界产生出来的。

在这个问题上，恩格斯的基本观点是：

> 经过多少万年的搏斗，手脚的分化，直立行走得以最终确定下来，于是人和猿区别开来，于是奠定了音节分明的语言的发展和人脑的巨大发展的基础，从此人和猿之间的鸿沟就成为不可逾越的了。手的专业化意味着**工具**的出现，而工具意味着人所特有的活动，意味着人对自然界的具有改造作用的反作用，意味着生产。狭义的动物也有工具，然而这只是它们的身躯的肢体，蚂蚁、蜜蜂、海狸就是这样；动物也进行生产，但是它们的生产对周围自然界的作用在自然界面前只等于零。只有人才办得到给自然界打上自己的印记，因为他们不仅迁移动植物，而且也改变了他们的居住地的面貌、气候，甚至还改变了动植物本身，以致他们活动的结果只能和地球的普遍灭亡一起消失。……
>
> 随同人，我们进入了**历史**。①

按照恩格斯的看法，类人猿在和自然的长期搏斗中获得直立行走的能力，使手解放出来；手的自由增强了类人猿改造自然的能力，使他们的活动日益复杂，交往的需要也更为迫切，由此促进了咽喉和声带的发展，产生了语言；语言的产生使他们的合作和以此为基础的劳动能力进一步提高，而这又引起食物结构的变化，这些因素共同促进了大脑的发育，产生了意识；意识的产生使类人猿的劳动成为人的劳动，成为物质生产，类人猿的群体也成为人类社会，于是，人诞生了。简而言之，“劳动创造了人”。

人的诞生意味着开始了只有用唯物史观才能加以合理解释的时代。由此可见，“劳动创造人”是自然史和社会史的结合点，它也使自然辩证法与历史辩证法结合为统一的唯物辩证法。这是恩格斯对马克思主义哲学的重大贡献。100 多年来生物学和遗传学有了长足的进步，从遗传学的角度看，人类的产生是以类人猿的基因突变为基础的。但是这和恩格斯从劳动活动的角度对人类产生过程的说明并不矛盾，事实上二者缺一不可。基因突变和劳动实践互相促进，它们的共同作用使人最终脱离了动物界。“劳动创造人”仍然是从一个角度对人类产生过程的合理说明。

顺便指出，恩格斯认为“人猿相揖别”还只是产生了生物学意义上的人，共产主义的实现才意味着真正的人的诞生。他说：“只有一个有计划地从事生产和分配的自觉的社会生产组织，才能在社会方面把人从其余的动物中提升出来，正像生产一般曾经在物种方面把人从其余的动物中提升出来一样。历史的发展使这种社会生产组织日益成为必

---

① 《马克思恩格斯选集》，2 版，第 4 卷，273～274 页。

要，也日益成为可能。”① 要使这种可能变为现实，“需要对我们的直到目前为止的生产方式，以及同这种生产方式一起对我们的现今的整个社会制度实行完全的变革”②。也即只有推翻资本主义制度，消灭私有制，建立社会主义制度，进而过渡到共产主义社会，人才最终成为人。

恩格斯关于劳动创造人并使人进入共产主义最终脱离动物界的思想，是实践唯物主义的具体体现。

按照计划，恩格斯自然辩证法研究的最终成果是一部篇幅比较大的专著，但是这一计划并没有完成，研究中断了。为什么？直接的原因是自然辩证法研究涉及的领域太多，每一个领域需要做的工作几乎都是无穷无尽的，而马克思去世以后恩格斯忙于更为紧迫的任务，无暇顾及此事。还有一个更深一层的原因是，这一工作本来就不应该由哲学家来承担。恩格斯自己也说：“理论自然科学的进步也许会使我的劳动绝大部分或者全部成为多余的。因为单是把大量积累的、纯经验的发现加以系统化的必要性，就会迫使理论自然科学发生革命，这场革命必然使最顽固的经验主义者也日益意识到自然过程的辩证性质。”③ 研究自然辩证法的目的是说明自然界处在辩证运动之中，一旦自然科学家自己得出这样的结论，这一研究也就成为多余的了。

但恩格斯的工作对马克思主义哲学还是具有重要意义的，因为它毕竟从唯物主义哲学出发揭示了自然界的辩证法，极大地丰富和发展了他和马克思早期著作中的辩证唯物主义思想。

二　马克思主义哲学世界观的系统阐述

恩格斯所理解的马克思主义哲学世界观，主要包括如下内容：（1）唯物主义；（2）一般辩证法；（3）唯物辩证的自然观；（4）唯物辩证的历史观；（5）唯物辩证的思维观。统率这一世界观的，是唯物辩证法。唯物辩证法是对整个世界的一般性描述，唯物辩证的自然观、历史观和思维观则分别是唯物辩证法在自然界、人类社会和思维领域的表现。他的这种理解，表现在《反杜林论》和《路德维希·费尔巴哈和德国古典哲学的终结》中。他的最后一部重要哲学著作《路德维希·费尔巴哈和德国古典哲学的终结》，用唯物辩证法解释自然界、人类社会和人的思维，全面阐述了唯物辩证的自然观和历史观，并指出这种世界观彻底终结了德国古典哲学，集中反映了他对马克思主义哲学世界观的理解。上述理解中的第四个方面，即唯物辩证的历史观，就是历史唯物主义；其他各个方面，从狄慈根开始，统一概括为辩证唯物主义。

唯物辩证的历史观，即唯物史观，早在19世纪40年代就问世了。辩证的自然观和思维观，在马克思与恩格斯的早期著作中已有涉及，但未能得到详细阐述。恩格斯对自然辩证法的研究，揭示了自然界辩证运动的形式、规律及其在思维中的反映，建立了唯物辩证的自然观和思维观，弥补了他和马克思早期著作的缺陷；《劳动在从猿到人的转变中的作

① 《马克思恩格斯选集》，2版，第4卷，275页。
② 同上书，385页。
③ 《马克思恩格斯选集》，2版，第3卷，351页。

用》一文还揭示了辩证自然观向辩证历史观过渡的桥梁；由此，恩格斯阐述的唯物辩证自然观、思维观和早期著作阐述的唯物辩证历史观一道，构成了一个崭新的涵盖自然界、人类社会和人的思维三大领域的唯物辩证世界观。这就是恩格斯理解的马克思主义哲学。详细阐述唯物辩证的自然观和思维观，补充唯物史观，建立马克思主义哲学的一般世界观，是恩格斯自然辩证法研究最主要的成就，也是他对马克思主义哲学的主要贡献。

统一的唯物辩证世界观是恩格斯理解和建立的马克思主义哲学体系，他对这一体系的系统表述主要集中在《反杜林论》哲学编之中。《反杜林论》是与杜林的论战之作，但恩格斯认为在这本书里“消极的批判成了积极的批判；论战转变成对马克思和我所主张的辩证方法和共产主义世界观的比较连贯的阐述”①。因此这部著作在马克思主义哲学发展史上具有十分重要的地位，被列宁称为每一个觉悟工人的必读书，书中的哲学编被认为是马克思主义哲学的系统化，也是苏联马克思主义哲学的蓝本。

《反杜林论》哲学编共有十二章，除“结论”外，大体可以分为四个部分：唯物论、自然哲学、道德和法、辩证法。《反杜林论》是对杜林《哲学教程》一书的批驳，其结构和内容自然要受《哲学教程》的制约。《哲学教程》共八篇，三个部分——世界模式论、关于自然原则的学说和关于人的学说，《反杜林论》哲学编的前三部分与此分别对应，第四部分通过反驳杜林对马克思《资本论》辩证方法的攻击，全面阐述了唯物辩证法的三大规律。《反杜林论》对自然哲学的论述在内容上与《自然辩证法》密切相关，清楚地表现出是对自然辩证法研究成果的运用；关于道德和法的论述实际上是在社会历史哲学问题上与杜林的论战，基本思想来自唯物史观。这两部分的内容有一个明显的特点，这就是恩格斯在论述中着重强调自然界和社会历史中的辩证法。如果从宏观上看，《反杜林论》哲学编的四个部分分别论述了唯物论、自然辩证法、社会历史辩证法和一般辩证法。虽然由于受《哲学教程》内容的限制，恩格斯对每一个问题的论述都不够全面、详尽，但显而易见它们在总体上已经是一个完整的体系，即唯物辩证的世界观。

恩格斯阐述的唯物辩证世界观主要内容如下：

（一）哲学基本问题

他在《路德维希·费尔巴哈和德国古典哲学的终结》中提出：

> 全部哲学，特别是近代哲学的重大的基本问题，是思维和存在的关系问题。……
>
> 哲学家依照他们如何回答这个问题而分成了两大阵营。凡是断定精神对自然界**说来**是本原的，从而归根到底承认某种创世说的人……组成唯心主义阵营。凡是认为自然界是本原的，则属于唯物主义的各种学派。②

哲学基本问题的提法从恩格斯开始，是恩格斯的理论创新。物质生产活动是人类赖以生存的基础，而生产活动就是主体对客体的自觉改造，自有人类以来，物质和精神、思维和存在的相互关系，成为最普遍的问题，也是困扰哲学家的基本问题。但是，只是由于工业文明的兴起，人开始自觉地主动地认识和改造自然，主体和客体、思维和存在

① 《马克思恩格斯选集》，2版，第3卷，347页。

② 《马克思恩格斯选集》，2版，第4卷，223～224页。

的对立的问题也因此空前地凸显出来，才被人们充分地意识到，被恩格斯明确地提了出来。哲学基本问题的提出确立了划分唯物主义和唯心主义的标准，强调了唯物主义和唯心主义的对立。在列宁那里，进而把它们称为“哲学的党性”，毛泽东则把唯物主义和唯心主义的对立称为贯穿哲学史始终的两个“哲学对子”之一。

（二）唯物主义

唯物主义是整个马克思主义哲学的基础，恩格斯在《反杜林论》哲学编首先谈到的就是这个问题。针对杜林“原则在先”的做法，恩格斯说：

> 原则不是研究的出发点，而是它的最终结果；这些原则不是被应用于自然界和人类历史，而是从它们中抽象出来的；不是自然界和人类去适应原则，而是原则只有在符合自然界和历史的情况下才是正确的。这是对事物的唯一唯物主义的观点。①

他提出，世界的真正的统一性在于它的物质性，思维和意识都是人脑的产物：“如果进一步问：究竟什么是思维和意识，它们是从哪里来的，那么就会发现，它们都是人脑的产物，而人本身是自然界的产物，是在自己所处的环境中并且和这个环境一起发展起来的”②。这是对哲学基本问题的唯物主义回答。

（三）自然辩证法，即唯物辩证的自然观

恩格斯强调，一切物质存在的基本形式是时间和空间，时间与空间以外的存在，是荒诞的。物质世界在时间和空间上是无限的，每个具体事物在时间和空间上又是有限的，无限寓于有限之中。

他还强调：“**运动是物质的存在方式。**无论何时何地，都没有也不可能有没有运动的物质。……没有运动的物质和没有物质的运动一样，是不可想象的。”③ 他通过大量自然科学事例的分析，说明自然界的运动是有客观规律的；说明运动从一种形式转变为另一种形式的过程中存在着飞跃和质变；说明自然界经历了由天体演化到物理运动、化学运动、有机物质的运动，直到生命的产生，由简单到复杂。

（四）社会历史辩证法，即唯物辩证的历史观

通过批判杜林的道德观、平等观、法的理论，恩格斯阐述了唯物史观的基本原理。《反杜林论》的政治经济学编在分析批判杜林的暴力论时，还依据唯物史观说明了阶级和国家的起源及其历史意义，说明经济利益和经济关系最终决定着人类历史的发展。这一原理前面已多有论述，此处从略。

（五）认识的辩证法

杜林鼓吹自己的哲学是“终极真理”，并且说真正的真理是适用于一切时代、不受时间和其他条件限制的“永恒真理”，是永远不变的。恩格斯在对杜林的批判中着重论述了认识的辩证法，论述了相对真理和绝对真理以及真理和谬误的辩证关系。他说：

> 一方面，人的思维的性质必然被看作是绝对的，另一方面，人的思维又是在完

---

① 《马克思恩格斯选集》，2版，第3卷，374页。

② 同上书，374～375页。

③ 同上书，399～400页。

> 全有限地思维着的个人中实现的。这个矛盾只有在无限的前进过程中，在至少对我们来说实际上是无止境的人类世代更迭中才能得到解决。从这个意义来说，人的思维是至上的，同样又是不至上的，它的认识能力是无限的，同样又是有限的。按它的本性、使命、可能和历史的终极目的来说，是至上的和无限的；按它的个别实现情况和每次的现实来说，又是不至上的和有限的。①

这就是说，人的认识是一个不断由相对真理走向绝对真理的永恒的运动过程。

在恩格斯的认识论思想中，非常值得注意的是他关于真理和谬误的相互关系的论述。按照马克思主义哲学，不仅世界是无限的，就是每一个具体事物的内部，也是无限复杂的，因而我们所说的真理往往和谬误纠缠在一起。恩格斯说："真理和谬误，正如一切在两极对立中运动的逻辑范畴一样，只是在非常有限的领域内才具有绝对的意义"②。他在《路德维希·费尔巴哈和德国古典哲学的终结》中这样说：真理和谬误的对立只具有相对的意义，"今天被认为是合乎真理的认识都有它隐蔽着的、以后会显露出来的错误的方面，同样，今天已经被认为是错误的认识也有它合乎真理的方面，因而它从前才能被认为是合乎真理的"③。也就是说，真理的相对性不仅仅在于它的范围。不论在任何时候，我们所说的真理，实际上总包含有谬误的成分，我们称它为真理只是因为今天还不知道其中的谬误究竟在何处。这是对认识的相对性的高度肯定。

（六）一般辩证法

"辩证法不过是关于自然、人类社会和思维的运动和发展的普遍规律的科学。"④ 这是恩格斯对辩证法的明确定义。这里所说的规律，即对立统一、质量互变和否定之否定"三大规律"，恩格斯在《反杜林论》和其他著作中多次对它们做过论述。

以上恩格斯对唯物辩证法的阐述，包括唯物论、自然辩证法、社会历史辩证法、认识辩证法和一般辩证法，构成一个完整的唯物辩证的世界观。从此，马克思主义哲学作为一个体系出现在世人面前。

马克思主义哲学的系统化工作在恩格斯这里并没有最终完成。因为，恩格斯虽然涉及了实践唯物主义，例如在《劳动在从猿到人转变中的作用》和《路德维希·费尔巴哈和德国古典哲学的终结》中，但没有突出它的重要意义，没有把它和唯物辩证的自然观历史观结合起来，而正是实践唯物主义被马克思认为是他的哲学思想与一切其他哲学理论的根本区别所在。

第三节 恩格斯晚年的哲学思考

恩格斯晚年的哲学研究与创作，在马克思主义哲学发展史上具有重要的意义。他在

---

① 《马克思恩格斯选集》，2版，第3卷，427页。
② 同上书，431页。
③ 《马克思恩格斯选集》，2版，第4卷，244页。
④ 《马克思恩格斯选集》，2版，第3卷，484页。

这一时期的成果主要有：《家庭、私有制和国家的起源》（1884年）、《路德维希·费尔巴哈和德国古典哲学的终结》（1888年作为单行本问世）。他在这一时期的一些书信，也包含有不少宝贵的哲学思想。其中《家庭、私有制和国家的起源》以及晚年的若干书信，分别论述了人类史前社会的形成发展和非经济因素在社会生活中的作用，丰富和发展了唯物史观；《路德维希·费尔巴哈和德国古典哲学的终结》则第一次对马克思主义哲学的形成历史做了系统的说明。

一 对唯物史观的丰富与发展（一）

早在19世纪40年代创建唯物史观时，马克思和恩格斯就对人类史前社会，即原始社会，非常关注，但因材料所限，语焉不详。1877年路·亨·摩尔根的《古代社会，或人类从蒙昧时代经过野蛮时代到文明时代的发展过程的研究》问世，该书为史前社会研究提供了丰富的材料，并印证了唯物史观的基本观点。马克思在晚年，1879—1882年，付出很大的努力研究了《古代社会》以及其他人类学著作，写下了被称为“马克思晚年笔记”的大量摘录和批注。① 恩格斯在清理马克思的遗著时见到了马克思所写的关于《古代社会》一书的详细摘要和札记，为了实现马克思的遗愿，他在深入研究的基础上，参考马克思的成果，很快写出了《家庭、私有制和国家的起源》一书。这部著作系统阐述了人类早期社会的形成与发展，与《劳动在从猿到人的转变中的作用》相衔接，使唯物史观得到丰富和完善。

恩格斯关于人类早期社会的形成和发展问题的思想，集中体现在下面这段话中：

> 根据唯物主义观点，历史中的决定性因素，归根结蒂是直接生活的生产和再生产。但是，生产本身又有两种。一方面是生活资料即食物、衣服、住房以及为此所必需的工具的生产；另一方面是人自身的生产，即种的蕃衍。一定历史时代和一定地区内的人们生活于其下的社会制度，受着两种生产的制约：一方面受劳动的发展阶段的制约，另一方面受家庭的发展阶段的制约。劳动越不发展，劳动产品的数量、从而社会的财富越受限制，社会制度就越在较大程度上受血族关系的支配。然而，在以血族关系为基础的这种社会结构中，劳动生产率日益发展起来；与此同时，私有制和交换、财产差别、使用他人劳动力的可能性，从而阶级对立的基础等等新的社会成分，也日益发展起来；这些新的社会成分在几个世代中竭力使旧的社会制度适应新的条件，直到两者的不相容性最后导致一个彻底的变革为止。以血族团体为基础的旧社会，由于新形成的各社会阶级的冲突而被炸毁；代之而起的是组成为国家的新社会，而国家的基层单位已经不是血族团体，而是地区团体了。在这种社会中，家庭制度完全受所有制的支配，阶级对立和阶级斗争从此自由开展起来，这种阶级对立和阶级斗争构成了直到今日的全部**成文**史的内容。②

这段话出自《家庭、私有制和国家的起源》1884年第一版序言，是恩格斯对全书

---

① 参见《马克思恩格斯全集》，中文1版，第45卷，北京，人民出版社，1985；《马列主义研究资料》，1987（1～4）。

② 《马克思恩格斯选集》，2版，第4卷，2页。

内容的高度概括，是全书的纲要。

就马克思主义哲学而言，上述这段话和恩格斯在书中阐述的思想主要有：

（一）关于两种生产的思想

这是恩格斯晚年对马克思主义哲学最重要的发展。

两种生产即物质生活资料的生产和人类自身的生产——种的繁衍，两者合在一起，恩格斯称之为直接生活的生产。

在此之前，当讲到唯物史观时，马克思和恩格斯只强调物质生活资料的生产，主要是物质生产力，是人类社会的最终决定因素。通过对原始社会的研究，恩格斯发现人类自身的生产，即人种的繁衍，在社会生活中也起着重要的作用，对于人类的生存而言，二者缺一不可，社会制度要受两种生产共同制约。他还发现，当物质生活资料的生产力不发达时，例如在原始社会，决定社会制度的主要因素是人类自身的生产，而不是物质生活资料的生产。

在决定社会制度的诸因素中，物质生活资料的生产属于社会因素，种的繁衍属于生物因素，二者共同作用，此消彼长。尽管两者有如此的区别，但相对于人的主观意愿来说，都具有不以人的意志为转移的客观性，它们对社会生活的决定，都是历史唯物主义的表现。

恩格斯不仅提出了这一原理，而且通过考察婚姻和家庭的起源与演化，具体说明了人自身的生产是如何决定原始社会的社会制度的。他的基本思想是：在人自身的生产中，迫于生存竞争的压力，优生成为最基本的原则。为此，人们逐渐认识到避免近亲繁殖的重要意义。正是这种生物学意义上的需要，决定了婚姻、家庭以及整个原始社会的进化发展。

两种生产理论以及恩格斯运用这一理论对婚姻、家庭和原始社会进化历程的分析，使历史唯物主义扩展到对史前社会的解释之中，极大地丰富了唯物史观的内容。

（二）私有制和阶级的起源

关于私有制和阶级的起源，马克思和恩格斯早在《德意志意识形态》中就提出，私有制是从“部落所有制”中产生的；在1852年致魏德迈的信中，马克思又强调阶级的存在和生产力发展的一定历史阶段相联系；恩格斯在《反杜林论》中、马克思在他的晚年笔记中，都对这个问题做了探讨。马克思主义哲学史上对这个问题论述最详细的，是恩格斯的《家庭、私有制和国家的起源》。在这本书里，恩格斯通过对三次社会大分工的分析，深入阐明了私有制和阶级产生的具体过程。

恩格斯所说的第一次社会大分工，是畜牧业与农业的分离。

这次分工造成了游牧部落和农业部落的分化，由此促进了生产力的发展。生产力的发展“使人的劳动力能够生产出超过维持劳动力所必需的产品。……吸收新的劳动力成为人们向往的事情了。战争提供了新的劳动力：俘虏变成了奴隶”。“从第一次社会大分工中，也就产生了第一次社会大分裂，分裂为两个阶级：主人和奴隶、剥削者和被剥削者。”①

---

①《马克思恩格斯选集》，2版，第4卷，161页。

另一方面，男子在生产中地位的提高以及剩余产品的出现，使得奴隶、财产和妇女都为男子所拥有，私有制出现了，父权制建立起来了。男子的独裁“由于母权制的倾覆、父权制的实行、对偶婚制向专偶制的逐步过渡而被确认，并且永久化了。但是这样一来，在古代的氏族制度中就出现了一个裂口：个体家庭已经成为一种力量，并且以威胁的姿态起来与氏族对抗了”①。第一次社会大分工，使得古代的氏族制度受到挑战。

第二次社会大分工是手工业和农业的分离。

由于这次分工，生产力得到进一步提高，也进一步带来许多重要的社会影响。首先是劳动生产率的增长使得前一阶段刚刚诞生并且是零星现象的奴隶制，成为社会制度的一个本质的组成部分。其次，原始公社实行的土地共同耕作制度被炸毁了，土地变为私有财产，个体家庭开始成为社会的经济单位。再次，更值得注意的是，除了自由民和奴隶的差别外，开始出现了富人和穷人，同一氏族内部的成员中也出现了阶级划分。最后，邻人的财富刺激了各民族的贪欲，获取财富成为最重要的生活目的之一，而掠夺是最容易的途径，战争成了经常性的行为，各级军事首长的权力大大增加。其结果是，“整个氏族制度就转化为自己的对立物：它从一个自由处理自己事务的部落组织转变为掠夺和压迫邻近部落的组织，而它的各机关也相应地从人民意志的工具转变为独立的、压迫和统治自己人民的机关了”②。

第三次社会大分工是商业的出现，它创造了一个不再从事生产而只从事产品交换的阶级——商人。这时，商品交换和两极分化使社会彻底分裂，阶级剥削和阶级压迫成为整个社会的上层建筑所赖以建立的基础，奴隶制完全取代了氏族制度，原始的自然形成的民主制变成了可憎的贵族制，国家出现了。

（三）国家的起源、实质和消亡

在这个问题上，恩格斯最重要的贡献是深入阐述了马克思主义的国家观。他在下面的这段话被称为马克思主义国家观的经典表述：

> 国家决不是从外部强加于社会的一种力量。国家也不像黑格尔所断言的是“伦理观念的现实”，“理性的形象和现实”。确切说，国家是社会在一定发展阶段上的产物；国家是承认：这个社会陷入了不可解决的自我矛盾，分裂为不可调和的对立面而又无力摆脱这些对立面。而为了使这些对立面，这些经济利益互相冲突的阶级，不致在无谓的斗争中把自己和社会消灭，就需要有一种表面上凌驾于社会之上的力量，这种力量应当缓和冲突，把冲突保持在“秩序”的范围以内；这种从社会中产生但又自居于社会之上并且日益同社会相异化的力量，就是国家。③

这段话主要是强调国家的产生有着客观的不以人的意志为转移的原因，强调它是社会分裂为对立的阶级之后的产物。同时也指出，国家的根本使命是缓和冲突，把冲突保持在一定的范围以内，似乎是凌驾于社会之上的。

恩格斯认为，尽管国家以缓和冲突为己任，但实质上它是阶级压迫的工具：

---

① 《马克思恩格斯选集》，2版，第4卷，162～163页。

② 同上书，165页。

③ 同上书，170页。

由于国家是从控制阶级对立的需要中产生的，由于它同时又是在这些阶级的冲突中产生的，所以，它照例是最强大的、在经济上占统治地位的阶级的国家，这个阶级借助于国家而在政治上也成为占统治地位的阶级，因而获得了镇压和剥削被压迫阶级的新手段。①

国家是在历史上产生的，它也终将在历史上消亡。恩格斯说：

现在我们正在以迅速的步伐走向这样的生产发展阶段，在这个阶段上，这些阶级的存在不仅不再必要，而且成了生产的真正障碍。阶级不可避免地要消失，正如它们从前不可避免地产生一样。随着阶级的消失，国家也不可避免地要消失。在生产者自由平等的联合体的基础上按新方式来组织生产的社会，将把全部国家机器放到它应该去的地方，即放到古物陈列馆去，同纺车和青铜斧陈列在一起。②

恩格斯在国家问题上的全部思想，是强调国家的阶级性，进而也强调国家是生产力发展到一定历史阶段的产物。他用生产力的发展对国家的产生、功能、实质、消亡做了全面的阐述，丰富和发展了唯物史观。

二　对唯物史观的丰富与发展（二）

巴黎公社失败以后，无产阶级革命一时处于低潮，马克思主义却征服了越来越多的人，特别是青年知识分子。许多人赞成唯物史观，但也出现了不少对它的恶意歪曲和片面理解。针对这种情况，恩格斯在与一些人的通信中着重地论述了唯物史观中以往强调不够的内容，并结合当时的实际情况，在另外一些著作中运用唯物史观对无产阶级革命的策略提出许多新的意见。

上面提到的恩格斯的通信，主要是 1890 年 8 月 5 日和 10 月 27 日致康·施密特，1890 年 9 月 21〈～22〉日致约·布洛赫以及 1893 年 7 月 14 日致弗·梅林和 1894 年 1 月 25 日致瓦·博尔吉乌斯的 5 封信。这些信件在唯物史观方面涉及的问题主要有：

（一）上层建筑在社会发展中的重要作用

当时对唯物史观的歪曲和片面理解，主要是把它说成“经济决定论”。针对这一点，恩格斯说：

……根据唯物史观，历史过程中的决定性因素**归根到底**是现实生活的生产和再生产。无论马克思或我都从来没有肯定过比这更多的东西。如果有人在这里加以歪曲，说经济因素是唯一决定性的因素，那么他就是把这个命题变成毫无内容的、抽象的、荒诞无稽的空话。经济状况是基础，但是对历史斗争的进程发生影响并且在许多情况下主要是决定着这一斗争的形式的，还有上层建筑的各种因素：阶级斗争的政治形式及其成果——由胜利了的阶级在获胜以后确立的宪法等等，各种法的形式以及所有这些实际斗争在参加者头脑中的反映，政治的、法律的和哲学的理论，

① 《马克思恩格斯选集》，2 版，第 4 卷，172 页。

② 同上书，174 页。

宗教的观点以及它们向教义体系的进一步发展。①

物质生活的生产和再生产，也即经济因素，只是在“归根到底”的意义上才是决定性因素。上层建筑的各种因素，包括哲学、宗教、政治、法律的各种理论，也很重要，而且是社会斗争形式的主要决定因素。

把唯物史观等同于经济决定论，也就是把它变为机械决定论，是对它的严重误解，是十分有害的。恩格斯还进一步说明了为什么会出现上述的歪曲和片面理解。他声明他和马克思对此负有责任：他们为了批判唯心史观，确立对历史的唯物主义理解，把重点放在对经济必然性的强调上，而对上层建筑的作用，论述不够。

（二）意识形态领域发展的相对独立性

哲学等意识形态因素的发展归根到底取决于生产力的发展，但是：

> 因为这是思维过程，所以它的内容和形式都是他（指思想家——引者）从纯粹的思维中——不是从他自己的思维中，就是从他的先辈的思维中引出的。他只和思想材料打交道，他毫不迟疑地认为这种材料是由思维产生的，而不去进一步研究这些材料的较远的、不从属于思维的根源。②

恩格斯还更为具体地指出：

> 每一个时代的哲学作为分工的一个特定的领域，都具有由它的先驱传给它而它便由此出发的特定的思想材料作为前提。因此，经济上落后的国家在哲学上仍然能够演奏第一小提琴：……经济在这里并不重新创造出任何东西，但是它决定着现有思想材料的改变和进一步发展的方式，而且多半也是间接决定的，因为对哲学发生最大的直接影响的，是政治的、法律的和道德的反映。③

（三）关于历史发展的“合力论”

恩格斯说：“历史是这样创造的：最终的结果总是从许多单个的意志的相互冲突中产生出来的，而其中每一个意志，又是由于许多特殊的生活条件，才成为它所成为的那样。这样就有无数互相交错的力量，有无数个力的平行四边形，由此就产生出一个合力，即历史结果，而这个结果又可以看作一个作为整体的、**不自觉地**和不自主地起着作用的力量的产物。”④ 每一个人的愿望都会受到其他人的妨碍，最后出现的结果是谁都没有希望过的事物，而历史也就表现得像一个自然过程一样。这并不是说个人的意志等于零，相反，每个人的意志都对合力有所贡献，因而是包括在这个合力里边的。

（四）历史发展中的偶然性和必然性

恩格斯认为：“人们自己创造自己的历史，但是到现在为止，他们并不是按照共同的意志，根据一个共同的计划，甚至不是在一个有明确界限的既定社会内来创造自己的历史。他们的意向是相互交错的，正因为如此，在所有这样的社会里，都是那种以**偶然**

① 《马克思恩格斯选集》，2版，第4卷，695～696页。
② 同上书，726页。
③ 同上书，703～704页。
④ 同上书，697页。

性为其补充和表现形式的**必然性**占统治地位。在这里通过各种偶然性而得到实现的必然性，归根到底仍然是经济的必然性。”① 特别是在意识形态领域里，这种偶然性更为明显。我们所研究的领域越是远离经济，越是接近于纯粹抽象的意识形态，我们就越是发现这一领域在自己的发展中表现为偶然现象。

作为偶然性的表现，恩格斯特别说明了伟大人物在历史中的作用。他说：

> 恰巧某个伟大人物在一定时间出现于某一国家，这当然纯粹是一种偶然现象。但是，如果我们把这个人去掉，那时就会需要有另外一个人来代替他，并且这个代替者是会出现的，不论好一些或差一些，但是最终总是会出现的。②

恩格斯在以上几方面的论述，从各个不同的角度丰富和发展了唯物史观的内容。

这里需要指出的是，上述恩格斯对唯物史观的丰富发展，与当时无产阶级阶级斗争中出现的新情况有着密切的关系。

以上涉及的恩格斯关于唯物史观的书信写于 1890—1894 年，但他在 1885 年就指出：资产阶级在实践中越来越了解到，“没有工人阶级的帮助，资产阶级永远不能取得对国家的完全的社会统治和政治统治。这样，两个阶级之间的相互关系就逐渐改变了。从前让所有工厂主望而生畏的工厂法，现在他们不但自愿地遵守，甚至还容许把它推广到所有工业部门中去。从前被看作恶魔现形的工联，现在被工厂主们当作完全合法的机构，当作在工人中间传播健康的经济学说的有用工具而受到宠爱和保护。甚至直到 1848 年还被宣布不受法律保护的罢工，现在也被认为有时很有用处”③，普选权接近成为现实。1892 年恩格斯又进一步补充指出，工人的工作时间已经大为缩短，卫生条件得到极大改善，经济危机的情况也有所好转。

在恩格斯晚年，不仅工人阶级和资产阶级的关系有所改善，而且阶级斗争的状况也和以往有了极大的不同。恩格斯在他的最后一篇理论著作《卡尔·马克思〈1848 年至 1850 年的法兰西阶级斗争〉一书导言》中，明确承认：他和马克思在 1848 年革命时曾确信，“伟大的决战已经开始，这个决战将在一个很长的和充满变化的革命时期中进行到底，而结局只能是无产阶级的最终胜利。……但是，历史表明我们也曾经错了，暴露出我们当时的看法只是一个幻想”④。

恩格斯还具体指出了他和马克思究竟错在哪里。首先，1848 年以后的历史表明，资本主义仍然有生命力。一方面资本主义经济有了革命性的发展，另一方面事实证明工人阶级也远没有达到成功地进行革命的成熟程度，甚至出现了工人贵族，阶级觉悟淡化，不想革命了。

其次，使用刚刚得到的选举权开展合法斗争，已经取得巨大的成功，“结果弄得资产阶级和政府害怕工人政党的合法活动更甚于害怕它的不合法活动，害怕选举成就更甚

---

① 《马克思恩格斯选集》，2 版，第 4 卷，732～733 页。
② 同上书，733 页。
③ 见上书，426 页。
④ 同上书，510 页。

于害怕起义成就”①。

最后，由于武器的进步和城市建设中的新情况，斗争的条件发生了根本变化，街垒巷战已经过时了。“一个革命者，如果自愿选择柏林北部和东部的新建工人街区来进行街垒战，那他一定是疯了。”② “世界历史的讽刺把一切都颠倒了过来。我们是‘革命者’、‘颠覆者’，但是我们用合法手段却比用不合法手段和用颠覆的办法获得的成就要多得多。”③

这些论述表明：生产力和生产关系的发展使得社会革命不可避免，这一似乎在1848年已经得到证实的唯物史观的基本原理，显得不够全面了。用政治、法律等手段进行的合法斗争显示出了它的重要意义，因此强调意识形态在历史发展中的相对独立性和巨大意义自然也就成为顺理成章的事情。这是深入理解恩格斯晚年对唯物史观的新发展的基本背景。

三　对马克思主义哲学形成历史的概括

对于马克思主义哲学的形成历史，人们可以从两个不同的角度考察。其一是通过历史事实的梳理完整地再现它的具体过程；其二是对这些过程加以概括，舍弃具体经过，着重从理论上揭示其中蕴含的思想逻辑。恩格斯晚年的《路德维希·费尔巴哈和德国古典哲学的终结》一书，就是从第二个角度对马克思主义哲学形成历史的概括。该书没有拘泥于马克思和恩格斯形成马克思主义哲学时的思想经过，而是简要地展示了马克思主义哲学与德国古典哲学，主要是黑格尔和费尔巴哈的哲学的内在的逻辑联系。

首先，恩格斯对黑格尔哲学做了简要概括

他指出，黑格尔哲学在保守的外衣下暗藏着非常革命的内容——辩证法。黑格尔有一个著名的命题：“凡是现实的都是合乎理性的，凡是合乎理性的都是现实的。”④ 这一命题似乎是在为当时普鲁士的现实作辩护，但经过恩格斯的分析，这个命题就变成：凡是现存的，都一定要灭亡。恩格斯认为，这个命题是黑格尔革命辩证法的集中体现。按照黑格尔的辩证法，人类社会和自然界以及人的思维，都是一个由低级到高级的无穷发展进程，其中的每一个阶段都是必然的，相对于它发生的那个时代和那些条件来说都有存在的理由，但它终将让位于更高的阶段，而这个更高的阶段也要走向衰落和灭亡。恩格斯还进一步指出：

> 这种辩证哲学推翻了一切关于最终的绝对真理和与之相应的绝对的人类状态的观念。在它面前，不存在任何最终的东西、绝对的东西、神圣的东西；它指出所有一切事物的暂时性；在它面前，除了生成和灭亡的不断过程、无止境地由低级上升到高级的不断过程，什么都不存在。它本身就是这个过程在思维着的头脑中的反映。⑤

---

① 《马克思恩格斯选集》，2版，第4卷，517页。

② 同上书，520页。

③ 同上书，524页。

④ 转引上书，215页。这是恩格斯在《路德维希·费尔巴哈和德国古典哲学的终结》中套用黑格尔《法哲学原理》序言中的话。

⑤ 同上书，217页。

与此同时，恩格斯强调指出了黑格尔哲学的唯心主义性质，他的辩证法已经被他的唯心主义体系所窒息。

其次，恩格斯概述了黑格尔哲学的解体和费尔巴哈哲学的产生

黑格尔哲学自身包含着唯心主义体系和辩证法的内在矛盾，在他去世之后，一部分学生，“青年黑格尔派”，强调他的辩证法；另一部分学生，“老年黑格尔派”，强调他的唯心主义体系，黑格尔派由此解体。在解体过程中，费尔巴哈的唯物主义哲学登上舞台，在唯心主义长期统治的德国哲学界，振聋发聩。恩格斯说，他和马克思一时都成为费尔巴哈派了。

费尔巴哈用现实的肉体的人取代了黑格尔的绝对观念，高扬了唯物主义大旗，但同时也抛弃了黑格尔的辩证法，在对自然界和人类社会的理解中陷入了机械论和形而上学，视野狭窄，内容贫乏。这样的哲学虽然是唯物主义的，却根本无法与黑格尔包罗万象、内容无比丰富的哲学对抗，无法克服和取代黑格尔哲学，而且在社会历史观上因看不到各种社会现象之间的联系与发展，仍未克服唯心史观的局限。在恩格斯看来，这实际上是一次流产的哲学革命。

最后，恩格斯详细阐述了马克思主义哲学是如何克服费尔巴哈的不足从而作为德国古典哲学的继承人问世的。这是马克思主义哲学形成史研究中的关键之处。

恩格斯说：“从黑格尔学派的解体过程中还产生了另一个派别，唯一的真正结出果实的派别。这个派别主要是同马克思的名字联系在一起的。”① “真正结出果实”，就是要抛弃黑格尔的唯心主义，继承其革命辩证法，对整个自然界、人类社会和人的思维作出与黑格尔哲学一样内容丰富然而又具有科学性的唯物主义的说明，从而建立可以当之无愧地取代黑格尔哲学的新哲学。按恩格斯的理解，这种哲学就是唯物辩证的世界观。

恩格斯从理论的、逻辑的角度详细说明了唯物辩证世界观的建立及其对黑格尔哲学的克服。

第一，唯物辩证自然观的建立。

恩格斯强调：同黑格尔哲学的分离在这里也是由于返回到唯物主义观点而发生的。就是说，首先的一步是接受费尔巴哈的唯物主义。

值得注意的是，恩格斯不是从本体论的角度，而是着重从认识方法的角度对唯物主义所作的解释。所谓唯物主义，恩格斯说：

> 这就是说，人们决心在理解现实世界（自然界和历史）时按照它本身在每一个不以先入为主的唯心主义怪想来对待它的人面前所呈现的那样来理解；他们决心毫不怜惜地抛弃一切同事实（从事实本身的联系而不是从幻想的联系来把握的事实）不相符合的唯心主义怪想。除此以外，唯物主义并没有别的意义。不过在这里第一次对唯物主义世界观采取了真正严肃的态度，把这个世界观彻底地（至少在主要方面）运用到所研究的一切知识领域里去了。②

恩格斯选取这样的角度，自然与他论述问题的需要有关，但对我们把唯物主义作为

①② 《马克思恩格斯选集》，2版，第4卷，242页。

一种方法论来理解，具有普遍的启发意义。

返回唯物主义仅仅是建立唯物辩证自然观的第一步，接下来是对黑格尔唯心辩证法的改造。黑格尔的辩证法是概念的自我发展，现实世界的辩证运动是概念辩证运动的“外化”。关于对它的改造，恩格斯说：

> 我们重新唯物地把我们头脑中的概念看作现实事物的反映，而不是把现实事物看作绝对概念的某一阶段的反映。这样，辩证法就归结为关于外部世界和人类思维的运动的一般规律的科学，这两个系列的规律在本质上是同一的，但是在表现上是不同的，……这样，概念的辩证法本身就变成只是现实世界的辩证运动的自觉的反映，从而黑格尔的辩证法就被倒转过来了，或者宁可说，不是用头立地而是重新用脚立地了。①

这样一番改造，最终实现了辩证法与唯物论的结合。

关于唯物主义辩证法，恩格斯同样着重强调它的方法论意义。他说：按照唯物辩证法，“世界不是既成**事物**的集合体，而是**过程**的集合体”。他并且把这称为“一个伟大的基本思想”②。我们通常理解作为方法论的辩证法，主要强调“一分为二”等辩证法规律和范畴的运用。恩格斯在这里则强调，任何事物都是一个运动过程，所谓世界只是众多按照自身的规律进行着的运动过程的集合。他的这一说法可以使我们更深入、更形象地理解我们面前的现实世界。既然世界是过程的集合，那么制约某一事物的其他事物就处在永恒的运动变化之中，它们对这一事物的制约就是暂时的，是变化着的，它们的变化会给这一事物提供各种各样的新的机会。这就是说，有的时候我们“静观其变”，耐心等待，也是辩证方法的运用。恩格斯有关“过程集合”的思想给人以重要的启迪。

第二，唯物辩证世界观对黑格尔哲学的克服。

作为一种世界观，辩证法与唯物论的结合并不等于它可以自动地克服和取代黑格尔哲学。要做到这一点，还必须用唯物辩证法对自然界、人类社会和人的思维作出全面的解释，建立起与黑格尔一样的内容无比丰富的体系。这样，一种崭新的哲学世界观，唯物辩证的世界观，才能真正确立起来。用唯物辩证法解释人的思维，恩格斯在改造黑格尔的辩证法时已经完成，解释自然界意味着唯物辩证自然观的建立，解释人类社会则是形成唯物辩证的历史观。

建立唯物辩证的自然观，是恩格斯自然辩证法研究的主要任务。在《路德维希·费尔巴哈和德国古典哲学的终结》中，恩格斯重复了《自然辩证法》中的结论。他指出，自然科学的发展从收集材料开始，必须先研究事物，尔后才能研究过程，必须先知道一个事物是什么，尔后才能察觉这个事物中所发生的变化。这是形而上学方法盛行的阶段。到19世纪，人们发现了细胞，发现了能量的转化与守恒，达尔文提出了生物进化理论，由于这“三大发现”，“我们就能够依靠经验自然科学本身所提供的事实，以近乎系统的形式描绘出一幅自然界联系的清晰图画。描绘这样一幅总的图画，在以前是所谓自然哲学的任务。而自然哲学只能这样来描绘：用观念的、幻想的联系来代替尚未知道

---

① 《马克思恩格斯选集》，2版，第4卷，243页。

② 同上书，244页。

的现实的联系，用想象来补充缺少的事实，用纯粹的臆想来填补现实的空白。……今天，当人们对自然研究的结果只要辩证地即从它们自身的联系进行考察，就可以制成一个在我们这个时代是令人满意的'自然体系'的时候，当这种联系的辩证性质，甚至违背自然研究者的意志，使他们受过形而上学训练的头脑不得不承认的时候，自然哲学就最终被排除了"①。

恩格斯遵循如下逻辑说明了唯物辩证历史观的建立。他说，社会发展与自然发展有一个很大的不同，自然界起作用的是没有意识的盲目的力量；人类社会起作用的是具有意识的、经过思虑或凭激情行动的、追求某种目的的人，因此似乎社会现象是不受规律支配的。紧接着，他指出，人是在动机的支配下行动的，但是在这些动机背后隐藏着的又是什么样的动力？旧唯物主义从未提出过这一问题，黑格尔用精神来解释这种动力，恩格斯则说，如果我们探查动机背后的动力，那么问题涉及的与其说是个别人物的动机不如说是使整个民族、阶级行动起来的动机，而且是持久的、引起重大历史变迁的动机。这时就会发现，阶级的产生以及它的行动动机，国家和政治制度等等，都是由经济的原因，归根到底是由生产力的发展决定的。接下来恩格斯对于国家、法律、哲学、宗教与物质生活的联系及其发展规律，做了详细的说明。最后，他说：

> 这种历史观结束了历史领域内的哲学，正如辩证的自然观使一切自然哲学都成为不必要的和不可能的一样。现在无论在哪一个领域，都不再要从头脑中想出联系，而要从事实中发现联系了。②

恩格斯通过上述对辩证自然观和辩证历史观的产生及基本内容的阐述，说明马克思主义哲学在运用唯物主义改造了黑格尔的唯心辩证法以后，已经揭示出自然界、人类社会及人的思维自身固有的辩证联系和发展机制。黑格尔的丰富的精神遗产得到继承，一种崭新的哲学，辩证唯物主义世界观，建立起来了。

恩格斯对马克思主义哲学形成过程的论述不是他和马克思思想转变具体过程的记录，对于实践唯物主义基本没有涉及。他所理解的马克思主义哲学，是唯物辩证的世界观；他所说的马克思主义哲学的形成，是唯物辩证世界观的三个组成部分——唯物主义的辩证思维观、辩证自然观、辩证历史观的建立。他以思想逻辑的形式揭示了马克思主义哲学与德国古典哲学的联系，对于我们理解马克思主义哲学，很有价值。

第四节　恩格斯与马克思

关于哲学家恩格斯和哲学家马克思的关系，是马克思主义哲学发展史上的一个重要问题、热点问题，恩格斯在世时便是某些人谈论的话题。自 1932 年《1844 年经济学哲学手稿》问世以来，西方学术界的许多人更明确提出马克思和恩格斯的哲学思想是相互

---

① 《马克思恩格斯选集》，2 版，第 4 卷，246 页。

② 同上书，257 页。

对立的：马克思是实践唯物主义者，恩格斯是辩证唯物主义者、机械唯物主义者。这种说法在苏联和东欧国家中也有不少人支持，近年来我国哲学界关于实践唯物主义和辩证唯物主义的争论，事实上也牵涉到这个问题。这是一个比较复杂但又无法回避的问题。

一　两位各具特色的哲学家

马克思和恩格斯有着40年的战斗友谊，共同创造了马克思主义，共同开创了科学社会主义运动。但他们毕竟是两个各自独立的人，在许多方面表现出不同的特点。作为哲学家，他们的思想各具特色，有着非常明显的区别。简单说来，主要有：

（一）对费尔巴哈和旧唯物主义的评价不同

马克思和恩格斯都承认费尔巴哈的唯物主义对自己哲学思想的形成产生了重要影响，也都明确地对费尔巴哈哲学的失误做过批评。他们除了在合著的《德意志意识形态》中对费尔巴哈的共同评价外，在其他许多地方各自对费尔巴哈发表了互有不同的意见。

马克思对费尔巴哈的评价，最重要的是《关于费尔巴哈的提纲》第1条。马克思说：

> 从前的一切唯物主义（包括费尔巴哈的唯物主义）的主要缺点是：对对象、现实、感性，只是从**客体**的**或者直观**的形式去理解，而不是把它们当作**感性的人的活动**，当作**实践**去理解，不是从主体方面去理解。……费尔巴哈想要研究跟思想客体确实不同的感性客体：但是他没有把人的活动本身理解为**对象性的**[gegenständliche] 活动。因此，他在《基督教的本质》中仅仅把理论的活动看作是真正人的活动，而对于实践则只是从它的卑污的犹太人的表现形式去理解和确定。因此，他不了解“革命的”、“实践批判的”活动的意义。①

在这段话里，马克思着重强调：费尔巴哈的主要缺点是不懂实践活动的重要意义，因为他不理解人的主体性、能动性。

恩格斯对费尔巴哈的评价主要在《路德维希·费尔巴哈和德国古典哲学的终结》中。在该书第二章，恩格斯说，18世纪的唯物主义有三大缺点：其一，用机械运动解释一切，是机械唯物主义；其二，不能把世界理解为过程，理解为处在不断的历史发展中的物质，具有形而上学性；第三，形而上学的非历史观点也表现在对社会的认识中，不能建立关于社会历史的科学，即唯物史观。恩格斯认为，费尔巴哈未能克服18世纪唯物主义的以上缺点，一步也没有前进。②

恩格斯的评价所强调的实际上只有一点，即费尔巴哈虽然是唯物主义者，但不懂得辩证法，不能用发展的历史的观点看待自然界和人类社会。

总之，在对旧唯物主义和费尔巴哈的评价问题上，马克思和恩格斯的区别是很明显的。③

---

①　《马克思恩格斯选集》，2版，第1卷，54页。

②　参见《马克思恩格斯选集》，2版，第4卷，228～231页。

③　这一区别在对18世纪法国唯物主义的评价上也有表现。参见马克思所写的《神圣家族》第六章第3节（《马克思恩格斯全集》，中文1版，第2卷，158～170页），恩格斯的《社会主义从空想到科学的发展》第一、二两部分（《马克思恩格斯选集》，2版，第3卷，719～740页）。

（二）对辩证法的理解不同

本书在前面已经强调指出，马克思所关注的辩证法，主要不是与人无涉的自然辩证法，而是人类出现以后世界（自然界、人类社会、人本身）的辩证发展；他对世界的辩证发展的研究考察，主要关注的是“过程辩证法”，重在说明这是一个辩证发展的过程；他对“过程辩证法”的分析阐述，主要不是着眼于揭示它的规律，而是着眼于分析它的动力与机制，说明这一辩证发展过程是实践活动中主客体的相互作用引起的，是基于主体的能动性的实践辩证法。这样的辩证法思想，突出的是世界的辩证运动对人的实践活动的依赖。恩格斯的辩证法思想，关注的是包括自然辩证法在内的一般辩证法；他对一般辩证法的研究，重在揭示自然界、人类社会以及人的思维的普遍规律，是“规律辩证法”，与此相关，他把辩证法定义为“关于自然、人类社会和思维的运动和发展的普遍规律的科学”；他对“规律辩证法”的阐述，强调的是它的客观性、必然性，而没有突出辩证法与人、实践、人的主体性的联系和依赖。由此可见，马克思和恩格斯在辩证法问题上的着眼点、侧重点有着很大的不同。

（三）基本哲学思想的不同

我们已经知道，最能反映马克思的哲学思想的实质的，是实践唯物主义；最能反映恩格斯的哲学思想的实质的，是我们所说的辩证唯物主义。它们都是唯物主义哲学，都承认辩证法的存在及其重要意义，这些应该首先加以肯定，但是，它们之间也的确有着重要区别：

首先，实践唯物主义的视阈是人类产生以后的世界，这个世界当然是在人的实践活动所及的范围之内，它所说的自然是在实践活动中打上了人的烙印因而是人化了的自然。辩证唯物主义的视阈是整个宇宙，包括人类产生以前和人类灭亡之后，也包括人的实践活动一时不能触及的领域，是作为各门自然科学研究对象的自然界。

其次，实践唯物主义的出发点是人，而且是具有能动性的作为主体存在的人。它用人的实践活动解释物质世界的发展变化。也就是说，实践唯物主义关注的是主客体的相互作用。辩证唯物主义的出发点是物质。物质不生、不灭，以运动为基本属性，整个世界及其全部历史就是物质的无穷无尽的自我运动。辩证唯物主义用物质的自我运动解释人，强调人是自然界长期演化的产物，意识是大脑的功能，是客观世界的反映。它更多关注的是物质自身的运动以及客体对主体的制约。

最后，实践唯物主义通过对实践活动重要意义的强调，突出人的创造性，突出人的观念、思想、意志等精神因素的巨大作用，强调世界是人的创造性活动的产物。以至于马克思说：他的哲学“既不同于唯心主义，也不同于唯物主义，同时又是把这二者结合的真理”①。辩证唯物主义由于以物质为出发点，所以突出强调的是物质世界的自我运动的客观性、必然性、规律性，强调人只能认识、服从和运用客观规律。在讲到马克思主义哲学的唯物主义时，恩格斯说：“人们决心在理解现实世界（自然界和历史）时按照它本身在每一个不以先入为主的唯心主义怪想来对待它的人面前所呈现的那样来理

① 《马克思恩格斯全集》，中文1版，第42卷，167页。

解……除此以外，唯物主义并没有别的意义。”① 然而即使是唯心主义者的怪想中也包含有部分的真理性，因为唯物主义者所面对的世界，也不可能把人的主观因素的作用完全排除在外。

我们不得不承认，实践唯物主义和辩证唯物主义的以上区别的确存在。这是客观事实，无法否认。如果需要，人们还可以找出大量的其他事例加以证明。正是由于客观存在着的实践唯物主义和辩证唯物主义的以上区别，哲学家马克思和哲学家恩格斯的关系，表现出某种复杂性，一些西方学者由此制造出所谓马克思与恩格斯，甚至是早期马克思与成熟马克思，相互之间的对立。

例如，美国哲学家诺曼·莱文曾对所谓马克思与恩格斯的区别和对立做过详细的论述，称恩格斯为马克思哲学思想的“第一个修正主义者”。莱文的全部依据是他所说的马克思、恩格斯哲学思想的四大区别。我国哲学家黄楠森先生把莱文所说的四个区别概括为：一是马克思把辩证法看成社会分析的方法和人类行动的指南，而恩格斯则把辩证法与自然界融为一体，承认自然辩证法。二是马克思认为只有历史唯物主义，而恩格斯违背了马克思的思想，建立了辩证唯物主义，把马克思主义歪曲成形而上学的一元论。三是马克思和恩格斯对黑格尔的理解不同，马克思继承了黑格尔的辩证法，即关于行动和方法的理论，但没有接受他的唯心主义，而恩格斯则继承了黑格尔的形而上学方法，虽然也抛弃了他的唯心主义。四是马克思认为唯物主义只是主张人类对生产方式的需要先于它的其他需要，即社会存在先于一切思维方式和经验活动，恩格斯则认为唯物主义是主张有形物体独立于人而存在并为外在于人的规律所支配。②

莱文还称恩格斯的辩证法思想是“辩证法的毁坏”，并以对黑格尔哲学的关系为中介，进一步说明了马克思和恩格斯之间的对立。他说：“马克思与黑格尔的关系和恩格斯与黑格尔的关系是很不相同的。我将论证，恩格斯将自然科学与辩证法进行的综合，是对黑格尔的辩证法的一种内在的毁坏。这种将物理学与辩证法的混合构成了我所要说的恩格斯式的谬误。恩格斯把辩证法弄颠倒了。”③

德国学者伊林·费切尔专门写了题为《从无产阶级哲学到无产阶级世界观》的文章，声称要从更深层次上发掘马克思和恩格斯对立的哲学根源。他说：“在马克思著作的基础和背景被遗忘的时候，恩格斯在他的《反杜林论》和其他著作中，发展了‘辩证唯物主义’的无产阶级哲学。取消了那种通过无产阶级有意识行动来‘扬弃’的哲学，代之以一种‘科学’，它在辩证法的帮助下变成一种‘世界观’。这样一来他就和马克思背道而驰了。”④ 他认为马克思的哲学与恩格斯的世界观是对立的：前者旨在强调人的能动性和改造世界，立足于主体对客体的改造并最终实现主客体的统一；后者旨在强调客观世界的科学性和解释世界，忽视了主客体的对立与统一，仅仅提供一种世界观。

关于马恩对立的说法五花八门，但基本精神与莱文和费切尔的观点大同小异。这些

---

① 《马克思恩格斯选集》，2版，第4卷，242页。

② 参见［美］诺曼·莱文：《辩证法内部对话》，2页，昆明，云南人民出版社，1997。

③ 同上书，108页。

④ ［德］伊林·费切尔：《马克思和马克思主义》，149页，纽约，海德兄弟出版公司，1971。转引自孙伯鍨等：《西方“马克思学”》，101页，南京，江苏人民出版社，1992。

说法不能说没有一定的道理，然而从总体上看却完全不符合实际，实际情况比他们的想像要复杂得多。

二　一致与互补

对于恩格斯的哲学思想与马克思的哲学思想的关系，可以用两句话来概括：尽管它们有着显而易见的不同，但这只是现象，从深层来看，二者是完全一致的；这种不同不能说明它们的对立，而只能说明它们是互补的，马克思的哲学思想与恩格斯的哲学思想共同构建了完整的马克思主义哲学。

（一）马克思的哲学思想与恩格斯的哲学思想是完全一致的

先从马克思这一方面来看。

恩格斯系统阐述的哲学思想主要是强调世界的客观性及其运动发展的不以人的意志为转移的必然性，马克思对此论述不多，但毫无疑问也具有同样的思想。

第一，马克思与恩格斯一样，也承认在人类产生以前和处于人的实践改造活动范围之外的自然界及其辩证运动。在《德意志意识形态》中，马克思和恩格斯说：

> 这种活动、这种连续不断的感性劳动和创造、这种生产，正是整个现存的感性世界的基础，它哪怕只中断一年，费尔巴哈就会看到，不仅在自然界将发生巨大的变化，而且整个人类世界以及他自己的直观能力，甚至他本身的存在也会很快就没有了。当然，在这种情况下，外部自然界的优先地位仍然会保持着，而整个这一点当然不适用于原始的、通过自然发生的途径产生的人们。但是，这种区别只有在人被看作是某种与自然界不同的东西时才有意义。此外，先于人类历史而存在的那个自然界，不是费尔巴哈生活其中的自然界；这是除去在澳洲新出现的一些珊瑚岛以外今天在任何地方都不再存在的、因而对于费尔巴哈来说也是不存在的自然界。①

这段话首先强调人本身及其面对的自然界依赖于人的创造活动，这表明对马克思的实践唯物主义观点，恩格斯是完全赞同的。其次它肯定了自然界在人类出现之前的存在，并且指出实践唯物主义观点不适用于原始的刚刚从自然界中分化出来的人类，也不适用于人的实践活动尚未触及的自然界，如新出现的珊瑚岛。这后一方面显然属于自然辩证法的范围，马克思和恩格斯的这番话有力地证明马克思与恩格斯一样有着自然辩证法的思想。

不仅如此，关于人类产生以前的自然辩证法，马克思自己也有明确的论述。例如我们已经引用过的他在《1844 年经济学哲学手稿》中的话：“**大地**创造说，受到了**地球构造学**（即说明地球的形成、生成是一个过程、一种自我产生的科学）的致命打击。自然发生说是对创世说的唯一实际的驳斥。”②

马克思在这里用“地球构造学”（即说明地球是从物质的运动中自我产生出来的地质学）和“自然发生说”（即关于生命是从自然界的运动中自我产生出来的生命起源说）对创世说的驳斥，显然是对人类产生以前自然界的辩证运动的明确肯定。

---

① 《马克思恩格斯选集》，2 版，第 1 卷，77 页。

② 《马克思恩格斯全集》，中文 1 版，第 42 卷，130 页。

此外，马克思认为，即使是物质生产这一最能体现人的创造精神的活动，也没有排除自然界自我进行着的辩证运动。马克思认为，一旦实践活动结束，其产物，劳动产品，立即进入由自然规律支配的新的物质运动过程——如果“产品作为生产资料进入新的劳动过程，也就丧失产品的性质。它们只是作为活劳动的物质因素起作用。……亚麻和纱锭是过去劳动的产品这件事，对这个过程本身来说是没有关系的，正如面包是农民、磨面者、面包师等等过去劳动的产品这件事，对营养作用来说是没有关系的一样”①。如果产品不进入新的劳动过程，就会作为自然物处于自然规律的作用之下——“机器不在劳动过程中服务就没有用。不仅如此，它还会由于自然界物质变换的破坏作用而解体。铁会生锈，木会腐朽。纱不用来织或编，会成为废棉”②。

第二，《反杜林论》是恩格斯对辩证唯物主义的集中论述，而这部书的观点马克思是完全赞同的。恩格斯在《反杜林论》的序言中说：

> 本书所阐述的世界观，绝大部分是由马克思确立和阐发的，而只有极小的部分是属于我的，所以，我的这部著作不可能在他不了解的情况下完成，这在我们相互之间是不言而喻的。在付印之前，我曾把全部原稿念给他听，而且经济学那一编的第十章（《〈批判史〉论述》）就是由马克思写的，只是由于外部的原因，我才不得不很遗憾地把它稍加缩短。在各种专业上互相帮助，这早就成了我们的习惯。③

这段话可以说是对马克思赞同辩证唯物主义观点的最好说明。④

对于马恩哲学思想的一致，我们再从恩格斯一方来看。

《德意志意识形态》是由恩格斯与马克思共同创作的，正是在这部著作中实践唯物主义得到最初的阐述，因此我们没有理由认为恩格斯不同意实践唯物主义的观点。此外，《劳动在从猿到人的转变中的作用》是恩格斯的重要论文，而其中所强调的就是劳动实践在人类产生以及自然界的发展中的重要作用。最后，集中体现马克思实践唯物主义思想的《关于费尔巴哈的提纲》是恩格斯在马克思遗留下的笔记本中发现的，他明确说：这个提纲就是唯物史观的起源！⑤ 提纲是恩格斯于1888年把它作为自己所写的《路德维希·费尔巴哈和德国古典哲学的终结》的附录，首次公开发表的。这里所说的还只能算是间接的证据，直接的证据是恩格斯自己对实践唯物主义思想的论述。

恩格斯在《自然辩证法》中说：

> 只有人才办得到给自然界打上自己的印记，因为他们不仅迁移动植物，而且也改变了他们的居住地的面貌、气候，甚至还改变了动植物本身，以致他们活动的结果只能和地球的普遍灭亡一起消失。⑥

---

①② 《马克思恩格斯全集》，中文1版，第23卷，207页，北京，人民出版社，1972。

③ 《马克思恩格斯选集》，2版，第3卷，347页。

④ 面对恩格斯的这段话，一些学者仍然不愿放弃“马恩对立说”。如俄罗斯著名马克思主义哲学家梅茹耶夫在与本书作者谈话时说，马克思了解《反杜林论》的内容而没有提出异议，是因为他碍于情面不好意思反驳恩格斯。这种说法显然难以成立。

⑤ 参见《马克思恩格斯选集》，2版，第4卷，721页。

⑥ 同上书，274页。

他还说：

> 人的思维的最本质的和最切近的基础，正是**人所引起的自然界的变化**，而不仅仅是自然界本身；人在怎样的程度上学会改变自然界，人的智力就在怎样的程度上发展起来。因此，自然主义的历史观，如德雷帕和其他一些自然研究家或多或少持有的这种历史观是片面的，它认为只是自然界作用于人，只是自然条件到处决定人的历史发展，它忘记了人也反作用于自然界，改变自然界，为自己创造新的生存条件。①

恩格斯在这里不但提出人的实践活动在改造着自然，为人创造新的生存条件，而且明确地批判看不到这一点的“自然主义历史观”，表明他和马克思一样，主张的是实践唯物主义历史观。我们在前面还引用过《路德维希·费尔巴哈和德国古典哲学的终结》行将结束时的一句话，即马克思主义哲学是“在劳动发展史中找到了理解全部社会史的锁钥的新派别”②，进一步表明他在历史观上与马克思的一致。不仅如此，他在1890年的一封信中说：“根据唯物史观，历史过程中的决定性因素**归根到底**是现实生活的生产和再生产。无论马克思或我都从来没有肯定过比这更多的东西。”③ 这是对唯物史观的最明确的实践唯物主义解读。

以上论述足以说明，恩格斯虽然没有直接阐述过实践唯物主义观点，但正如马克思具有辩证唯物主义思想一样，他也具有实践唯物主义思想，他和马克思的哲学著作互有侧重，而观点则完全一致。

（二）恩格斯和马克思在哲学上互相补充，共同构建了完整的马克思主义哲学

恩格斯和马克思的哲学思想完全一致，但在对共同思想的表述上有很大差别。

我们已经多次指出，无论马克思还是恩格斯都没有对自己的哲学思想做过全面系统的阐述，换言之，他们对自己哲学思想表述都很分散，是针对不同的具体情节，往往还是针对不同的论战对象，有感而发。除此而外，马克思研究哲学主要是在早期，到1846年《德意志意识形态》写作完成基本结束。他的研究目的在于与黑格尔和青年黑格尔派的唯心主义以及费尔巴哈的旧唯物主义划清界限，展开论战。分歧的焦点集中在历史观以及人的问题上，这决定了历史观和人学也是马克思论述最多的哲学问题。恩格斯的哲学研究主要在他生命的中晚期，视线集中在自然辩证法问题上，基本内容是运用19世纪自然科学的最新成就批评18世纪的形而上学唯物主义。马克思和恩格斯哲学研究上的这种显著区别，导致马克思主义哲学关于人的理论以及实践唯物主义思想主要在马克思的早期著作中，关于辩证唯物主义世界观的思想基本上都在恩格斯晚年的著作里。表面看来，或者说按照人们在阅读时获得的直接印象，马克思恩格斯的哲学思想明显不同，在一些具体问题上甚至相互矛盾。例如前面提到的对费尔巴哈哲学的评价。马克思批评他只知道用物质解释世界，没有把物质世界作为人的实践对象从作为主体的人和人的能动性出发理解，恩格斯则只是批评费尔巴哈一方面不懂辩证法，另一方面不懂

---

① 《马克思恩格斯选集》，2版，第4卷，329页。

② 同上书，258页。

③ 同上书，695～696页。

唯物史观，对于费尔巴哈从物质出发解释世界则给予充分肯定。正是由于恩格斯与马克思在哲学研究和相关论述上的这种差别，国内外的许多哲学家认为他们的哲学观点有很大不同，甚至相互对立。

实际情况并非如此。前面已经说明，马克思着重论述的思想在恩格斯的著作中也可以找到，反过来恩格斯一再强调并阐述的思想马克思也有，而且具有自己独特的色彩，虽然论述较少。正因为这样，不论马克思的个人著作还是恩格斯的个人著作，都不足以反映马克思主义哲学的全貌，要完整地理解马克思恩格斯的哲学思想，必须把他们的相关论述加以综合，这些著作中的思想相互补充，缺一不可。这种情况在对费尔巴哈哲学的评价上就很明显。

认识到马克思恩格斯哲学思想的区别与互补并建构起完整的全面的马克思主义哲学理论，不是一件容易的事情。困难首先在于马克思恩格斯对自己哲学思想的阐述很多是在尚未完成的手稿或者仅供自己使用的读书笔记和写作提纲之中，言简意赅，甚至简略得像诗歌一样无法“达诂”，后人作为读者准确地理解他们的有关论述十分困难。其次，他们在理论关注对象方面的不同或者对同一个问题的不同论述，原因何在，背后究竟有什么联系，如何统一，回答这些问题需要对他们著作与思想进行深入细致的研究，而这是只有少数专家才能做得到的。最后，最大的困难还在于，不论在任何时候人们都是从自己的实践需要和历史传统文化背景出发阅读理解他人著作的，因此不同国家的人，例如东方国家和西方国家的人，对马克思恩格斯哲学论著的理解、选择有很大的不同，这使得他们在阅读马克思恩格斯的著作时，首先看到的必然是二人思想的不同，而不是这些思想的一致与互补。马克思主义哲学在马克思恩格斯去世后在东西方国家的发展充分说明了这一点。

第四章

马克思主义哲学在东方国家的发展（一）

——俄国马克思主义者的哲学选择及苏联哲学的形成

各国的马克思主义者都是从自己的实际斗争需要出发理解和接受马克思主义的。东西方国家在社会发展和文化传统上的巨大差异，导致科学社会主义运动在东西方国家具有不同的特点。东方国家社会发展落后，但阶级斗争激烈。社会主义运动表现为无产阶级领导的社会主义革命，以及革命成功后的社会主义建设。西方国家社会发展程度较高，但无产阶级夺取政权的条件始终不曾成熟，社会主义建设也就无从谈起，科学社会主义运动逐渐演化为对现代资本主义的文化批判。不同的实践需要使得东西方国家的马克思主义者选择了马克思恩格斯哲学思想中的不同内容，在长期的发展中形成截然有别的马克思主义哲学派别。

马克思主义哲学在东方国家的发展首先开始于俄罗斯，经过普列汉诺夫和列宁，产生了体现东方国家特点的马克思主义哲学体系——苏联哲学。东方各国国情的相似，使马克思主义者的实践需要也有许多共同之处。列宁的哲学思想，苏联哲学，很快被其他东方国家的马克思主义者接受，对这些国家马克思主义哲学的发展产生了重大的影响。

第一节　19 世纪的俄罗斯：社会主义与哲学斗争

东方和西方是人们广泛使用但又很难准确界定的两个概念。所谓东方，通常指亚洲各国，但本书把俄罗斯也列入东方国家的范畴。从地理上看，俄罗斯横跨欧亚两洲，而且亚洲部分远远大于欧洲部分；从文化传统上看，俄罗斯文化的基础是基督教的东方派别——东正教；从历史上看，13世纪后俄罗斯有240年之久处于蒙古人的统治之下，东方文化和东方的政治制度、生活习惯深入俄罗斯和俄罗斯人的灵魂。在历史上，与西方文明的冲突是俄罗斯自17世纪起经久不衰的话题，讨论中，包括列宁在内许多俄罗斯人把俄罗斯列入东方国家的行列。更重要的是，俄罗斯人对马克思主义的理解以及他们以此为基础建立的社会主义制度，受到东方各社会主义国家的广泛认同。东方国家的科学社会主义运动和马克思主义哲学，都是从19世纪的俄罗斯开始的。

马克思主义哲学的发展取决于社会主义实践的需要，我们以俄罗斯为例对东方国家的社会主义运动略加考察。

一　19世纪俄罗斯的社会主义运动

俄罗斯的社会主义运动开始于19世纪。

19世纪的俄罗斯处于激烈的社会动荡之中。这是“落后挨打”，也即落后的俄罗斯在与西方先进资本主义国家的冲突中连连失败后不得不推行西方化的改革带来的必然结果。

俄罗斯人属于东斯拉夫人，东斯拉夫人步入文明社会比较晚，公元6世纪才开始从事耕作农业和手工业，公元9世纪下半叶有了可以实用的文字，同时建立了自己的第一个统一的国家——基辅罗斯。公元988年，基辅大公弗拉基米尔奉东正教为国教，强迫基辅的居民在第聂伯河接受希腊神父的洗礼。这一举动使东斯拉夫人与基督教世界，与当时欧洲文化最发达的拜占庭帝国，建立起密切的联系，极大地促进了东斯拉夫人的文化和社会发展。

基辅罗斯毕竟地处欧洲中心之外，当西欧已经掀起文艺复兴运动的时候，它还在为从蒙古人的统治下解放出来而苦苦挣扎。莫斯科公国在解放斗争中兴起并赢得了与蒙古人的战争，经过不断的扩张，演化为领土横跨欧亚两洲的俄罗斯帝国。而在这时，西欧国家在工业文明的大道上迅速前进，科学技术日新月异，经济飞速发展，社会不断进步，地处欧洲东北一隅的俄罗斯，大大落在西欧国家的后面。

俄国的真正发展始于18世纪初的彼得大帝改革。俄国与西方国家的巨大差距迫使沙皇千方百计寻找通往西方的出海口，为此俄国曾于16世纪和17世纪两次与瑞典以及立陶宛、波兰等国开战，但均以失败告终。为在南方寻找出海口，俄国还在17世纪三次对土耳其用兵，三次都大败而回。战争的连连失败迫使沙皇彼得痛下决心向西方学习，实行改革。1697年他亲自带领贵族子弟赴西方留学。他曾在荷兰获得造船业的毕业证书，在英国参观牛津大学、格林威治天文台、造币厂和造船厂，旁听英国议会的辩论，造访著名的科学家和文化人士。回国当天，彼得便发动改革。他雷厉风行地改革行政管理体制，引进西方的科学技术，同时发展工业、革新军队、兴办学校、创建科学院，把俄罗斯强行拖上西方化的道路。其接班人叶卡捷琳娜二世不但继续彼得的事业，而且在启蒙运动的影响下一度大量引进西方的思想观念，俄国的西化由物质生活深入到精神世界。改革的结果是俄国的国力大增，对外战争连连获胜，领土急剧扩大。

但是和西方先进资本主义国家相比，俄国还是相形见绌。1856 年俄国在向南扩张的土耳其战争中，与英法两国兵戎相见。武器装备、交通运输、人员素质等方面的落后使俄国再遭败北，尼古拉沙皇服毒自杀。由于战场上的再一次失败，沙皇俄国不得不于 1861 年再一次发动改革。与 18 世纪的改革一样，1861 年改革极大地促进了资本主义在俄国的发展，经济上、政治上表现出一派生机。

但是，改革一旦开始，它就要按照自己固有的逻辑不断深入。彼得大帝发动的改革始于科学技术和经济领域，但很快深入到思想观念和政治层面，事实上在俄国掀起了一场启蒙运动，开始为沙皇专制制度造就自己的掘墓人。1790 年，一个温文尔雅的知识分子拉季舍夫，出版了一本名为《从彼得堡到莫斯科旅行记》的小册子，向专制制度和农奴制发出强烈谴责。1812 年，俄国战胜拿破仑取得卫国战争的胜利，帝国军队两次进驻巴黎。军队中的青年军官由此深入接触了西方先进的资本主义文化。他们阅读卢梭、孟德斯鸠的作品，为俄国农奴的悲惨处境鸣不平。1825 年，其中的一些人发动"十二月党人起义"，矛头直指沙皇的专制统治。1861 年改革以后，资本主义在俄国以惊人的速度发展，阶级矛盾迅速激化，国家陷入激烈的社会动荡之中，沙皇的封建专制统治岌岌可危。

从社会革命的角度看，19 世纪下半叶的俄罗斯表现出两个明显的特点。

第一是社会革命一触即发。

在 19 世纪的俄罗斯，特别是在 19 世纪的下半叶，不仅工人、资本家、农民、知识分子不满现状，即使是地主、贵族也无法再维持原有的生活，开始心神不定，整个国家危机四伏。在 1885 年的一封信里，恩格斯对俄国当时的政治形势做过一番描写。他说："在这个国家里，形势这样紧张，革命的因素积累到这样的程度，广大人民群众的经济状况日益变得无法忍受，社会发展的各个阶段——从原始公社到现代大工业和金融寡头——都有其代表，所有这一切矛盾都被举世无双的专制制度用强力禁锢在一起，这种专制制度日益使那些体现了民族智慧和民族尊严的青年们忍无可忍了"①。他还说："这个国家正在接近它的 1789 年。革命**一定**会在某一时刻爆发；它每天都**可能**爆发。在这种情况下，这个国家就像一颗装上炸药的地雷，所差的就是点导火线了。……在这种情况下，一小伙人就能**制造出**一场革命来，换句话说，只要轻轻一撞就能使处于极不稳定的平衡状态（用普列汉诺夫的比喻来说）的整个制度倒塌"②。

第二是社会发展仍然十分落后。

马克思和恩格斯认为，无产阶级社会主义革命之所以不可避免、必然胜利，是因为资本主义制度已经成为生产力发展的障碍。其表现是日益严重的经济危机，是它已经造就了自己的掘墓人——人数越来越多并在大工业生产中受到教育、已经组织起来、陷入绝对贫困化的工人阶级。总之，社会主义革命是资本主义高度发展的产物。

按照这样的标准，19 世纪的俄国显然是十分落后的。

首先，资本主义在俄国正处在飞速发展的上升时期。列宁自己都说过，俄国不是苦

---

① 《马克思恩格斯选集》，2 版，第 4 卷，671 页。

② 同上书，670 页。

于资本主义太多，而是苦于资本主义太少。[①] 1861年以后，俄国的工农业生产成倍增长，虽然也出现过经济危机，但还远远说不上是对资本主义制度的死刑判决。

其次，俄国的工人阶级远没有占到人口的多数，而且他们很多人是刚刚进城的农民，有的行业一半的工人只是农闲时进城打工的季节工。直到1917年，俄国总人口的80%以上生活在农村。工人半数以上是文盲，十月革命时，俄国人口的文盲率仍有将近70%。他们觉悟低下，没有组织；虽然受到严重的经济剥削，生活艰难，但随着经济的快速发展，工资水平在提高，生活正在改善。

最后，俄国人基本上还生活在前资本主义秩序之中。整个国家在政治上处于沙皇封建专制制度之下。农民虽然在1861年之后获得了人身自由，但农民村社依然存在，还是农村的基本组织形式。俄国的农民村社带有明显的原始共产主义痕迹，农民集体拥有土地，以民主的方式处理内部事务，个人没有主体性，与公民社会相去甚远。个体农民在19世纪初才出现，除贵族地主外，农民相互之间没有明显的阶级分化。在精神生活上，绝大多数俄罗斯人笃信东正教，而俄罗斯的东正教没有经历过西方国家那样的宗教改革，保守、落后，扼杀个性，是维护封建统治的工具。1905年1月9日，彼得堡数万工人带着全家老少，抬着沙皇的画像，举着教堂的旗幡，唱着祈祷时唱的歌曲，前往冬宫向沙皇请愿。这一举动生动地反映了当时工人的精神状态。

这就是19世纪下半叶俄罗斯的大致情况。

这种情况必然对俄罗斯的社会主义运动产生重大影响。

俄国最早的社会主义者是赫尔岑。亚历山大·伊万诺维奇·赫尔岑出身于贵族家庭，19世纪30年代在莫斯科大学读书时，通过阅读法国空想社会主义者的著作接受了社会主义。因积极宣传社会主义思想，30年代和40年代两次被捕并判处流放。这时的赫尔岑是“西欧主义者”，主张俄国走西欧国家的道路，用欧洲国家的社会主义思想改造俄罗斯。赫尔岑于1847年年底出国，1848年目睹了法国的二月革命。欧洲国家无产阶级的愚昧和悲惨处境，革命中阶级之间无情的暴力冲突和对起义者的残酷镇压，使他放弃了俄罗斯效法西方的西欧主义立场，开始寻求具有俄国特色的社会主义道路。他的结论是：俄国的社会主义革命不能走西欧国家的老路，西欧的社会主义者苦苦追求的社会主义理想在俄罗斯已经是现实的存在，占人口绝大多数的俄国农民生活在村社之中，而农民村社建立在共同占有生产资料的基础上，没有阶级分化，农民享有充分的民主，农民村社是现实的社会主义。俄国只要推翻封建沙皇的专制统治，就可以先于西方国家进入社会主义社会。他在一封信中说：“俄国人民的生活直到目前还没有超出村社的范围。……村社组织顺利地维持到了社会主义在欧洲发展起来的时候。这种情况对于俄国是极端重要的……从这一切您可以看到，村社没有被消灭，个人所有制没有粉碎村社所有制，这对俄国该是多么幸运的事。俄国人民置身于一切政治运动之外，置身于欧洲文明之外，这对他们该是多么幸运的事，因为这种文明毫无疑问会破坏掉村社，这种文明本身目前已通过社会主义而到达了自我否定。我们这些受过西方文明熏陶的俄罗斯人，只是一种手段，一种酵母，一种沟通俄国人民和革命欧洲的媒介。俄国未来的人是农

① 参见《列宁选集》，3版，第1卷，556页。

人，正如同法国未来的人是工人一样。”①

赫尔岑的思想经过车尔尼雪夫斯基等人的解释和宣传，演化为民粹主义思潮。到19世纪70年代，以知识分子为主体的民粹派提出“到民间去”的口号。众多的青年知识分子换上农民装，到农村宣传革命，号召农民反对沙皇，形成一场声势浩大的民粹派运动。几乎所有的进步知识分子都成为民粹派的拥护者和同情者。

民粹派运动是当时俄国特有的社会主义运动。它主张的是农民社会主义，或者说村社社会主义。它的依靠力量是农民；它的目标是使俄国不经过资本主义阶段直接进入以村社为基础的农民社会主义社会；由于农民缺少社会主义革命的意识，有待知识分子去启蒙、教育，所以民粹派运动只能由少数英雄人物领导。在谈到空想社会主义时，马克思恩格斯强调，不成熟的社会主义思想和运动是不成熟社会的产物。民粹派运动正是落后的、不具备科学社会主义所需条件的俄罗斯所能够具有的社会主义运动，它是19世纪后半叶俄罗斯社会特点的产物。

马克思主义在俄国的传播由来已久。早在19世纪40年代，彼得堡的不少知识分子就熟知马克思的《〈黑格尔法哲学批判〉导言》；从1846年起，俄国人安年科夫开始了与马克思的通信联系；1872年俄罗斯出版了俄文版的《资本论》，这是《资本论》的第一个外文译本。当民粹派运动处于高潮时，强调历史发展的客观规律性，强调资本主义在俄国的发展不可避免，寄希望于工人阶级的马克思主义，在俄国一时难以被人接受。马克思主义真正被俄国人所接受，是在民粹派遭到失败以后。

大量革命青年在19世纪70年代发起了“到民间去”的运动，但深受东正教和封建意识熏陶的农民不但不接受他们诋毁沙皇号召造反的言论，反而把这些青年知识分子赶出村庄，甚至把他们痛打一顿，扭送到警察局。发动群众的愿望落空后，民粹派中的激进分子，民意党人，铤而走险，诉诸个人英雄主义，寄希望于暗杀沙皇的行动。1881年3月13日，民意党人成功地暗杀了沙皇亚历山大二世，然而当晚新沙皇亚历山大三世便宣告即位，随即开始大规模的镇压。大批民意党人被捕，其领导人被处死，暗杀行为也告失败，民粹派运动一蹶不振。

与此同时，经过1861年改革后资本主义在俄国的迅速发展，农民村社日趋解体，农村的阶级分化日益明显；相反，工业生产在俄国发展迅猛，工人的数量急剧增加，工人运动逐渐兴起。1875年俄国出现了第一个工人阶级的独立组织——“南俄工人协会”，1878年“俄国北方工人协会”成立。除了俄国革命者安年科夫早在1846年2月便开始与马克思通信外，别林斯基、赫尔岑、车尔尼雪夫斯基等人都阅读过马克思恩格斯的早期著作。俄国在1861年以后的变化以及民粹派的失败，使进步知识分子开始理解和接受马克思主义。1883年，以普列汉诺夫为首的几名原民粹派成员在国外成立了俄国第一个马克思主义团体——“劳动解放社”，开始认真学习和宣传马克思主义。不久，各种马克思主义组织在俄国出现，1898年3月，俄国第一个马克思主义政党“俄国社会民主工党”成立。从此俄国的社会主义运动掀开新的一页。

① 转引自 A. Володин，Утопический социализм в России，Москва，1985，c. 133。

二　哲学斗争与马克思主义者的哲学选择

当俄国的马克思主义者于70年代末80年代初接受科学社会主义思想时，首先遇到的便是与民粹派的关系问题。俄国的民粹派运动是19世纪后半叶俄国社会主义运动的主流，是俄国反对沙皇专制制度斗争的中坚，在进步知识分子中有着十分广泛的影响，科学社会主义运动的产生和发展必然引起与民粹派的激烈斗争。

民粹派内部存在着革命激进的和自由主义的两个派别。它们的共同主张是，俄国可以利用自己特有的农民村社自治制度，走一条不同于西方资本主义的发展道路。这样，一方面可以消除专制制度和农奴制的弊端，另一方面可以避免资本主义发展可能带来的有害后果。两派的不同在于，激进派倾向于无政府主义、巴枯宁主义，认为可以立即在俄国发动社会革命，用暴力消灭一切对人的统治，实行社会主义和共产主义；自由主义派更强调人的个性、自由，提出要为个人而斗争，要对资本主义开展道德批判，通过改良进化的途径实现社会主义。在70年代，民粹派运动中占主导地位的是激进派，到80年代民粹派运动陷入低潮以后，自由主义派逐渐占据上风。

不论是激进派还是自由主义派，它们都主张社会主义，但主张的又都是空想社会主义。

民粹派的整个理论，支撑点是俄国的农民村社。1872年《资本论》在俄国出版。按照《资本论》的思想，村社的解体在所难免，而一旦承认农民村社将要解体，民粹派的理论就要瓦解。一些深受马克思主义影响的民粹派分子为此深深苦恼。他们以各种方式向马克思本人请教，马克思以及恩格斯，多次就这个问题发表意见。例如，1881年2月16日，俄国民粹派思想家，后来成为俄国最早的马克思主义者之一的维·伊·查苏利奇致信马克思，指出：在俄国正围绕许多西方国家早已消亡而在俄国还普遍存在的农村公社的意义问题，进行激烈的争论。一些人认为，只要克服政府对村社的破坏，俄国就可以在村社的集体主义原则的基础上，越过资本主义阶段，建设社会主义；另一些人则打着马克思的旗号，认为村社是旧制度的遗迹，必然灭亡，俄国的资本主义前途不可避免。维·伊·查苏利奇提出："要是您肯对我国农村公社可能遭到的各种命运发表自己的观点，要是您肯对那种认为由于历史的必然性，世界上所有国家都必须经过资本主义生产的一切阶段这种理论阐述自己的看法，那么您会给我们多大的帮助啊。"① 马克思在3月8日的回信中说：

> 我深信：这种农村公社是俄国社会新生的支点；可是要使它能发挥这种作用，首先必须排除从各方面向它袭来的破坏性影响，然后保证它具备自然发展的正常条件。②

在此之前和在此之后，马克思以及恩格斯，还曾就这个问题多次发表意见，并有详细论述。例如马克思说：

> 在欧洲，只有俄国的"农村公社"在全国范围内广泛地保存下来了。因此，它

① 《马克思恩格斯与俄国政治活动家通信集》，378页，北京，人民出版社，1987。
② 《马克思恩格斯选集》，2版，第3卷，775页。

目前处在这样的历史环境中：它和资本主义生产的同时存在为它提供了集体劳动的一切条件。它有可能不通过资本主义制度的卡夫丁峡谷，而占有资本主义制度所创造的一切积极的成果。①

怎样才能做到这一点？马克思说：

假如俄国革命将成为西方无产阶级革命的信号而双方互相补充的话，那么现今的俄国土地公有制便能成为共产主义发展的起点。②

马克思的具体设想是：俄国首先发生革命，推翻沙皇的专制统治，也即消灭了沙皇俄国这一到处镇压革命的“欧洲宪兵”，从而引发欧洲先进资本主义国家的无产阶级革命；胜利了的欧洲无产阶级为俄国无产阶级提供资本主义创造的先进生产力；俄国无产阶级可以利用这一生产力，在历史遗留下来的以公有制和集体主义为特点的农村公社的基础上，跃过资本主义阶段直接建立社会主义制度。

马克思的上述思想显然并没有简单否定民粹派关于社会跳跃的主张，但是马克思对俄国跃过资本主义阶段的可能性的承认是有条件的，这就是：必须肃清从各方面向农民村社袭来的破坏性影响，然后保证它具备自然发展所必需的正常条件。此外，资本主义创造的先进生产力是建设社会主义所必不可少的，俄国的特殊性只在于，它有可能直接从无产阶级革命胜利后的西方先进国家获得这样的生产力，而无需为创造这样的生产力而自己走上资本主义道路。

如前所述，俄国的实际情况是，由于1861年之后资本主义的迅速发展，工人阶级已经崛起，农民村社已经开始解体，而这种情况是民粹派所不愿意看到的，他们对此拒不承认。相反，由于民粹派运动的失败、工人阶级的兴起和农民村社的解体，马克思主义的拥护者开始在俄国出现，他们在马克思的一系列论述中看到了唯物史观的真理性，认识到工人阶级才代表了历史的未来，把革命的希望寄托在工人身上。

两种革命策略和革命道路上的分歧，实质是两种历史观的对立。民粹派的政治主张建立在唯心主义历史观的基础之上。他们否认历史的从而也是整个世界的进步是有规律的，认为一切取决于人的思想、意志。认为资本主义制度的产生并没有历史的必然性，完全可以避免。在历史发展中起决定作用的是“批判地思维着的个人”，他们是历史英雄，广大群众则是群氓，历史由这些英雄人物创造。普列汉诺夫是俄国最早的马克思主义者，上述情况决定了他在接受马克思主义以后，立即投入了与民粹派唯心史观的哲学斗争之中，着手清理民粹派的哲学影响。列宁是19世纪90年代开始理论著述的，所做的第一件工作也是批判民粹派的唯心史观。

这种情况对于马克思主义哲学在俄罗斯的发展意义十分重大，因为它决定了俄国马克思主义者对马克思主义哲学的选择，决定了马克思主义哲学在俄罗斯的发展方向。

开展历史观上的斗争，不仅仅是为了批判民粹派，它同时也是对俄罗斯科学社会主义运动的合理性的论证。能不能对这种合理性作出令人信服的论证，对于马克思主义

① 《马克思恩格斯选集》，2版，第3卷，769页。
② 《马克思恩格斯选集》，2版，第1卷，251页。

者，特别是对东方国家的马克思主义者，至关重要。马克思主义的社会主义之所以是科学社会主义，是因为它抛弃了对资本主义的道德谴责，立足于历史发展的客观规律，从理论上论证了，社会主义和共产主义的实现是历史发展的必然结果。在西方先进国家，由于资本主义弊端的现实存在，由于有强大的工人阶级和工人运动，社会主义似乎并不遥远，是可以触摸得到的。在俄罗斯这样的东方落后国家，资本主义未经充分发展，工人阶级力量薄弱，社会主义取代资本主义，还不是一项现实的任务，人们只能从理论上理解和接受它。因此，在俄国，只有从理论上对社会主义的客观必然性作出令人信服的论证，人们才会相信马克思主义的社会主义运动是科学的，合理的，必定胜利的，广大群众才会在马克思主义者的领导下，为遥远的社会主义目标去奋斗；如果不能作出这样的论证，现实的科学社会主义运动在俄国这样的国家就是不可能的。

理论的传播总是由人们对该理论的实际需要决定的。如前所述，马克思和恩格斯的哲学思想十分丰富，但没有建立起一个完整的理论体系。马克思和恩格斯，或者马克思、恩格斯在不同的时期、针对不同的问题，所提出的哲学思想有不同的内容、不同的倾向、不同的色彩。这使得他们之后的马克思主义者对马克思主义哲学的学习、宣传和运用，必然是一个从自己的需要出发的选择过程，选择马克思主义哲学中的那些对自己的实践活动具有现实意义的思想和理论。俄国的马克思主义者最需要的是什么？从上面的论述中可以看出，是对历史发展的客观必然性的论证，是唯物史观，因为只有这样，他们才能为自己所从事的社会主义运动的必然胜利，它的科学性，找到依据，才能为自己的事业树立信心，增添勇气。

但是我们知道，这样的唯物史观不是实践唯物主义，而是狭义的唯物史观，它强调的是社会发展的规律性以及这一规律的客观性，它只是社会历史的辩证法，是唯物辩证法或辩证唯物主义的一个组成部分。这从根本上决定了俄国的马克思主义者重视的不是马克思著作中的人道主义思想，而是马克思和恩格斯，特别是恩格斯，关于社会历史和自然界具有客观性、规律性的论述，是恩格斯详细阐述过的辩证唯物主义。他们是准备投入阶级之间生死搏斗的工人、农民的代表，人道主义对他们不合时宜，实践唯物主义对他们过于抽象。正因为如此，普列汉诺夫，尤其是列宁，在哲学方面阅读和引证的主要是恩格斯的著作，例如《反杜林论》、《路德维希·费尔巴哈和德国古典哲学的终结》等。[①] 这一选择既是普列汉诺夫、列宁的，也是他们的后继者的，它对马克思主义哲学在俄罗斯的传播，对苏联哲学，产生了决定性的影响，在一定意义上可以说，它是理解苏联哲学的钥匙。在更大的历史背景中看，理性启蒙是一个民族现代化进程中不可缺少的环节。以弘扬科学理性为特点的辩证唯物主义，包括它的历史观，在俄国所显示的，正是理性启蒙的作用。这也是俄国马克思主义者选择辩证唯物主义的重要原因。

以上我们只是谈到了俄国马克思主义者对马恩哲学思想的选择，实际上这一选择对其他东方国家具有普遍意义。当马克思主义开始传入时，许多东方国家的物质生产力和

① 马克思的早期著作，如集中体现其人道主义精神的《1844年经济学哲学手稿》，直到20世纪30年代才发表，也是俄国的马克思主义者把注意力主要集中在恩格斯身上的原因之一，但这不是最主要的原因，因为《黑格尔法哲学批判》、《关于费尔巴哈的提纲》、《共产党宣言》、《资本论》这些19世纪早已问世的马克思著作中的人道主义思想，同样未受重视。

整个社会的发展水平比19世纪的俄罗斯还要落后，是科学社会主义所体现的科学理性以及把世界视为按照客观规律运动着的物质存在的历史唯物主义和辩证唯物主义的令人折服的逻辑力量，使这些国家的某些先进知识分子成为马克思主义者。同时，这些国家的马克思主义者也需要利用历史唯物主义、辩证唯物主义和科学社会主义理论具有的那种逻辑力量去说服别人接受马克思主义，树立他们对社会主义、共产主义必然胜利的坚定信念。此外，这些国家在反对封建主义走向现代化的进程中也急需一场科学理性的启蒙运动。这种与俄国马克思主义者大致相同的实践需要，决定了他们必然像俄国的马克思主义者对马克思主义哲学所做的选择一样，主要感兴趣的，也是他们最容易理解的，是关于世界的客观性、必然性的思想，是恩格斯的思想，而不是马克思的思想。苏联哲学后来之所以能够在这些国家广为流传，深层原因就在这里。

第二节　普列汉诺夫

普列汉诺夫是俄国最早、影响最大的马克思主义者，是杰出的马克思主义理论家，为马克思主义哲学在俄国的传播发展做出了重大贡献。因此，讲到俄国的马克思主义哲学时，首先应该讲的是普列汉诺夫。

一　马克思主义者普列汉诺夫

格奥尔基·瓦连廷诺维奇·普列汉诺夫1856年出生于一个小地主贵族家庭。普列汉诺夫12岁进入沃龙涅什陆军中学学习，热衷于阅读普希金、涅克拉索夫、赫尔岑、别林斯基、杜勃罗留波夫、车尔尼雪夫斯基的著作，思想上深受他们的影响，从小立志革命。17岁从该校毕业进入彼得堡康斯坦丁诺夫炮兵军官学校，因不习惯学校的军事生活，4个月后申请退学。18岁（1874年）考入彼得堡矿业学院，主要精力用于民粹派的革命活动，两年后被开除，成为职业革命家。1876年，普列汉诺夫在彼得堡组织领导了俄罗斯第一次有大量工人参与的政治集会和示威游行，1880年年初被迫流亡国外，直到1917年二月革命后才返回祖国，1918年病逝于彼得格勒（十月革命后改称列宁格勒，即今天的圣彼得堡）。

流亡国外后，普列汉诺夫深入接触了西欧国家的工人运动，同时在总结民粹派运动不断失败的教训时，大量阅读马克思恩格斯的著作。马克思恩格斯的著作，特别是《共产党宣言》，在人类历史上揭示了社会发展的客观规律，它所体现的科学理性征服了普列汉诺夫，使他接受了马克思主义。1881年12月他着手翻译《共产党宣言》，1882年年初，经他翻译由马克思恩格斯作序的《共产党宣言》俄文新版问世，以此为标志，普列汉诺夫成为俄国最早的马克思主义者。1883年9月，普列汉诺夫在日内瓦与前民粹派组织“黑分社”的同志阿克雪里罗得、查苏利奇、捷依奇、伊格纳托夫等人，建立了俄国历史上第一个马克思主义团体——劳动解放社。在“劳动解放社”最早的5个成员中，普列汉诺夫年龄最小，但因才华出众而成为该组织的核心人物。

新成立的“劳动解放社”明确宣布翻译和出版马克思恩格斯的著作是自己的首要任务，开始在俄罗斯自觉地、有计划地宣传马克思主义。在普列汉诺夫的组织领导下，“劳动解放社”翻译出版了《哲学的贫困》、《雇佣劳动与资本》、《反杜林论》、《社会主义从空想到科学的发展》、《路德维希·费尔巴哈和德国古典哲学的终结》等马克思主义经典著作。

“劳动解放社”成立后，普列汉诺夫不仅翻译介绍马克思恩格斯的著作，而且立即开始了对民粹派的批判。普列汉诺夫是俄国马克思主义者批判民粹派斗争的主将，这一斗争一直持续到19世纪末。普列汉诺夫批判民粹派的著作是俄国马克思主义者对马克思主义哲学的最早阐发。列宁说，这些著作培养了整整一代的俄国马克思主义者。

普列汉诺夫博闻强记，从小就表现出出众的理论思维能力、写作能力和对文学作品的喜爱。在马克思恩格斯之后可以称为无产阶级革命领袖的著作家中，普列汉诺夫的文化和理论素养程度最高，从事理论研究与著述的时间最长。他对哲学、经济学、政治学、社会学、思想史、美学、文艺学、宗教学等都有深入研究。他博学多才，思维敏捷，文采飞扬，倚马千言，而且著作等身，仅仅是短篇的政论文章，累计就有300万字之多，是当时俄国最杰出的马克思主义理论家。

普列汉诺夫与哲学相关的著作主要有：《黑格尔逝世60周年》、《社会主义与政治斗争》、《我们的意见分歧》、《唯物主义史论丛》、《论一元论历史观的发展》、《论个人在历史上的作用问题》、《马克思主义基本问题》、《从唯心主义到唯物主义》、《俄国社会思想史》（3卷本，原计划写4卷）、《论艺术（没有地址的信）》、《无产阶级运动和资产阶级艺术》、《艺术与社会生活》等。

在政治上，普列汉诺夫的情况比较复杂。他是俄国最早的马克思主义者之一，是批判民粹派的主将。如前所述，民粹派的理论基础是唯心史观，因此普列汉诺夫在对民粹派的批判中特别强调历史发展的客观规律性，强调俄国已经不可避免地走上了资本主义道路。普列汉诺夫在一生中始终坚持这一基本立场。在1903年俄国社会民主工党第二次代表大会以前，面对民粹派这一共同的对手，他和列宁志同道合，是党内公认的领袖。大会期间党内出现了布尔什维克和孟什维克两派，在会上和会后最初的时间里，他支持以列宁为首的布尔什维克，两个月之后站到孟什维克一边，成为孟什维克的理论旗手。

普列汉诺夫与列宁在对俄国社会的认识上观点一致。他们都认为俄国已经走上了资本主义的发展道路，民粹主义纯属理论空想，无产阶级才是俄国最有希望的革命力量。但在俄国革命的道路问题上，两人产生分歧。普列汉诺夫拥有更多的理性精神，坚持俄国不具备进行社会主义革命的条件，认为历史阶段是不能超越的，俄国的马克思主义者应该首先支持资产阶级民主革命，在俄国发展资本主义，等条件成熟之后再进行无产阶级社会主义革命。列宁则表现出较多的革命热情，他认为，俄国的确不具备无产阶级社会主义革命的条件，但是无产阶级可以先夺取政权，然后利用政权的力量自己来创造建设社会主义所必须的条件。

由于存在这样的分歧，普列汉诺夫是十月革命的坚决反对者，在十月革命前后写了大量的政论文章反对发动革命。他称列宁和布尔什维克是“马基雅弗利派”、“民粹主义者”、“无政府主义者”、“巴枯宁主义者”、“布朗基主义者”、“冒险主义者”、“唯心主义者”、“空想主义者”、“主观主义者”，等等。① 十月革命胜利后的第三天，他说：“我国工人阶级为了自己和国家的利益还远不能把全部政权夺到自己手中来。把这样的政权强加给它，就意味着把它推上最大的历史灾难的道路，这样的灾难也会是整个俄国的最大灾难。”② 他甚至预言：十月革命的胜利“将导致一个像古代中国或秘鲁帝国一样的政治怪胎，即导致一种以共产主义做装饰的更新了的沙皇专制制度”③。

由于上述政治立场，普列汉诺夫与苏维埃政权关系恶劣，曾被赤卫队员抄家。垂暮之年，一个问题深深地折磨着他，——“我们在落后的、半亚洲国家的俄国宣传马克思主义，是不是开始得过早了呢?”④

二 普列汉诺夫的哲学思想

作为哲学家的普列汉诺夫，无疑是一个坚定的马克思主义者。但他与俄国其他的马克思主义哲学家不同：第一，他具有别人不具备的学术修养、广阔视野；第二，他有浓厚的理论兴趣，在国外长达30多年的流亡生活使他有充分的时间从事理论研究；第三，他生活在马克思主义哲学刚刚开始在俄国传播的时候，没有受到后来日益严重的哲学党性、意识形态及斯大林时期教条主义的影响。以上因素使得他的哲学思想在理论上达到了很高的水平，而且具有个性，生动活泼、内容丰富，在俄罗斯、苏联的马克思主义哲学家中独树一帜。但是作为富有个性的马克思主义哲学最早的宣传者之一，普列汉诺夫在许多哲学问题上的观点未曾经过精雕细刻，也正因为如此，他的一些思想引起人们的争论，在苏联时期受到长期而猛烈的批判。

普列汉诺夫的哲学研究视野非常广阔，对世界观、认识论、历史观、哲学史、宗教、文学艺术哲学、社会思想史，都有研究，而且都达到了很高的学术水准。就马克思主要哲学发展史而言，普列汉诺夫主要有如下两方面的贡献。其一是卓有成效地宣传和捍卫了马克思主义哲学。他是俄国最早宣传马克思主义哲学的人，和马克思恩格斯一直保持着密切的联系，他的著作得到马克思恩格斯的高度评价，教育了列宁等整整一代的马克思主义者，被他们所景仰甚至崇拜，在他们中间享有很高的威望。他对唯心主义、二元论、不可知论进行了有力的批判，也是最早起来与第二国际理论家展开论战的人之一。当马赫主义危及俄国革命时，他立即予以驳斥并鼓励和帮助列宁与之展开斗争。其二是创造性地丰富和发展了马克思主义哲学的许多思想。由于对哲学史以及文学、艺术有很深的研究，他对马克思主义哲学，特别是唯物史观的阐述，深入浅出，新意迭现，不仅有很强的感染力，而且在许多问题上有所发展。他的文艺理论和美学思想是对马克思主义哲学在这一领域的创造性运用，一定意义上可以说是马克思主义美学的创始人。他在唯物论、认识论等方面也建树颇多。

作为马克思主义哲学家，普列汉诺夫的视野非常广阔。就这一点而言，在他之后的

---

① 参见《普列汉诺夫机会主义文选》，北京，三联书店，1962。

② ［俄］普列汉诺夫：《在祖国的一年》，464页，北京，三联书店，1980。

③ 转引自 В. Шупутин，Грустная правда// Новый мир，1991，№6。

④ 转引自高放、高敬增：《普列汉诺夫评传》，621页，北京，中国人民大学出版社，1985。

任何一位俄国马克思主义者都无法企及。但处于他的哲学思想的中心的，是唯物史观。与民粹派的政治分歧使他把注意力集中在社会历史观问题上，为此他对唯物史观的历史做了深入研究。他对宗教、文学艺术及社会思想史的研究，基本目的也是运用唯物史观对这些领域作出科学的说明，揭示其中的客观规律，以清除唯心史观的影响。他对历史发展的客观规律，对唯物史观，给予格外的关注，这在他对马克思主义哲学的理解上也能看出。

马克思恩格斯本人在讲到自己的某些哲学观点时，分别在不同场合使用过唯物主义、唯物辩证法、历史唯物主义等概念。这些概念之间是什么关系，能不能把它们统一在一起，能不能用一个统一的概念对马克思主义哲学加以概括，这些问题在马克思恩格斯那里，没有现成答案。工人哲学家狄慈根最先用辩证唯物主义一词来概括马克思恩格斯的哲学思想，普列汉诺夫在他之后也使用了这一概念，同时用它对马克思恩格斯的哲学思想作了更为深入全面的说明。普列汉诺夫认为，整个马克思主义的学说都是建立在辩证唯物主义的基础上的，“我们用‘辩证唯物主义’这一术语，它是唯一能够正确说明马克思的哲学的术语”①。他把辩证唯物主义，从而把马克思主义哲学理解为一个完整的世界观。他说：“马克思和恩格斯的唯物主义世界观……既包括自然界，也包括历史。无论是在自然界或是在历史方面，这种世界观‘都是本质上辩证性的’。但因为辩证唯物主义涉及历史，所以恩格斯有时将它叫做历史的。这个形容语不是说明唯物主义的特征，而只是表明应用它去解释的那些领域之一。”② 在这里，他明确地把马克思恩格斯的哲学思想作为辩证唯物主义世界观来看，这也是他对马克思主义哲学的一个重要贡献。

在普列汉诺夫对马克思主义哲学的理解中，唯物史观占有重要地位。上面这段话表明，普列汉诺夫认为历史唯物主义也就是辩证唯物主义，二者是同一个东西，之所以有时称它为历史唯物主义，是因为辩证唯物主义包含了对社会历史的说明。③ 然而普列汉诺夫在《论一元论历史观之发展》中又明确提出：“辩证唯物主义是唯物史观的最高发展”④，因为辩证唯物主义把地理环境以及地理环境与人的相互作用作为历史发展的决定性因素。当然，这只是从一个特定的角度来看的，但它毕竟表明唯物史观在普列汉诺夫的哲学思想中占有何等重要的地位。

与俄罗斯和苏联的其他马克思主义者一样，普列汉诺夫坚持唯物论，坚持辩证法，坚持世界的可知性，他也特别强调世界的物质性以及它的运动发展规律的客观必然性。他所理解的马克思主义哲学，主要是用生产力的发展解释历史的唯物史观和一般的辩证唯物主义世界观，主要发挥的是恩格斯的思想。例如关于个性自由，普列汉诺夫这样说：

愿望的东西是从必然的东西里面生长出来的，无论如何，在我们的议论中不等

---

① ［俄］普列汉诺夫：《论一元论历史观之发展》，198页，北京，三联书店，1961。

② 《普列汉诺夫哲学著作选集》，第2卷，311页，北京，三联书店，1961。

③ 列宁和斯大林都有把历史唯物主义看做辩证唯物主义在社会历史领域中的运用的思想，这一思想与普列汉诺夫的影响有关。

④ ［俄］普列汉诺夫：《论一元论历史观之发展》，239页。

于必然的东西。我们认为，个性的自由就在于通晓自然界——顺便说，连历史也在内——的规律，在于善于服从这些规律——顺便说，也善于最有利地配合它们。我们深信当“社会循着自己运动的自然规律所示的途径前进时，它既不能跳越自己发展的那些自然阶段，也不能以命令废除它们。但是它可以缩短和减轻生育的痛苦”。按照我们的意见，深信“俄国资本主义之历史必然性”的社会主义者的一项最重要的任务，就在于“缩短和减轻生育的痛苦。”①

这段话其实只是在重复恩格斯的有关论述。恩格斯在《反杜林论》中说：“自由不在于幻想中摆脱自然规律而独立，而在于认识这些规律，从而能够有计划地使自然规律为一定的目的服务。”② 这无疑是对客观规律性的突出强调，普列汉诺夫对此是完全赞同的。

但是，与列宁、斯大林和苏联哲学过多地强调世界的物质性、物质世界的运动具有客观必然性以及世界的可知性不同，普列汉诺夫的哲学思想更为全面、更为深刻，他赋予人的主体性、人的实践活动以重要意义，在承认物质客体的第一性的同时也着重从主体出发去理解世界。这是普列汉诺夫哲学思想的十分重要的特点，这也是非常难能可贵的。要知道，马克思集中强调主体能动作用的著作——《1844 年经济学哲学手稿》、《德意志意识形态》、《经济学手稿》等，是在普列汉诺夫去世以后才发表的。普列汉诺夫的哲学思想十分丰富，我们无法一一介绍。下面通过分析他的哲学思想的这一特点，对其主要思想做一简要考察。

普列汉诺夫对主体的能动作用的强调表现在许多地方。

第一，他已经初步具有了实践唯物主义的思想。他说：

辩证唯物主义说：人的理性不能是历史的动力，因为它本身是**历史的产物**。可是一旦出现了这个产物，它**不**应该而且按其天性说亦**不能**服从以前的历史所遗留下来的现实；它必然地要依照自己的式样和类型来改造现实，**使它更合理**。

辩证唯物主义正如歌德的浮士德一样，说：

Im Anfang war die That!

（行动在先！）

行动（人们在社会生产过程中的合规律的活动）向辩证唯物主义者说明社会人的理性的历史发展。③ 全部它的**实践哲学**归结为行动。**辩证唯物主义是行动的哲学**。④

这里还没有出现“实践唯物主义”这一概念，但是已经包含有用实践唯物主义来概括马克思主义哲学的思想，这是很清楚的。

第二，他用人对外界自然的能动作用，即用物质生产实践，解释历史，并认为这是

① 《我们的意见分歧》，见《普列汉诺夫哲学著作选集》，142 页，北京，三联书店，1959。

② 《马克思恩格斯选集》，2 版，第 3 卷，455 页。

③ 普列汉诺夫自注：“社会生活主要地是实践生活。一切神秘的东西，一切引导理论走向神秘主义的东西，都在人的实践及这个实践的理解中得到合理的解决。”（马克思）

④ ［俄］普列汉诺夫：《论一元论历史观之发展》，198 页。

唯物史观与唯心史观的根本区别所在。在阐述唯物史观的历史发展时，他指出：各种唯心史观，从18世纪的法国唯物主义到复辟时代的法国历史学家，再到空想社会主义、黑格尔哲学，在解释历史时都把历史的发展归结于人的天性。例如圣西门，已经看到了社会历史取决于物质生产、物质生产取决于生产工具，但又认为生产工具是由人的知识并最终是由人的天性决定的。这些人即使谈到人的天性的变化，也把它视为无需解释也无法解释的人的天性自身的“天性”，因而都未能跳出唯心史观的局限。普列汉诺夫强调，马克思的历史观之所以是唯物主义的，是因为马克思用生产实践对人的天性作出了唯物主义的解释——

> 在马克思以前社会科学上的人物曾从人性的概念出发；由于这，人类发展的最重要的问题没有能够得到解决。马克思的学说给了这件事以完全不同的面貌。马克思说，**当人为着保持自己的生存而作用于在他之外的自然时，他改变了自己本身的天性。**①

普列汉诺夫又说：

> 人在作用于他之外的自然时，改变了自己本身的天性。他发展了自己的各种能力，其中也包括“制造工具”的能力。②

以上思想把人类历史的发展最终归结于人的实践活动，不仅体现了他对马克思主义哲学实践唯物主义本质的理解，而且极大地深化了人们对唯物史观的认识，其深度与仅仅把唯物史观理解为“生产力决定生产关系、经济基础决定上层建筑”这样一些刻板公式，不可同日而语。

第三，在历史观问题上，他十分强调人与地理环境的相互作用。普列汉诺夫的这一思想长期以来被指责为机械唯物主义的“地理环境决定论”，其实这是一个极大的误解。受到指责的主要是他的这样一段话：

> **只是由于地理环境的某些特殊的属性，我们的人类的祖先才能提高到转化为toolmaking animals（制造工具的动物）所必要的智慧发展的高度。和这完全同样地，也只有地理环境的某些特点能够给这个新的“制造工具”的能力以使用和改造的余裕。**在生产力发展的历史过程中，人的“制造工具”的能力，首先应该看作是**不变量**，而使用这个能力的周围的外间条件——应该看作是**经常变动的量。**③

这段话首先是说，地理环境的特性决定了人类的产生；其次是说，人的制造工具的能力的使用和改造离不开地理环境的制约；最后，制造工具的能力首先应该看做不变量，而物质生产的周围环境是不断变化的。

先看第一层意思。地理环境决定了人类的产生，这一结论是无可争议的，就是从今天的生物学来看，通过地理环境实现的自然选择也不能不说是人类产生过程中的决定性

---

① ［俄］普列汉诺夫：《论一元论历史观之发展》，136页。

② 同上书，114页。

③ 同上书，112～113页。

因素。而且正是由于地理环境的变化，类人猿才不得不从树上走下来，从事生产劳动。

再看第二层意思。新获得的制造工具的能力只有在和与它相适应的自然环境的作用中才能造出现实的工具，并使工具得到实际的使用从而有可能进一步改进，这一点也应该是没有争议的。至于说“在生产力发展的历史过程中，人的‘制造工具’的能力，首先应该看作是不变量”这一句，它是说，制造工具的能力是不会自己发展的，是因变量，而不是自变量。这种说法完全符合实际。什么是普列汉诺夫所说的“使用这个能力的周围的外间条件”？不能把它仅仅理解为地理环境，它是指人在制造和使用工具时面对的自然界——人化的自然，是指大致相同的地理环境在与人所使用的不同工具的相互作用中以及在不同的社会环境中表现出的不同的意义。① 难道这些因素不是经常变动的吗？难道这不是马克思的基本观点吗？

从总体上看，普列汉诺夫从实践唯物主义观点出发，认为人制造和使用工具的能力是在生产实践中不断变化着的，如前所述，这是他对马克思主义哲学和唯物史观的基本看法。普列汉诺夫之所以强调地理环境在制造和使用工具的能力产生、发展中的作用，正因为他认识到制造和使用工具的能力是在人与自然界的相互作用中产生和发展的，人和自然界都是这种相互作用的产物，也都是制造和使用工具的能力的决定性因素，抹煞自然界在这一过程中的重要作用是不正确的。我们不能把他的思想简单地归结为“地理环境决定论”，更不能忽视地理环境对人的影响。以往人们一度把生产力仅仅理解为劳动者加劳动工具，把地理环境排除在外，因为人们在潜意识中把自然界视为无限大。事实上地球是有限的，相对于飞速发展的生产力来说地球日益变小。如今逐渐凸显的生态危机使我们认识到，地理环境的确是决定人类历史甚至命运的重要因素。

第四，在认识论问题上提出象形文字论。普列汉诺夫与其他马克思主义者一样，坚持世界是可知的，但他看到了人类认识过程的复杂性——认识活动绝不是照镜子，其中有主体的能动作用，认识结果是认识主体与认识客体相互作用的产物，因此与认识对象既像又不像，不可能完全一致。认识与其对象既像又不像，这就是普列汉诺夫的“象形文字论”所极力要表达的思想。

普列汉诺夫说：

> 自在之物的形式和关系不会是我们看起来的那个样子，即是说，不会是在我们的头脑中“被翻译过”以后我们所觉得的那种样子。我们关于物的形式和关系的表象不过是象形文字；但是这些象形文字是准确标记着这些形式和关系的，而这就足够使我们能研究自在之物对我们的作用，而且也使得我们对它们能起作用。②

这就是所谓的“象形文字论”。普列汉诺夫使用“象形文字”这一说法，目的是要强调人的认识和认识对象不能直接等同或一致，因为认识就是主客体的相互作用，是“翻译”——物质存在的客观属性在我们的头脑中变为感觉；物质存在的不同属性变为感觉形式的区别；认识的结果包含了主客体双方的特点，不能仅仅把它归于客体。他说：“颜色和声音的感觉难道同引起这种感觉的那类运动（根据现代自然科学的学说，

① 参见《普列汉诺夫哲学著作选集》，第2卷，170页；《论一元论历史观之发展》，195页。

② 《普列汉诺夫哲学著作选集》，503页。

这种感觉是由那种运动引起的）相似吗？当然是不相似的”①。“自在之物没有任何‘形态’，它们的‘形态’只存在于受它们作用的那些主体的意识中。”② 这一说法突出强调了认识结果是主客体相互作用的产物，不是客体所固有的，认识不是照镜子。在这里，普列汉诺夫无疑是对的，他比许多人看得更为深刻。

但是普列汉诺夫绝不否认世界的可知性。他引用自然科学家的论述来说明认识中有着不以人的意志为转移的客观内容，说明世界是可知的。他说：“我们的著名的生理学家谢切诺夫说得完全正确，他说：‘同我们感觉到的声音的任何振动和传播在强度、高低、持续性上相符合的，乃是现实界音响运动的十分确定的变化。’……**‘但无论怎样，同我们感觉到的记号的异同相符合的是现实的异同。**换一句话说：**人在他所感觉到的对象之间发现的异同就是现实的异同。**’”③ 普列汉诺夫指出，除了“记号”二字用得不够确切之外，谢切诺夫是完全正确的。正是为了说明人的认识在形式上是主观的，在内容上又是对客体的某些属性的正确反映，普列汉诺夫使用了“象形文字”的说法。在这里是找不到“不可知论”的。

这一说法被列宁以及其他许多马克思主义哲学家所误解，被指责为不可知论并受到强烈批评。普列汉诺夫本人在后来放弃了“象形文字”的说法，但它所反映的基本思想则得到坚持。在别人看到物的地方，普列汉诺夫看到了人，看到了人与外部世界的相互作用，这就是他的“错误”所在。

第五，把社会心理视为社会结构的重要因素。普列汉诺夫说：

> 如果我们想简短地说明一下马克思和恩格斯关于现在很有名的“基础”对同样有名的“上层建筑”的关系的见解，那么我们就可以得到下面一些东西：
>
> （一）生产力的状况；
>
> （二）被生产力所制约的经济关系；
>
> （三）在一定的经济“基础”上生长起来的社会政治制度；
>
> （四）一部分由经济直接决定的，一部分由生长在经济上的全部社会政治制度所决定的社会中的人的心理；
>
> （五）反映这些心理特性的各种思想体系。④

实际上在马克思和恩格斯关于社会结构的思想中，并没有提到社会心理，他们只从总体上把社会分为四个层次——生产力、生产关系（经济基础）、法律的和政治的上层建筑、与上层建筑相适应的社会意识，社会心理这一层次是普列汉诺夫自己的创造。文学、艺术、哲学、宗教等社会意识直接反映的是人们的社会心理，经过社会心理这一中介才和政治法律等上层建筑进而和经济基础联系起来。社会心理层次突出了人的因素，人的主观因素，而且由于社会心理与每一个民族的民族性格、文化传统有着密切的联

---

① ［俄］普列汉诺夫：《〈路德维希·费尔巴哈和德国古典哲学的终结〉俄译本注释》，见恩格斯：《路德维希·费尔巴哈和德国古典哲学的终结》，93～94页，北京，人民出版社，1972。

② 同上书，95页。

③ 同上书，94页。

④ 《普列汉诺夫哲学著作选集》，第3卷，195页。

系，普列汉诺夫的这一创造赋予了唯物史观以非常丰富的内涵。

普列汉诺夫的哲学研究在欧洲哲学史、俄国社会思想史和马克思主义文艺理论方面也卓有建树。他对俄国思想史的研究与写作，从1909年到1917年持续了近8年的时间仍未最终完成。已完成的3卷，高屋建瓴，气势恢宏，是运用唯物史观研究思想史的杰作。他的文艺理论研究，从唯物史观的基本观点出发对艺术的本质、艺术的起源、艺术与社会、艺术创作的规律等一系列问题作了开创性的探讨，在当时填补了马克思主义理论的空白，至今仍是马克思主义哲学在这一方面的代表作。

从总体上看，普列汉诺夫对马克思主义哲学的理解相当深刻而且比较全面。这在很大程度上与他主要是一名学者，主要是从学术的角度研究马克思主义哲学有关。实践可以使理论在某一个方面得到深化和发展，但换一个角度看，它也使人们在理解这一理论时，注意力集中在某一点或某几点上，视野变得狭窄了。脱离革命实践使他不可能成为好的革命者，但却使他成为视野开阔的卓越的理论家。

俄国这个东方国家的特殊性，使得俄国的马克思主义者在选择马克思恩格斯的哲学思想时，主要关注的是他们有关世界的客观性、必然性、可知性的论述。普列汉诺夫虽然高度重视人的主体性、能动性，但他的哲学思想同样具有这样的特征。由于这个原因，普列汉诺夫认为，在俄国宣传马克思主义的唯一依据，是俄国已经有了资本主义的发展，已经出现了工人阶级；尽管如此，人的主观努力不可能使俄国社会超越历史发展阶段，俄国只能先经过资本主义的充分发展，然后才能准备和进行无产阶级社会主义革命。在政治上，后期的普列汉诺夫与列宁严重对立，深层的原因就在于，如列宁所认为的，普列汉诺夫否认突变、飞跃在社会发展中的意义，否认改变历史发展顺序的可能性，他的发展观具有形而上学的色彩。

第三节　列　宁

在马克思恩格斯之后，马克思主义哲学发展史上影响最大的人物是列宁。列宁是俄国社会主义革命的真正创始人，是苏联的缔造者。他的思想曾被称作列宁主义而与马克思主义并列，不仅成为苏联的而且成为世界众多社会主义国家的指导性理论。很自然，列宁的哲学思想也成为苏联哲学所遵循的基本原则，并通过苏联哲学对20世纪东方国家的马克思主义哲学的发展产生了重大影响。

一　列宁与列宁主义

弗拉基米尔·伊里奇·列宁（1870—1924），原姓乌里扬诺夫，出生于俄国伏尔加河畔的辛比尔斯克（后改为乌里扬诺夫斯克）。父亲是省国民教育视察员，因工作出色，晚年被赐贵族称号。列宁的哥哥是一名激进的民粹党人，因刺杀沙皇失败被处以死刑。

列宁于1887年中学毕业，同年进入喀山大学法律系学习，几个月后因参加学生的革命运动而被逮捕和开除。1889年迁居萨马拉，1891年以校外生的身份通过圣彼得堡大学的考试，获得大学文凭，此后曾从事律师工作，很快成为职业革命家。列宁在萨马拉时期便开始学习、宣传马克思主义。1895年在彼得堡组织了马克思主义工人小组，创建了“工人阶级解放斗争协会”，同年被逮捕，两年后被判西伯利亚流放3年。1900年初结束流放，是年夏天出国。列宁是俄国社会民主工党的创始人之一，1903年创建党内的“布尔什维克”派。1905年回国领导革命，失败后于1907年12月再次流亡国外。

1917年2月，俄国爆发革命，沙皇统治被推翻，资产阶级临时政府成立。4月初，列宁回到彼得格勒（即圣彼得堡），号召把资产阶级民主革命转变为无产阶级社会主义革命。11月7日（俄历10月25日）布尔什维克夺取政权，革命宣告成功，列宁就任人民委员会主席。随后列宁又领导革命群众打败了白匪军的叛乱和外国的武装干涉，在捍卫和巩固苏维埃政权的斗争中取得胜利。1921年，列宁审时度势，制定新经济政策，实行改革。因积劳成疾，列宁于1924年病逝。

列宁主义是列宁去世以后人们对他的思想的称谓。列宁去世后仅仅3个月，斯大林写了《论列宁主义基础》一文，分9个问题对列宁主义作了详细的论述。这篇文章把列宁主义定义为“帝国主义和无产阶级革命时代的马克思主义”①。与此不同的还有季诺维也夫的定义——“列宁主义是帝国主义战争时代和**在一个农民占多数的国家里直接开始的**世界革命时代的马克思主义”②。斯大林的定义曾长期被视为列宁主义的经典定义，但在今天看来不论是他的还是季诺维也夫的，都显然未必恰当，因为无产阶级革命在发达资本主义国家迄今尚未发生，革命主要是发生在落后的东方国家，真正意义上的世界革命并没有出现。不过我们在这里没有必要也没有可能就此展开讨论，对我们而言，最重要的是了解列宁面对的历史性任务和被列入列宁主义的那些思想的基本精神。

列宁的全部著作，都是围绕在落后的俄国能不能以及如何进行社会主义革命和建设这一中心问题展开的。十月革命之后，列宁立即投入到捍卫苏维埃政权的国内战争之中，战争于1920年11月宣告结束，很快列宁就因病丧失工作能力，真正的艰苦的经济建设工作列宁只是在提出新经济政策后开了个头。在20世纪的大部分时间里列宁主要是作为革命家而引人注目，列宁主义之所以在20世纪改变了人类历史进程，也主要是因为他在落后俄国的社会主义革命理论和实践在其他落后国家引起共鸣。列宁主义主要是一种革命的理论，回答了两个重大问题，即在落后的俄国能不能进行社会主义革命和如何进行社会主义革命。

列宁关于俄国社会主义革命的理论是在复杂激烈的思想斗争中形成的。

首先是与民粹派的斗争。列宁于19世纪80年代末接受了马克思主义，当时俄国的马克思主义者面临的首要任务是批判民粹派。与民粹派的斗争，主将是普列汉诺夫。从90年代起，列宁也投入战斗，先后写了《什么是“人民之友”以及他们如何攻击社会民主党人？》（1894年）、《我们拒绝什么遗产？》（1898年）、《俄国资本主义的发展》（1899年）等重要著作。与民粹派的斗争，焦点是俄国是不是已经走上资本主义的发展

① 《斯大林选集》，上卷，185页，北京，人民出版社，1979。
② 同上书，396页。

道路，实质是两种历史观的对立。因此列宁和普列汉诺夫都极力强调历史进步有着不以人的意志为转移的客观规律，宣传唯物史观，以揭露民粹派思想的空想性，说明应该在俄国依靠工人阶级实践马克思主义的科学社会主义。

在对待民粹派的问题上，列宁与普列汉诺夫的态度是一致的，但是当民粹派的影响逐渐式微，无产阶级革命的各种具体问题提上议事日程后，两人便分道扬镳了。

普列汉诺夫恪守马克思的教导。马克思说，如果俄国的农民村社已经解体、国家走上资本主义的不归路，俄国人就丧失了跃过资本主义卡夫丁峡谷直接进入社会主义的机会。普列汉诺夫认为，俄国走上了资本主义的道路，这是不容置疑的事实，实现社会跨越式发展的机会早已丧失；资本主义在俄国的发展还很不充分，进行社会主义革命和建设社会主义制度所需的条件，包括物质条件、文化条件等，还远远不够成熟，因此应该先在俄国发展资本主义，等客观条件成熟以后再发动社会主义革命。

列宁与普列汉诺夫不同。普列汉诺夫长期在国外从事理论研究和宣传，主要是一位大部分时间在书斋里度过的理论家。列宁则不论在国内还是在国外，大部分精力放在革命的鼓动和组织工作上，主要是一位革命家、实践家。他所从事的大量卓有成效的理论研究，也主要是围绕革命实践的需要展开的。由于对革命实践给予了更多的关注，列宁对俄国的实际情况，特别是对俄国国内阶级斗争的情况，有着比普列汉诺夫更深刻、更清楚的认识。他看到，随着资本主义在俄国的发展，随着沙皇俄国成为一个封建军事帝国主义国家，俄国成为各种矛盾的焦点；虽然进行社会主义革命和建设的条件还远不成熟，但是阶级斗争空前尖锐，无产阶级夺取政权是完全有可能的。普列汉诺夫和列宁的观点在革命队伍中都有很大的代表性，俄国社会民主工党在这一问题上产生严重分歧，并在 1903 年党的第二次代表大会上形成对立的两派——多数派，即布尔什维克派，和少数派，即孟什维克派。列宁是布尔什维克的无可争议的领袖，普列汉诺夫则是孟什维克的主要理论代表。

列宁主义就是在这两次激烈的思想斗争中形成的。

列宁主义关注的核心问题，首先是在落后的俄国能不能进行社会主义革命。对这个问题，列宁给予了明确的肯定回答。他的意见是：能！可以先夺权，后创造条件。在反驳孟什维克时，列宁说："你们说，为了建立社会主义就需要文明。好极了。那么，我们为什么不能首先在我国为这种文明创造前提，如驱逐地主，驱逐俄国资本家，然后开始走向社会主义呢？你们在哪些书本上读到过，通常的历史顺序是不容许或不可能有这类改变的呢？"① 这表明，列宁认为俄国虽然落后，但阶级斗争激烈，推翻沙皇统治的革命条件成熟；无产阶级应该不失时机夺取政权，然后再利用政权创造建立社会主义制度所需要的条件。先夺权，后创造条件，这是列宁在俄国革命问题上最基本的观点，可以说是列宁主义的实质。

列宁主义的内容非常丰富，从马克思主义哲学发展史的角度来看，它具有与上述基本观点相关的两个特点。

（1）列宁特别强调历史发展的客观规律性。这首先是与民粹派斗争的理论需要，其

---

① 《列宁选集》，3 版，第 4 卷，778 页。

次也是一切落后国家的马克思主义者论证社会主义革命的合理性的需要。对此前面已有说明，这里不再重复。需要指出的是，国家越落后，距离社会主义革命和建设所需条件越远，为实现社会主义而进行的斗争就越复杂、越漫长、越充满曲折，树立社会主义事业必胜的信念也就越重要、越困难。正因为如此，列宁对历史发展的客观规律性给予了特别的关注。他的“先夺权，后创造条件”说，也表明他十分重视客观条件的决定性作用。

（2）列宁特别强调革命者的主观能动性。这并不难理解。如果只强调历史发展的客观规律性，那么在俄国这样的落后国家发动社会主义革命和建设就是遥遥无期的事情，这是列宁这样具有火一样的革命热情的人所不能接受的；反过来，如果认为在这样的国家可以立即进行社会主义革命和建设，又有背离唯物史观与民粹派为伍之嫌。列宁对这种两难选择的两个方面都有深刻认识，但他的基本倾向是始终高度重视革命的创造精神。他所说的“先夺权，后创造条件”，是上述两难选择的解决，充分体现了列宁对主观能动性的高度肯定。

恩格斯去世以后，出现了“修正主义”思潮。西方发达国家的一些马克思主义者因国内阶级矛盾缓和而放弃无产阶级革命和无产阶级专政的原则，主张走议会道路，通过和平的方式过渡到社会主义。第一次世界大战开始之后，第二国际的领导人不但接受了修正主义，而且提出“保卫祖国”的口号，要各国的无产阶级为本国的资本家“火中取栗”，与列宁变国际战争为国内战争借机发动无产阶级革命的主张对立。与修正主义的斗争促使列宁对革命者的主观能动性和创造性给予了更高的评价、更多的重视，从而使列宁主义的特点更为突出。

列宁主义对主观能动性的强调和重视在许多方面都有体现。例如列宁提出了著名的“灌输论”。他说：

> 工人本来**也不可能有**社会民主主义的意识。这种意识只能从外面灌输进去，各国的历史都证明：工人阶级单靠自己本身的力量，只能形成工联主义的意识，即确信必须结成工会，必须同厂主斗争，必须向政府争取颁布对工人是必要的某些法律，如此等等。而社会主义学说则是从有产阶级的有教养的人即知识分子创造的哲学理论、历史理论和经济理论中发展起来的。现代科学社会主义的创始人马克思和恩格斯本人，按他们的社会地位来说，也是资产阶级知识分子。①

这是一段对于解读马克思主义，特别是20世纪科学社会主义运动，极为重要的论述，我们可以从中读出许多内容。从本书的宗旨出发，这里想说的是，它突出表现了列宁对革命者的主观能动性的重视。显然，国家越落后，社会主义意识越需要进步知识分子、革命者向工人群众灌输，灌输起来也越困难。

再如，与此相关，他赋予了无产阶级的革命政党创造新世界的历史使命。他说：“给我们一个革命家组织，我们就能把俄国翻转过来！”②

列宁还特别强调阶级斗争的意义。重视阶级斗争是马克思主义的基本特征，但对阶

① 《列宁选集》，3版，第1卷，317～318页。
② 同上书，406页。

级斗争的重视在列宁那里达到了前所未有的程度。他认为阶级斗争是马克思主义最主要的东西："阶级关系——这是一种根本的和主要的东西，没有它，也就没有马克思主义。"[①] 他提出：**"阶级斗争**是实现社会主义的创造力量"[②]，"我们是生活在阶级社会里，除了进行阶级斗争之外，我们没有而且也不可能有其他摆脱这个社会的出路。"[③] 在他看来，无产阶级夺取政权并不是阶级斗争的结束，相反，"正是在资产阶级被推翻以后，阶级斗争才具有最尖锐的形式"[④]。

强调历史发展的规律性和强调革命者的主观能动性，这两个看似互相矛盾的特点的统一，恰恰是列宁主义与众不同之处。没有第一个特点，就与民粹派划不清界限，就不是马克思主义者；没有第二个特点，就和孟什维克没有区别，就不是列宁主义者。不了解列宁主义的上述特点，很难理解列宁的哲学思想。正是由于这一特点，列宁特别强调世界的客观性、必然性、可知性，把它们视为哲学的"党性"；同时他又特别强调辩证法，强调马克思主义者对广大民众进行思想灌输以及革命政党和阶级斗争的巨大作用。这种情况在毛泽东的哲学思想中也表现得非常充分。两种思想的结合点，是俄国的以及其他东方国家社会发展的特殊性。有了资本主义的初步发展（或者萌芽）和工人运动，使得这些国家的进步知识分子有可能接受凸显科学理性的马克思主义，进而发动科学社会主义运动；资本主义发展的不充分又使他们一方面认识到用科学理性教育民众帮助确立必胜信心的重要，另一方面认识到在不成熟的条件下进行社会主义革命和建设必须极大地重视革命者的主观能动性。正是上述情况，使得强调客观必然性和强调主观能动性这两个似乎相矛盾的倾向在这些国家的马克思主义哲学中同时存在。

二　列宁的哲学思想

列宁一生很少有时间从事专门的理论研究，他的大部分著作都是关于俄国革命的各种实际问题的。他的比较重要的哲学著作，或者说哲学思想比较丰富的著作，主要有：《什么是"人民之友"以及他们如何攻击社会民主党人?》(1894 年)、《唯物主义和经验批判主义》(1908 年)、《哲学笔记》(主要写于 1914—1916 年)、《论战斗唯物主义的意义》(1922 年)。

这 4 部著作可以说大体上代表了列宁哲学研究的 4 个阶段。革命斗争面临的具体任务不同，列宁的哲学研究所关注的问题也有不同。《什么是"人民之友"以及他们如何攻击社会民主党人?》是与民粹派的论战之作，在对民粹派的批判中涉及了唯物主义历史观。在 1903 年以前，批判民粹派是列宁最重要的理论任务，这种批判必然要涉及马克思主义与民粹主义的哲学分歧。第二本著作是对布尔什维克党内马赫主义者的批评。马赫主义是一种主观唯心主义哲学，列宁的这本书集中讨论了唯物主义世界观和认识论问题。第三本著作，也即《哲学笔记》，是列宁的读书批注、摘录和几篇未最终完成的短文。它们主要写于 1914—1916 年。在这一阶段，第二国际彻底背叛革命，走上了反

① 《列宁全集》，2 版，第 41 卷，92 页，北京，人民出版社，1986。
② 《列宁选集》，3 版，第 1 卷，288 页。
③ 《列宁选集》，3 版，第 2 卷，724 页，1995。
④ 《列宁选集》，3 版，第 3 卷，814 页，1995。

对革命的修正主义道路，与修正主义的斗争关系到国际共产主义运动的命运，成为列宁的中心任务。出于斗争的需要，列宁集中阅读了一批哲学著作，主要是黑格尔的著作，就辩证法以及其他一些问题作了深入思考。列宁本人无意公开发表这些笔记，在他去世以后，有关内容从1925年起陆续问世。第四本著作《论战斗唯物主义的意义》被称作“列宁的哲学遗嘱”，主要阐述与宗教唯心主义斗争的必要性和相关策略。十月革命以后布尔什维克党取得政权，作为党和国家的主要领袖，列宁除了继续从世界观方法论的角度关注哲学之外，在很大程度上是从关注思想文化领域的阶级斗争状况以及制定相应政策的需要出发思考哲学问题的。《论战斗唯物主义的意义》是列宁这一时期哲学研究最重要的成果。

除了上述几种哲学著作之外，列宁的许多著作中都有哲学思想的闪光，内容涉及唯物论、辩证法、历史观、认识论、方法论等众多方面。

大半个世纪以来，在对列宁哲学思想的评价问题上一直存在很大分歧。在苏联等社会主义国家，列宁被奉为马克思主义哲学的经典作家，它的思想是对马克思主义哲学的重大发展。在西方国家，包括在西方马克思主义哲学中，列宁又被作为机械唯物主义者而受到激烈批评。随着苏联解体和社会主义运动陷入低潮，今天作为哲学家的列宁已经很少有人关注了。但是，如果排除苏联学者有意抬高列宁的政治需要和西方学者的意识形态偏见以及对列宁哲学思想的误解，以客观的态度看，列宁尽管在哲学问题上投入的时间有限，但他以过人的睿智，对不少问题的思考都非常深入，有其独到之处，提出的不少思想至今仍然很有价值，值得注意。至于在马克思主义哲学发展史上列宁对苏联哲学和其他东方国家哲学思想的重大影响，就更是显而易见了。

列宁的哲学思想是列宁主义的有机组成部分，是它的理论基础，集中反映了列宁主义的基本特点。就思想内容而言，它主要有如下三个特点。

（1）特别强调唯物论。列宁主义作为一种在落后国家宣传和实践科学社会主义的理论，对历史发展的客观规律性必然予以高度的重视。这除了表现为列宁在与民粹派的斗争中强调唯物史观本身的意义以外，还表现在他在与马赫主义的斗争中对世界的物质性、辩证唯物主义世界观以及反映论的突出强调。与唯心主义的斗争贯穿列宁的一生。

（2）特别强调辩证法。孟什维克和第二国际的修正主义都把社会进步看做进化的、和平演变的过程，都反对革命；此外，20世纪初资本主义的发展进入帝国主义阶段，人类历史的发展具有了一系列新的特点，尤其是第一次世界大战的爆发，更使世界形势发生了根本的变化。在这种情况下，为了探讨人类历史的发展规律，为了与修正主义进行斗争，也为了充分认识革命者的主观能动性、创造性所具有的重大历史意义，列宁特别重视对唯物辩证法的研究，特别强调对立统一规律的作用。

（3）特别强调哲学的党性。列宁主义是在落后的俄国发动无产阶级社会主义革命的理论，进行这样的革命必须与封建势力、资产阶级、以农民为代表的小资产阶级以及党内的孟什维克，甚至布尔什维克中的“左”的和右的倾向，进行长期的不懈的斗争。这使得战斗性成为列宁主义的鲜明特点，哲学也被列宁看做阶级斗争的重要阵地。他认为任何哲学观点都是有党性的，唯物主义和辩证法必须在与唯心主义和形而上学的对立斗争中研究。上述特点在列宁哲学著作的语言风格上也得到充分体现。《唯物主义和经验批判主义》一书用词、行文之尖刻，令每一个读过的人都无法忘怀。列宁哲学的战斗性还进一步影响到了斯大林和整个苏联哲学。

下面从几个不同的方面对列宁的哲学思想做一简要介绍。

（一）列宁的唯物论思想

列宁的唯物论思想主要集中在《唯物主义和经验批判主义》一书中。《唯物主义和经验批判主义》写于 1908 年，1909 年在莫斯科出版，主要目的是批评布尔什维克党内的马赫主义者。

马赫是奥地利科学家、哲学家，在科学上卓有建树。他认为感觉是世界的要素，从心理的角度看，感觉构成了人的知觉、认识；从科学的角度看，物是感觉要素的复合、符号。感觉是中性的，经验一元论可以消除唯物主义和唯心主义的对立；科学的任务就在于运用各种工具记录、描述和处理感觉经验。他的哲学思想被称为马赫主义，又称经验批判主义，实质上是贝克莱主观唯心主义打着科学旗号的变种，但在科学界和哲学界有众多的支持者，被誉为最新科学的哲学。

在 19 世纪末 20 世纪初，许多人认为马克思主义只是一种政治理论，经济学理论，没有自己的哲学，因此有人主张用马赫主义填补马克思主义的哲学空白。1905 年俄国革命失败以后，革命队伍中的许多知识分子发生动摇，一些人，既有孟什维克，也有布尔什维克，在哲学上接受了马赫主义。政治上属于布尔什维克的波格丹诺夫在俄国最早宣传马赫主义，于 1904 年出版了《经验一元论》（第一卷），随后就哲学问题与普列汉诺夫展开激烈争论。1907 年后半年，俄国的马赫主义者连续出版了 4 本书宣传马赫主义，严重威胁到马克思主义的唯物主义哲学基础。为了捍卫马克思主义哲学，列宁投入与马赫主义的论战，写作了《唯物主义和经验批判主义》一书。

这本书集中了列宁的唯物论思想。在列宁的哲学思想中，唯物论和辩证法不可分割，两者共同构成完整的辩证唯物主义世界观。出于这样的认识，列宁在《唯物主义和经验批判主义》中在讨论了世界的物质性、物质定义等问题后，专门就因果性、时间空间、自由和必然、世界的统一性等问题作了论述。但是，列宁对辩证唯物主义世界观的理解，他的整个哲学思想，着重点是唯物主义。他说："马克思和恩格斯在他们的著作中特别强调的是**辩证**唯物主义，而不是辩证**唯物主义**，特别坚持的是**历史**唯物主义，而不是历史**唯物主义。**"① 他认为，由于马赫主义的出现，捍卫**唯物主义**已经成为首要任务。

列宁的唯物论思想，特别是他的辩证唯物主义世界观，基本上是对恩格斯有关思想的阐述，其中真正有独立价值的是有关物质概念的定义和认识论的思想。由于马赫唯心主义从认识论的角度出发否定世界的物质性，列宁这本书对辩证唯物主义世界观的论述也与认识论问题紧密地联系在一起，在这两个方面都提出了许多十分深刻的思想。就唯物论而言，列宁的物质定义最为重要。

列宁对物质范畴做了这样的规定："物质是标志客观实在的哲学范畴，这种客观实在是人通过感觉感知的，它不依赖于我们的感觉而存在，为我们的感觉所复写、摄影、反映。"②

---

① 《列宁选集》，3 版，第 2 卷，225 页。

② 同上书，89 页。

人们认为这一定义的意义主要在如下三个方面：首先它把客观实在性作为物质的根本的、唯一的特性①，超越了以往唯物主义哲学把物质等同于原子等物理学上的具体存在，从而深化了对物质的认识。当时物理学家中有人因为放射性等现象的发现而认为“物质消失了”，唯物主义被最新的科学发现驳倒了。列宁的物质定义重新为物理学研究奠定了唯物主义基础，无论对物理学还是对哲学都是非常重要的。其次，这一定义指出物质是人通过感觉感知的，人的认识可以反映客观实在，从而坚持了唯物主义的可知论原则，与不可知论划清了界限。最后，这一定义从物质和意识的对立中把握物质，指出感觉、意识是对物质的反映，坚持了物质第一性的原则，与唯心主义和二元论划清了界限。以上几点是列宁物质定义的基本精神，它表明这一定义的提出是列宁在新形势下对马克思主义哲学的捍卫和发展。

对于列宁物质定义的以上概括人们已经十分熟悉，多少年来一直在这样讲。但是从马克思主义哲学发展史、从整个人类哲学的思想史来看，列宁的物质定义还有一个非常重要的理论贡献，这就是它大大深化了我们对物质的理解。

上面概括的列宁物质定义的三个要点，在前人，例如在唯物主义者普列汉诺夫对物质的理解中，已经基本上具备了。普列汉诺夫曾经说：“我们所说的与‘精神’相对立的‘物质’，是指在对我们的感官起作用时，引起我们的这些或那些感觉的东西。到底是什么对我们的感官起作用呢？对于这一问题，我的回答同康德一样：自在之物。由此说来，物质不是别的，而是一些自在之物的总和，因为这些物是我们的感觉的源泉。”②他在另外一个地方说：“我们所说的物质对象（物体），就是那些不依赖于我们的意识而存在的对象，这些对象在作用于我们的感官时唤起我们一定的感觉，而这些感觉反过来又成为我们关于外部世界，即关于这些物质对象及它们的相互关系的观念的基础。”③略加比较就可看出，在物质不依赖于意识、物质是意识的来源以及世界的可知性等重要问题上，列宁的定义与普列汉诺夫的定义是很相似的。

但是，普列汉诺夫的定义，以及一切列宁之前的唯物主义者对物质的理解，都存在一个形而上学“跳跃”问题，即由形而下的感性经验跃升到形而上的领域对世界的普遍本质作出回答。这是他们应该从唯物主义立场出发予以回答但又未能回答的问题。一切科学都建立在经验的基础上，但从经验的角度看，很容易得出结论说，经验是认识的不可逾越的界限，物质是不是存在本身是一个超出经验范围的形而上学问题，形而上学是不符合科学的“玄学”，是科学的大忌。早在牛顿那里他就向物理学家提出“要警惕形而上学”的告诫。马赫主义是实证主义的一种，实证主义的基本精神就是一切立足于人的经验，抛弃形而上学。因此唯物主义要能够成立，必须首先立足于经验对“物质是存在的”这个论断作出合理的说明，然后才谈得上物质的属性以及物质是否可知等问题。对于唯物主义者，这是非常重要但又非常困难的。对此普列汉诺夫有一段值得注意的论述。他说：

① “物质的唯一‘特性’就是：它是客观实在，它存在于我们的意识之外。”参见《列宁选集》，3版，第2卷，192页。

② 《普列汉诺夫哲学著作选集》，第2卷，502页。

③ 《普列汉诺夫哲学著作选集》，第3卷，250页。

> 休谟说过，人应当行动、推理和信仰外部世界的存在。而我们唯物主义者只要加上一句就行了，即：这样的“信仰”是含义最好的**批判的**思维所必不可少的先决条件，是哲学的不可避免的 salto vitale（获生的跳跃）。①

这表明普列汉诺夫已经看到了这个“形而上学的跳跃”问题的存在以及它对唯物主义哲学的重要意义（即承认外部世界的存在，是科学的唯物主义哲学必不可少的先决条件），这也是他的深刻过人之处。

普列汉诺夫自己实际上并未给予这个问题以合理的解决。休谟是对外部世界的存在表示怀疑的，普列汉诺夫以因果性为例批判了休谟：“当我怀疑外部对象的存在时，外部对象之间的因果联系问题，在我面前必然具有在休谟那里所具有的那种形式：我只有权利讲我自己的那些不知从何而来的印象的顺序性。但是，当我的思想活动使我深信对外部世界的存在的怀疑会使我的头脑陷入谬误的时候，当**我已经不是‘独断地’，而是‘批判地’**宣称外部世界的存在是无可怀疑的时候，我从而就承认我的印象是外部对象对我作用的结果，就是说我给予因果性以客观的意义。”② 由这段话可以看出，普列汉诺夫之所以承认外部世界的客观存在，是因为如果对此发生怀疑，我的头脑就会陷入谬误。可见他也认为在经验和形而上学之间存在着一条凭借经验或逻辑等科学手段无法逾越的鸿沟，要想由此及彼，只能依靠思维的“跳跃”。我们前面所引的关于休谟思想的那段话表明，普列汉诺夫对外部物质世界的存在的认定，最终依据的的确只是信仰。

在物质定义问题上，列宁的贡献正在这里，正在于他在用科学的途径解决外部物质世界的存在问题上比“信仰”前进了一大步。

列宁说：物质是标志客观实在的哲学范畴，这种客观实在是人通过感觉感知的，就是说，他认为对物质的存在的认定不是源自信仰，而是来自感觉。人们通常认为“这种客观实在是人通过感觉感知的”是说物质是可知的，其实这是很大的误解。“人通过感觉感知的”，俄文原文是“Дана человеку в ощущениях его”，其中与“感知”二字对应的是“дана”一词。“дана”是俄语动词“дать”的被动形动词短尾，而“дать”这个词完全没有感知的意思，其基本含义是“给予”，由此引申出产生、发生等义。如果直译，“Дана человеку в ощущениях его”应译为“是在感觉中被给予了人的”，或者“是在人的感觉中产生的”。按照这样的理解，说“物质实在是在感觉中被给予了人的”是什么意思？列宁是说，物质概念，认识对象也即外部世界的客观存在，是人在感觉中得出的结论。人在感觉中只能获得关于物质的具体属性的认识，物质的存在性，外部世界的客观存在，是无法直接感觉的。但是，当人们获得某种感觉时，他可能会产生这样的问题——为什么我得到的是这样的而不是其他的感觉？为什么我不仅得到了而且不得不得到这样的感觉？在对这些问题的答案的思考中，他必然会获得一种提示：一定有一种在我之外作用于我的感官而又不以我的意志为转移的东西客观地存在着。列宁认为，物质这种客观实在的存在，就是从这一提示中得出的结论。“物质实在是在感觉中被给予了

---

① ［俄］普列汉诺夫：《〈路德维希·费尔巴哈和德国古典哲学的终结〉俄译本注释》，见恩格斯：《路德维希·费尔巴哈和德国古典哲学的终结》，101 页。

② 同上书，102 页。

人的”，也就是说，“物质实在的存在是在感觉过程中人的感官提示给人的”。

这是在物质概念问题上的“感官提示说”。它是《唯物主义和经验批判主义》一书的基本思想，列宁对此有很多论述。例如他说：“接受或抛弃物质概念这一问题，是人对他的感官的提示是否相信的问题，是关于我们认识的泉源的问题。”① 他还说：“马赫主义者喜欢唱这样一种高调：他们是完全相信我们感官的提示的哲学家，他们认为世界确实像显现在我们面前的那样，……其实，马赫主义者是主观主义者和不可知论者，因为他们**不充分**相信我们感官的提示，不彻底贯彻感觉论。”②

列宁的感官提示说，即认为外部世界的客观存在性，物质概念，是感官在感觉中对我们的提示，它的意义何在？它的意义就在于，它对世界的物质性、对物质概念，不是靠单纯的信仰，而是靠人的经验，做了合理的说明。人们对外部世界的感觉活动中确实存在感官的上述提示，因而世界的客观存在，物质概念，是无法否认的。列宁说：“如果你们认为人感觉到了客观实在，那么就需要有一个关于这种客观实在的哲学概念，而这个概念很早以前就制定出来了，它就是**物质。**”③

列宁的物质定义是不是彻底地科学地证实了物质的客观存在呢？没有，这是不可能的。“提示”还是一种比较模糊的不够精确的说法，但它毕竟不是信仰，而是立足于人的经验，有一定的科学性。更重要的是，受人类的认识能力所限，“感官提示说”是人类对物质存在所能作出的最好的证明，起码现在看来是如此。列宁的“感官提示说”，达到了迄今为止依据科学精神对物质的客观存在所能做到的最深刻的证明，是他对唯物主义的重要贡献。

（二）列宁的认识论思想

列宁的认识论思想主要集中在《唯物主义和经验批判主义》中，在《哲学笔记》中也有很多论述。这些思想内容很丰富，而且相互之间有着深刻的内在联系，已经初步形成一个完整的体系。这就是列宁在《唯物主义和经验批判主义》中提出的认识论的三点结论。

列宁说，恩格斯通过从煤焦油中提取茜素的例子驳斥了不可知论，我们可以从中得出三个重要的认识论结论：（1）物是不依赖于我们的意识，不依赖于我们的感觉而在我们之外存在着的。（2）在现象和自在之物之间决没有而且也不可能有任何原则的差别。差别仅仅存在于已经认识的东西和尚未认识的东西之间。（3）在认识论上和在科学的其他一切领域中一样，我们应该辩证地思考，也就是说，不要以为我们的认识是一成不变的，而要去分析怎样从不知到知，怎样从不完全的不确切的知到比较完全比较确切的知。④

这三个结论，第一个是讲认识的唯物主义前提；第二个是讲世界是可以认识的；第三个讲人对世界的认识是一个不断完善不断扩展的辩证发展过程。三者之间互相联系，共同对人的认识做了哲学说明。这三个结论是列宁认识论思想的基本观点，列宁对它们

---

① 《列宁选集》，3版，第2卷，89页。

② 同上书，88页。

③ 《唯物主义和经验批判主义》，120页，北京，人民出版社，1960。此处的译文更符合原著的本意。

④ 参见《列宁选集》，3版，第2卷，77页。

都有深入的论述，特色非常鲜明。我们在下面对它们分别做一简要考察。

1. 认识论的唯物主义前提

列宁的认识论研究，一个非常突出的特点是把它和唯物论、唯物主义与唯心主义的斗争紧密联系在一起，和本体论问题联系在一起。

第一，列宁在思考认识论问题时首先区分了两条基本的认识路线。他说："从物到感觉和思想呢，还是从思想和感觉到物？恩格斯坚持第一条路线，即唯物主义的路线。马赫坚持第二条路线，即唯心主义的路线。"① "认识论的第一个前提无疑地就是：感觉是我们知识的唯一泉源。马赫承认了第一个前提，但是搞乱了第二个重要前提：人通过感觉感知的是客观实在，或者说客观实在是人的感觉的泉源。从感觉出发，可以沿着主观主义的路线走向唯我论（'物体是感觉的复合或组合'），也可以沿着客观主义的路线走向唯物主义（感觉是物体、外部世界的映象）。"② 唯物主义路线的前提是承认物质第一性。列宁说："物质的存在不依赖于感觉。物质是第一性的。感觉、思想、意识是按特殊方式组成的物质的高级产物。这就是一般唯物主义的观点，特别是马克思和恩格斯的观点。"③

列宁认为强调认识论的唯物主义前提是非常重要的，因为认识活动中存在着完整的路线，只要承认了世界的物质性，就必然要承认认识是对客观世界的反映，承认实践是检验认识的真理性的标准，等等。

第二，列宁注重从认识论的角度思考本体论问题。认识论必须以唯物主义为前提，但是世界的物质性又必须从认识论的角度加以证明。前面提到的"感官提示说"就是列宁从认识论出发对物质的客观存在性的证明。此外他在《唯物主义和经验批判主义》中还提出"在人类出现以前自然界是否存在？"以及马赫否认世界的物质性必然导致唯我论等问题，通过说明马赫主义的认识论内含着十分荒谬的结论，从反面证明物质第一性。

列宁不仅从认识论出发考察唯物论，还从认识论的角度考察了唯心主义的根源。他在《谈谈辩证法问题》中说："人的认识不是直线（也就是说，不是沿着直线进行的），而是无限地近似于一串圆圈、近似于螺旋的曲线。这一曲线的任何一个片断、碎片、小段都能被变成（被片面地变成）独立的完整的直线，而这条直线能把人们（如果只见树木不见森林的话）引到泥坑里去，引到僧侣主义那里去（在那里统治阶级的阶级利益就会把它**巩固起来**）。直线性和片面性，死板和僵化，主观主义和主观盲目性就是唯心主义的认识论根源。"④ 列宁对唯心主义认识论根源的考察，对于我们深入理解唯心主义很有意义。

2. 反映论

强调认识是对物质存在的反映，在列宁的认识论思想中占有十分重要的位置。他指出："意识总是**反映**存在的，这是**整个**唯物主义的一般原理"⑤，"唯物主义者和唯心主

---

① 《列宁选集》，3版，第2卷，37页。

② 同上书，85～86页。

③ 同上书，51页。

④ 同上书，560页。

⑤ 同上书，219页。

义哲学信徒的基本区别在于：唯物主义者把感觉、知觉、表象，总之，把人的意识看作是客观实在的映象”①。列宁认为坚持反映论是唯物主义认识论的题中应有之义：“认为我们的感觉是外部世界的映象；承认客观真理；坚持唯物主义认识论的观点，——这都是一回事。”②

列宁强调认识是对客观存在的反映，说的是认识的内容和本质，而不是认识的方式、途径。如果承认外部世界是客观的物质存在，那么人的认识在内容上就必然带有关于这种物质存在的信息，必然是对它的反映。反映论是唯物论的合乎逻辑的结论。至于认识的具体途径、方式或形式，列宁认为它是主客观的相互作用。

列宁曾经说：

> 不通过感觉，我们就不能知道物质的任何形式，也不能知道运动的任何形式；感觉是运动着的物质作用于我们的感官而引起的。自然科学就是这样看的。红色的感觉反映每秒频率约为450万亿的以太的振动。天蓝色的感觉反映每秒频率大约620万亿的以太的振动。以太的振动是不依赖于我们的光的感觉而存在的。我们的光的感觉依赖于以太的振动对人的视觉器官的作用。我们的感觉反映客观实在，就是说，反映不依赖于人类和人的感觉而存在的东西。③

这段话是完全正确的。首先，颜色的感觉是光作用于人的感官的产物；其次，红色的感觉与每秒振动450万亿次的光波是性质完全不同的两种东西，它不是对光波的照镜子式的反映，而是光波和感官相互作用的产物，是它们的化合物；最后，颜色的感觉和光波性质不同，但是有着一一对应的关系：与红色对应的是一定频率的光波，与天蓝色对应是另一种频率的光波，与红色和天蓝色的区别相对应的，是两种光波在频率上的不同。确定的感觉带有关于光波频率的确定的信息，它的确是对光的属性的反映。

在列宁的哲学思想中，反映论备受攻击，许多人指责它抹煞认识过程中人的主观因素的作用，是机械唯物主义的照镜子式的认识理论。如果仅就上面这段话而言，这种指责无疑是毫无道理的，因为列宁关于颜色感觉和光波的关系的论述，完全没有照镜子式的机械反映的意思，相反它充满了主客观相互作用的辩证法，与客观的认识完全一致。但问题是，列宁还有另外的一些论述，不免使人对他的认识论的辩证性质产生怀疑。

首先，他在叙述反映论时经常使用“复写”、“摄影”、“摹写”、“画像”、“镜像”等说法，而这些说法的确表现不出认识过程中主客观的相互作用。

其次，在他的有些论述中，似乎辩证反映和机械反映两种意思都有。例如：

> 我们表象的对象和我们的表象有区别，自在之物和为我之物有区别，因为后者只是前者的一部分或一方面，正像人自己也只是他的表象所反映的自然界的一小部分一样。
>
> “……我的味觉神经，正如盐一样，也是自然界的产物，但是不能因此就说：

---

① 《列宁选集》，3版，第2卷，198页。

② 同上书，89～90页。

③ 《列宁全集》，中文2版，第18卷，316页，北京，人民出版社，1988。

盐味本身直接就是盐的客观特性；盐在仅仅作为感觉对象时是怎样的，它自身也就是怎样的；舌头对盐的感觉是我们不通过感觉而设想的盐的特性……”（这是列宁所引用的费尔巴哈的话。本书转引时省去了其中夹带的外文——本书作者）在前几页，他还说：“咸味是盐的客观特性的主观表现。”

感觉是客观地存在于我们之外的自在之物作用于我们的感官的结果，这就是费尔巴哈的理论。感觉是客观世界、即世界自身的主观映象。①

当他肯定费尔巴哈的说法，提出“咸味是盐的客观特性的主观表现”、“感觉是客观世界、即世界自身的主观映象”时，所说的是辩证的认识过程；但是当他说认识是认识对象的“一部分或一方面”时，则抹煞了主观认识与客观存在的性质区别②，又的确有机械反映论之嫌了。如果联系到他对普列汉诺夫“象形文字论”的批评，这种嫌疑就更挥之不去。然而总体上看，列宁是充分注意到了客观世界的主观映象与客观世界本身的区别的。他之所以在表述上使人产生机械反映论的嫌疑，是因为他怀有对主观真理论和不可知论的强烈的反对情绪，急于说明它们的荒谬以及自己与它们的根本对立，似乎有些“急不择言”。但因此就否认列宁对认识活动中主客体相互作用的深刻理解，是有失公允的。

提出认识论的反映论，是列宁对马克思主义哲学的重要贡献。马克思和恩格斯都承认世界的客观物质性，恩格斯还对主观唯心主义的不可知论一再做了批判③，由此合乎逻辑的结论就是，经过实践检验后的真理性认识必定带有与客观存在一致的内容，是对客观存在的反映。列宁提出认识论的反映论，使这一问题凸显出来，得到充分强调，使反映论成为马克思主义哲学的也是一切唯物主义哲学的与主观唯心主义哲学的根本性区别之一。

迄今为止对反映论的批判都是站不住脚的。它的反对者主要强调认识是主客观的相互作用，是人的思维的创造或建构，完全不是什么反映。这种说法的根本错误在于，它混淆了认识的形式和认识的实质，没有看到列宁所说的反映不是指认识的形式，而是指认识的实质。列宁想要说明的是，凡是被实践所证实的真理性认识必定包含有与客观对象一致、吻合的地方。至于认识的具体形式，列宁并没有作明确的规定。它们可以是感觉、逻辑思维，也可以是直觉、顿悟、猜测、想像、类比，甚至梦想④，只要所得到的认识被证明是真理，有着与客观对象一致的地方，就可以称作反映。作为从唯物主义立场对认识的本质的概括，反映论是无可指责的。

3. 认识的辩证法

列宁非常重视从辩证法的角度考察认识论。他说：“辩证法**也就是**（黑格尔和）马克思主义的认识论：正是问题的这一‘方面’（这不是问题的一个‘方面’，而是问题的**实质**）普列汉诺夫没有注意到，至于其他的马克思主义者就更不用说了。”⑤ 他还说：

---

① 《列宁全集》，中文2版，第18卷，118页。

② 这一说法来自约瑟夫·狄慈根。参见上书，119～120页。

③ 参见恩格斯的《反杜林论》、《自然辩证法》等著作。

④ 自然科学史上确有在梦中获得重大而又正确的科学发现的例子，如苯的环状分子结构的发现。

⑤ 《列宁选集》，3版，第2卷，559页。

“统一物之分为两个部分以及对它的矛盾着的部分的认识，是辩证法的**实质**（是辩证法的‘本质’之一，是它的基本的特点或特征之一，甚至可说是它的基本的特点或特征）。”①

他所理解的认识的辩证法，首先是指概念的辩证法运动。他说：“概念的全面的、普遍的灵活性，达到了对立面同一的灵活性，——这就是实质所在。主观地运用的这种灵活性＝折中主义与诡辩。**客观地**运用的灵活性，即反映物质过程的全面性及其统一性的灵活性，就是辩证法，就是世界的永恒发展的正确反映。”② 列宁曾经问：什么是辩证法？他自己的回答是：

> 概念的相互依赖
> **一切**概念的毫无例外的相互依赖
> 一个概念向另一个概念的过渡
> 一切概念的毫无例外的过渡。
> 概念之间对立的相对性……
> 概念之间对立面的同一。③

列宁的意思是要把事物的辩证联系变化为概念的辩证联系，用概念的辩证法再现事物的辩证法。他说：“概念的关系（＝过渡＝矛盾）＝逻辑的主要内容，并且这些概念（及其关系、过渡、矛盾）是作为客观世界的反映而被表现出来的。**事物**的辩证法创造**观念**的辩证法，而不是相反。”④

其次，是由概念的辩证运动形成的认识的辩证发展。这里涉及的主要是真理的相对性和绝对性问题，是认识由不知到知、由不完全不确切的知到比较完全和比较确切的知的发展。在这个问题上列宁完全赞成恩格斯的思想，他一再引用了恩格斯在《反杜林论》等著作中关于绝对真理和相对真理的关系的论述。

列宁完全赞同恩格斯的说法，但他的侧重点与恩格斯略有不同。出于与主观唯心主义的马赫主义进行斗争的需要，他对真理的绝对性更为关注。在批判马赫主义者时他说：“你们会说：相对真理和绝对真理的这种区分是不确定的。我告诉你们：这种区分正是这样‘不确定’，以便阻止科学变为恶劣的教条，变为某种僵死的凝固不变的东西；但同时它又是这样‘确定’，以便最坚决果断地同信仰主义和不可知论划清界限”⑤。他指出，真理问题与辩证法问题密切相关：“辩证法，正如黑格尔早已说明的那样，**包含着**相对主义、否定、怀疑论的因素，可是它**并不归结为**相对主义。马克思和恩格斯的唯物主义辩证法无疑地包含着相对主义，可是它并不归结为相对主义，这就是说，它不是在否定客观真理的意义上，而是在我们的知识向客观真理接近的界限受历史条件制约的

---

① 《列宁选集》，3版，第2卷，556页。
② 《列宁全集》，中文2版，第55卷，91页，北京，人民出版社，1990。
③ 同上书，167页。
④ 同上书，166页。
⑤ 《列宁选集》，3版，第2卷，96页。

意义上，承认我们一切知识的相对性。”①

在认识的辩证发展问题上，列宁特别突出认识在深度上的发展。他说：“从生动的直观到抽象的思维，**并从抽象的思维到实践**，这就是认识**真理**、认识客观实在的辩证途径。”② 他还说：“人的思想由现象到本质，由所谓初级本质到二级本质，不断深化，以至**无穷。**”③

最后，在认识的辩证运动问题上，列宁最具特色的思想是逻辑、辩证法和认识论的“三者同一”。他曾经说：

> 虽说马克思没有遗留下**“逻辑”**（大写字母的），但他遗留下《资本论》的**逻辑**，应当充分地利用这种逻辑来解决这一问题。在《资本论》中，唯物主义的逻辑、辩证法和认识论［不必要三个词：它们是同一个东西］都应用于一门科学，这种唯物主义从黑格尔那里吸取了全部有价值的东西并发展了这些有价值的东西。④

前面所说列宁关于认识辩证法的思想，都是“三者同一”的具体化。他的理想是用概念因内在矛盾而引起的辩证发展再现客观事物本身的辩证运动，在他看来，这样建立起来的体系是概念的演化运动，因而是逻辑；同时它又是人的认识的辩证发展，因而是认识论；认识的辩证发展是客观事物辩证发展在人的头脑中的反映，因而它本身就是辩证法。

“三者同一”是列宁在《哲学笔记》中提到的一个思想，列宁本人没有对此做过详细的论证，但列宁提出的简短论述对日后苏联哲学的发展产生了十分重要的影响。这一思想能否成立，还可以进一步讨论。

（三）列宁的辩证法思想

列宁的辩证法思想值得注意的有两点。

1. 特别强调对立统一规律

列宁曾明确提出：“可以把辩证法简要地规定为关于对立面的统一的学说。这样就会抓住辩证法的核心”⑤。他认为辩证法是这样一种学说：“它研究**对立面**怎样才能够**同一，**是怎样（怎样成为）**同一的**——在什么条件下它们是相互转化而同一的，——为什么人的头脑不应该把这些对立面看作僵死的、凝固的东西，而应该看作活生生的、有条件的、活动的、彼此转化的东西。”⑥

列宁认为，辩证法和形而上学是两种对立的发展观，辩证发展观的特点就在于用对立统一的观点看问题。他说，对立统一就是：

> 承认（发现）自然界的（也**包括**精神的和社会的）**一切**现象和过程具有矛盾着的、**相互排斥的**、对立的倾向。……发展是对立面的“斗争”。有两种基本的（或

① 《列宁选集》，3版，第2卷，97页。
② 《列宁全集》，中文2版，55卷，142页。
③ 同上书，213页。
④ 同上书，290页。
⑤ 同上书，192页。
⑥ 同上书，90页。

两种可能的？或两种在历史上常见的？）发展（进化）观点：认为发展是减少和增加，是重复；**以及**认为发展是对立面的统一（统一物之分为两个互相排斥的对立面以及它们之间的相互关系）。①

列宁还用对立统一对运动中的“质变”、“飞跃”、“向对立面的转化”、“自己运动”等现象作了解释。

列宁把辩证法的实质归结为对立统一，而在对立统一中他又着重强调对立面的斗争的重要意义。这在上面所引的论述中已经可以看出。此外他还明确说：“对立面的统一（一致、同一、均势）是有条件的、暂时的、易逝的、相对的。相互排斥的对立面的斗争是绝对的，正如发展、运动是绝对的一样。”② 重视对立统一特别是对立面的斗争，是列宁辩证法思想的鲜明特点，是他对马克思恩格斯思想的发展。这是俄国革命重阶级斗争这一特点在哲学上的反映，对日后的苏联哲学以及毛泽东的哲学思想，产生了重大影响。

2. 力图建立完整的辩证法体系

马克思曾几次表示想要从唯物主义立场出发对黑格尔的辩证法做一番改造，实际上也就是提出自己的辩证法体系，但他和恩格斯始终未能完成这一任务。列宁在哲学研究中对建立唯物辩证法的体系做了比较深入具体的思考。

首先，他提出了唯物辩证法体系的基本内容。列宁关于辩证法的设想共有16条，人称“辩证法的16要素”。③ 它们可以被归结为如下几个方面：（1）辩证法的唯物主义前提（第1条）；（2）事物的联系运动（第2、3、4、8条）；（3）对立面的统一、斗争、转化（第5、6、9，以及13、14、15、16各条）；（4）分析与综合（第7以及10、11、12各条）。这4个方面分别讲到了辩证法的唯物主义前提、辩证法对世界的基本看法、辩证法的实质和一般规律以及作为认识论的辩证法，显然相互之间有着内在的联系。这已经是一个关于辩证法体系的完整构想。

其次，列宁提出了建立辩证法体系的具体途径。列宁的逻辑、辩证法、认识论“三者同一”思想，包含着对逻辑、辩证法和认识论的许多新认识。从总体上看，他提出这一思想的主要着眼点，是构建唯物辩证法体系。列宁认为，马克思的《资本论》是“三者同一”的范例，马克思通过分析商品交换揭示出资本主义社会的“一切矛盾”并进而展现了这些矛盾的发展以及相应的资本主义社会的兴亡。既然如此，我们也就可以以《资本论》为蓝本建立一般的辩证法体系。他说：“一般辩证法的阐述（以及研究）方法也应当如此（因为资产阶级社会的辩证法在马克思看来只是辩证法的局部情况）。从最简单、最普通、最常见的等等东西开始；从**任何一个命题**开始，如树叶是绿的，伊万是人，茹奇卡是狗等等。……在**任何**一个命题中，很像在一个‘单位’（‘细胞’）中一样，都可以（而且应当）发现辩证法**一切**要素的胚芽”④。

---

① 《列宁全集》，中文2版，55卷，306页。

② 同上书，306页。

③ 参见《列宁选集》，3版，第2卷，411～412页。

④ 《列宁全集》，中文2版，第55卷，307～308页。

列宁的"三者同一"思想在马克思主义哲学发展史上产生了重大影响。他自己没有沿着这一途径做建立辩证法体系的尝试，但苏联时期有许多人为实现列宁的设想付出了巨大努力，遗憾的是没有一个人取得成功。"三者同一"以及"从任何一个命题开始"建构唯物辩证法的体系这种设想能否成立，值得研究。

（四）哲学的党性与战斗的唯物主义

充满斗争精神和重视阶级斗争是列宁的特点，这种斗争精神在他的哲学研究和哲学理论之中也有生动的体现。在哲学领域列宁同样是斗士，绝不是与世无争的书生。

首先，他强调哲学是有党性的，在哲学的党性的背后是阶级性，哲学论争是阶级斗争的表现。列宁说：

> 在经验批判主义认识论的烦琐语句后面，不能不看到哲学上的党派斗争，这种斗争归根到底表现着现代社会中敌对阶级的倾向和思想体系。最新的哲学像在2000年前一样，也是有党性的。唯物主义和唯心主义按实质来说，是两个斗争着的党派，而这种实质被冒牌学者的新名词或愚蠢的无党性所掩盖。①

既然把哲学论争与政治上的阶级斗争联系在一起，划清哲学上唯物主义和唯心主义的原则界限，从党性的高度看待哲学分歧，弘扬战斗精神，就在所必然。列宁认为这是马克思主义哲学的特点："如果把马克思在《资本论》和其他著作中的一些哲学言论考察一下，那么你们就会看到一个**始终不变的**主旨：坚持**唯物主义**，轻蔑地嘲笑一切模糊问题的伎俩、一切糊涂观念和一切向**唯心主义**的退却。马克思的**全部**哲学言论，都是以说明这二者的根本对立为中心的"②。

我们知道，事实上这样说未必准确，例如马克思的哲学著作中对唯物主义者费尔巴哈的批评很多，对唯心主义者黑格尔的肯定性评价也并不少见。真正从阶级斗争的角度看待哲学分歧的，是列宁自己。列宁在与唯心主义者的哲学论争中，表现出了对剥削阶级的强烈义愤，他说："这些教授们虽然在化学、历史、物理学等专门领域内能够写出极有价值的著作，可是一旦谈到哲学问题的时候，他们中间**任何一个人所说的任何一句话都不可相信。**"③ 原因是什么？列宁说，就是因为哲学是有党性的。

其次，列宁认为，既然哲学有党性，是政治阶级斗争的表现，那么在解决哲学斗争时运用政治手段也就无可厚非了。

十月革命前，俄罗斯哲学界是形形色色唯心主义思想的天下，其中占主导地位的是东正教的宗教唯心主义哲学。十月革命后帝国主义势力纠合了14个国家的军队干涉俄国内政，苏维埃政府陷入关乎生死存亡的内战之中，无力关注文化建设，俄国的哲学舞台仍然被那些与苏维埃政府敌对的哲学家控制。这些人手中有刊物，有出版社，占据着大学的哲学讲台，他们积极开展学术活动并宣传其宗教唯心主义理论，宣传对象甚至包括红军战士。1921年春，为尽快恢复被战争破坏的经济，在列宁的倡导下苏维埃政府实行新经济政策，放宽了对经济生活的控制，哲学和整个文化领域反苏维埃政权的力量

① 《列宁选集》，3版，第2卷，240页。
② 同上书，229页。
③ 同上书，234页。

进一步得到发展。这些情况引起了列宁的深切关注。

早在内战期间，列宁就为培养革命的理论队伍做了许多工作。1918年建立了社会主义科学院，1919年组建了斯维尔德洛夫共产主义大学，1921年成立了红色教授学院，这一期间开始有计划地出版马克思恩格斯以及普列汉诺夫和列宁的哲学著作。列宁本人密切注视哲学界的动向，阅读了许多最新出版的哲学著作。1920年内战基本结束，列宁立即发动反击。

1921年8月，列宁在一封被称为《关于“出版自由”》的信中，针对有些人向苏维埃政权提出出版自由的要求写道：

> 我们倒要弄弄清楚是**什么样的**出版自由？是干**什么**用的？是给**哪一个阶级**的？
>
> 我们不信奉“绝对的东西”。我们嘲笑“纯粹的民主”。“出版自由”这个口号从中世纪末直到19世纪成了全世界一个伟大的口号。为什么呢？因为它反映了资产阶级的进步性，即反映了资产阶级反对僧侣、国王、封建主和地主的斗争。……
>
> 在全世界，凡是有资本家的地方，所谓出版自由，就是**收买**报纸、**收买**作家的自由，就是**买通**、收买和炮制“舆论”**帮助资产阶级**的自由。
>
> 这是事实。①

1922年3月，列宁在新创刊的党的理论刊物《在马克思主义旗帜下》，发表了名为《论战斗唯物主义的意义》的文章，向全党发出在思想文化领域向资产阶级发动全面进攻的战斗号召。在这篇文章里，列宁提出了两项任务，即宣传无神论和研究辩证法；提出了两个建议，即共产党员和非党员在彻底的唯物主义的基础上结成联盟、哲学工作者和自然科学家结成联盟。在两项任务中，关键是发挥唯物主义的战斗性，宣传无神论，向宗教唯心主义发动进攻。关于结成“两个联盟”的建议，目的也是为了深入研究唯物辩证法，更好地与唯心主义者，即“有教养的农奴主”，战斗。

最重要的是，在这篇文章的结尾列宁说：

> 马克思主义的杂志还必须对当代这类“有教养的”农奴主作斗争。其中也许有不少人甚至拿我们国家的钱，在我们国家机关里担任教育青少年的职务，虽然他们不配做这种工作，正如人所共知的奸污幼女者不配担任儿童学校的学监一样。
>
> 俄国工人阶级有本领夺得政权，但是还没有学会利用这个政权，否则它早就把这类教员和学术团体的成员客客气气地送到资产阶级“民主”国家里去了。那里才是这类农奴主最适合的地方。
>
> 只要愿意学习，就一定能够学会。②

这已经是充满激情的战斗动员了。它号召无产阶级利用手中的政权向资产阶级的知识分子进攻。

---

① 《列宁选集》，3版，第4卷，545～546页。这是列宁的一贯思想。早在1905年他就说：“无党性的写作者滚开！超人的写作者滚开！写作事业应当成为整个无产阶级事业的一部分，成为由整个工人阶级的整个觉悟的先锋队所开动的一部巨大的社会民主主义机器的‘齿轮和螺丝钉’。写作事业应当成为社会民主党有组织的、有计划的、统一的党的工作的一个组成部分。”见《列宁选集》，3版，第1卷，663页。

② 《列宁选集》，3版，第4卷，655页。

两个月之后，列宁在给捷尔任斯基的信里说："捷尔任斯基同志：谈谈把那些帮助反革命的作家和教授驱逐出境的问题。这件事要准备得周密一些。不准备好我们会干蠢事。请讨论下列准备措施：……"①

根据列宁的指示，捷尔任斯基准备了被驱逐对象的详细名单，经列宁亲自圈定后将这些人逮捕，然后分乘两条船把他们驱逐出境。被驱逐的知识分子包括哲学家、经济学家、历史学家、化学家、作家等，总数有160多人，占当时俄国知识界杰出人物的近20%。其中著名的哲学家有：H. 别尔嘉耶夫、C. 弗兰克、H. 洛斯基、C. 布尔加科夫、Ф. 斯捷蓬、И. 伊里因等人。曾经是俄罗斯主流哲学的宗教唯心主义，从此在俄国的土地上几近绝迹，直到戈尔巴乔夫改革开始之后，才再次复兴。

哲学有没有党性？有没有阶级性？从最终的意义上讲，应该说是有的。因为唯物主义和唯心主义以及辩证法和形而上学这些哲学派别，的确自古以来就是哲学界的两大阵营，而在阶级社会里，社会科学和哲学的不同理论确实不能不在某种程度上反映其创始人和支持者的阶级立场。这些都是事实。问题是应该怎样对待这里所说的党性和阶级性。唯心主义是错误的，但这并不排除某一种具体的唯心主义理论中包含有作为全人类优秀文化成果的内容，也不排除在一定的历史条件下它具有进步性。例如黑格尔哲学，例如康德哲学、实证主义哲学，其中的辩证法思想和对宗教神学的批判，对人的主体性的肯定和颂扬，至今仍不失存在价值。当列宁说资产阶级的哲学家和经济学家"任何一个人所说的任何一句话都不可信"时，无疑过于偏激了。但是列宁这样做自有他的苦衷。俄国是个落后国家，社会主义革命和建设所需要的经济和文化条件不够成熟，但阶级斗争异常激烈，在这样的国家进行社会主义革命，自然充满了长期的你死我活的斗争。与此相应，列宁自然要强调哲学的党性和哲学领域的阶级斗争，强调无产阶级专政的重要并把它贯彻到一切领域。

列宁主义由于适应了俄国、中国等东方国家的实际需要而得到广泛的传播与实践，他关于哲学党性和战斗唯物主义的思想也作为列宁主义的一个部分自然而然地对后来的苏联哲学和中国等社会主义国家的马克思主义哲学，产生了深远的影响。

第四节　苏联哲学的形成

所谓苏联哲学并不是指存在于苏联这个国家的哲学，而是指在苏联处于主流地位的官方哲学。再具体地说，是指苏联版的马克思主义哲学，苏联哲学界的种种非马克思主义哲学思想不属于苏联哲学。

苏联哲学是苏联共产党人从自己的实践需要出发建构的马克思主义哲学理论，是普列汉诺夫和列宁哲学事业的继续，也是马克思主义哲学俄国化的完成。苏联的社会主义革命为其他社会主义国家，主要是东方国家，开辟了道路，成为它们的榜样，苏联哲学

① 《列宁全集》，中文2版，第52卷，449页，北京，人民出版社，1988。

也一度成为这些国家的哲学样板，从而对马克思主义哲学在整个20世纪的发展产生了深刻影响。

苏联哲学有两个最显著的特点，其一是它负有为社会主义事业和党的方针政策做论证的特殊的社会使命；其二是它建构了一个以强调世界的客观性为基本内容的辩证唯物主义和历史唯物主义理论体系。前者是就它的社会地位说的，后者是就它的理论特征说的。这两个特点是苏联哲学的主要标志，它们互相联系不可分割，也为其他社会主义国家的马克思主义哲学所共有。

一　哲学领域的三次斗争

苏联[①]是世界上第一个以马克思主义为理论指导的社会主义国家，它的建立是马克思主义哲学发展史上的一次重要转折。马克思主义哲学的统治地位在苏联的确立，经历了三次重大的哲学斗争，苏联哲学就是这些斗争的产物。

（一）第一次斗争是在哲学领域实行无产阶级专政

前面已经提到，十月革命后，军事和政治形势的紧张使得布尔什维克党和苏维埃政府一时无暇顾及文化建设，而文化领域本来就是剥削阶级的世袭领地，因此当时的文化领域一如既往是那些拒不与苏维埃政府合作的知识分子的天下。这种情况在哲学领域尤其突出。布尔什维克队伍中没有一个人受过系统的哲学专业训练，就是在孟什维克队伍中，这样的人也是凤毛麟角。[②] 形形色色的俄罗斯宗教唯心主义者、人格主义者、直觉主义者、新康德主义者、新黑格尔主义者、现象学者、存在主义者，仍然是哲学舞台的主角。这些人无需掩饰自己的观点，他们可以公开地讨论和宣传自己的反马克思主义的思想。

问题还不仅如此。非马克思主义和反马克思主义的知识分子手中握有众多的出版机构。1921年，彼得格勒登记的私人出版社有83家，莫斯科有337家，这些出版社的政治倾向基本上都是与苏维埃政府对立的。除了出版社以外，他们手中还有各种学术刊物，把持了众多的学术团体。在大学，他们占据着讲台，校长由教授委员会选举，政府无法控制。

文化领域的这种情况不能不引起布尔什维克党的深刻关切。1920年10月，捍卫苏维埃政权的国内战争基本结束，1921年初为了恢复经济稳定政局，苏维埃政府实行新经济政策，向资产阶级让步。一年之后，经济形势大为好转。列宁于1922年初宣布："我们已经退了一年。我们现在应当代表党宣告：够了！退却所要达到的目的已经达到了。这个时期就要结束或者已经结束。现在提出的是另一个目标，就是重新部署力量。"[③] 苏维埃政权的公开敌人把持文化领域的状况已经使列宁无法容忍。正是在这样

---

① 十月革命后，俄国各地相继建立了独立的苏维埃社会主义共和国，1922年12月30日，俄罗斯、乌克兰、白俄罗斯、外高加索四个苏维埃社会主义共和国宣布建立联盟，苏联正式成立。为行文方便，本书对十月革命成功后到苏联成立前和苏联成立后的历史未加严格区分，统称苏联时期。

② 1921年筹建"红色教授学院"时，因人才缺乏，列宁批准邀请孟什维克分子A. M. 德波林和Л. И. 阿克雪里罗得负责哲学教学。

③ 《列宁选集》，3版，第4卷，672页。

的背景下，他在《论战斗唯物主义的意义》一文中，提出了在文化领域实行无产阶级专政的明确无误的号召。

把那些公开与苏维埃政权作对的知识分子驱逐出境，仅仅是无产阶级专政的表现形式之一。与此同时，大量出版社被关闭，刊物被查封，不少人被取消登上大学讲台的权利，大学校长改由政府委派，学校出现了政治课，工农子弟享有接受高等教育的优先权……

它们都是苏维埃政权在文化教育领域采取的强制性措施。这些措施立竿见影，很快，在哲学界以及整个文化领域，公开与苏维埃政府以及马克思主义作对的人销声匿迹。

（二）第二次斗争是机械论派和辩证法派的论战

机械论派贬低哲学的作用，是哲学虚无主义的一种表现。

十月革命后的哲学虚无主义，始于老布尔什维克米宁① 1922 年发表的一篇文章——《抛弃哲学!》。他在文章中提出：哲学是资产阶级腐朽意识形态的枷锁，“不仅仅是唯心主义哲学，不仅仅是形而上学哲学，而正是一般意义上的哲学，哲学本身”，是资产阶级的精神摹写，是资产阶级精神的精华。② 他还说：“在装备和建设我们的科学之船的时候，我们首先关心的是在把宗教抛弃以后也把哲学一点不剩地从船长台上抛弃掉”③。

米宁如此看待哲学，是因为他把哲学与科学对立起来，并把它们的对立看做资产阶级和无产阶级阶级对立的体现。他说：“地主——奴隶主、封建主、农奴主——以宗教为武器，资产阶级借助哲学进行战斗，无产阶级则在斗争中唯一依靠的是科学”；“哲学是半信仰、半知识、半启示、半科学。确切地说，与知识相比，它更是信仰，与科学相比，它更接近宗教”④。他认为：无产阶级唯一需要的是科学，把马克思主义和哲学扯到一起就是错误的，“马克思主义哲学这一术语是不合逻辑的、危险的、有害的，需要的是科学，仅仅是科学，只是科学而已”⑤。

米宁把哲学视为资产阶级的思想武器，是十月革命胜利之初普遍存在的“左”的思潮的表现，基本上是一个政治问题，影响有限，但他对科学的膜拜和用科学取代哲学的做法，却在学术界，在许多自然科学家中间，得到共鸣。

19 世纪和 20 世纪初自然科学的发展，特别是物理学和化学的发展，使得人们在物理学的基础上形成一个完整的、无所不包的、科学的世界观，用它取代哲学世界观，形而上学。19 世纪后半叶实证主义哲学的兴起，就是科学的世界观代替哲学世界观的结果。这种实证主义思潮在俄国拥有众多的支持者，除了受到列宁严厉批判的俄国马赫主义者和前面提到的米宁之外，还有一些与米宁同时的人，主要是自然科学家。例如著名学者斯克沃尔佐夫-斯捷潘诺夫说：“马克思主义者应当直接地和公开地说，他接受这种

① С. К. 米宁（1882～1962），1903 年参加革命，1905 年入党，布尔什维克。十月革命后积极参加国内战争。曾任伏龙芝的助手，乌克兰共产党（布）中央委员。

②③ Минин С. К. Философию за борт! // Под знаменем марксизма，1922，№ 5～6.

④ 转引自：На пункте перелома—философская дискусия 20ых годах，Москва，1990，с. 204。

⑤ Минин С. К. Коммунизм и Философия // Под знаменем марксизма，1922，№ 11～12.

所谓的对自然界的机械论的观点，接受从力学的角度对自然界的理解”①，“对于当今时代来说，对自然界的辩证理解正是具体化为机械的理解，也就是说，把一切过程都归结为物理学和化学所研究的那些能量形式的作用及变化。”② 即使是社会科学也不例外：“在现实中存在着由物理学和化学经过生物学和人类学到各门社会科学的连续的链条，其中的任何一个环节都是单凭人的意愿所不能打破的。”③

这里的哲学虚无主义所宣传的实际上是还原论，即把一切现象都还原为最简单的物质运动形式。持这种观点的人被称为“机械论派”，主要代表人物除 И. 斯克沃尔佐夫-斯捷潘诺夫外还有哲学家 Л. 阿克雪里罗得，自然科学家 A. 季米里亚捷夫、C. 别洛夫等。

对马克思主义者来说，米宁的或机械论派的哲学虚无主义无疑十分有害。半个多世纪后出版的《苏联哲学史》这样说：“在尖锐的阶级斗争情况下，哲学虚无主义有很大危险性，因为不管其动机是什么，它起到的都是使工人阶级解除思想武装的作用。……因此党认为有必要给这种实证主义表现（不论它以何种形式出现）以坚决的反击。”④

进行反击的主要人物是德波林及其学生，即德波林派。德波林于1908年毕业于伯尔尼大学哲学系，是俄罗斯社会民主党内少数几个系统接受过哲学教育的人之一。他原是孟什维克，十月革命后经列宁亲自批准，在红色教授学院讲授哲学，后兼任《在马克思主义旗帜下》杂志主编、哲学研究所所长。哲学界的主要位置几乎全被德波林和他的学生占据，德波林事实上成为当时苏联哲学界的中心人物。从1924年起，德波林和他的学生与机械论派的哲学虚无主义展开了激烈的论战。德波林高度强调哲学的意义，他说：“哲学总是在为科学提供普遍的、指导性的思想和原则。如恩格斯所说，在这个意义上哲学家至今都在管理着自然科学。”⑤ 他甚至明确提出：“马克思列宁主义哲学有权得到古典哲学在科学体系中所占有的那种地位”⑥。德波林把辩证法作为马克思主义哲学最重要的内容。他说：“马克思主义，或者辩证唯物主义，是一个完整的世界观，它由三个主要部分构成：……1. 作为关于合乎规律的联系的科学的唯物辩证法……它是方法论，是关于运动的普遍规律的抽象的科学。2. 自然辩证法（数学、力学、物理学、化学、生物学，研究的是不同等级的自然界）。3. 唯物主义辩证法在社会中的运用——历史唯物主义。”⑦ 由于具有这样的特点，德波林和他的学生又被人称为“辩证法派”。

两派的争论从1924年开始，一直持续到1929年。1929年4月，德波林派利用手中的权力主持召开了“第二次全联盟马克思列宁主义科研机构联席会议”，会议对机械论

① Гортер Г. Историзм，Москва，1924，с. 166.

② Степанов И. И. О моих ошибках，открытых и исправленных Я. Стэном // Большевик，1924，№14.

③ 转引自 Любутин К. Н. Русаков В. М. Отечественная философия совестского периода，Екатеринбург，2001，с. 281.

④ ［俄］B. E. 叶夫格拉弗夫：《苏联哲学史》，112页，北京，商务印书馆，1998。

⑤ Деборин А. М. Диалектика и естественная наука，Москва，1930，с. 5.

⑥ Под знаменем Марксизма，1929，№5，с. 8.

⑦ 转引自 Любутин К. Н. Русаков В. М. Отечественная философия совестского периода，с. 280.

派和辩证法派的论战做了总结，强调了辩证法的巨大理论意义，谴责机械论是哲学修正主义的表现。到此，哲学虚无主义失败，争论宣告结束。

（三）第三次斗争是批判德波林

1929 年是苏联历史上所谓“大转折”的一年。这一年，“新经济政策”停止执行，社会主义改造加速，大规模的农业合作化运动开始。这一年的 12 月 27 日，斯大林在马克思主义者土地问题专家代表会议上发表演说，对理论界提出严厉批评。他说：“我们的理论思想赶不上实际工作成就，我们的实际工作成就和理论思想的发展之间有些脱节。但是，理论工作不仅必须赶上实际工作，而且要超过实际工作，武装我们的实际工作者去争取社会主义的胜利。”① 会议之后，各个理论领域纷纷检查自己的工作，找出不足，与中央保持一致。

哲学界落后不落后？德波林等人自恃刚刚取得批判机械论捍卫马克思主义哲学的斗争的胜利，认为哲学领域并不落后；以 M. Д. 米丁、B. H. 拉里采维奇、П. Ф. 尤金等人为代表的一批年轻哲学家则认为哲学理论同样落后于实际生活。两种意见开始争论。德波林是哲学界的领导人物，手中有苏共主要的理论刊物《在马克思主义旗帜下》，米丁等人则是刚刚从红色教授学院毕业的少壮派，得到党中央的明确支持，文章经常发表在《真理报》上。斯大林不仅明确支持米丁，而且直接参与对德波林的批判。1930 年 12 月 9 日，斯大林亲临红色教授学院与米丁等党支部成员谈话，把德波林的哲学思想定性为“孟什维克式的唯心主义”，号召开展“两条战线的斗争”，即同时批判机械论派和德波林。

党的最高领导人斯大林的直接干预，使得德波林和米丁等人之间的争论立即变成对德波林的讨伐批判。德波林及其追随者纷纷检讨。1931 年 1 月 25 日，联共（布）中央作出《关于〈在马克思主义旗帜下〉杂志的决议》，再次谴责了德波林派的错误，改组了《在马克思主义旗帜下》的编辑部，米丁取代德波林成为哲学界的新领袖。第三次哲学斗争并未就此结束，在 30 年代的肃反运动中，数十名德波林的追随者被迫害致死。

这一次斗争对马克思主义哲学在苏联的发展产生了深远的影响。

首先，苏联哲学界的领导层实现了更新换代。以米丁为代表的一代新人开始在苏联哲学舞台上充当主角，这些人基本上都是刚刚从红色教授学院毕业的革命干部，米丁取代德波林成为哲学界的新领袖时还不满 30 岁，尤金 1930 年从红色教授学院毕业，不到一年就成为该院的院长，时年 32 岁。他们是在斯大林的扶持下上台的，一切听从斯大林的指挥。

其次，新一代领导除了在政治上忠于斯大林之外，在哲学上也对斯大林无限崇拜，论证斯大林的思想和党的政策，成为哲学界的主要任务。

例如，米丁在 1936 年出版的《唯物辩证法的战斗问题》一书序言中说：不论是研究什么样的哲学问题，我的“指导思想都只有一个，即怎样更好地理解我们亲爱的、充满智慧的导师斯大林同志的每一个字和每一个思想，并把它们体现和运用到哲学问题的

① 《斯大林选集》，下卷，210 页，北京，人民出版社，1979。

解决中去”①。另一位哲学家科里曼则说：“在我们看来，斯大林同志不仅是党和国际工人运动的天才的政治领袖，而且是最伟大的理论家，最伟大的思想家。”②

如果说在此之前哲学还主要是哲学家的事情，那么经过这场斗争，哲学在苏联已经完全政治化了。米丁在1931年说：“列宁主义对待哲学的态度，列宁主义对哲学的党性的理解，其实质在于它把哲学本身看作是政治的一种形式”③。另一位哲学家阿里相在1930年与德波林派论战时说：“事情的实质在于，不论是德波林还是他的战友，都没有把哲学工作看做党的工作的一部分，他们不理解布尔什维克对待理论的态度的实质，不理解布尔什维克在为党的总路线而进行的战斗中的不妥协性。”④

对上述三次哲学斗争略加概括，我们可以看出：

第一，这三次斗争是同一个过程的三个不同阶段。第一次斗争的对象是苏维埃政权的也是马克思主义哲学的公开的敌人；第二次的对象是革命队伍内部否定马克思主义哲学的指导作用的人；第三次的对象是承认马克思主义哲学的指导地位，但脱离政治需要把哲学主要作为学术问题对待的哲学家。经过这样的三次斗争，苏联的哲学不但把马克思主义哲学定为一尊，而且使它成为政治斗争和社会主义事业的一条战线，使党的领袖成为最有权威的哲学家，哲学不再是独立的学术领域。三次斗争一次比一次深入，经过这些斗争，哲学政治化了。

第二，这三次斗争并非孤立的事件，它们实际上是十月革命后苏联社会主义改造的一个侧面，一个组成部分。以1936年第一部社会主义宪法颁布为标志，苏联建成了社会主义制度。这一制度的显著特点是经济、政治和全部社会生活的高度集中。在这样的制度下，社会生活的每一个方面都有自己确定的位置，都是社会这架大机器的一个零件。1917—1936年是苏联的社会主义改造时期，改造的实质，就是建立对社会生活的高度集中管理体制。哲学领域的三次斗争只是这种社会主义改造在哲学领域的具体表现，与它伴随的，还有政治上与托洛茨基、布哈林两个反党集团的斗争，以及农业合作化运动，等等。⑤

经过上述三次哲学斗争，马克思主义哲学在苏联成为唯一的官方哲学，占据了不可动摇的主导地位，同时明确了自己的任务，找到了自己在社会生活中的位置。

二　辩证唯物主义历史唯物主义体系的建立

确定了哲学在社会生活中的位置，只是苏联哲学形成过程的一个方面，另外一个方面，也是苏联哲学最终形成的标志，是辩证唯物主义历史唯物主义体系的建立。

马克思主义哲学是俄国革命的指导思想，但是，什么是马克思主义哲学？直到20

---

① Алексеев П. В. Философы России XIX-XX столятий，Москва，2002，с. 637.

② 转引自 Общественная мысль：исследования и публикации，Выпуск Ⅱ，Москва，1990，с. 133。

③ 转引上书，125页。

④ 转引上书，130页。

⑤ 在政治上，经过与托洛茨基、布哈林等反党集团的斗争，到1936年已经树立起斯大林的绝对权威，并且达到了个人迷信的程度；在经济上，到1936年资本主义工商业被消灭，农业集体化最终完成；在思想文化方面，30年代初所有的领域都与哲学界一样经历了一场政治化的运动。关于思想文化方面的变化，可参见《世界历史》1986年第8期陈启能文：《斯大林给〈无产阶级革命〉杂志编辑部的信及其影响》。

世纪 30 年代以前，人们对此并没有一个相对一致的看法。在十月革命以前，学习马克思主义哲学主要是知识分子和革命家的事情，他们可以自己阅读马克思和恩格斯的哲学著作，自己去理解体会。十月革命以后，情况发生了很大的变化。首先，面对广大群众宣传马克思主义是苏维埃政府的一项基本任务，在许多学校里马克思主义哲学也成为一门正规的课程，这就需要有一个简明、系统地阐述马克思主义哲学基本原理的理论体系。其次，在 20 年代，苏联理论界已经就马克思主义哲学做了许多研究，出版了不少的著作，但在认识上存在很大分歧，建构大家普遍认可的马克思主义哲学，势在必然。最后，马克思主义哲学是苏联共产党的世界观、方法论，从党建的角度看，也需要有一个系统的马克思主义哲学理论，以统一人们的思想。

苏联建构的马克思主义哲学体系，就是辩证唯物主义和历史唯物主义。这一体系是适应社会生活的实际需要自觉地建构起来的，是苏联唯一允许存在的官方哲学，它的出现是人类哲学史上很奇特的一件事情。

辩证唯物主义历史唯物主义体系在苏联的建立，经历了三个阶段。

（一）第一阶段是 1917 年到 1931 年前

1931 年米丁等青年理论家被确立为哲学界的领袖，以此为界形成马克思主义哲学在苏联发展的两个不同阶段。在 1931 年之前，马克思恩格斯和列宁的著作大量出版，此外苏联的理论界气氛相对宽松，涌现出许多各具特色的阐述马克思主义哲学的著作。

早在 1918 年 5 月，列宁就把建立专门的马克思主义研究中心确定为苏维埃政府的一项重要任务。1920 年 12 月 8 日，马克思主义博物馆建立，一个月后更名为马克思恩格斯研究院，内设专门的哲学研究室。该院派人出国广泛收集有关马克思恩格斯的原始资料，并在此基础上开始出版《马克思恩格斯文库》。1924 年《文库》发表了《关于费尔巴哈的提纲》，第二年出版了《自然辩证法》、《黑格尔法哲学批判》以及《德意志意识形态》的主要部分。1923 年开始筹划出版马克思恩格斯选集，1924 年 5 月苏共中央作出尽快出版《马克思恩格斯全集》的决定，1928 年第一卷问世。列宁和普列汉诺夫的著作也大量出版。1920 年《唯物主义和经验批判主义》再版；1920—1926 年出版了 20 卷的列宁文集；1925 年发表了《谈谈辩证法问题》和《黑格尔〈逻辑学〉一书摘要》；1929—1930 年《哲学笔记》全书问世；1923—1927 年出版了 24 卷本的普列汉诺夫全集。

这一时期苏联哲学家的相关著作主要有：Н. 布哈林的《历史唯物主义理论》（1921 年）；В. В. 阿多拉茨基的《马克思主义基本问题提纲》（1922 年）；Б. И. 戈列夫的《唯物主义——无产阶级的哲学》（1922 年）、《历史唯物主义纲要》（1925 年）；С. Я. 沃里弗松的《辩证唯物主义》（1922 年）；И. П. 拉祖莫夫斯基的《历史唯物主义理论教程》（1924 年）；В. 萨拉比扬诺夫的《辩证唯物主义导论》（1925 年）；Г. 德-米扬斯基的《辩证唯物主义导论》（1930 年）；Г. С. 蒂缅斯基的《辩证唯物主义引论》（1930 年）；Б. Э. 贝霍夫斯基的《辩证唯物主义哲学纲要》（1930 年）；等等。由于正值社会剧变时期，当时出版的马克思主义哲学著作，以历史唯物主义方面的居多，而且许多人认为马克思主义哲学就是历史唯物主义，就是社会学。当时还没有统一论述辩证唯物主义和历史唯物主义的著作。不论是辩证唯物主义著作还是历史唯物主义著作，一般都包含哲学史、认识论、关于社会的学说三大部分，论述政治问题的内容也不少。即使有的书涉及一般的世界观问题，也把它分为本体论方面和认识论方面，并把它们统称为认识论。1931年也有不少关于马克思主义哲学原理的著作出版（如已被译为中文的И.西洛可夫的《辩证唯物主义》），但在内容上与以往相比并无太多特色。

（二）第二阶段是1931年到1938年

这一阶段最值得重视的一件事，是由米丁领导、米丁和拉祖莫夫斯基主编的《辩证唯物主义和历史唯物主义》的出版。这本著作分上下两卷，下卷由拉祖莫夫斯基主编，1932年出版，上卷《辩证唯物主义》由米丁主编，1934年出版，全书的编写由米丁总负责。

这是当时最重要的一部马克思主义哲学著作。国内战争结束后，马克思主义哲学的宣传教育在全国展开，相关教材成为迫切需要，虽然20年代已有不少教材出版，但都由个人编写，党中央似乎并不满意。1931年，在批判德波林派的热潮中，党中央把编写马克思主义哲学教材作为一项重大任务向哲学界提出，米丁的这本书就是他这位新任领导集中哲学界全部力量努力的成果。这部著作标明是各级党校和高等院校的哲学教材，由当时哲学研究所集体编写，第一次印刷数量就达到10万册。

这也是一部对整个20世纪马克思主义哲学产生了重要影响的著作。它的重要性在于，它在马克思主义哲学发展史上第一次明确把马克思主义哲学划分为辩证唯物主义和历史唯物主义两个部分，并把它们整合在一起，构成一个完整的马克思主义哲学体系。

在米丁以前，很多人都认识到马克思主义哲学是一个整体，包含有对自然界和人类社会的唯物主义的解释，但对怎样处理两者的关系，众说纷纭。恩格斯把它们都统一于唯物辩证法，列宁强调它们都是唯物主义①，苏联哲学界有人或者以辩证唯物主义的名义，或者以历史唯物主义的名义，把日后分别属于辩证唯物主义和历史唯物主义的许多内容包含在一本著作之中。② 但是明确把马克思主义哲学分为辩证唯物主义和历史唯物主义两个部分，把它们并列称呼用以概括马克思主义哲学，并且把原本被人们分别论述的许多原理基本上结合为一个体系，是米丁这部著作的首创。他曾经对别人说："我把马克思主义哲学分为辩证唯物主义和历史唯物主义，这种分法被人接受，流传下来了"③。

米丁建构的体系，在今天看来未必合理，但却长期被人们普遍接受。它在我国直至今天仍然流行，未被突破。米丁的这部著作在马克思主义哲学发展史上的意义非常重要。

为了进一步说明这一点，我们不妨看一看米丁这本书的大致结构：

上卷　辩证唯物主义

前言

第一章　马克思主义——无产阶级的世界观

① 分别参见恩格斯的《路德维希·费尔巴哈和德国古典哲学的终结》和列宁的《唯物主义和经验批判主义》。

② 在这个方面做得最好的是沃里弗松的《辩证唯物主义》。这本书1922年初版，到1929年已再版7次，其内容与米丁的著作多有相似。

③ 转引自 Любутин К. Н. Русаков В. М. Отечественная философия совестского периода，с. 303。

第二章　唯物主义与唯心主义
第三章　辩证唯物主义
第四章　唯物辩证法的规律
第五章　哲学中两条战线的斗争
第六章　辩证唯物主义发展中列宁阶段的基本问题

下卷　历史唯物主义

第一章　辩证唯物主义对历史的唯物主义理解
第二章　关于社会经济形态、生产力和生产关系的学说
第三章　资本主义生产体系与社会主义生产体系
第四章　关于阶级和国家的学说以及资本主义社会的阶级斗争
第五章　无产阶级专政和过渡时期的阶级斗争
第六章　社会意识的作用和意识形态斗争的形式
第七章　作为战斗无神论的马克思列宁主义
第八章　马克思列宁主义关于革命的学说
第九章　马克思主义、修正主义、社会法西斯主义

就以上各章的标题看，有不少内容只是当时政治形势的产物，根本不能作为马克思主义哲学的基本原理。例如辩证唯物主义部分的第五章、第六章，历史唯物主义部分的第三章、第五章、第七章、第九章。如果把这些章去掉，我们立即可以看出，它和直到20世纪末，甚至直到今天，马克思主义哲学原理教材的结构仍然基本一致。至于把马克思主义哲学分为辩证唯物主义和历史唯物主义两部分这一做法，经斯大林肯定，至今仍在沿用。

（三）第三阶段是1938年

这一年斯大林发表了《联共（布）党史简明教程》一书。其中的第四章第二节是对“共产主义的理论基础、马克思主义政党的理论基础”——辩证唯物主义和历史唯物主义的论述。该书出版后不久，这些内容以《论辩证唯物主义和历史唯物主义》为名出版单行本。在弥漫着个人迷信气氛的斯大林时代，这本小册子被称为“马克思列宁主义哲学发展中划时代的创作，并且具有世界历史的意义”①。这本书在1938年至1949年的11年间，先后重版234次，被翻译为66种文字，总发行量在3 570多万册以上。② 书中的观点被奉为经典，1953年斯大林去世前，一直是马克思主义哲学著作的范本。

在今天看来，这本书的哲学思想在理论上没有太大的价值，但重要的是，它是斯大林的著作。在当时对斯大林的个人迷信充斥苏联全国甚至整个国际共产主义运动的情况下，它对马克思主义哲学的发展产生了非常重大的影响。

首先，米丁所建立的马克思主义哲学体系，由于被斯大林的这部著作所采用，才真

① Митин Б. М. Роль и значение в развитии философской мысли марксистско-ленинизма《О диалектическом материализм е и историческом материализме》товарища Сталина // Большевик，1949，№1.

② 参见《马克思主义哲学史稿》，469页，北京，人民出版社，1981。

正被定于一尊，成为经典，在苏联国内外广泛流传。

其次，这本书赋予了马克思主义哲学两个重要的理论特点。

其一是强调世界的客观性、必然性、可知性，特别是强调社会发展规律的客观性、必然性和可知性。应该说这并非斯大林的首创，恩格斯、普列汉诺夫、列宁，都有这样的思想，但是在斯大林这里对这一点的强调达到登峰造极的程度。

在讲完自然界的客观性、它的运动的规律性和这些规律的可知性之后，斯大林说：

> 既然世界可以认识，既然我们关于自然界发展规律的知识是具有客观真理意义的、可靠的知识，那么由此应该得出结论：社会生活、社会发展也同样可以认识，研究社会发展规律的科学成果是具有客观真理意义的、可靠的成果。
>
> 这就是说，尽管社会生活现象错综复杂，但是社会历史科学能够成为例如同生物学一样的精密的科学，能够拿社会发展规律来实际应用。①

为什么斯大林要如此强调社会生活的客观性、必然性、可知性？原因在于他要为社会主义革命和苏联共产党的政策的合理性作论证，说明它们是有如自然科学般精确的马克思主义社会发展理论的实际运用。他说："这就是说，社会主义从关于人类美好未来的空想变成了科学。这就是说，科学和实际活动的联系、理论和实践的联系、它们的统一，应当成为无产阶级党的指路明星。"②

正是为了说明无产阶级政党在政治上的合理性，才首先需要说明作为其指导思想的社会科学与自然科学一样是"精密的科学"，而为此又必须强调整个世界的客观性、必然性和可知性。斯大林去世后，他的许多哲学观点以及对这些观点的表述遭到否定，但是对世界的客观性、必然性和可知性的强调，一直被当作马克思主义哲学最重要的观点保留了下来。

其二是强调斗争性。哲学的党性是由列宁提出的，但在斯大林这里得到进一步的发展。这一点首先在行文上表现出来。斯大林不是从正面，而是在和形而上学、唯心论的对立中论述马克思主义哲学的观点。例如他把辩证法归结为四个特征，对每一个特征的说明都以"同形而上学相反，……"开始；在论述唯物论的观点时，总是先概述唯心论的观点，然后说"马克思主义的哲学唯物主义却与此相反，它认为……"对两种哲学思想的对立的理解达到势不两立的程度。

对斗争性的强调在理论观点上表现得更为突出。斯大林对辩证法的阐述，把否定之否定规律排除在外，因为否定之否定意味着向出发点的回归，包含对矛盾双方都有所肯定继承的意思；在讲到质变量变问题时，斯大林说："质变不是逐渐地发生，而是迅速地、突然地发生的，表现为从一种状态飞跃式地进到另一种状态。"③ 这里完全否定了渐进演化的可能，显然是把作为局部现象存在的阶级斗争、暴力革命的意义无限地夸大了④；在

---

① 《斯大林选集》，下卷，435～436页，北京，人民出版社，1979。

② 同上书，436页。

③ 同上书，427页。

④ 斯大林晚年在《马克思主义与语言学问题》一文中对这一观点有所修正。参见《斯大林选集》，下卷，519页。

对对立统一规律的论述中，斯大林只讲矛盾的斗争性：“辩证方法认为，从低级到高级的发展过程不是通过现象和谐的开展，而是通过对象、现象本身固有矛盾的揭露，通过在这些矛盾基础上活动的对立倾向的‘斗争’进行的。”① 对立面的统一不见了。

这种对辩证法的片面理解在斯大林去世以后，很快得到克服，但它毕竟在马克思主义哲学发展史上留下重重的一笔。

此外，斯大林的这本书把马克思主义哲学教条化、简单化了。该书的基本观点罗列和叙述得条理清楚，简明通俗，适合工农群众和革命干部学习背诵，但行文枯燥、死板，马克思主义哲学成为教条，其丰富内容和理论魅力荡然无存。与对马克思主义哲学理论的简单化相联系，它在观点上的片面性，甚至错误，也比比皆是。全书开头便说：马克思列宁主义哲学之所以叫作辩证唯物主义，“是因为它对自然界现象的看法、它研究自然界现象的方法、它认识这些现象的方法是**辩证的，**而它对自然界现象的解释、它对自然界现象的了解、它的理论是**唯物主义的**。历史唯物主义就是把辩证唯物主义的原理推广去研究社会生活……”② 这样，辩证法只是方法，唯物论则仅仅是理论。书中还有“唯心主义硬说，只有我们的意识才是真实存在的”，以及“唯心主义否认认识世界及其规律的可能性”，等等的说法。客观唯心主义不见了，唯心主义都是不可知论。这些说法有悖于哲学的基本常识。

撇开具体观点上的得失不说，就马克思主义哲学发展史来看，斯大林小册子的意义在于，它以马克思主义哲学“最高权威”的身份，使米丁首创的把马克思主义哲学划分为辩证唯物主义和历史唯物主义的做法成为规范，同时对马克思主义哲学的理论观点做了具体规定和经典说明，以此为基础形成了具有权威性的马克思主义哲学体系，在很长的时间里影响了人们对马克思主义哲学的理解。这本小册子的问世标志着辩证唯物主义历史唯物主义体系的最终完成。

前面已经指出，苏联哲学有两个基本的特征。第一是特殊的社会位置、社会使命，即为无产阶级政治服务；第二是特殊的马克思主义哲学理论体系，即突出强调世界的客观性、必然性、可知性的辩证唯物主义和历史唯物主义理论。苏联哲学的社会使命早在批判德波林的过程中已被确定，辩证唯物主义历史唯物主义体系在斯大林著作中的确立，意味着苏联哲学最终诞生了。

三　苏联哲学——马克思恩格斯的哲学思想与俄国实际的结合

理论在一个国家的发展取决于它满足这个国家实际需要的程度。苏联哲学是从普列汉诺夫开始俄国的马克思主义者对马克思恩格斯哲学思想长期选择的结果，是马克思恩格斯的哲学思想与俄国实际相结合的产物。

本章在前面已经提到，在19世纪下半叶到20世纪初，俄罗斯的以及东方国家的基本特点，是阶级斗争激烈和社会发展落后，并着重从经济上对此做了简要分析。除此而外，俄国的具体国情，还有两个特点，即根深蒂固的专制集权传统和民族文化浓厚的东

① 《斯大林选集》，下卷，429页。

② 同上书，424页。

正教宗教色彩。俄罗斯国情的这些特点，首先直接影响了俄国的科学社会主义运动，然后以此为中介，影响了马克思主义哲学在俄国的发展。

俄国社会的落后，一方面如前所述，表现为物质生产力远未达到发动社会主义革命所需的高度，另一个方面表现为缺少成熟的无产阶级。马克思恩格斯设想的社会主义是在资本主义高度发展的基础上建成的，那里既有发达的生产力，也有比较完善的资产阶级民主制度。更重要的是，那里有有文化、有觉悟的人——成熟的工人阶级。正因为如此，马克思主义才提出社会主义革命是无产阶级自己解放自己的事业，国际歌才唱道“从来就没有救世主，也不靠神仙皇帝，要创造人类的幸福，全靠我们自己”。没有经过工业文明洗礼的俄国，无产阶级只占人口的少数，它的同盟军，人数众多的农民，按列宁的说法属于“小生产者”，其自发倾向是走资本主义道路，而且不论是工人还是农民，都处于没有文化的文盲、半文盲状态。这样的人根本不可能产生、理解马克思主义理论。

这种情况决定了俄国的社会主义革命只能走“跨越式”的道路，越过资本主义的卡夫丁峡谷，由军事封建帝国直接向社会主义过渡。这使得少数先进知识分子成为整个社会前进的领路人。他们肩负向广大群众灌输马克思主义理论的历史重任，还必须在每一个重要的历史关头为全社会指明前进的道路。

阶级斗争激烈，革命一触即发，俄国国情的这一特点也深刻影响了俄国的社会主义革命。

从理论上看，任何社会主义理论都必定具有意识形态先行的特点。就是说，不是先有社会主义制度，起码是先有社会主义性质的生产关系、生产方式，然后形成反映这一生产关系和生产方式的社会主义意识形态，而是相反，先有社会主义的意识形态，也即关于社会主义制度的设想，然后才在这一设想的指导下发动社会主义革命，人为地建立社会主义制度。这是因为，社会主义革命与以往的社会革命不同，它不是不同私有制形式的更迭，而是用生产资料公有制取代私有制，而剥削者不会自动放弃手中的私有财产，社会主义经济基础不可能在资本主义社会内自发出现。因此不首先进行社会主义宣传，就不可能发动革命，夺取政权，对社会进行社会主义改造。马克思和恩格斯在《共产党宣言》中说，共产主义革命的第一步是工人阶级夺取政权，成为统治阶级，然后利用手中的政权剥夺剥夺者，自觉地建立生产资料公有制，改造旧社会。① 列宁说：“社会主义革命和资产阶级革命的区别就在于：在资产阶级革命时已经存在资本主义关系的现成形式，而苏维埃政权，即无产阶级政权，却没有这样现成的关系，……组织计算，监督各大企业，把全部国家经济机构变成一架大机器，变成一个使亿万人都遵照一个计划工作的经济机体，——这就是落在我们肩上的巨大组织任务。”② 斯大林讲得更明确：“苏维埃政权必须在所谓‘空地上’创造新的社会主义的经济形式”③。

这表明，意识形态先行，即先有社会主义蓝图，后有社会主义制度，是社会主义事

① 参见《马克思恩格斯选集》，2版，第1卷，293～294页。
② 《列宁选集》，3版，第3卷，437页。
③ 《斯大林选集》，下卷，542～543页。

业的特点。不论空想社会主义还是科学社会主义，都是如此。它们的区别只在于，科学社会主义的蓝图以及把它变为现实的途径，不是出于对资本主义社会不人道现实的义愤，而是建立在对社会发展规律的科学认识和无产阶级革命斗争的基础之上。发动社会主义革命的国家越落后，进行社会主义革命和建设的道路就越漫长，过程就越曲折，遇到的阻力就越大，斗争就越是复杂激烈，也就越需要革命者发挥主观能动性和战斗性。阶级斗争激烈本来就是俄国的突出特点，上述情况使得俄国的社会主义革命和建设对阶级斗争更加依赖。

俄国在政治上的专制传统同样对俄国的社会主义事业产生了重大影响。

在历史上，俄罗斯人的先民在基辅罗斯建立的就是封建专制制度。经过蒙古人近两个半世纪的统治，俄国社会具有了更多的东方特色，专制制度进一步完善巩固。封建专制制度在俄罗斯一直延续到 1917 年，它已被多数俄罗斯民众特别是广大农民所接受，社会民主只是少数进步知识分子的奢望。社会主义民主的建立是一场铲除愚昧的艰苦斗争，是向俄国传统宣战。这将是一个复杂的长期的过程。这一任务一日没有完成，社会主义民主就一日不能最终确立。列宁崇尚马克思所歌颂的“巴黎公社式的民主”，但在十月革命后，他从“战时共产主义”政策的负面结果和官僚主义屡禁不绝的趋势中已经看到了在俄国建设社会主义民主的艰难，所以在晚年一再强调要发动一场文化革命，使工人农民学习文化，接受教育，获得享受民主所必需的文化素质。人的改造不可能一蹴而就。斯大林领导建成的只能是一种高度集中的制度，一切权力集中在代表人民意愿和利益的共产党的手里，集中在党的个别领袖手里，由共产党领导人民创造条件，最终实现马克思恩格斯所设想的社会主义、共产主义。

最后再看俄罗斯传统文化对俄国革命的影响。

俄国不仅在物质生产和社会发展方面落在先进资本主义国家的后面，而且它的传统文化没有经历过西欧国家那样的文艺复兴、宗教改革和启蒙运动，因而没有受到人道主义和科学理性的洗礼，同样落后。这是东方落后国家的共同特点。

在 18 世纪初彼得大帝改革以前，俄罗斯几乎完全没有不渗透东正教影响的世俗文化存在。彼得改革以后东正教文化受到冲击，但变化主要限于社会的上层，主要是少数知识分子。占人口大多数的农民，笃信东正教，生活于农民村社之中，直到 1917 年，没有大的变化，成为东正教和东正教文化的稳固基础。俄罗斯文化的东正教色彩十分鲜明。即使是对现实生活持批判态度的知识分子，思想也渗透着宗教精神。对俄罗斯产生巨大影响的陀思妥耶夫斯基和托尔斯泰的文学作品，在对现实生活作出深刻分析批判之后，总是把回归基督教作为唯一的光明之路。至于 19 世纪末 20 世纪初首次出现的俄罗斯本土哲学，更是以东正教宗教哲学的形式流行于世。别尔嘉耶夫这样说：“俄罗斯人民，从自己的类型和心灵结构上讲，是信仰宗教的人民，即使是不信教的人也有宗教性的烦扰，俄罗斯的无神论、虚无主义、唯物主义，都有宗教色彩。劳动阶层中的俄罗斯人，即使他离开了东正教，也仍在寻找神和神的真理，寻找生命的意义。……甚至那些不信仰东正教并且迫害东正教教会的人，在其灵魂深处仍有由东正教形成的一层内容。”①

---

① Бердяев Н. А. Русская идея // Вопрсы философии，1992，№2.

落后的东正教文化对俄罗斯的社会产生了巨大影响。由于农民笃信东正教并对沙皇充满崇拜之心，民粹派知识分子“到民间去”发动农民反对沙皇的封建统治的努力很快失败。鉴于民粹派的教训，普列汉诺夫把目光转向马克思主义，按照唯物史观的原则，主张在俄国首先发展资本主义，然后再发动社会主义革命。但在实践中得到人民拥护并取得胜利的，不是他，而是列宁。列宁主张在落后的俄国通过阶级斗争立即建设社会主义，虽然与历史唯物主义的已有结论不大相符，但却符合俄国阶级斗争白热化这一客观实际，符合俄国民众的宗教心理。俄国人信仰耶稣基督，向往基督教描绘的遥远但美好的“天堂”，习惯于为宗教教义自我奉献。这种心理很容易转化为为社会主义、共产主义献身的革命热情。社会主义首先在不具备客观条件的俄国取得成功，这是重要原因之一。

十月革命后，俄国民众的宗教心理导致把革命领袖，先是列宁，然后是斯大林神化。按照马克思恩格斯的设想，社会主义实行无产阶级专政和计划经济。在俄国，这一思想再加上对斯大林的个人崇拜，俄国先进知识分子肩负的教化民众、引领社会的使命，以及俄国缺少社会民主的传统，使得苏联在20世纪30年代建成的只能是高度集中的社会主义制度。

综上所述，列宁主义的出现，十月革命的成功，斯大林模式社会主义的建成，是马克思主义在俄国的胜利，也是马克思主义与俄国实际相结合的产物，是俄国人立足本国实际对马克思主义的自觉选择。俄国的实际国情，使广大人民在恪守历史唯物主义基本原理主张先创造条件后发动革命夺取政权的普列汉诺夫与主张先发动革命夺取政权后创造条件的列宁之间，选择了列宁；在列宁向往的以充分发扬党内民主、工农群众享有民主权利的无产阶级专政为基础的社会主义制度与斯大林高度集中的社会主义模式之间，选择了斯大林的模式。

有什么样的国情，就有什么样的社会主义事业；有什么样的社会主义事业，就有什么样的马克思主义哲学。

苏联哲学成为社会主义事业的一条战线，把为政治服务作为自己的使命，一方面与激烈的阶级斗争有关，另一方面是因为苏联建成的社会主义制度以高度集中为特点。苏联哲学特别强调世界的客观性、必然性、可知性，因为只有这样人们在落后的俄国才能对本来不具备客观条件的社会主义未来充满信心，才能使布尔什维克指出的革命道路以及党和政府提出的方针政策的科学性得到证明。当斯大林说“社会科学能够成为例如同生物学一样的精密的科学，能够拿社会发展规律来实际应用”时，所指的正是这种情况。苏联哲学强调矛盾的斗争性，是因为，如前所述，在落后的俄国进行社会主义革命和建设，必须极大地发挥马克思主义者的主观能动性，每前进一步都必须经过激烈的斗争。

从总体上看，俄国的实际国情以及由此决定的俄国革命的特殊需要，使俄国的马克思主义者在马克思恩格斯丰富的哲学遗产中，看到的主要是恩格斯，而不是马克思；是《共产党宣言》和《资本论》中的马克思，而不是《1844年经济学哲学手稿》中的马克思；是辩证唯物主义和历史唯物主义，而不是实践唯物主义；是科学理性，而不是人道主义。由此形成了特色鲜明的苏联哲学。

第五章

马克思主义哲学在东方国家的发展（二）

——马克思主义哲学在中国的传播及毛泽东的哲学思想

毛泽东曾经说："中国有许多事情和十月革命以前的俄国相同，或者近似。封建主义的压迫，这是相同的。经济和文化落后，这是近似的。两个国家都落后，中国则更落后。先进的人们，为了使国家复兴，不惜艰苦奋斗，寻找革命真理，这是相同的。……中国人找到马克思主义，是经过俄国人介绍的。在十月革命以前，中国人不但不知道列宁、斯大林，也不知道马克思、恩格斯。十月革命一声炮响，给我们送来了马克思列宁主义。十月革命帮助了全世界的也帮助了中国的先进分子，用无产阶级的宇宙观作为观察国家命运的工具，重新考虑自己的问题。走俄国人的路——这就是结论。"① 这是对马克思主义哲学在中国传播发展大背景的很好说明。

前一章曾以俄国为例分析了东方国家的特点，指出阶级斗争激烈、革命条件成熟和社会发展落后是19世纪后半叶和20世纪初俄国的，也是东方国家的基本情况，由此决定了俄国马克思主义者特殊的实践任务和革命道路，进而使苏联的马克思主义哲学特别强调世界的客观性、必然性和可知性，强调矛盾的斗争性和阶级斗争的重要意义。与地处东西方之间的俄罗斯相比，中国的东方色彩更为鲜明，可以说，中国是最典型的东方国家，阶级斗争的激烈和社会发展的落后远远超过了俄国。在一个很长的时期，中国人接受的实际上是经过俄国人消化以后的马克思主义，是列宁主

① 《毛泽东著作选读》，下册，675～677页，北京，人民出版社，1986。

义；中国人接受的马克思主义哲学，实际上就是苏联哲学。但是，中国革命的具体情况毕竟与俄国不同，特别是中国的传统文化与俄国文化迥然有别，这使得中国化的马克思主义哲学，其代表是毛泽东的哲学思想，具有更为明显的东方色彩，是中国化了的马克思主义哲学。

还应该指出，毛泽东的哲学思想与毛泽东哲学思想是有重要区别的。前者是毛泽东个人的思想，后者是全体中国共产党人和马克思主义者哲学探索的结晶。但是，由于自20世纪30年代起毛泽东就成为中国共产党公认的领袖，新中国成立以后又逐步形成对毛泽东的个人崇拜，因此毛泽东个人的哲学思想事实上在中国马克思主义哲学的形成发展中起着决定性的作用，是它的代表。出于以上考虑，本章在中国马克思主义哲学的形成发展中，着重考察的是毛泽东的哲学思想，对共产党的其他领袖和学术界的马克思主义者所做的工作，基本没有涉及。

第一节　马克思主义哲学在中国的传播

马克思主义哲学在中国的传播主要始于新文化运动，在时间上，它可以包括从马克思主义最初传入到1927年。在这一时期，马克思主义在经历了激烈的理论斗争之后，被越来越多的进步人士所接受，中国共产党人开始尝试用它来指导自己的革命实践。这是中国人学习、领会、接受马克思主义的时期。

一　近代中国社会与新文化运动

五四新文化运动是近代中国社会变化发展合乎逻辑的产物。

一部中国近代史（1840—1919），就是中华民族寻求民族自救和变革社会以图自强的历史。1840年第一次鸦片战争以前，中国是一个封闭的东方封建大国。英国侵略者的大炮粉碎了清朝政府的闭关锁国政策，也唤起了中国人的民族自救意识。社会动荡，人心思变，先进的中国人开始寻求救亡图存的道路，腐朽的清朝政府开始受到一浪又一浪的冲击。

关于从鸦片战争到辛亥革命这一时期中国人寻求变革自强道路的历程，冯友兰先生有一个概括。他说：

> 第一次鸦片战争以后，当时的进步人物都承认必须“以夷为师”。“师夷之长技以制夷”，就是说，要向西方学习，学习西方的长处，以抵制西方。但是，什么是西方的长处，各个时期的人有深浅程度不同的认识。首先有人认为，要学习西方的兵器；其次有人认为，要学习西方的宗教（太平天国）；再有人认为，要学习西方的工业（洋务派）；也有人认为，要学习西方的政治（戊戌维新派）。旧民主主义革命家提出要进行全面的革命，更全面地向西方学习，但没有成功。①

① 冯友兰：《中国现代哲学史》，44～45页，广州，广东人民出版社，1999。

太平天国算不算进步运动，对此今天的学术界有很大分歧，但指出鸦片战争之后中国社会不得不向西方学习，学习中经历了由武器到工业，再到政治制度，这样一个不断深入的过程，这是完全正确的。这不仅是冯先生的看法，也是学术界的共识。

落后就要挨打。鸦片战争的失败使中国人领略到西方“洋枪洋炮”的厉害，于是人们想把它们拿过来，为自己所用。但很快发现，最重要的不是购买西方的枪炮，而是学习西方人制造枪炮的工业，于是有了洋务运动。中日甲午海战，中国的战舰枪炮甚至还优于日本，但战争还是失败了。一些先进的中国人由此痛感政治上的腐朽才是中国落后的真正原因，于是出现了戊戌变法。然而光绪皇帝领导的变法维新也失败了，于是产生了 1911 年的辛亥革命。辛亥革命打倒了封建皇帝，可国家很快陷入军阀割据的混乱并上演了袁世凯称帝的闹剧。到这时，一些受到西方文化影响的中国人进而认识到，最重要的武器，不是一般的器物，也不是制度，而是人，是人的文化。正是在这样的背景下，产生了深刻影响 20 世纪中国历史的五四新文化运动。

五四新文化运动是鸦片战争后中国社会发展的必然产物，是进步的中国人寻求民族自强之路的新的阶段。

新文化是针对中国以儒学为核心的封建文化而言的，其要点是民主与科学，所谓“德先生”和“赛先生”。民主和科学是近代以来西方文化的核心，在中国提倡民主与科学，就是要以西方文化改造中国人。孙中山认为这是中国革命中最重要的事情。他说：“吾党欲收革命之成功，必有赖于思想之变化，兵法‘攻心’，语曰‘革心’，皆此之故。故此种新文化运动，实为最有价值之事。”[①] 冯友兰指出，这是中国人向西方学习的最后、最重要的阶段；所谓“民主，并不专指一种社会制度，而是一种人生态度和人与人的关系；科学，并不是指一种学问，而是一种思想方法。新文化运动讲到这里，可以说是把西方的长处认识透了，把向西方学习说到家了。它所要求的实际上是一种比较彻底的思想改造，要求人们把封建主义世界观和人生观改变为资产阶级的世界观和人生观，这就是所谓‘攻心’和‘革心’的真实意义”[②]。

新文化运动的主要力量是一批海外留学回国的知识分子，它的兴起，关键人物是蔡元培。蔡元培于 1892 年中进士，曾任翰林院庶吉事，翰林院修编，绍兴中西学堂总理，北京译学馆教习等职；1907 年留学德国，1911 年回国，次年任中华民国政府教育总长；后再赴德法等国学习考察；1917 年就任北京大学校长。

北京大学是当时中国的最高学府，在全国思想文化界有很大影响。蔡元培实行“讲学自由”、“兼容并包”的方针，上任后首先聘任陈独秀为文科学长，把当时有名望但观点并不相同的一批学者聚集在北大。此举使本来是死气沉沉的“官僚养成所”的北大，变为生龙活虎的近代大学。学校风气大变，教师学生思想活跃，积极向上；各种思想纷纷登上讲台，各种刊物相继问世。曾经留学日本的陈独秀于 1915 年 9 月在上海创办《青年杂志》，最早举起了科学、民主的大旗。陈独秀到北大后，《青年杂志》更名为《新青年》改在北京出版，成为新文化运动的一面旗帜。

---

① 《孙中山选集》，上卷，429 页，北京，人民出版社，1956。

② 冯友兰：《中国现代哲学史》，45 页。

北京大学的变化很快影响到全国。提倡白话文、“打倒孔家店”、宣传科学和民主，在全国蔚然成风。思想界热气腾腾，新旧思想的交流冲突遍及全国，深入到生活的各个方面。一场全国性的新文化运动由此形成，中国历史上一次重要的文化高潮已经到来，“百家争鸣”的大好局面在全国出现。

新文化运动的高潮是1919年的五四运动。五四运动是一场反帝反封建的爱国运动，它既是新文化运动的产物，又使新文化运动得到进一步的深入和发展。除此而外，它还是中国社会发展到一个新的阶段的标志。毛泽东在1939年说：“二十年前的五四运动，表现中国反帝反封建的资产阶级民主革命已经发展到了一个新阶段。五四运动的成为文化革新运动，不过是中国反帝反封建的资产阶级民主革命的一种表现形式。由于那个时期新的社会力量的生长和发展，使中国反帝反封建的资产阶级民主革命出现一个壮大了的阵营，这就是中国的工人阶级、学生群众和新兴的民族资产阶级所组成的阵营。”①

毛泽东是着重从社会革命的角度讲的，他指出了当时中国社会的一个重大变化，即革命队伍中已经出现了新的社会力量——工人阶级和民族资产阶级，旧民主主义革命转化为新民主主义革命。这一变化是1840年以来中国社会变革的产物，主要是在洋务运动中出现的中国民族工业发展所致。在第一次世界大战时期，中国的民族工业迅速发展，工人阶级很快壮大。据统计，1913年到1919年，产业工人的数量由120万增加到200万左右；1912年到1919年，工人举行罢工斗争130次，数量超过此前70年的总和。② 中国社会的这种变化为马克思主义的传播提供了基础。五四运动是一场轰轰烈烈的思想解放运动，百花齐放，百家争鸣，国外的新思想大量涌入，各种思想展开激烈的斗争。马克思主义就是在这样的背景下作为一种西方的进步思想在中国得到传播的。

二 李大钊、陈独秀

马克思恩格斯的名字早在1899年就开始出现在中国的出版物中，但马克思主义在中国的真正传播，是在俄国的十月革命之后。

正当来自国外的各种新思想纷纷登场，新旧思想激烈冲突，新文化运动方兴未艾之际，中国的近邻俄罗斯爆发了十月革命，并在列宁的领导下取得胜利，建立了崭新的社会主义国家。十月革命的胜利使中国人受到巨大的震动，中国人从中看到了新的希望。毛泽东说：“俄国人举行了十月革命，创立了世界上第一个社会主义国家。过去蕴藏在地下为外国人所看不见的伟大的俄国无产阶级和劳动人民的革命精力，在列宁、斯大林领导之下，像火山一样突然爆发出来了，中国人和全人类对俄国人都另眼相看了。”③ 十月革命令中国人耳目一新深受震动。原因是，它不是封建营垒内部的改良，也不是先进国家那样的资产阶级革命，而是在与中国有诸多相似之处的俄国发生的占人口绝大多数的工人农民的革命。

中俄两个国情的相似使中国人对十月革命产生极大的兴趣。鸦片战争以来中国人一

① 《毛泽东选集》，合订本，558页，北京，人民出版社，1968。

② 参见黄楠森等：《马克思主义哲学史》，下册，6页。

③ 《毛泽东选集》，合订本，1470页。

次次革新图存的努力都没有成功。中国向何处去？中国人开始认真研究和思考俄国的经验。如毛泽东所说："走俄国人的路——这就是结论。"民主革命的伟大先行者孙中山先生也提出"以俄为师"的口号。俄国人的路，是在马克思主义指导下发动工农革命改造国家之路，学习俄国的经验，就是接受俄国化了的马克思主义——列宁主义。马克思主义哲学在中国的迅速传播，以此为开端。

在这一时期积极宣传十月革命的人中，最有代表性的，是李大钊和陈独秀。他们是新文化运动左翼的主将。

李大钊（1889—1927）字守常，河北人。出身贫苦，1907 年进入北洋政法专门学校，1913 年赴日本留学，1916 年回国，先后任《晨钟报》和《甲寅》月刊编辑。1918 年应蔡元培之邀任北京大学图书馆馆长，由此参加《新青年》杂志编辑部，并与陈独秀等人创办《每周评论》，成为新文化运动的主要领导人之一。早在日本留学期间，李大钊便开始接触马克思主义，1920 年在北京组织马克思学说研究会，成立共产主义小组，中国共产党成立后曾任北方区党委总负责人，1927 年被军阀张作霖杀害。

陈独秀（1879—1942），字仲甫，安徽人。17 岁中秀才，1902 年去日本留学，中间几次回国，1915 年离开日本回上海创办《新青年》的前身《青年杂志》。1917 年受蔡元培的邀请任北大文科学长。1921 年中国共产党成立，被选为中央局书记。大革命失败后被撤销中央领导职务，1929 年被开除出党，1942 年于贫病之中在四川江津去世。

陈独秀是新文化运动左翼的主要代表。他撰文对新文化运动的历史根源和奋斗目标做了深入论述，最早打出民主、科学两面大旗，他所主办的《新青年》是新文化运动的指导性刊物，影响了一代进步青年的成长。在思想上，陈独秀原是资产阶级民主主义者，五四前后开始表示拥护十月革命，接受马克思主义。此后一方面积极发起和参与中国共产党的组建活动，另一方面发表了大量的著作、演讲，宣传马克思主义，成为当时著名的马克思主义者。

马克思主义是当时进入中国的西方进步思想中的一种，李大钊和陈独秀对它的热情宣传，是新文化运动中的重要转折。新文化运动是鸦片战争以来中国人为寻求强国之路所作努力的进一步发展，是辛亥革命精神在思想文化领域的深入，矛头直指中国根深蒂固的封建传统。马克思主义在中国的传播，表明新文化运动中出现了不仅把封建主义作为对象，而且把当时多数人热衷的西方资产阶级文化和资本主义制度也作为批判对象的新方向，中国革命找到了新的依靠对象——工农大众，旧民主主义革命开始转为新民主主义革命，社会主义革命在中国拉开序幕。

马克思主义在中国的真正传播始于十月革命，李大钊是十月革命的热情歌颂者。

李大钊一向关注俄国的动态。1917 年俄国发生二月革命，李大钊立即向中国读者作了介绍，抨击专制主义，宣传民主自由。十月革命胜利后，他在 1918 年 11 月 15 日北京大学为庆祝第一次世界大战以协约国的胜利而告结束在天安门前举行的大会上，发表了题为《庶民的胜利》的著名演说，紧接着又写了《Bolshevism 的胜利》一文，讴歌十月革命。他说：胜利了！胜利了！究竟是谁的胜利？这回战胜的不是联合国的武力，不是哪一国的军阀或资本家政府，胜利的是全世界的庶民。这"是民主主义的胜利，是

bolshevism 的胜利，是赤旗的胜利，是世界劳工阶级的胜利，是二十世纪新潮流的胜利”[①]。他把十月革命比喻为“使天下惊秋的一片桐叶”，指出：“二十世纪的群众运动……集中而成一种伟大不可抗的社会力。这种世界的社会力，在人间一有动荡，世界各处都有风靡云涌、山鸣谷应的样子。在这世界的群众运动中间，历史上残余的东西，什么皇帝咧，贵族咧，军阀咧，官僚咧，军国主义咧，资本主义咧，——凡可以阻障这新运动的进路的，必挟雷霆万钧的力量摧拉它们。他们遇见这种不可挡的潮流，都像枯黄的树叶遇见凛冽的秋风一般，一个一个的飞落在地。由今以后，到处所见的，都是 bolshevism 战胜的旗。到处所闻的，都是 bolshevism 的凯歌的声。人道的警钟响了！自由的曙光现了！试看将来的环球，必是赤旗的世界！”[②]

在讴歌十月革命以及 bolshevism，也即列宁主义的同时，李大钊和陈独秀，主要是李大钊，热情宣传马克思主义哲学，为此写了大量的文章。当时积极宣传马克思主义哲学的，除李大钊、陈独秀外，还有李达、陈博贤[③]、瞿秋白等人，甚至日后沦为反动分子的胡汉民也积极参与其中。五四前后，新刊物如雨后春笋，一年之中出版 400 多种。它们都在议论社会主义，议论俄国革命，议论马克思主义，有的还明确接受了马克思主义。[④] 以中文出版或在报刊上译载的马克思主义经典著作有：《雇佣劳动与资本》、《共产党宣言》、《〈政治经济学批判〉序言》、《社会主义从空想到科学的发展》、《反杜林论》（节译）以及列宁的《国家与革命》、《无产阶级专政时代的经济与政治》、《苏维埃政权当前的任务》，等等。其中最重要的，是陈望道于 1920 年 8 月出版的中文全译本《共产党宣言》，大量进步青年通过阅读它而转向了马克思主义。

当时的中国，寻找社会出路是迫切需要，人们所积极宣传的，主要是历史唯物主义，而且实际上只是历史唯物主义最基本的原理。例如李大钊在《新纪元》一文中说：“马克思的唯物史观有二要点：其一是关于人类文化的经验的说明；其二即社会组织进化论。其一是说人类社会生产关系的总和，构成社会经济的构造。这是社会的基础构造。一切社会上政治的、法制的、伦理的、哲学的，简单说，凡是精神上的构造，都是随着经济的构造变化而变化。……其二是说生产力与社会组织有密切的关系。生产力一有变动，社会组织必须随着他变动。社会组织即社会关系，也是与布帛菽粟一样，是人类依生产力产出的产物。……可是这个生产力，非到在它所活动的社会组织里发展到无可再容的程度，那社会组织是万万不能打破。而这在旧社会组织内，长成他那生存条件的新社会组织，非到自然脱离母胎，有了独立生存的运命，也是万万不能发生。恰如孵卵的情形一样，人为的助长，打破卵壳的行动，是万万无效的，是万万不可能的。以上是马克思独特的唯物史观。”[⑤]

五四前后是马克思主义哲学在中国的启蒙时期。

---

① 《李大钊文集》，第 2 卷，242 页，北京，人民出版社，1994。

② 同上书，246 页。

③ 五四时期北京《晨报》记者，1919 年初开始宣传马克思主义哲学，曾翻译发表河上肇的名著《马克思的唯物史观》等。

④ 参见胡绳：《从鸦片战争到五四运动》，下册，964 页，北京，人民出版社，1981。

⑤ 《李大钊文集》，第 3 卷，27～28 页。

三　五四时期围绕马克思主义的三次论战

参加新文化运动的人，在反封建这一点上是共同的，但他们的阶级地位不同，因而在用什么思想来反对封建主义以及中国向何处去的问题上，始终存在分歧。思想斗争，因此不可避免。在五四后的最初几年，马克思主义哲学经历了三次思想论战。

首先是关于“问题与主义”的论战。

论战的挑起者是胡适。胡适 1910 年留学美国，接受了美国的实用主义哲学，1917 年回国后，任北京大学教授。胡适早在美国时便参加新文化运动，回国后成为新文化运动右翼的主要代表。1919 年 7 月，胡适在《每周评论》上发表《多研究些问题，少谈些“主义”》一文。文章针对各种主义在中国的流行，提出：“我因为深觉得高谈主义的危险，所以我现在奉劝新舆论界的同志道：‘请你们多提出一些问题，少谈一些纸上的主义。’”① 文章一出，立即引起反驳，“问题与主义”的论战，由此开始。

胡适的主要理由是：第一，空谈好听的“主义”是极容易的事，是阿猫、阿狗都能做的事，是鹦鹉和留声机都能做的事。第二，空谈外来进口的“主义”是没有什么用处的。我们应该实地研究我们现在的社会需要，高谈“主义”有如医生记得许多汤头歌诀，不去研究病人的症候，如何能有用呢？第三，偏向纸上的“主义”是很危险的。胡适主张研究各种具体的问题。他说：从人力车夫的生计问题，到大总统的权限问题；从卖淫问题到卖官卖国问题；从解散安福部问题到加入国际联盟问题；从女子解放问题到男子解放问题……哪一个不是火烧眉毛紧急问题？我们不去研究人力车夫的生计，却去高谈社会主义……老实说吧，这是自欺欺人的梦话，是中国思想界破产的铁证，是中国社会改良的死刑宣告。②

胡适的主张，在政治上是针对马克思主义的。他自称，之所以发起“问题与主义”之争，是因为：“国内的新分子闭口不谈具体的政治问题，却高谈什么无政府主义、马克思主义，我看不过了，忍不住了。”③ 他还说：“被孔丘、朱熹牵着鼻子走，固然不算高明；被马克思、列宁、斯大林牵着鼻子走，也算不得好汉。”④ 在哲学上看，胡适是在宣传他所信奉的实用主义。他说：

> 凡是有价值的思想，都是从这个那个具体问题下手的。先研究了问题的种种方面的种种的事实，看看究竟病在何处，这是思想的第一步工夫。然后根据于一生经验学问，提出种种解决的方法，提出种种医病的丹方，这是思想的第二步工夫。然后用一生的经验学问，加上想像的能力，推想每一种假定的解决法，该有什么样的效果，推想这种效果是否真能解决眼前这个困难问题。推想的结果，拣定一种假定的解决，认为我的主张，这是思想的第三步工夫。凡是有价值的主张，都是经过这三步工夫来的。不如此，不算舆论家，只可算是抄书手。⑤

---

①② 参见胡适：《多研究些问题，少谈些“主义”》，载《每周评论》(31)，1919-07-20。

③ 《胡适文存》，第 2 集，第 3 卷，96 页。

④ 《胡适论学近著》，第 1 集，654 页，上海，商务印书馆，1935。

⑤ 《胡适论争集》，中卷，966 页，北京，中国社会科学出版社，1998。

胡适的文章一出，立即遭到反驳。[①] 李大钊在8月17日《每周评论》第35号发表《再论问题与主义》。文章强调“问题”与“主义”不可偏废：

> 我觉得“问题”与“主义”，有不能十分分离的关系。因为一个社会问题的解决，必须靠着社会上多数人共同的运动。那么我们要想解决一个问题，应该设法使他成了社会上多数人共同的问题。要想使一个社会问题，成了社会上多数人共同的问题，应该使这社会上可以共同解决这个那个社会问题的多数人，先有一个共同趋向的理想、主义，作为他们实验自己生活上满意不满意的尺度（即是一种工具）。那共同感觉生活上不满意的事实，才能一个一个的成了社会问题，才有解决的希望。不然，你尽管研究你的社会问题，社会上多数人，却一点不生关系。那个社会问题，是仍然永没有解决的希望；那个社会问题的研究，也仍然是不能影响于实际。所以我们的社会运动，一方面固然要研究实际的问题，一方面也要宣传理想的主义。这是交相为用的，这是并行不悖的。[②]

李大钊的论述远比胡适全面。它充分肯定理论的指导作用，包含了对实用主义哲学的深刻批判。

针对李大钊的文章，胡适又发表《三论问题与主义》、《四论问题与主义》。论战不仅见诸报章杂志，在许多进步团体内部也在进行。论战的热潮在1919年，到1921年基本结束。

其次是关于社会主义的争论。

1920年10月，罗素来华讲学。他鼓吹社会改良，认为中国的当务之急是发展实业，兴办教育。11月6日，曾陪同罗素到湖南讲演的张东荪发表《由内地旅行而得之又一教训》一文，赞赏罗素的观点，由此挑起一场关于社会主义的论争。论争中，一方以张东荪、梁启超为代表，另一方的代表是李大钊、陈独秀、李达等。

论战的双方都认为社会主义取代资本主义是历史的必然，分歧在于是坚持马克思主义的科学社会主义，即主张社会革命，还是主张改良主义的社会主义。

张东荪等人认为，第一，中国经济太落后，完全不具备实行社会主义的条件。要搞社会主义，必先发展实业，要发展实业，必先实行资本主义。1921年2月梁启超在《改造》杂志第3卷第6号上发表《复张东荪书论社会主义运动》。文章说：实行社会主义，“必先以国内有许多现成之生产机关为前提”，而“今日之中国，生产事业，一无所有，虽欲交劳动者管理，试问将何物交去?”第二，中国没有实行社会主义的阶级基础。梁启超在上述文章中明确说：“吾以为社会主义所以不能实现于今日之中国者，其总原因在于无劳动阶级。”中国的出路何在？中国必须先发展资本主义，然后再搞社会主义。梁启超说：“资本主义发生，则劳动阶级亦成立，然后社会主义运动乃有所凭借。”

李达、李大钊、陈独秀、蔡和森，以及其他一些接受和同情共产主义的人，对张东荪、梁启超等人的言论进行了深入的批判。他们指出，社会主义和资本主义都主张增加富力开发实业，所不同只在于用什么方法去增加富力和开发实业，张、梁不过是在“提

---

① 如蓝公武1919年8月3日在《每周评论》第33期上发表的《问题与主义》一文。
② 《李大钊文集》，下卷，32页，北京，人民出版社，1984。

倡资本主义，反对社会主义”①。“中国不欲振兴实业则已，如欲振兴实业，非先实行社会主义不可”②。他们还指出：中国并非没有劳动阶级，只是没有组织罢了；社会主义取代资本主义已经是世界潮流，中国虽然没有西方国家那样发达的生产和无产阶级的阶级斗争，但“中国人民在世界经济上的地位，已立在这劳工运动日盛一日的风潮中，想行保护资本家的制度，无论理所不可，抑且势所不能”③。

最后是关于无政府主义的论争。

早在20世纪初，无政府主义便已传入中国，到五四前后，有了相当大的发展。1919年，无政府主义者向马克思主义发起攻击。他们系统地宣传无政府主义理论，鼓吹个人的绝对自由，明确反对阶级斗争和无产阶级专政，指责俄国的无产阶级专政是独裁，是专制。陈独秀、李达、李大钊等一批接受了马克思主义的知识分子立即予以反驳。

陈独秀、李达等人指出，世界上根本不可能有什么个人的绝对自由，个人与社会、自由与秩序是不可分的。他们还指出，强权未必可恶，如果它被用来维护压迫者、无道者，自然可恶，但如果它被用来救护弱者与正义，排除强者与无道，就不见得可恶，如果被用来推翻资本家的专政，它就更好了。李达进而提出，要推倒资本主义，必须进行阶级斗争，无产阶级必须用革命的手段使自己成为统治阶级。蔡和森强调，没有无产阶级专政，就不能保护革命，不能防止反革命和资产阶级复辟，革命将一无所成。

上述三次论争在时间上相互交叉，是新文化运动中左右两翼之间的激烈思想斗争。在对实用主义、改良主义和无政府主义的驳斥中，马克思主义为越来越多的人所认识，得到迅速传播。1921年中国共产党成立，马克思主义已经不仅仅是兴起于中国的一种理论思潮，而成为革命实践的指导，新文化运动也就此告一段落。

历史翻开了新的一页。

四　中国共产党对马克思主义哲学的深入宣传

中国共产党成立以后，立即着力宣传马克思主义。1921年9月，共产党建立了专门宣传马克思主义的出版机构——人民出版社，拟定了庞大的出版计划。计有马克思全书15种，列宁全书14种，共产主义全书11种。其中包括《神圣家族》、《哲学的贫困》、《共产党宣言》、《法兰西内战》、《国家与革命》等。不到一年，上述三类著作有12种问世。这时，讨论马克思主义几乎成为时髦，商务印书馆也开始出版马克思、考茨基以及李大钊的著作。

在这一时期，许多进步报刊也积极发表马克思、列宁、普列汉诺夫等人以及中国马克思主义者的著作。这些报刊有：《新青年》（1923年成为中国共产党的理论机关刊物）、《向导》、《前锋》、《政治生活》、《先驱》、《中国青年》、《今日》等杂志，以及国民党的机关报《民国日报》、《晨报》副刊等报纸。所发表的有关著作有：马克思的《哥达

① 《李达文集》，第1卷，58页，北京，人民出版社，1980。

② 《李大钊文集》，下卷，446页。

③ 同上书，454～455页。

纲领批判》，恩格斯的《家庭、私有制和国家的起源》（第一、五、六、九章）及《空想及科学的社会主义》，列宁的《帝国主义》、《马克思政治学》（即《国家与革命》）、《共产主义与社会的进化》，普列汉诺夫的《辩证法与逻辑》，阿多那斯基的《马克思主义辩证法的几个规律》，以及考茨基的《改良与革命》及《伦理与唯物史观》，河上肇的《资本制度解说》，李大钊的《社会主义释疑》、《社会主义下的经济组织》，等等。1924 年《中国青年》第 4 期还刊登《一个马克思学说的书目》，共列译著 16 种，《陈独秀讲演录》被列为书目的第一本。

中国共产党人自己撰写的马克思主义哲学著作也大量问世。1924 年商务印书馆出版了李大钊的《史学要论》，该书论述了唯物史观对中国革命和史学研究的指导作用，并用它对历史发展的规律与特点作了说明。1923 年至 1924 年，瞿秋白发表了《社会哲学概论》、《现代社会学》以及《社会科学概论》，首次介绍了辩证唯物主义，用唯物史观解释了政治、经济、法律、道德、宗教、风俗、艺术、哲学、科学等"社会现象"及其联系。1926 年李达出版《现代社会学》一书，对唯物史观的基本原理做了全面的阐述，到 1933 年，共印行 14 版。

更值得注意的是，这一时期对马克思主义的宣传已经不再局限于出版物，开始深入到工人、农民和青年学生中间。1921 年 8 月，毛泽东在长沙主办湖南自修大学；10 月，陈独秀、李达在上海创办平民女校；1924 年，农民运动讲习所在广州举办（1927 年春迁往武汉）。此外一些共产党人深入工厂、矿山发动工人运动，积极宣传马克思主义。

马克思主义在中国的传播，在这一时期形成热潮，马克思主义哲学也为越来越多的人所了解。

中国的马克思主义者不仅大力宣传马克思主义，而且积极参与当时的各种理论斗争，如 1923 年的科学与人生观的论战，1924 年至 1927 年对国家主义的批判，1925 年对戴季陶主义的批判等。在论战中，马克思主义哲学的基本观点得到进一步的阐述与宣传。

第二节　毛泽东的哲学思想的形成

中国共产党成立后，陈独秀机械地理解马克思主义理论，甘当国民党的尾巴，沦为右倾机会主义；1927 年大革命失败，一些人又照搬十月革命的经验，热衷于工人暴动和攻打中心城市，成为"左"倾机会主义者。他们理论脱离实际，或者唯第三国际之命是从，或者奉行"本本主义"，不知从中国的具体情况出发。错误的路线导致中国革命遭受了一次又一次的挫折。在与错误路线的斗争中，以毛泽东为代表的中国共产党人开始探索马克思主义普遍原理与中国实际相结合的道路，逐步形成了中国的马克思主义——毛泽东思想，其中也包括毛泽东哲学思想。毛泽东哲学思想不是马克思恩格斯或列宁、普列汉诺夫的哲学思想和苏联哲学的照搬，它是中国化了的马克思主义哲学，其主要形式，是毛泽东的哲学思想。

一　毛泽东及其哲学思想的形成背景

毛泽东（1893—1976），湖南湘潭人，幼年曾在私塾启蒙并务农。1910 年入湘乡东山高级小学读书，1911 年春到长沙读中学，辛亥革命爆发后从军，不久离开军队。1913 年考入湖南第四师范（第四师范随即并入第一师范），1918 年毕业。毕业之后，毛泽东全身心地投入革命运动：领导学生运动，成立新民学会，创办《湘江评论》，组织领导了驱逐湖南督军张敬尧的运动，1920 年组建了湖南共产主义小组和社会主义青年团，1921 年在上海参加了中国共产党的成立大会。1927 年大革命失败，毛泽东提出“枪杆子里面出政权”，发动秋收起义，建立了井冈山革命根据地。1935 年遵义会议后成为中国共产党的最高负责人，领导中国共产党创建了新中国。1966 年毛泽东发动“文化大革命”，1976 年病逝。冯友兰先生评价毛泽东说：“他是中国历史上一个最有权威的人。在几十年中，他兼有了中国传统文化中所谓‘君、师’的地位和职能。因此，他在中国现代革命中，立下了别人所不能立的功绩，也犯下了别人所不能犯的错误。”① 这是从一个学者的角度对毛泽东的确切评价。顺便指出，这一说法用于评价毛泽东的哲学思想，也大体恰当。

毛泽东和他那个时代的许多人一样，是在新文化运动的潮流中成长为马克思主义者的。毛泽东出生于 1893 年，当时正是鸦片战争后中国社会动荡新旧思想剧烈冲突的时期。鸦片战争后，中国的先进人物真正开始“睁开眼睛看世界”，西方的新思想不断涌入。1895 年严复从英国留学回国，立即投身于对腐朽封建制度的批判，翻译出版了大量西方的学术著作。如前所述，辛亥革命后，尤其是 1915 年《新青年》的前身《青年杂志》问世新文化运动兴起之后，引进介绍西方的新思想形成高潮。中国传统的封建文化受到冲击，新旧思想激烈冲突，新思想在斗争中逐步发展，日益成为思想界的主流。这是毛泽东走向成熟时的大的思想环境。

毛泽东 9 岁启蒙，在私塾里读儒家的四书五经。毛泽东自称此时“熟读经书”，说：“我过去读过孔夫子的四书五经，读了六年，背得，可是不懂。那时候很相信孔夫子，还写过文章”②。经书以外，他热衷于中国的旧小说，如《精忠传》、《水浒传》、《隋唐演义》、《三国演义》、《西游记》，等等，而这些书所贯穿的还是传统的封建文化。毛泽东说：“我认为这些书大概对我影响很大，因为是在容易接受的年龄里读的。”③ 早年的农村生活也对毛泽东产生重大影响。除对农民的同情和对农村的热爱以外，中国农民注重经验的务实精神，向往“等贵贱，均贫富”的平均主义思想，都在毛泽东身上留下深深的烙印。

1910 年，16 岁的毛泽东来到湘乡县东山小学读书，在此之前，他的足迹从未到过离故乡 50 里以外的地方。在这里，毛泽东开始接触自然科学和一些西学的新学科，读到了梁启超编的《新民丛报》等进步著作，成为康有为和梁启超的崇拜者，对美国、日本以及拿破仑、彼得大帝、叶卡捷琳娜女皇、格莱斯顿、卢梭、孟德斯鸠和林肯的事迹

① 冯友兰：《中国现代哲学史》，137 页。

② 转引自黄楠森等：《马克思主义哲学史》，第 6 卷，96～97 页，北京，北京出版社，1989。

③ ［美］埃德加·斯诺：《西行漫记》，131 页，北京，三联书店，1979。

有了初步了解。

毛泽东于1911年初到长沙读中学，1912年进湖南第一师范，1918年毕业。这是毛泽东思想演进中的一个重要阶段。在这一时期，他对西方新思想有了进一步的了解。1912年他曾有半年时间在湖南省立图书馆刻苦自学，读了达尔文的进化论，以及亚当·斯密的《原富》、赫胥黎的《天演论》、穆勒的《名学》、孟德斯鸠的《法意》、斯宾塞的《群学肄言》、卢梭的《民约论》和自然科学方面的一批著作。在湖南第一师范学习期间，他还作为课本精读了康德主义哲学家泡尔生的《伦理学原理》一书，接触到康德的哲学思想，初步了解了西方哲学从柏拉图到黑格尔、费希特的发展进程。1915年《青年杂志》创刊，毛泽东立即成为它的热心读者。

与此同时，毛泽东在老师的影响下继续接受中国传统文化的熏陶，阅读了曾国藩的"家书"和王船山的哲学著作，阅读了《韩昌黎全集》、《昭明文选》、《楚辞》、司马光的《资治通鉴》、顾祖禹的《读史方舆纪要》以及谭嗣同的《仁学》等书。他还经常前往"船山学社"听讲船山学术。

这时的毛泽东，读书学习如饥似渴，东西学问，兼收并蓄。他的哲学思想具有心物二元论的色彩，但唯物论成分基本上局限于自然观，在社会历史观上占主导地位的，是儒家学说经世救民的唯心主义。他在1917年8月23日致黎锦熙的信中说："当今之世，宜有大气量人，从哲学、伦理学入手，改造哲学，改造伦理学，根本上变换全国之思想。"① 他以救民为己任，用以救民的，是孔子的大同思想。他说："大同者，吾人之鹄也。立德、立功、立言以尽力于斯世者，吾人存慈悲之心以救小人也。"②

1918年夏天，为筹备湖南学生赴法勤工俭学，毛泽东第一次来到北京。在北京时，他曾在李大钊任馆长的北京大学图书馆短期工作。在这里，他广泛结识了各种进步人物，参加了北京大学的哲学会、新闻学会，旁听了学校的一些课程，阅读了大量的进步书籍，接触了包括无政府主义在内的许多新思想。毛泽东于1919年3月离开北京返回湖南，同年12月为驱逐军阀张敬尧事再次来到北京，直到1920年7月离开。毛泽东说："我第二次到北京期间，读了许多关于俄国情况的书。我热心地搜寻那时候能找到的为数不多的用中文写的共产主义书籍。有三本书特别深地铭刻在我的心中，建立起我对马克思主义的信仰。我一旦接受了马克思主义是对历史的正确解释以后，我对马克思主义的信仰就没有动摇过。这三本书是：《共产党宣言》，陈望道译，这是用中文出版的第一本马克思主义的书；《阶级斗争》，考茨基著；《社会主义史》，柯卡普著。到了1920年夏天，在理论上，而且在某种程度的行动上，我已成为一个马克思主义者，而且从此我也认为自己是一个马克思主义者了。"③

但这时的毛泽东并没有对马克思主义哲学做过认真的研究，他所接触到的马克思主义哲学思想，主要是历史唯物主义，而且主要是阶级斗争思想。他曾经说过："记得我在一九二〇年，第一次看了考茨基著的《阶级斗争》，陈望道翻译的《共产党宣言》，和

① 《毛泽东早期文稿》，86页，长沙，湖南出版社，1990。

② 同上书，89页。

③ [美]埃德加·斯诺：《西行漫记》，131页。在这里毛泽东记忆有误，所说三本书，均出版于1920年7月毛泽东离开北京以后，但他深受这三本书的影响，应该是没有问题的。

一个英国人作的《社会主义史》，我才知道人类自有史以来就有阶级斗争，阶级斗争是社会发展的原动力，初步地得到认识问题的方法论。可是这些书上，并没有中国的湖南、湖北，也没有中国的蒋介石和陈独秀，我只取了它四个字：'阶级斗争'，老老实实地来开始研究实际的阶级斗争。"①

这表明，直到中国共产党成立，毛泽东虽然在政治上已是坚定的马克思主义者，但对马克思主义哲学理论，知之不多。中国共产党成立以后，毛泽东先是忙于政治，后又忙于打仗，尽管在实践中事实上已经形成了自己理论联系实际，从实际出发，实事求是的思想路线，其中体现出了他的唯物论、辩证法思想，却一直未能从理论上对它们加以总结。毛泽东真正研究马克思主义哲学，是在到达延安以后，因此，毛泽东对马克思主义哲学的接受与钻研是有特殊的政治背景的。

毛泽东是中国共产党的创始人之一，但在党内长期得不到重视，甚至一再受到排挤、打击。1927 年以前，居中央领导地位的是陈独秀，1927 年以后，毛泽东亲手建立了工农红军，开辟了井冈山革命根据地，胜利粉碎了国民党一次又一次的"围剿"。但这时党内"左"倾思想弥漫，毛泽东屡受打击。1928 年他一度被开除党籍，在 1934 年红军长征以前，几次被剥夺军权，被迫"养病"，离开军队。他曾被指责为"枪杆子主义"、"山大王"、"右倾"、"狭隘经验论"。有人称"山沟里出不了马克思主义"，对他是不是马克思主义者都提出怀疑。

之所以如此，是因为当时的中国共产党还很不成熟。在许多人的头脑中存在这样的逻辑：既然中国共产党是工人阶级的先锋队，是马克思列宁主义政党，而马克思列宁主义产生于西方国家，在俄国已经有成功经验，那么就应该由吃过洋面包熟读马克思主义著作的人或者出身工人的人来担任党的领导。当时的中国共产党并不完全独立，只是共产国际的一个支部，来自莫斯科的指示是必须执行的，因而有莫斯科背景的人更是得天独厚，甚至共产国际派来的德国人李德都可以主宰中国共产党的军事工作和整个工农红军。在 1943 年毛泽东成为党的主席以前，主持党中央工作的先后有：陈独秀、瞿秋白、李立三、向忠发、王明、博古、张闻天，其中向忠发当过工人，其他人都有留洋背景，主要是曾在苏联学习过的知识分子。充当过毛泽东的上级的许许多多人，情况也大都如此。

这些人中，除陈独秀是右倾机会主义者外，其他人都奉行过"左"倾机会主义路线。他们的共同特点是一切从"本本"出发，从教条出发，无视中国的实际，在思想上是"左"倾教条主义者。他们的错误路线给中国革命带来巨大的损失。仅江西苏区第五次反围剿失败，就使中央红军的力量损失 90%以上。由于这样一些人把持党中央和红军的领导权，出身农家，只是师范毕业生，解放前从未走出过国门的毛泽东，既没有工人的光环，也没有熟读马克思主义本本的资本，又没有第三国际的靠山，只是强调要从实际出发，在实践中学习。他不可能不一次又一次地遭受排斥和打击。正是熟读"本本"而脱离实际的知识分子对毛泽东的贬低和打击以及对革命带来的巨大损失，促使他与机会主义、教条主义展开坚决的斗争，并下决心补马克思主义理论的课，从哲学世界

---

① 《毛泽东农村调查文集》，21～22 页，北京，人民出版社，1982。

观的高度清算这些错误思想。毛泽东曾说：有人“说我是‘狭隘经验论’。我到延安后就发奋读书了”①。

毛泽东的哲学思想，就是在这样的政治背景下形成的。

二　《实践论》、《矛盾论》

20世纪30年代，马克思主义哲学在中国的传播达到一个新的阶段，为毛泽东的哲学研究提供了前所未有的良好条件。

与20年代主要关注唯物史观不同，马克思主义的唯物论辩证法在30年代的中国风行一时。这时，马克思恩格斯的哲学著作在中国大量翻译出版。1928年，恩格斯的《路德维希·费尔巴哈和德国古典哲学的终结》、《劳动在从猿到人转变过程中的作用》以及马克思的《关于费尔巴哈的提纲》问世；1929年出版了马克思的《哲学的贫困》、恩格斯的《家庭、私有制和国家的起源》、列宁的《国家与革命》；1930年出版的有：《马克思论文选译》（包括《黑格尔权力哲学批判》、《法兰西唯物论》等）、《马克思、恩格斯关于唯物论的片断》、《辩证法经典》、《资本论》（第1卷第1分册）、《反杜林论》，列宁的《唯物论和经验批判论》。1932年，《自然辩证法》也全文出版。《关于费尔巴哈的提纲》和《路德维希·费尔巴哈和德国古典哲学的终结》在30年代出版了多个译本，后者的译本达5种之多。

在这一时期，苏联哲学也被作为马克思主义哲学的经典大量引入中国。其中有普列汉诺夫、德波林、布哈林的著作，也有苏联批判德波林以后出版的《辩证唯物论教程》（西洛可夫、爱森堡等著）、《新哲学大纲》（米丁等著）、《辩证唯物论与历史唯物论》（米丁等著）等。日本马克思主义者所写的关于马克思主义哲学的著作也有许多被译成中文。

至于中国哲学家写的关于马克思主义哲学的著作，就更多了。其中影响最大的有李达1937年出版的《社会学大纲》和艾思奇1936年出版的《大众哲学》（该书半年之内出了4版）。

毛泽东与“左”倾教条主义的斗争，早在井冈山时期就开始了。他在写于1930年的《反对本本主义》一文中说：“以为上了书的就是对的，文化落后的中国农民至今还存着这种心理。不谓共产党内讨论问题，也还有人开口闭口‘拿本本来’。……我们的斗争需要马克思主义。我们欢迎这个理论，丝毫不存什么‘先哲’一类的形式的甚至神秘的念头在里面。……马克思主义的‘本本’是要学习的，但是必须同我国的实际情况相结合。”② 在1941年发表的《〈农村调查〉的序言和跋》中，他又说：“‘没有调查就没有发言权’，这句话，虽然曾经被人讥为‘狭隘经验论’的，我却至今不悔；不但不悔，我仍然坚持没有调查是不可能有发言权的。……我们党吃所谓‘钦差大臣’的亏，是不可胜数的。而这种‘钦差大臣’则是满天飞，几乎到处都有。”③

---

① 郭化若：《回忆第一次反“围剿”期间的有关史实》，转引自叶永烈：《历史选择了毛泽东》，222页，上海，上海人民出版社，1992。

② 《毛泽东著作选读》，上册，50～51页，北京，人民出版社，1986。

③ 《毛泽东著作选读》，下册，467页。

到延安后，为了深入揭露批判“左”倾教条主义，毛泽东结合以往革命斗争的经验教训研究马克思主义哲学，刻苦研读了西洛可夫、爱森堡等人的《辩证唯物论教程》和米丁等著的《辩证唯物论与历史唯物论》，研究成果主要是《实践论》（1937 年 7 月）和《矛盾论》（1937 年 8 月）。[①] 这两部著作是毛泽东哲学思想基本形成的标志。

（一）《实践论》

《实践论》如其副标题所说，是“论认识和实践的关系——知和行的关系”，其基本观点是“实践出真知”。

毛泽东首先强调的，是认识对实践的依赖关系。

他说：“辩证唯物论的认识论把实践提到第一的地位，认为人的认识一点也不能离开实践，排斥一切否认实践重要性、使认识离开实践的错误理论。”[②] 他又说：“无论何人要认识什么事物，除了同那个事物接触，即生活于（实践于）那个事物的环境中，是没有法子解决的”[③]。“你要有知识，你就得参加变革现实的实践。你要知道梨子的滋味，你就得变革梨子，亲口吃一吃。”[④] 这是说认识来源于实践。

认识依赖于实践还因为实践是认识的真理性的标准。他指出：“马克思主义者认为，只有人们的社会实践，才是人们对于外界认识的真理性的标准。实际的情形是这样的，只有在社会实践过程中（物质生产过程中，阶级斗争过程中，科学实验过程中），人们达到了思想中所预想的结果时，人们的认识才被证实了。”[⑤]

其次，毛泽东系统地说明了认识发展的辩证过程。

毛泽东认为这一过程包含两个基本的环节。第一是由感性认识到理性认识。认识始于接触外界事物，获得对事物的感性经验。感性经验是对客观事物的真实反映，“但它们仅是片面的和表面的东西，这种反映是不完全的，是没有反映事物本质的。要完全地反映整个的事物，反映事物的本质，反映事物的内部规律性，就必须经过思考作用，将丰富的感觉材料加以去粗取精、去伪存真、由此及彼、由表及里的改造制作工夫，造成概念和理论的系统，就必须从感性认识跃进到理性认识”[⑥]。这一环节是说，理性认识依赖于感性认识，感性认识有待于发展到理性认识。

“然而认识运动至此还没有完结。辩证唯物论的认识运动，如果只到理性认识为止，那末还只说到问题的一半。而且对于马克思主义的哲学说来，还只说到非十分重要的那一半。马克思主义的哲学认为十分重要的问题，不在于懂得了客观世界的规律性，因而能够解释世界，而在于拿了这种对于客观规律性的认识去能动地改造世界。”[⑦] 因为认识的目的在于实践，它也要在实践中得到检验和进一步发展，只有经过认识和实践的多次反复，才能获得对某一事物的正确认识。这是认识的第二个环节。

---

① 写完这两部著作后，毛泽东在延安的哲学研究仍未停止。参见《毛泽东哲学批注集》，北京，中央文献出版社，1988。

② 《毛泽东著作选读》，上册，122 页。

③ 同上书，125 页。

④ 同上书，126 页。

⑤ 同上书，122 页。

⑥ 同上书，130 页。

⑦ 同上书，131 页。

毛泽东还指出，经过这两个环节而获得的认识只是相对真理，无数相对真理的总和构成绝对真理。事物的发生、发展和消灭是无穷的，人的认识的发生、发展和消灭的过程也是无穷的。客观现实世界的变化运动永远没有完结，人们在实践中对于真理的认识也就永远没有完结。

最后，毛泽东对辩证唯物论的认识论做了高度的概括，或者说揭示了认识发展的总规律。他说："通过实践而发现真理，又通过实践而证实真理和发展真理。从感性认识而能动地发展到理性认识，又从理性认识而能动地指导革命实践，改造主观世界和客观世界。实践、认识、再实践、再认识，这种形式，循环往复以至无穷，而实践和认识之每一循环的内容，都比较地进到了高一级的程度。这就是辩证唯物论的全部认识论，这就是辩证唯物论的知行统一观。"① 这一说法，言前人所未言，简明、扼要地概括了马克思主义哲学认识论的基本精神，是毛泽东对马克思主义哲学的一个贡献。

（二）《矛盾论》

列宁曾提出，对立统一是辩证法的实质与核心。《矛盾论》全文都是对列宁这一思想的阐述和发展，毛泽东用"矛盾论"概括马克思主义辩证法②，原因也在这里。

列宁在《谈谈辩证法问题》中曾把辩证法和形而上学称为"两种发展观"，毛泽东则在《矛盾论》中进一步把它们称作"两种宇宙观"，意思显然是要强调对立统一的普遍与重要。他说："唯物辩证法的宇宙观主张从事物的内部、从一事物对他事物的关系去研究事物的发展，即把事物的发展看做是事物内部的必然的自己的运动，而每一事物的运动都和它的周围其他事物互相联系着和互相影响着。事物发展的根本原因，不是在事物的外部而是在事物的内部，在于事物内部的矛盾性。任何事物内部都有这种矛盾性，因此引起了事物的运动和发展。事物内部的这种矛盾性是事物发展的根本原因，一事物和他事物的互相联系和互相影响则是事物发展的第二位的原因。……唯物辩证法认为外因是变化的条件，内因是变化的根据，外因通过内因而起作用。"③ 他还说："这个辩证法的宇宙观，主要地就是教导人们要善于去观察和分析各种事物的矛盾的运动，并根据这种分析，指出解决矛盾的方法。"④ 可见，强调辩证法就是矛盾分析方法，这才是毛泽东的本意。

辩证法是矛盾分析方法，在毛泽东看来，核心是分析矛盾的普遍性和特殊性的关系。关于矛盾的普遍性，毛泽东说："其一是说，矛盾存在于一切事物的发展过程中；其二是说，每一事物的发展过程中存在着自始至终的矛盾运动。"⑤ 也就是说，矛盾无处不在，无时不有。但在毛泽东对矛盾特殊性的实际论述中可以看出，他理解的矛盾的普遍性，还指某一类矛盾之间的共性。例如他说："在一定场合为普遍性的东西，而在另一一定场合则变为特殊性。反之，在一定场合为特殊性的东西，而在另一一定场合则

---

① 《毛泽东著作选读》，上册，136页。
② 《矛盾论》原稿的标题为《矛盾统一法则》，1952年重新发表时改为《矛盾论》。
③ 《毛泽东著作选读》，上册，139～141页。
④ 同上书，142页。
⑤ 同上书，143页。

变为普遍性。”[①] 因此，所谓矛盾的普遍性与特殊性，也就是矛盾的共性与个性。他认为矛盾分析，就是要分析矛盾的共性与个性的关系，“共性个性、绝对相对的道理，是关于事物矛盾的问题的精髓，不懂得它，就等于抛弃了辩证法。”[②] 在矛盾的共性个性问题上，毛泽东的重点又放在对矛盾特殊性的分析上，《矛盾论》的大部分篇幅都是在阐述应该如何分析矛盾的特殊性。这是因为，关于矛盾的特殊性的问题，“还有很多的同志，特别是教条主义者，弄不清楚。他们不了解矛盾的普遍性即寓于矛盾的特殊性之中。他们也不了解研究当前具体事物的矛盾的特殊性，对于我们指导革命实践的发展有何等重要的意义。”[③]

毛泽东着重对如何分析矛盾的特殊性做了说明。

他首先指出，研究矛盾的特殊性，就是要研究各个物质运动形式的特殊矛盾，研究各个运动形式在各个发展过程中的特殊矛盾，研究各个发展过程的矛盾的各方面，研究各个发展过程在其各个发展阶段上的矛盾以及各个发展阶段上的矛盾的各方面。

其次，研究矛盾的特殊性，就是要研究主要矛盾和次要矛盾以及矛盾的主要方面和次要方面。关于主要矛盾，他说：“任何过程如果有多数矛盾存在的话，其中必定有一种是主要的，起着领导的、决定的作用，其他则处于次要和服从的地位。因此，研究任何过程，如果是存在着两个以上矛盾的复杂过程的话，就要用全力找出它的主要矛盾。捉住了这个主要矛盾，一切问题就迎刃而解了。”[④]

关于矛盾的主要方面，他说：“在各种矛盾之中，不论是主要的或次要的，矛盾着的两个方面，又是否可以平均看待呢？也是不可以的。无论什么矛盾，矛盾的诸方面，其发展是不平衡的。……矛盾着的两方面中，必有一方面是主要的，他方面是次要的。其主要的方面，即所谓矛盾起主导作用的方面。事物的性质，主要地是由取得支配地位的矛盾的主要方面所规定的。”[⑤]

毛泽东认为，如果不懂得研究主要矛盾和次要矛盾以及矛盾的主要方面和次要方面，就将陷入抽象的研究，找不到解决矛盾的正确方法。他还指出，对主要次要矛盾和矛盾的主要次要方面的认识不能僵化，因为“主要”、“次要”是依条件而不断转化的。

除矛盾的普遍性特殊性问题外，毛泽东还对矛盾诸方面的同一性和斗争性做了论述。在这个问题上，他主要是发挥了列宁的思想。矛盾的斗争性是指矛盾双方的互相排斥，而关于矛盾的同一性，毛泽东说：“同一性、统一性、一致性、互相渗透、互相贯通、互相依赖（或依存）、互相联结或互相合作，这些不同的名词都是一个意思，说的是如下两种情形：第一、事物发展过程中的每一种矛盾的两个方面，各以和它对立着的方面为自己存在的前提，双方共处于一个统一体中；第二、矛盾着的双方，依据一定的条件，各向着其相反的方面转化。这些就是所谓同一性。”[⑥] 在双方的关系上，毛泽东

① 《毛泽东著作选读》，上册，158 页。
② 同上书，160 页。
③ 同上书，143 页。
④ 同上书，162 页。
⑤ 同上书，162～163 页。
⑥ 同上书，168 页。

强调矛盾的斗争性是绝对的、无条件的，矛盾的同一性是有条件的、暂时的、相对的；斗争性寓于同一性之中，没有斗争性就没有同一性。他说："有条件的相对的同一性和无条件的绝对的斗争性相结合，构成了一切事物的矛盾运动。"①

《矛盾论》最重要的内容，是对矛盾的普遍性与特殊性，特别是特殊性，所作的分析。这些分析是对马克思恩格斯以及列宁哲学思想的重要发展。

（三）《实践论》、《矛盾论》的意义

《实践论》和《矛盾论》是毛泽东在认真研究了20世纪30年代初米丁等人的哲学教科书之后写作的，从中可以看出苏联哲学的深刻影响。它们所阐述的是苏联哲学家理解的马克思主义哲学，《实践论》与《矛盾论》的问世，又的确是马克思主义哲学在中国传播发展历史上的一件大事，意义非同寻常。

1. 在中国，不论是五四前后和大革命时期对历史唯物主义的宣传，还是30年代对辩证唯物主义的宣传，各类著作基本上只是在从学理的角度阐述马克思恩格斯或列宁哲学思想的基本原理。毛泽东的这两部著作与此迥然有别。它们的出发点不是要进行纯学术的理论介绍，而是要把哲学研究与中国革命的实践结合起来，具体说，要与对中国革命经验教训的总结结合起来。这在文章的标题上和内容上都有突出的反映。毛泽东在关于马克思主义哲学的众多题目中唯独对认识论和辩证法予以特别的重视，并且把马克思主义哲学的认识论概括为关于实践的理论，把它的辩证法概括为关于矛盾的理论，无不体现出他总结革命实践经验教训的强烈愿望和他对这些经验教训的深刻理解。从内容上看，《实践论》和《矛盾论》具有明显的方法论色彩。毛泽东引用了大量的具体事例，既有日常生活的，也有科学技术方面和国外无产阶级革命方面的，特别是有对"左"倾教条主义各种错误的分析，目的就是要从这些事例中概括出哲学道理，让人们从中得到方法论的启示。

2.《实践论》和《矛盾论》体现了中国的马克思主义者基于自身的实践经验对马克思主义哲学的理论创新。《实践论》用"生产活动、阶级斗争和科学实验"对人类实践形式所作的概括，该文结尾部分对认识发展总规律的揭示；《矛盾论》有关共性、个性及其关系的论述，对矛盾特殊性的详尽深入的分析，特别是对主要矛盾、次要矛盾和矛盾主要方面、次要方面的分析，已经不是对马克思恩格斯或苏联哲学已有思想的介绍，而是崭新的理论创造。

3.《实践论》和《矛盾论》中的哲学思想，具有明显的中国色彩，是马克思主义哲学与中国传统文化相结合的产物。首先，这两部著作对方法论的高度重视，表现出了鲜明的"经世致用"特点。这固然与毛泽东的个人特点以及他的特殊的革命经历有关，但人们从中也可以明显地感觉到他早年所熟知的"船山学社"的实学精神，甚至湖湘文化和中国传统的实用理性的影响。其次，毛泽东用"知行关系"概括认识论中的理论与实践的关系，用"天不变道也不变"概括形而上学，用"相反相成"概括矛盾的斗争性和同一性，等等，实际上是在用中国传统哲学的思想重新解释马克思主义哲学。这样解释的结果，也即毛泽东的哲学思想，既不是传统的中国哲学，也不是经典的马克思恩格斯

① 《毛泽东著作选读》，上册，175页。

的哲学思想，而是二者的结合。例如，《实践论》结尾处在概述了认识发展的总规律后说："这就是辩证唯物论的全部认识论，这就是辩证唯物论的知行统一观。"① 毛泽东把他所概括的认识规律称作"辩证唯物论的全部认识论"，但实际上它所强调的只是实践和认识的关系，也即"知行关系"，马克思、恩格斯、列宁的许多认识论思想并没有在《实践论》中得到反映。可见，他理解的马克思主义哲学认识论，是用马克思主义哲学对中国传统的"知行关系"理论的解释，是中国化了的马克思主义哲学。反过来看，毛泽东把他概括的认识规律称作"知行统一观"，然而实际上他所说的"知行统一"这一中国传统哲学的概念，又与以往中国哲学家的理解有很大的区别，其内容是马克思主义的，因此是用马克思主义哲学改造过了的中国哲学。毛泽东在延安阅读河上肇《马克思主义经济学基础理论》一书时，在批注中指出："先行后知，知难行易"②，这一观点和孙中山先生十分接近，虽然二者的区别也是十分明显的。

综上所述，《实践论》、《矛盾论》不是对马克思主义哲学的简单阐释，而是中国马克思主义者结合自己的革命实践经验对马克思主义哲学的运用与发展，是马克思主义哲学与中国传统文化的结合，是中国化了的马克思主义哲学。除《实践论》、《矛盾论》之外，毛泽东在 1949 年以前所写的许多著作中都有丰富的哲学思想，但在所有这些著作中，最重要的是《实践论》和《矛盾论》。

三　毛泽东的哲学思想的两条基本线索

《实践论》、《矛盾论》是与"左"倾教条主义斗争的产物，强调一切从实际出发，理论联系实际，充满了唯物主义精神。这是毛泽东的哲学思想的主线。

这条主线贯穿毛泽东的一生。毛泽东一向强调，不论做什么事情，最重要的是对实际情况要有深入的了解，从实际出发。在湖南第一师范读书时，毛泽东便两次组织同学利用假期深入湖南农村进行社会考察。1918 年，当时毛泽东还没有成长为马克思主义者，许多进步青年前往法国勤工俭学，毛泽东积极参与了这件事情的组织工作，自己却决定要留在国内。他说："我并不想去欧洲。我觉得我对自己的国家还了解得不够，我把时间花在中国会更有益处。"③ 大革命时期，毛泽东一如既往注重对中国国情的研究，特别注重对占人口大多数的农民的革命运动的了解上，1926 年写了《中国社会各阶级的分析》，1927 年写了《湖南农民运动考察报告》。在井冈山时期，毛泽东不但到各地做深入的调查研究，而且写了著名的《反对本本主义》一文，提出"没有调查就没有发言权"，"调查就是解决问题"。到延安后，毛泽东立即着手从哲学的高度总结"左"倾教条主义的危害，写出了《实践论》、《矛盾论》，此后又发起了整风运动，发表了《〈农村调查〉的序言和跋》、《改造我们的学习》、《自由是必然的认识和世界的改造》、《整顿党的作风》、《反对党八股》等著作，把"实事求是"确立为共产党的基本思想路线。全国解放以后，毛泽东也一再强调要坚持唯物主义，反对唯心主义。他还在长期的实践中

---

① 《毛泽东著作选读》，上册，136 页。
② 《毛泽东哲学批注集》，474 页。
③ ［美］埃德加·斯诺：《西行漫记》，126 页。

依据唯物主义总结出一整套的工作方法。

但是，除去上述一切从实际出发、实事求是的唯物主义主线外，我们还可以看到毛泽东的哲学思想中的另外一条线索，这就是一贯强调人的主观能动性的作用，具有唯意志论倾向。

在湖南第一师范读书时，毛泽东曾于1917年至1918年在所用教材《伦理学原理》一书上写下大量批语。从批语看，他固然主张自然界是物质存在，但极力强调个人的意义，强调"心力"的作用。他说："个人有无上之价值，百般之价值依个人而存，使无个人（或个体）则无宇宙，故谓个人之价值大于宇宙之价值可也。"① 又说："吾从前固主无我论，以为只有宇宙而无我。今知其不然。盖我即宇宙也。各除去我，即无宇宙。各我集合，即成宇宙，而各我又以我而存，苟无我何有各我哉。是故，宇宙间可尊者惟我也，可畏者惟我也，可服从者惟我也。我以外无可尊，有之亦由我推之；我以外无可畏，有之亦由我推之；我以外无可服从，有之亦由我推之也。"② 这时，毛泽东曾写有《心之力》一文，他的老师杨昌济，一位唯心主义哲学家，给它打了100分。

对个人及个人精神力量的如此推崇，表明毛泽东的哲学思想中存在着夸大意志的作用的唯意志论倾向，它的主要表现，是毛泽东脱离历史唯物主义过分强调阶级斗争的作用。1920年12月1日，他曾给远在法国的蔡和森等人写了一封信，此信写于毛泽东已经成为马克思主义者之后，被人们认为是毛泽东已经完成向马克思主义转变的标志。他在信中主张学习俄国人进行阶级斗争和无产阶级革命。他说：

> 理想固要紧，现实尤其要紧，用和平方法去达共产目的，要何日才能成功？假如要一百年，这一百年中宛转呻吟的无产阶级，我们对之如何处置（就是我们）。无产阶级比有产阶级实在要多得若干倍。假定无产者占三分二，则十五万万人类中有十万万无产者（恐怕还不止此数），这一百年中，任其为三分一之资本家鱼肉，其何能忍？且无产者既已觉悟到自己应该有产，而现在受无产的痛苦是不应该，因无产的不安而发生共产的要求，已经成了一种事实。事实是当前的，是不能消灭的，是知了就要行的。因此我觉得俄国的革命，和各国急进派共产党人数日见其多，组织日见其密，只是自然的结果。③

毛泽东对苦难中的广大劳动人民的深刻同情，为解救劳苦大众而"一万年太久，只争朝夕"的急切心情，发动阶级斗争和无产阶级革命的决心，跃然纸上。但他认为，因为社会不公，无产者有了共产的要求，只要靠阶级斗争便可实现共产主义，完全不提生产力和社会发展水平，与马克思主义的唯物史观又相去甚远。此外，信中表示占人口大多数的无产者要他这样的少数精英人物来处置（解救），更有英雄史观的味道。

毛泽东对阶级斗争的推崇，并没有随年龄和经验的增长而消退。1949年8月14日，民主革命成功在即，毛泽东在这一天发表了《丢掉幻想，准备斗争》一文。文章说："阶级斗争，一些阶级胜利了，一些阶级消灭了。这就是历史，这就是几千年的文

---

① 《毛泽东早期文稿》，151页。

② 同上书，230～231页。

③ 《毛泽东书信选集》，7页，北京，人民出版社，1983。

明史。拿这个观点解释历史的就叫做历史的唯物主义，站在这个观点的反面的是历史的唯心主义。”[①] 可见，阶级斗争已经被毛泽东认为是区别历史唯物主义和历史唯心主义的根本标志。

人所共知，马克思本人曾经就阶级斗争问题发表过经典性的意见。他指出，在他以前资产阶级的经济学家和历史学家已经对阶级斗争做过分析，他与这些人的不同在于，他用生产力的发展解释阶级斗争本身，把它看做只存在于人类历史长河中某一阶段的现象。[②] 毛泽东的观点显然与马克思是有区别的，这就是：他不是把物质生产力，而是把阶级斗争作为历史发展的决定因素。

毛泽东对阶级斗争的作用的夸大，一直延续到他的晚年，“文化大革命”就是其最充分的体现。从这种贯穿毛泽东一生的阶级斗争膜拜中，我们可以明显地感觉到他的特殊的人格魅力，感觉到他的火一样的阶级热情，同时也感觉到他在学生时期对个人以及“心之力”的极大推崇。应该承认，不讲客观条件，一味夸大阶级斗争和“心之力”的作用，是与唯物主义哲学的基本精神相违背的。这种有害的唯意志论倾向，在毛泽东早年的哲学思想中是存在的，而在革命战争年代和社会主义建设的初期，由于种种客观条件的限制，它不是毛泽东哲学思想的主线。但是，到了毛泽东的晚年，当他发动“文化大革命”时，唯心主义倾向占据上风，开始作祟了。

上述两条基本线索体现的哲学倾向是相互对立的，但这两种对立的倾向同时存在于毛泽东的头脑里。在毛泽东的一生中，二者随条件的不同而此消彼长，这样才构成了一个真实的哲学家毛泽东。

第三节　新中国成立以后到“文化大革命”前毛泽东的哲学思想的发展

从中华人民共和国成立到“文化大革命”开始，是中国的社会主义改造和社会主义建设时期。新的实践为马克思主义哲学在中国的发展提供了新的动力，实践中的曲折也使马克思主义哲学的发展表现为一个曲折而又复杂的过程。新中国成立以后，马克思主义哲学在中国迅速普及，以实事求是为基本精神的毛泽东哲学思想得到进一步的发展，但“左”的思想在新的条件下有所抬头，毛泽东本人哲学思想中夸大主观意志和阶级斗争作用的倾向也有了新的表现。这是马克思主义哲学在中国发展中一个比较复杂的阶段。

一　马克思主义哲学在中国的普及

1949年新中国成立，1953年中国共产党着手对中国社会进行社会主义改造，1956

① 《毛泽东选集》，第4卷，1487页。
② 参见《马克思恩格斯选集》，2版，第4卷，547页。

年，中共第八次全国代表大会召开，标志着社会主义制度在中国基本建立。与十月革命后苏联的情况一样，社会主义改造不仅仅是无产阶级专政和生产资料公有制的建立，而且也是一场意识形态领域的革命，是马克思主义在这一领域的主导地位的确立。

早在中华人民共和国成立以前，马克思主义理论著作就在延安和其他一些解放区大量出版。尤其是在全国解放前夕，马克思、恩格斯、列宁的原著和苏联哲学的著作纷纷问世，中国的马克思主义哲学家也出版了许多介绍和研究马克思主义哲学的著作。1949年7月北京成立了中国新哲学研究会，其宗旨是："团结全国哲学工作者和传播马列主义哲学及毛泽东思想，以期正确认识中国新民主主义社会发展的规律，并批判吸收旧哲学遗产。"①

新中国成立后，中国共产党把普及马克思主义当作自己的一项重要任务。新中国成立前夕，由毛泽东审订了一个包括《共产党宣言》等12本马列著作的"干部必读书书目"，1949年6月到1950年6月，所列著作累计出版300万册。1953年1月，"中共中央马恩列斯著作编译局"成立。1953年10月开始出版《斯大林全集》，1955年12月《列宁全集》中文版第1卷问世，1956年12月出版了《马克思恩格斯全集》中文版第1卷。1951年至1953年，四卷本的《毛泽东选集》有3卷问世。

1950年12月和1952年4月，《人民日报》先后重新发表《实践论》、《矛盾论》，掀起学习毛泽东哲学思想的热潮。《实践论》刚刚发表，中共中央颁发《中共中央关于加强理论教育的决定（草案）》，不仅要求全党加强马克思主义理论的学习，而且对学习的内容和步骤做了详细规定。毛泽东也在给李达的信中说："关于辩证唯物论的通俗宣传，过去做得太少，而这是广大工作干部和青年学生的迫切需要"②。这时，一场学习宣传《实践论》、《矛盾论》和马克思主义的热潮在全国兴起，解释和宣传这两部著作的书和文章大量问世。李达的《〈实践论〉解说》、《〈矛盾论〉解说》还得到毛泽东本人的高度肯定。在这股热潮中，包括《1844年经济学哲学手稿》在内的马克思主义经典作家的主要哲学著作全都有了中文版，苏联哲学的重要著作也大量翻译出版。

值得指出的是，这一时期对马克思主义哲学的学习已经不是少数知识分子或党的领导干部的事情，它已成为一场广泛的群众性的普及运动。各行业、各单位都举行了学习毛泽东哲学思想的座谈会、交流会；从中央到各省地县陆续开办党校；各高校相继开设了马克思主义哲学课程；新中国成立不久，中国人民大学就在苏联专家的协助下开始为全国各地培养马克思主义哲学人才，1956年中国人民大学成立哲学系，当年便有200名来自全国各地的优秀青年被保送进入该系学习。

马克思主义的普及必然贯穿思想斗争。为了尽快用马克思主义占领中国的思想理论舞台，中国共产党在新中国成立初期发动了一场又一场的思想批判运动。它们分别是：

（1）对电影《武训传》的批判。武训主要活动于19世纪后半叶，以忍受屈辱、行乞办学、救助贫家子弟而得到封建皇帝的嘉许。1951年电影《武训传》上映，获得普遍好评，引起毛泽东的高度关注。1951年3月，党中央发出通知，要求全国开展对

① 《新哲学会筹备会的组成》，载《光明日报》，1949-07-13。
② 《毛泽东书信选集》，407页。

《武训传》的讨论，是年5月20日，《人民日报》发表经毛泽东改写的社论《应当重视电影〈武训传〉的讨论》，对武训和《武训传》提出严厉批评。毛泽东说："特别值得注意的，是一些号称学得了马克思主义的共产党员。他们学得了社会发展史——历史唯物论，但是一遇到具体的历史事件，具体的历史人物（如像武训），具体的反历史的思想（如像电影《武训传》及其他关于武训的著作），就丧失了批判的能力，有些人则竟至向这种反动思想投降。……一些共产党员自称已经学得的马克思主义，究竟跑到什么地方去了呢？"此后批判文章铺天盖地。这次批判所强调的，主要是如何运用唯物史观评价历史人物的问题。

（2）对《红楼梦》研究中唯心主义倾向的批判。1951—1954年，我国著名红学家俞平伯先生发表了一批关于《红楼梦》的研究性著作。1954年9月，山东大学两名从事古典文学研究的青年人对俞平伯的《红楼梦》研究提出批评。一个月后，毛泽东写了《关于〈红楼梦〉研究的信》支持青年学生，号召批评俞平伯一类资产阶级知识分子毒害青年的错误思想。此后，在全国展开了对《红楼梦》研究中的唯心主义倾向的批判。

（3）对胡适实用主义哲学的批判。这是新中国成立初期规模最大、最重要的一次思想批判运动。胡适与俞平伯一样是解放前我国著名的红学家，而其哲学、文化思想比俞平伯影响更大，更具代表性。对红楼梦研究中的唯心主义倾向的批判，必然要最终集中在胡适的身上。对胡适的批判是中国共产党在新中国思想文化建设中精心组织的一次"战斗"。1954年12月2日，中国科学院和中国作家协会主席团举行联席会议，决定联合召开批判胡适思想的讨论会。12月8日，郭沫若和周扬分别做了《三点建议》和《我们必须战斗》的发言，号召在批判俞平伯红学思想的同时开展对胡适资产阶级唯心论的斗争。为了进一步推动并领导对胡适唯心主义哲学的批判，中共中央于1955年1月发出《关于在干部和知识分子中组织宣传唯物主义思想批判资产阶级唯心主义思想的演讲工作的通知》，两个月后又发出《关于宣传唯物主义思想批判资产阶级唯心主义思想的指示》。当时最有影响的理论刊物《学习》杂志，在1955年第1期上发表题为《展开对胡适派资产阶级唯心论思想的批判》的评论文章，指出："中国资产阶级唯心论思想有许多不同的流派，胡适派唯心论思想是其中最主要的一派，也是影响最大的一派。""反对胡适派唯心论的思想斗争就是要从学术文化界进一步扫除资产阶级思想和帝国主义思想的影响，就是要通过这种斗争进一步地用马克思主义的唯物论思想教育广大人民群众，并且在许多学术部门内加强马克思列宁主义的领导力量。"① 这番话对为什么要批判胡适以及新中国成立初期中国思想文化领域几次批判斗争的实质，做了很好的说明。

这次批判历时近两年之久，国内主要的马克思主义理论家几乎全都投入战斗，矛头所指主要是如下几个问题：胡适实用主义的主观唯心主义实质；胡适的主观主义不可知论的认识论；胡适的主观主义真理观；胡适提出的"大胆假设，小心求证"实用主义方法论；胡适的唯心主义历史观。

除以上几次主要的思想批判运动之外，新中国成立初期还开展了对胡风文艺思想的

---

① 转引自邢贲思主编：《中国哲学五十年》，90页，沈阳，辽海出版社，1999。

批判和对梁漱溟思想的批判，冯友兰等人则就自己的哲学思想做了自我批评。

这一时期的思想批判运动，目的是要用马克思主义哲学占领思想阵地，带有浓厚的政治色彩。特别是对胡适、胡风和梁漱溟的批判，本身就是政治斗争的组成部分，往往演变为政治围攻。这些斗争在促进了知识分子的思想改造和马克思主义哲学在中国的普及的同时，也对哲学和整个文化事业的健康发展造成了严重的危害。

一方面加大正面宣传的力度，另一方面积极开展对各种非马克思主义哲学的斗争，双管齐下，马克思主义哲学在中国得到前所未有的大普及。这种情况，与十月革命后的苏联十分相似。

二　毛泽东的哲学思想的新发展（一）

——《人的正确思想是从哪里来的?》

毛泽东的哲学思想是马克思主义哲学与中国革命实践相结合的产物，1949年以前和1949年以后，中国革命的实践有很大不同，毛泽东的哲学思想的发展也表现出不同的情况。1949年以前，战争是中国革命的主要形式，而且在当时的战争中，用《矛盾论》的理论来讲，居于矛盾主要方面的基本上是国民党反动派或者日本帝国主义者。毛泽东和中国共产党人必须谦虚谨慎，必须一切从实际出发，照搬书本和一味从主观愿望出发处理问题必然碰壁，其恶果立竿见影。因此，毛泽东一再教育全党，一定要实事求是、理论联系实际，一切从实际出发，毛泽东的哲学思想则在知行关系上突出强调实践的重要意义，在辩证法问题上特别强调矛盾的特殊性和具体问题具体分析。这是中国共产党人用血的代价换来的经验教训。

1949年以后，斗转星移，攻守易位。中国共产党成为执政党，而且在人民中享有崇高的威望。它成为社会矛盾的主要方面，处于主导地位，手中掌握充分的主动权。中国的未来，一切取决于中国共产党，它是中国未来蓝图的设计师和建设事业的组织实施者。用毛泽东的话说，中国如一张白纸，好写最新最美的文字，好画最新最美的图画。手握画笔的人，社会主义中国美好蓝图的设计者和实施者，似乎享有无限的自由。这种情况很容易使一些人，包括毛泽东本人，忘记从实际出发、实事求是这一毛泽东思想的精髓，夸大人的主观能动性的作用。

还应该指出的是，新中国成立以后，由于毛泽东在中国人民争取解放的斗争中建立的特殊功绩，也由于受浓厚的中国传统封建文化的影响，毛泽东被神化，个人迷信逐步形成。不仅在日常工作中，而且在马克思主义哲学领域，毛泽东也成为最高的权威，真理的化身。马克思主义哲学在新中国的发展，带有浓重的毛泽东个人的色彩。

由于以上情况，共产党取得政权以后，马克思主义哲学在中国的发展，也即毛泽东哲学思想的发展，表现出一种比取得政权以前更为复杂的情况。一方面，毛泽东重新发表《实践论》、《矛盾论》，反复宣传唯物主义，本着一切从实际出发、实事求是的精神对中国社会主义建设中的新问题作了认真的研究探索，毛泽东哲学思想的唯物主义主线得到进一步的发展。另一方面，毛泽东本人夸大阶级斗争和人的主观能动性的作用这些有悖唯物主义的哲学思想也开始抬头，有所发展。前文所说毛泽东的哲学思想中的两条基本线索，在新中国成立以后的社会主义建设时期都有新的表现和发展。这是新中国成立以后毛泽东的哲学思想发展的基本情况。

毛泽东的哲学思想的唯物主义主线在新中国成立后的发展，主要成果表现在《论十大关系》、《关于正确处理人民内部矛盾的问题》以及《人的正确思想是从哪里来的?》等几部著作中。

《论十大关系》原是 1956 年 4 月 25 日毛泽东在中共中央政治局扩大会议上的报告，在这里，毛泽东提出并论述了社会主义革命和建设中带有全局性的十个问题，或十大关系。这十大关系是：重工业和轻工业、农业的关系；沿海工业和内地工业的关系；经济建设和国防建设的关系；国家、生产单位和生产者个人的关系；中央和地方的关系；汉族和少数民族的关系；党和非党的关系；革命和反革命的关系；是非关系；中国和外国的关系。毛泽东说："这十种关系，都是矛盾。世界是由矛盾组成的。没有矛盾就没有世界。我们的任务，是要正确处理这些矛盾。"①

上述十大关系是中国共产党在社会主义改造和社会主义建设的实践中遇到的新问题，毛泽东对它们逐个加以具体的分析，并且说："特别值得注意的是，最近苏联方面暴露了他们在建设社会主义过程中的一些缺点和错误，他们走过的弯路，你还想走？过去我们就是鉴于他们的经验教训，少走了一些弯路，现在当然更要引以为戒。"②《论十大关系》是毛泽东从分析中国的实际情况出发，即从分析中国的具体矛盾出发，实事求是路线的继续，而且表现出了探索中国特色社会主义道路的愿望。

《关于正确处理人民内部矛盾的问题》是毛泽东 1957 年 2 月在最高国务会议上的讲话，后经修改，在这一年的 6 月公开发表。1956 年 9 月中国共产党第八次全国代表大会召开，标志着中国的社会主义改造基本完成；同年，赫鲁晓夫在苏共 20 大上作秘密报告全盘否定斯大林，匈牙利发生反苏、反共的严重事件。《关于正确处理人民内部矛盾的问题》的宗旨，就是在这样的背景下，力图对社会主义社会的发展动力以及如何保持社会团结等重大问题作出回答。

这部著作的基本内容有：第一，强调矛盾的普遍性，指出社会主义社会仍然存在矛盾。毛泽东说："马克思主义的哲学认为，对立统一规律是宇宙的根本规律。这个规律，不论在自然界、人类社会和人们的思想中，都是普遍存在的。矛盾着的对立面又统一，又斗争，由此推动事物的运动和变化。矛盾是普遍存在的，不过按事物的性质不同，矛盾的性质也就不同。对于任何一个具体的事物说来，对立的统一是有条件的、暂时的、过渡的，因而是相对的，对立的斗争则是绝对的。"③ 第二，明确提出："在社会主义社会中，基本的矛盾仍然是生产关系和生产力之间的矛盾，上层建筑和经济基础之间的矛盾。"④ 第三，提出了社会主义社会存在敌我矛盾和人民内部矛盾两类不同性质矛盾的思想，并指出："许多人不敢公开承认我国人民内部还存在着矛盾，正是这些矛盾推动着我们的社会向前发展。许多人不承认社会主义社会还有矛盾，因而使得他们在社会矛盾面前缩手缩脚，处于被动地位；不懂得在不断地正确处理和解决矛盾的过程中，将会

① 《毛泽东著作选读》，下册，744 页。
② 同上书，720～721 页。
③ 同上书，766 页。
④ 同上书，767 页。

使社会主义社会内部的统一和团结日益巩固。”① 第四，对如何解决一系列的人民内部矛盾问题提出意见。

《论十大关系》和《关于正确处理人民内部矛盾的问题》，是毛泽东对唯物论和辩证法的创造性运用与丰富，是他对中国社会主义建设客观规律的探索，也是毛泽东从实际出发、实事求是哲学思想在新历史条件下的进一步发展。毛泽东的哲学思想在这一方向上的发展，最重要的成果是《人的正确思想是从哪里来的?》，这是毛泽东在社会主义建设时期公开发表的仅有的哲学著作。

《人的正确思想是从哪里来的?》写于1963年5月，是毛泽东修改中共中央文件时增写的一段话。这篇文章开头便说：“人的正确思想是从哪里来的？是从天上掉下来的吗？不是。是自己头脑里固有的吗？不是。人的正确思想，只能从社会实践中来，只能从社会的生产斗争、阶级斗争和科学实验这三项实践中来。”② 这段话简明、扼要、生动地概括了认识对实践的依赖关系，基本思想是《实践论》的，但表述显然更为精练。不过这一表述也明显地带有片面性。毛泽东是伟大的政治家，从社会发展的高度看，生产斗争、阶级斗争和科学实验自然是最重要的社会实践形式，但如果说人的正确认识只能从这三种形式的实践活动中来，则不能成立。《实践论》说：“人的社会实践，不限于生产活动一种形式，还有多种其他的形式，阶级斗争，政治生活，科学和艺术的活动，总之社会实际生活的一切领域都是社会的人所参加的。”③ 《人的正确思想是从哪里来的?》把艺术活动和社会实际生活的众多其他活动排除在外，是无法说明人的全部正确思想的来源的。

此外，这篇文章对认识发展的辩证过程做了新的、简要的说明。它指出：在实践中获得认识，是认识过程的第一个阶段，即由客观物质到主观精神、由存在到思想的飞跃；用获得的认识指导实践并在实践中对它加以检验，是认识的第二个飞跃，意义更加伟大的飞跃。文章还指出：“一个正确的认识，往往需要经过由物质到精神，由精神到物质，即由实践到认识，由认识到实践这样多次的反复，才能够完成。这就是马克思主义的认识论，就是辩证唯物论的认识论。”④ 关于认识的“两个飞跃”的提法非常生动，而且前所未见，是毛泽东的创造。与《实践论》结尾部分对“认识总规律”的表述相比，《人的正确思想是从哪里来的?》着眼点是对某个具体事物、具体问题的正确认识的获得，《实践论》则主要着眼于认识的无限发展，由相对真理向绝对真理的转化。《人的正确思想是从哪里来的?》关于对事物的正确认识要经过反复的、多次的“飞跃”才可以获得的思想，使唯物主义认识论的理论更加丰富了。

《人的正确思想是从哪里来的?》尽管存在一些片面性和不足，但基本精神与《实践论》完全一致，是对《实践论》的发展。它们都强调实践在认识过程中的决定作用，而在表述上，《人的正确思想是从哪里来的?》比《实践论》更为成熟，更为精练，集中反映了毛泽东在社会主义建设实践中对马克思主义哲学认识论的新思考。

---

① 《毛泽东著作选读》，下册，766页。

② 同上书，839页。

③ 《毛泽东著作选读》，上册，121页。

④ 《毛泽东著作选读》，下册，840页。

《人的正确思想是从哪里来的?》写于 1963 年，这一时期，毛泽东在许多地方都讲到了马克思主义哲学的认识论问题，甚至提出要不厌其烦地宣传马克思主义认识论。这些论述的基本精神，是唯物论。具体说，是尊重客观规律，尊重实践，尊重群众。他提出，人类总得不断地总结经验，错误往往是正确的先导，要向群众的实践请教，等等。

毛泽东的哲学思想的这一发展，与中国的社会主义建设遭遇的挫折有关。毛泽东曾说："自由是对必然的认识和对客观世界的改造。只有在认识必然的基础上，人们才有自由的活动。这是自由和必然的辩证规律。所谓必然，就是客观存在的规律性，在没有认识它以前，我们的行动总是不自觉的，带有盲目性的。这时候我们是一些蠢人。最近几年我们不是干过许多蠢事吗?"① 这里说的"蠢事"，应该包含"大跃进"和人民公社运动。

前面提到，毛泽东曾说中国一穷二白，如一张白纸，好写最新最美的文字，好画最新最美的图画。在这番话之后，他写的第一段文字、画的第一张图画，就是"大跃进"和人民公社。"大跃进"提出在 15 年或更短的时间内"超英赶美"，"一大二公"的人民公社则被认为是通往共产主义的"金桥"，跨过去，就进入共产主义了。实践证明这些都是脱离实际的空想。"大跃进"和人民公社运动的后果是生产力遭到极大的破坏，社会发展和人民的生活进入困难时期。从 1960 年起，毛泽东和中共中央开始总结经验教训，在错误和挫折的教育下，毛泽东的头脑逐渐冷静下来。1962 年 1 月，中共中央召开扩大的中央工作会议，俗称"七千人大会"，毛泽东在会上作了自我批评。正是在这样的背景下，毛泽东一再重提辩证唯物主义的认识论，并写了《人的正确思想是从哪里来的?》一文。

三　毛泽东的哲学思想的新发展（二）
——"千万不要忘记阶级斗争"

以上所说只是社会主义建设时期毛泽东的哲学思想发展的一条线索、一个方面。毛泽东的哲学思想中的另一方面，即夸大人的主观能动性和阶级斗争作用的唯意志论倾向，在新中国成立以后也得到了表现与发展。这固然与新中国成立以后中国共产党成为执政党、成为矛盾的主要方面、以改造中国为己任这种大的形势有关，但毛泽东个人，他的个性，也是重要原因。1981 年通过的《中国共产党中央委员会关于建国以来党的若干历史问题的决议》说："由于我们党领导社会主义事业的经验不多，党的领导对形势的分析和对国情的认识有主观主义的偏差，'文化大革命'前就有过把阶级斗争扩大化和在经济建设上急躁冒进的错误。"② 这一错误主要是毛泽东的。毛泽东在这一时期的错误，根源在他的哲学思想。毛泽东本人并没有就他在这方面的哲学思想写过完整的著作，相关思想主要体现在他的实际工作中和一些零散的论述中。

这一错误从社会主义改造时期就开始了。从 1949 年新中国成立到 1956 年中共八大召开，是中国的社会主义改造时期。1953 年毛泽东曾说："党在这个过渡时期的总路线

---

① 《毛泽东著作选读》，下册，833 页。
② 《三中全会以来重要文件选编》，上册，167 页，北京，人民出版社，1982。

和总任务，是要在一个相当长的时期内，逐步实现国家的社会主义工业化，并逐步实现国家对农业、对手工业和对资本主义工商业的社会主义改造。这条总路线是照耀我们各项工作的灯塔，各项工作离开它，就要犯右倾或‘左’倾的错误。”① 然而到1955年下半年，他便对刘少奇等人社会主义改造稳步发展的方针提出激烈批评，称他们为农业合作化运动中的“小脚女人”，发动了反对右倾保守思想的斗争，并提出，中国的手工业和资本主义工商业的社会主义改造也应当争取提早完成，国家的工业化和科学、文化、教育、卫生的发展，都应适当加快。为此，他在1955年9月至12月，为《中国农村的社会主义高潮》一书写了100多篇按语，鼓励全党加快社会主义改造的步伐。在他的推动下，原计划在15年或更多一些时间内完成的生产资料所有制社会主义改造任务，只用了3年的时间便告完成。《中国共产党中央委员会关于建国以来党的若干历史问题的决议》讲到这场社会主义改造运动时说：“这项工作中也有缺点和偏差。在一九五五年夏季以后，农业合作化以及对手工业和个体商业的改造要求过急，工作过粗，改变过快，形式也过于简单划一，以致在长期间遗留了一些问题。”② 历史证明，不是别人是“小脚女人”，而是毛泽东自己太性急了。

毛泽东的急性病在1956年中共八大以后又有了进一步的发展。1957年10月，毛泽东批评说，1956年下半年和1957年上半年松了劲，现在要鼓足干劲，掀起社会主义建设的新高潮。1958年初，毛泽东几次对1956年下半年经济工作中的反冒进提出批评，甚至说周恩来和陈云反冒进犯了方向性的错误，泄了6亿人民的气，离右派只有50米。不久又提出了“鼓足干劲，力争上游，多快好省地建设社会主义”的总路线，而总路线的灵魂是速度，用最高的速度发展社会生产力，是总路线的基本精神。

很快，一场“大跃进”运动在全国兴起。生产、科研、教学领域“卫星”纷纷上天。1958年，河北省徐水县放出小麦亩产12万斤的“卫星”，湖北麻城则创出早稻亩产近3万7千斤的奇迹。7月23日《人民日报》发表社论说：“没有万斤的思想，就没有万斤的收获”；“只要我们需要，要生产多少就可以生产多少粮食出来”③。连教育也要“大跃进”。县办大学到处涌现，大学生动手编写教材，而且几个月就完稿。

“大跃进”的精神在整个社会的发展上也有表现。1958年年初，毛泽东多次讲到要在全国建立人民公社。按他的设想，人民公社把工（工业）、农（农业）、商（商业）、学（文化教育）、兵（全民武装）结合在一起，此外还要有医院、科研机构、公共食堂、俱乐部、治安警察，等等。人民公社的特点“一曰大，二曰公”，即规模巨大，破除私有。它将是社会的基层组织，全国就是一个大公社。“共产主义是天堂，人民公社架桥梁”，进入共产主义似乎指日可待。1958年10月，山东范县召开万人大会，宣布1960年进入共产主义，此举竟然得到毛泽东的支持。

马克思曾经说：“无论哪一个社会形态，在它所能容纳的全部生产力发挥出来以前，是决不会灭亡的；而新的更高的生产关系，在它的物质存在条件在旧社会的胎胞里成熟

① 《毛泽东著作选读》，下册，704页。
② 《三中全会以来重要文件选编》，上册，170页。
③ 转引自李锐：《毛泽东的早年与晚年》，243页，贵阳，贵州人民出版社，1992。

以前，是决不会出现的。"[①] 1952年，中国的经济水平只与1936年相当，在毛泽东的推动下，4年后便宣布进入了社会主义社会。再过两年，又要一步跃进到共产主义。如此超越历史阶段建设社会主义，必然遭遇众多阻力，建设事业的进行以及所建成的社会主义制度的巩固，只能求助于阶级斗争，即对一切敢于持反对意见的人展开批判、斗争，直至实行无产阶级专政。阶级斗争成为毛泽东社会主义实践的主要手段。

首先是和被推翻的剥削阶级斗。这些人虽被推翻，但"人还在，心不死"，随时想着复辟资本主义。

其次是和国外的帝国主义斗。它们"亡我之心不死"，对社会主义中国虎视眈眈，武力威胁，和平演变，无所不用其极。

最后，更重要的是必须和党内及人民内部跟不上毛泽东革命步伐的人斗。随着革命的深入，这些人甚至成为主要的斗争对象，必须把他们视为阶级敌人，施以无产阶级专政。

1978年以前，新中国的历史几乎是毛泽东不断发动"阶级斗争"的历史。中共八大以前，毛泽东就和党内主张"巩固新民主主义秩序"以及在社会主义改造问题上"反冒进"的右倾机会主义做了不懈的斗争。中共八大提出，社会主义制度在中国已经基本建立起来；国内主要矛盾已经不再是工人阶级和资产阶级的矛盾，而是人民对经济文化迅速发展的需要同经济文化不能满足人民需要的状况之间的矛盾；全国人民的主要任务是集中力量发展社会生产力，实现国家工业化，逐步满足人民日益增长的物质文化需要；虽然还有阶级斗争，但其根本任务已经是在新的生产关系下保护和发展生产力。为此，毛泽东提出了正确处理人民内部矛盾的问题。但第二年，他就发动了反右斗争，55万知识分子，占当时全国知识分子总数九分之一的人，被打成右派，成为阶级敌人。

1957年6月《关于正确处理人民内部矛盾的问题》公开发表时，毛泽东在原稿上加了这样一段话：在我国，虽然社会主义改造，在所有制方面说来，已经基本完成，但是"阶级斗争并没有结束。无产阶级和资产阶级之间的阶级斗争，各派政治力量之间的阶级斗争，无产阶级和资产阶级之间在意识形态方面的阶级斗争，还是长时期的，曲折的，有时甚至是很激烈的。……在这一方面，社会主义和资本主义之间谁胜谁负的问题还没有真正解决"[②]。4个月之后，他进一步说："无产阶级和资产阶级的矛盾，社会主义道路和资本主义道路的矛盾，毫无疑问，这是当前我国社会的主要矛盾。"[③]

1958年搞"大跃进"和人民公社，劳民伤财，得不偿失，全党上下要求反"左"降温。然而在1959年"庐山会议"上，毛泽东又把这种意见斥之为"右倾机会主义"，其代表人物彭德怀等被打成"反党集团"。毛泽东在总结这场斗争时说："庐山出现的这一场斗争，是一场阶级斗争，是过去十年社会主义革命过程中资产阶级与无产阶级两大对抗阶级的生死斗争的继续。在中国，在我党，这一类斗争，看来还得斗下去，至少还要斗二十年，可能要斗半个世纪，总之要到阶级完全灭亡，斗争才会止息。"[④] 旧的社

---

① 《马克思恩格斯选集》，2版，2卷，33页。

② 《毛泽东著作选读》，下册，785页。

③ 《毛泽东传》（1949—1976），720页，北京，中央文献出版社，2003。

④ 同上书，1002～1003页。

会斗争止息了，新的社会斗争又起来。总之，按照唯物辩证法，矛盾和斗争是永远的，否则不成其为世界。“资产阶级的政治家说，共产党的哲学就是斗争哲学。一点也不错，不过，斗争形式，依时代不同而有所不同罢了。”①

毛泽东对阶级斗争的迷恋，在1962年进一步升温。他在这一年9月召开的中共中央八届十中全会上向全党郑重发出警告：“千万不要忘记阶级斗争”；在北戴河工作会议上提出，阶级斗争“要年年讲、月月讲、天天讲”，这是“党的基本路线”。对阶级斗争的重视，无以复加。

值得注意的是，正是在1962年，毛泽东在“七千人大会”上就几年来急于求成，不尊重客观规律的问题做了自我批评，1963年初又写下了《人的正确思想是从哪里来的?》一文。一方面夸大阶级斗争的作用，另一方面告诫大家要一切从实际出发。这一矛盾现象，正是毛泽东本人思想深处两条相互抵触的哲学思想基本线索同时存在的表现。

由上所述可以看出，由于在社会主义改造和社会主义建设问题上的急性病，毛泽东想要超越社会发展的实际水平，使中国一跃进入社会主义、共产主义，所谓“一万年太久，只争朝夕”，为此必然把社会主义制度建立、巩固与发展的希望寄托在阶级斗争之上。此外，1956年赫鲁晓夫在苏共20大上对斯大林的攻击与否定，同年发生的旨在反对共产党领导的“匈牙利事件”，1961年苏共22大提出“全民国家、全民党”否定无产阶级专政，以及国内某些地方官僚主义滋长、干群关系紧张，使毛泽东深感即使在社会主义国家内部，在一个很长的历史时期，也将存在政权改变颜色的危险，因此有必要重提阶级和阶级斗争，反对修正主义，把强调阶级斗争作为党的基本路线。以上对国际共产主义运动经验教训的片面总结，对国内阶级形势的错误估计，也是毛泽东提出“千万不要忘记阶级斗争”口号的重要原因。

提出“千万不要忘记阶级斗争”的警告和把阶级斗争作为党的基本路线，表明毛泽东在历史观上已经抛弃了马克思主义最核心的东西，用主观愿望和主观意志取代生产力作为社会发展的基本动力，陷入了阶级斗争决定论，表现出强烈的唯意志论色彩，陷入了历史的唯心主义。

毛泽东的哲学思想的以上发展不仅仅属于毛泽东个人。由于对他的个人迷信，也由于阶级斗争的威慑和理论领域的大批判，毛泽东的哲学思想也是当时中国哲学界的主流思想，实际上就等于中国的马克思主义哲学。把唯物史观的基本精神作为“唯生产力论”批判，是哲学界的主调。与此相悖的观点是不可能存在的，即使是相关的学术讨论，最后也要变成对不同观点的批判和政治讨伐。1958年到1965年，哲学界曾就“思维和存在的同一性”问题进行讨论；1964年开始又出现了关于“一分为二”与“合二而一”的论争。前者实质上是维护和反对“大跃进”时期“人有多大胆，地有多大产”唯心主义思想的两种意见的交锋，后者则涉及在要不要把阶级斗争作为历史发展主要动力问题上的不同看法。讨论尚未结束，“文化大革命”开始，认为思维与存在有同一性是唯心主义命题和主张认识事物要“一分为二”、处理问题要“合二而一”的人，被指

① 《毛泽东传》(1949—1976)，1003页。

责为马克思主义哲学唯物论和辩证法的敌人，是在主张阶级调和论，受到严厉的政治批判。

第四节　“文化大革命”时期毛泽东的哲学思想

在“文化大革命”中，斗争哲学泛滥，空想社会主义盛行。在这一时期，学习和宣传毛泽东的“文化大革命”理论是哲学家们的首要任务，马克思主义哲学以及整个马克思主义在中国的发展，因毛泽东的错误而经历了一次重大的挫折。

一　斗争哲学

新中国成立以后，毛泽东一如既往地重视阶级斗争，但当他在1962年发出千万不要忘记阶级斗争的警告时，他所理解的阶级斗争又有了新的内涵。

首先，他心目中最危险的阶级敌人，已经不是早被打倒的地主、资本家，国民党反动派，而是党内的走资本主义道路当权派。他在“文化大革命”中提出的“无产阶级专政条件下的继续革命理论”，主要是号召革这些人的命。

早在1965年，毛泽东就告诫全党要警惕党中央出修正主义，1966年又提出：“混进党里、政府里、军队里和各种文化界的资产阶级代表人物，是一批反革命的修正主义分子，一旦时机成熟，他们就会要夺取政权，由无产阶级专政变为资产阶级专政。”① 这些人就是“党内一小撮走资本主义道路的当权派”。1949年以后，阶级斗争不断深入。斗争对象先是暗藏的国民党残余势力，后是地主资本家，再后是右派分子（主要成员是知识分子），1959年庐山会议上与彭德怀等人的斗争是党内的阶级斗争，但阶级敌人在党内的存在还没有被作为一种普遍现象来看。但这一次，毛泽东说：“中央和中央各机关，各省、市、自治区，都有这样一批资产阶级代表人物。”② 与党内资产阶级代表人物的斗争，已经上升为具有普遍意义的无产阶级专政条件下继续革命的理论。

其次，这时的毛泽东，特别强调意识形态领域的阶级斗争。在毛泽东看来，阶级斗争不仅要和阶级敌人斗，而且要和各种非无产阶级思想斗，要在文化领域与资产阶级和修正主义斗争。反动文化是资产阶级和修正主义分子产生的温床，是资产阶级与无产阶级争夺接班人的阵地。

他在1962年就说：“利用小说来进行反党活动，这是一大发明。……凡是要推翻一个政权，总要先造成舆论，总要先搞意识形态方面的工作。无论革命也好，反革命也好，他先要搞意识形态。”③ 1964年又说：“社会主义社会还存在着阶级斗争，存在着社会主义和资本主义这两条道路的斗争。单有经济战线上（在生产资料所有制上）的社会

① 《中国共产党中央委员会通知》，转引自《毛泽东传》（1949—1976），1409页。

② 《中国共产党中央委员会通知》，载《人民日报》，1966-05-17。

③ 《在党的八届十中全会上的讲话》，转引自《毛泽东传》（1949—1976），1254～1255页。

主义革命，是不够的，并且是不巩固的。必须还有一个政治战线上和一个思想战线上的彻底的社会主义革命。”① 在此前后，他对当时的文艺、出版、教育，对整个中共中央宣传部的工作，提出强烈的批评。

在毛泽东看来，正是因为解放以后只是进行了生产资料所有制的社会主义改造，没有对旧的思想文化展开彻底的批判和清除，才使得各种旧思想、旧观念还在继续毒害社会，特别是青年一代。这是对社会主义制度的严重威胁。

基于对阶级斗争的如上理解，毛泽东指出：“文化大革命”的目的“是斗垮走资本主义道路的当权派，批判资产阶级的反动‘学术’权威，批判资产阶级和一切剥削阶级的意识形态，改革教育，改革文艺，改革一切不适应社会主义经济基础的上层建筑，以利于巩固和发展社会主义制度。”② 就是说，“文化大革命”要和政治上的走资派斗，和学术界的反动权威斗，和渗透在各种学术领域以及人们日常生活中的旧思想、旧观念、旧习惯斗，和教育、文艺及其他方面的旧制度斗。甚至八级工资制、按劳分配、货币交换都成为斗争的对象。“文化大革命”就是一场无处不在进行的斗争。

政治斗争，学术批判，制度改革，古已有之，以群众运动的形式和人们日常生活中的旧思想、旧观念、旧风俗、旧习惯斗争，是毛泽东发动的“文化大革命”的创造。“文化大革命”前，林彪在军队建设中提出“四个第一”，即人的因素第一，政治工作第一，思想工作第一，活的思想第一。毛泽东对此予以高度肯定，他说：“四个第一好，这是个创造。”③ 本着这样的精神，“文化大革命”成为一场触及人的灵魂的革命，是对每一个中国人的思想的改造，而且是抓住人的活思想，即正在头脑中活动着的思想进行的改造。至此，思想领域的阶级斗争无以复加，出现了“斗私批修”，“灵魂深处闹革命”，“狠斗私字一闪念”，学习毛泽东著作要“活学活用”、“急用先学”、“立竿见影”，“早请示、晚汇报”等荒唐的做法。

在“文化大革命”中，马克思主义哲学与斗争哲学画上等号，受到极大的歪曲。毛泽东甚至提出，斗则进，不斗则退，不斗则修，不斗则垮，“八亿人口，不斗行吗?”斗争已经不是事物对立统一关系中的一个方面，而成为一种世界观，一种人的生存方式，成为中国社会进步的主要动力和毛泽东的哲学思想的主要特征。

二　阶级斗争决定论与毛泽东的空想社会主义

林彪为什么要提出四个第一？他的解释是：“我们要想办法发挥思想的力量来代替物质的力量，以至于超过物质的力量。思想能够起这样的作用。”④ 毛泽东奉行斗争哲学，把阶级斗争确定为中国共产党的基本路线，发动“文化大革命”与所谓“党内走资本主义道路的当权派”斗争，要求人们开展灵魂深处的革命，也是出于林彪所说的原

---

① 转引自《关于赫鲁晓夫的假共产主义及其在世界历史上的教训》，载《解放军报》，1966-05-04。

② 转引自《中国共产党中央委员会关于无产阶级文化大革命的决定》（一九六六年八月八日通过），载《人民日报》，1966-08-09。

③ 转引自《高举毛泽东思想伟大红旗，彻底批判资产阶级军事路线》，载《解放军报》，1967-07-31。

④ 转引自林彪：《在全军高级干部会议上的讲话》（1960年10月），见《毛泽东思想胜利万岁》，130页，北京，1969。

因。因为他在晚年竭尽全力追求的，不是科学的社会主义，而是空想社会主义，而空想社会主义是得不到生产力发展水平和广大人民群众的支持的，他只能求助于思想的、精神的力量，把他心目中的社会主义理想的实现，寄托在通过阶级斗争清除政治上和思想上的反对者，统一人们的思想上。

晚年毛泽东奉行的历史观上的阶级斗争决定论、唯意志论，根源在于他的空想社会主义理想。空想社会主义是解读毛泽东背离唯物史观陷入阶级斗争决定论的钥匙。

这种空想社会主义集中反映在毛泽东的“五·七”指示中。该指示说：

> 工人以工为主，也要兼学军事、政治、文化。也要搞社会主义教育运动，也要批判资产阶级。在有条件的地方，也要从事农副业生产，例如大庆油田那样。
>
> 公社农民以农为主（包括林、牧、副、渔），也要兼学军事、政治、文化。在有条件的时候，也要由集体办些小工厂，也要批判资产阶级。
>
> 学生也是这样，以学为主，兼学别样，即不但学文，也要学工、学农、学军，也要批判资产阶级。学制要缩短，教育要革命，资产阶级知识分子统治我们学校的现象，再也不能继续下去了。
>
> 商业、服务行业、党政机关工作人员，凡有条件的，也要这样做。①

这番话写于“文化大革命”刚刚开始的时候，显然是毛泽东描绘的通过这场运动所要实现的社会蓝图。过后不久，果然在全国出现了机关干部和知识分子参加体力劳动的“五·七”干校，出现了知识青年的上山下乡运动，许多城市居民也提出“我们也有两只手，不在城里吃闲饭”，纷纷下乡。这张蓝图的确美好，颇有马克思恩格斯所说的共产主义社会的味道。但在今天看来，它与历史上无数的社会主义空想并无本质区别，因为它完全不讲实现蓝图所需的物质生产力以及其他的客观条件，而在当时的中国，刚刚从“大跃进”造成的三年困难中走出来，不少人连饭都吃不饱，发展经济是当务之急，而经济的发展是有其不以人的意志为转移的客观规律的。干部、知识分子和多数青年学生，下乡几年后便返回城市。毛泽东本人和他领导的“文化大革命”无力使“五·七”指示变为现实，这一事实充分证明了毛泽东上述设想的空想性。

毛泽东晚年追求的空想社会主义实际上是其早年空想社会主义思想的再现。

1919 年 12 月 1 日《湖南教育月刊》发表毛泽东的署名文章《学生之工作》。受武者小路实笃②影响，毛泽东在文章中提出自己的“新村”设想。文章说：

> 我数年来梦想新社会生活，而没有办法。七年③春季，想邀数朋友在省城对岸岳麓山设工读同志会，从事半耕半读，因他们多不能久在湖南，我也有北京之游，事无成议。今春回湘，再发生这种想像，乃有在岳麓山建设新村的计议，而先从办一实行社会说本位教育说的学校入手。此新村以新家庭新学校及旁的新社会连成一

---

① 《致林彪》(1966 年 5 月 7 日)，载《人民日报》，1966-08-01。

② 日本作家，年轻时受托尔斯泰影响，提倡人道主义。1918 年创办《新村》杂志，宣扬乌托邦思想，主张建立新村，人人平等，互助友爱，半工半读，共同生活。经周作人介绍，在当时的中国青年知识分子中产生一定影响。

③ 民国七年，即 1918 年。

块为根本理想……①

创建新村的目的，是借以改良生活，以促使家庭社会进步。文章又说：

> 合若干之新家庭，即可创造一种新社会。新社会之种类不可尽举，举其著者：公共育儿院，公共蒙养院，公共学校，公共图书馆，公共银行，公共农场，公共工作厂，公共消费社，公共剧院，公共病院，公园，博物馆，自治会。
>
> 合此等之新学校，新社会，而为一“新村”。②

文章对新村的设想不可谓不详，但其空想性也显而易见。它与马克思主义的科学社会主义理论相去甚远，倒与康有为的大同世界非常相似。在康有为的理想社会中，没有国家，全世界设总政府。那里有胎教、育婴、蒙养、养病、养老等院，有公共宿舍、公共食堂。人在成年后由政府指派从事农工等事业，每天只工作三四小时，甚至一二小时，其余时间从事娱乐读书。只是康有为立足世界，此时的毛泽东仅着眼于在岳麓山建立新村，毛泽东着重讲学校，康有为则未予学校以特别的重视。

实际上，毛泽东一生都没有完全放弃其新村理想，这从他 1958 年对人民公社的设想就可以看出。

当然，毛泽东是马克思主义者，科学社会主义理论对他并不陌生，因而他也时常讲到发展生产力的重要性。但因为他对社会主义的理解中始终有空想的成分，他才在 1958 年和 1966 年两次提出他的社会乌托邦理论。这种看似矛盾的情况，恰好是他哲学思想中存在实事求是的唯物主义和唯意志论的唯心主义两条对立基本线索的表现。

思想深处始终存在的空想社会主义理想，是毛泽东晚年夸大阶级斗争的作用，滑向唯意志论历史唯心主义的关键。按照科学社会主义理论，社会主义制度是在资本主义社会中随生产力的发展自然而然地“长出来”的，阶级斗争，无产阶级革命，只是助产婆。如果追求空想社会主义，由于不具备客观物质条件，任何人都只能求助于精神、意志和无休止的斗争，以期通过对反对者实行专政或者改造他们的思想，人为地“造出”一个理想社会来。林彪企图以思想的力量取代物质的力量的“四个第一”，之所以得到毛泽东的赞赏，原因正在这里。

毛泽东在理论上和实践上对阶级斗争的膜拜，背离历史唯物主义，与斯大林搞阶级斗争扩大化、否定矛盾的同一性有不少相似之处。1917 年以前的俄国和 1949 年以前的中国，都是资本主义尚未得到充分发展的落后国家，斯大林和毛泽东都想在不具备客观条件的落后国家立即建成社会主义。两人的出身和革命经历也有共同的地方。他们在社会主义理论和实践上的相似，是很自然的。从总体上看，俄罗斯和中国都属于东方国家，马克思主义与东方国家革命实践的结合，不可能不表现出一些相似的特点。

---

① 《毛泽东早期文稿》，449 页。

② 同上书，454 页。

第六章

马克思主义哲学在西方国家的发展

——西方马克思主义

西方国家的马克思主义者处在与东方国家不同的环境中，面临着与东方国家不同的实践任务，因而他们对马克思主义和马克思主义哲学也作出了与东方国家的马克思主义者不同的选择，形成了与流行于苏联和中国等地的马克思主义哲学截然有别的马克思主义哲学流派——西方马克思主义。

在很长一个时期里，我们把马克思主义哲学与辩证唯物主义历史唯物主义完全等同起来，因而把西方马克思主义斥责为资产阶级哲学，认为它与马克思主义哲学是根本对立的。实际上，西方马克思主义是20世纪西方发达国家的马克思主义哲学，它和东方国家的马克思主义哲学，即辩证唯物主义和历史唯物主义，是马克思恩格斯的哲学思想与东西方不同文化、不同传统以及马克思主义者面临的不同实践需要相结合的产物，它们共同构成了20世纪的活生生的马克思主义哲学。

第一节　马克思主义在西方国家遇到的新问题

所谓西方国家，就地理位置讲，大体上是指中欧、西欧及北美各国；就政治分野讲，是指发达的资本主义国家，它是相对于苏联等地处东部欧洲和亚洲的社会主义国家而言的。西方国家的现实国情和文化传统与东方国家有很大的不同，这种区别使得马克思主义哲学的传播发展遇到了与东方国家完全不同的问题，深刻影响了马克思主义哲学在西方国家的发展。

一　西方国家社会发展中的新趋势

在马克思主义的历史发展中，《共产党宣言》是一个重要的里程碑。世所公认，它是完整的马克思主义理论诞生的标志。《共产党宣言》写于1848年革命的前夕。在当时的资本主义世界，资本家以最野蛮的手段剥削、压榨工人群众，工人阶级陷入绝对贫困化；资本家之间互相争夺、欺诈，手段无所不用其极，给生产力造成极大破坏的经济危机已经出现；激烈的阶级斗争无处不在，社会革命一触即发。在这样的背景下问世的马克思主义，立即在欧洲各国广泛传播开来。

但在此之后，由于无产阶级的阶级斗争，也由于资本主义制度自身的发展完善，西方国家的情况逐渐发生变化，出现了与1848年时不同的新的发展趋势。

对这种新趋势，马克思恩格斯已经有所认识，特别是恩格斯，在晚年所写的许多著作中，例如在《〈英国工人阶级状况〉1892年德文第二版序言》和去世前不久写的《卡尔·马克思〈1848年至1850年的法兰西阶级斗争〉一书导言》中，曾对它做过比较全面的分析。就恩格斯的分析来看，这种新趋势主要表现在以下几个方面。

第一，物质生产力在资本主义制度下不断获得新的发展空间。恩格斯指出，自1848年革命以来，资本主义国家的生产力有了极大的发展，形成一场“经济革命”。至于经济危机，恩格斯说：生产力的飞速发展“和以前一样被每十年一次的危机所中断：1857年有一次危机，1866年又有一次；但是危机的这些反复发作现在已经被看成是一种自然的、不可避免的事情，这种事情是命中注定的遭遇，但最后总是又走上正轨”①。就是说，尽管有经济危机，但它并不表明资本主义即将寿终正寝，资本主义的生命力依然旺盛。

第二，“大工业看起来也变得讲道德了”②。一方面，靠假冒伪劣产品和缺斤短两的小手腕牟取利益的哄骗欺诈行为不见了，资本主义市场日益规范；另一方面，也是更重要的，用偷偷摸摸的办法算计工人、在工人身上牟取金钱的小算盘被放弃了；工人的工作时间在缩短，生活条件得到改善，各种相关立法不断完善，童工、女工的使用受到限制。工人阶级的状况明显改善。恩格斯说：

> 企业规模越大，雇用的工人越多，每次同工人发生冲突时所遭受的损失和营业困难也就越多。因此，工厂主们，尤其是大的工厂主们，就渐渐感染了一种新的精神。他们学会了避免不必要的纠纷，默认工联的存在和力量，最后甚至发现罢工——发生得适时的罢工——是实现他们自己的目的的有效手段。过去带头同工人阶级作斗争的最大的工厂主们，现在却首先起来呼吁和平和协调了。③

他又说：

> 霍乱、伤寒、天花以及其他流行病的一再发生，使英国资产者懂得了，如果他

① 《马克思恩格斯选集》，2版，第4卷，427页。

②③ 同上书，420页。

想使自己以及自己的家人不致成为这些流行病的牺牲品，就必须立即着手改善自己城市的卫生状况。因此，这本书（指恩格斯写于1845年的《英国工人阶级状况》——引者）里所描写的那些最令人触目惊心的恶劣现象，现在或者已经被消除，或者已经不那样明显。下水道已经修筑起来或改善了；在最坏的“贫民窟”中间，有许多地方修建了宽阔的街道……①

恩格斯还指出，这时已经不能再简单地说工人越来越贫困，“他们的不断加强的抵抗，会在可能范围内给**贫困的增长**以某种遏制”②。

第三，资产阶级民主不断完善。1848年前后，工人阶级正在为普选权而苦苦斗争，19世纪末，普选权在许多先进资本主义国家正在成为现实。占人口大多数的劳动者，有了通过选举和开展议会斗争表达自己的意见甚至改变社会生活的可能。这是一个意义重大的变化。

早在1872年，马克思在强调工人阶级应当摧毁旧制度夺取政权的同时，指出：

但是，我们从来没有断言，为了达到这一目的，到处都应该采取同样的手段。

我们知道，必须考虑到各国的制度、风俗和传统；我们也不否认，有些国家，像美国、英国，——如果我对你们的制度有更好的了解，也许还可以加上荷兰，——工人可能用和平手段达到自己的目的。③

到1895年，德国社会民主党在议会选举中得票超过总票数的四分之一。恩格斯认为，这使德国工人阶级“得到了千百倍的好处，并成了世界各国工人的榜样”④。他高度评价德国工人把选举作为新的斗争手段的做法，赞扬他们“给了世界各国同志一件新的武器——最锐利的武器中的一件武器，向他们表明了应该怎样使用普选权”⑤。他甚至认为暴力革命在西方国家已经极为困难，以至完全没有取胜的可能。他要大家警惕：“为什么统治阶级一定要把我们引到枪鸣剑啸的地方去？为什么现在人家因为我们不愿贸然走上我们预先知道必遭失败的街头，就指责我们怯懦？为什么他们这样坚决恳求我们最后一定答应去当炮灰？”⑥

以上论述表明，到19世纪末，资本主义国家的情况已经与1848年时有了很大的不同，资本主义的发展表现出了新的趋势，它日益“有道德”了，趋于合理了。

二 科学社会主义运动遇到的新问题

这种新问题是什么？简而言之，就是无产阶级的革命热情，尤其是暴力革命的热情，逐渐退化。

列宁在批判放弃革命的机会主义时曾经说：“机会主义是在数十年的过程中，由资本主义发展的这样一个时代的各种特点产生的，在这个时代，享有特权的工人阶层的比

① 《马克思恩格斯选集》，2版，第4卷，421页。
② 同上书，408页。
③ 《马克思恩格斯全集》，中文1版，第18卷，179页，北京，人民出版社，1964。
④⑤ 《马克思恩格斯选集》，2版，第4卷，516页。
⑥ 同上书，521页。

较安定和文明的生活，使这些工人‘资产阶级化了’，使他们从本国资本的利润中分得一点油水，使他们感受不到破产的贫困的大众的灾难、痛苦和革命情绪。”①

革命情绪是和灾难、痛苦联系在一起的。在资本主义发展的早期，法制不完善，各种社会保障完全是空白，资本家对工人的剥削无所不用其极，劳动人民得不到任何保护。在这种情况下，广大工人生活在水深火热之中，各种矛盾（主要是无产阶级和资产阶级的矛盾）日益尖锐，群众的不满情绪不断高涨，革命一触即发。主张进行暴力革命的科学社会主义理论就是在这样的情况下产生的。但当资本主义的发展表现出新的趋势，工人阶级的状况有了重大改善，出现了以和平的手段达到目的的可能性时，广大工人是很难继续保持这种革命情绪的。即使列宁斥责他们“资产阶级化了”，也无法阻止革命热情退化这种新问题的出现。

上述问题的出现，导致欧洲国家的科学社会主义运动发生分化。

首先，一部分人坚持原有的科学社会主义理论，主张继续开展无产阶级革命，以暴力手段夺取政权。这些人的代表，是列宁。列宁与否认暴力革命的“修正主义”进行了坚决的斗争，在俄国发动十月革命并取得胜利，树立了实践科学社会主义的榜样。

在西方国家的工人阶级政党内，也有不少人持与列宁近似的观点。最著名的，是以罗莎·卢森堡为代表的德国社会民主党内的斯巴达克同盟。这一派别的存在，既有现实生活的基础，也有理论上的依据。从现实生活看，落后的俄国完全不存在西方先进资本主义国家那种新的变化，相反，阶级矛盾和阶级斗争日趋激烈，列宁主义符合俄国的实际需要。即使在西方国家，虽然资本主义有了新的面貌，但阶级剥削阶级压迫以及资本主义制度的其他弊端，并未根除。从理论上看，恩格斯在晚年虽然一再强调情况与1848年有了极大的不同，但并没有完全否定阶级斗争和无产阶级革命的意义，从未把议会选举视为实现社会主义前途的唯一途径。在讲了资本主义社会的新变化以及积极投入议会选举的重要意义以后，恩格斯指出：“不言而喻，我们的外国同志们没有放弃自己的革命权。须知革命权总是唯一的**真正**‘历史权利’，——是所有现代国家一无例外都以它为基础建立起来的唯一权利”②。即使是在德国，恩格斯也认为民主的方式可以促进革命力量的发展并使之得到保护，但很可能最终还是要靠革命来解决问题。他说：在德国，“我们的主要任务就是不停地促使这种力量增长到超出现政府制度的控制能力，不让这支日益增强的突击队在前哨战中被消灭掉，而是要把它好好地保存到决战的那一天”③。

其次是主张彻底放弃无产阶级革命，走议会道路和社会改良的修正主义。修正主义的代表人物是伯恩施坦。

爱德华·伯恩施坦（1850—1932）出生于柏林一个火车司机的家庭，犹太人。1872年加入德国社会民主工党，曾深受拉萨尔和杜林学说的影响。1878年俾斯麦颁布《反

① 《列宁选集》，3版，第2卷，489～490页。

② 《马克思恩格斯选集》，2版，第4卷，522页。

③ 同上书，523页。在同年出版的单行本中，恩格斯把“不让这支日益增强的突击队在前哨战中被消灭掉，而是要把它好好地保存到决战的那一天”删去，这表明在革命到底是不是不可避免这个问题上，他并没有最终的结论。

社会党人法》之后流亡英国等地，受英国改良主义影响，开始鼓吹“走合法的即改良的道路”，后经马克思和恩格斯的批评教育，于 1880 年承认错误。他从 1881 年起担任党的机关刊物《社会民主党人报》主编，积极宣传马克思主义，被誉为“正统的马克思主义理论家”，与倍倍尔一道被恩格斯指定为自己遗作的代管者。他于 1902—1906 年及 1912—1918 年任德国国会议员；1918 年德国十一月革命失败后，任谢德曼反动政府经济和财政国务秘书，1920—1928 年任魏玛共和国国会议员。代表作有《社会主义问题》（1896—1898 年）、《社会主义的前提和社会民主党的任务》（1899 年）、《一个社会主义者的发展过程》（1924 年）等。

伯恩施坦被公认为第一个修正主义者。1895 年恩格斯逝世，伯恩施坦从 1896 年起在考茨基主编的《新时代》上以“社会主义问题”为总标题发表一系列文章，并在这些文章的基础上写成《社会主义的前提和社会民主党的任务》一书，于 1899 年出版。以这本书为标志，伯恩施坦开始公开修正马克思主义。列宁说：这部“最平凡的作品，却具有显著的政治意义，它成了马克思主义内部的一个完全脱离马克思主义的流派的宣言”①。

伯恩施坦并不认为自己是在背叛他终生都要感谢的马克思，在给倍倍尔的一封信中，他说他只是试图“使马克思主义同现实取得一致”，“开阔”马克思主义的学说。②

马克思主义学说在什么地方与现实不一致？伯恩施坦认为，在于资本主义的现实生活已经与马克思的学说所涉及的情况有了很大的改变。他认为：资本主义社会并没有像马克思所说的发生两极分化，只存在资产阶级和无产阶级两个阶级，而是正在出现一个不断壮大的中产阶级，社会财富的所有权在不断分散；无产阶级也并不再日益贫困，直到铤而走险进行革命，他们的工资在增加，生活得到很大的改善；政治民主也在日益完善。他的结论是：阶级矛盾正在得到调和，阶级冲突可以避免，资本主义正在向社会主义演化。

他的观点集中在下面这段话上：

> 我坚信今天的一代人必将看到，社会主义即使不是在正式的形式上，至少也是在内容上已经大部分实现了。各种社会义务的持续扩大，即个人对社会的义务及其相应权利和社会对个人的义务的持续扩大、在民族或国家内部已组织起来的社会对经济生活的监督权力的扩大，以及村、区和省各级民主自治政府的建设，再加上这方面社会联系任务的增加——这一切在我看来都是向社会主义发展。
>
> 把经济企业从私人手里转交给公众管理当然也带来这一发展，但这只能缓慢地进行……一部好的工厂法比把一批工厂都国有化可能更体现社会主义。我坦率地承认，我对通常称作“社会主义最终目标”的东西极少热情和兴趣。这个目标无论怎样，在我看来都是微不足道的，运动就是一切。③

伯恩施坦的修正主义是对科学社会主义的根本否定。不论是暴力手段还是和平手

① 《列宁全集》，中文 2 版，第 20 卷，115 页，北京，人民出版社，1989。

② 参见［奥地利］尤利乌斯·布劳恩培尔：《国际史》（第一卷），311 页，上海，上海译文出版社，1985。

③ ［德］伯恩施坦：《崩溃论与殖民政策》，转引自［英］戴维·麦克莱兰：《马克思以后的马克思主义》，39 页，北京，东方出版社，1986。

段，在马克思恩格斯来说都仅仅是手段而已，埋葬资本主义实现社会主义这一根本目的是不能放弃的。这是马克思主义的本质特征。伯恩施坦显然彻底抛弃了这一特征。因为他提出：不论社会主义最终目标怎样，“在我看来都是微不足道的，运动就是一切”。这不是在从实际出发改变策略，改变手段，而是在缴械投降。马克思主义应有的对资本主义的批判不见了，马克思主义追求的基本目标不见了。不论伯恩施坦有多少理由为自己辩解，但他的理论是在粉饰资本主义，是在主张顺应资本主义，与马克思的理论有原则区别，这是很清楚的。伯恩施坦的修正主义在20世纪西方国家的社会党内得到继承和发展。

再次是以考茨基为代表的机会主义者。

卡尔·考茨基（1854—1938）出身于知识分子家庭，大学毕业后开始认真阅读马克思恩格斯的著作，1881年结识马克思和恩格斯并担任恩格斯的私人秘书，1883年创办德国社会民主工党的理论刊物——《新时代》，担任主编，直到1917年。考茨基是德国社会民主工党和第二国际的重要理论家，曾经为宣传马克思主义哲学做了大量工作。他编辑出版了马克思《资本论》第4卷的手稿，19世纪90年代写了一系列批判福尔马尔和伯恩施坦的著作。20世纪初在第二国际内部的理论斗争中持中派立场，第一次世界大战爆发后支持帝国主义战争，号召各国工人保卫自己的祖国。以俄国不具备实行社会主义的条件为由，反对十月革命，被列宁斥为无产阶级革命的叛徒。他的主要著作有：《婚姻和家庭的起源》（1882年）、《卡尔·马克思的经济学说》（1887年）、《伦理学与唯物史观》（1906年）、《卡尔·马克思的历史贡献》（1908年）、《基督教之基础》（1908年）、《无产阶级专政》（1917年）、《恐怖主义和共产主义》（1919年），等。

考茨基以机械决定论的精神理解马克思主义。他认为无产阶级革命是一定会发生的，社会主义战胜资本主义是历史的必然。但是，既然历史是有规律的，那么像列宁、卢森堡那样急于发动革命和像伯恩施坦那样放弃革命，都是不正确的。马克思主义者应当耐心地等待，等待条件成熟时无产阶级革命自然而然地发生。俄国的孟什维克在无产阶级革命问题上实际上与考茨基持相同的观点，他们被列宁斥之为机会主义者。

最后，一些人既反对伯恩施坦的修正主义、考茨基和俄国的孟什维克的主张，又从西方国家新的实际情况出发，对列宁主义提出补充和批评，直至彻底放弃了列宁主义。

1917年十月革命的胜利鼓舞了西方资本主义国家的无产阶级和马克思主义者，很快在德国、奥地利、匈牙利、意大利也出现了无产阶级的革命，德国和匈牙利还一度出现了苏维埃政权。然而这一切都只是昙花一现，那里的革命无一例外很快便告失败。不但如此，恩格斯所说的资本主义发展新趋势在西方资本主义国家更加明显，更加深入。在那里，社会日益稳定，阶级矛盾进一步缓和，革命的形势再也没有出现，科学社会主义运动日渐沉寂。

在这种情况下，一些不愿意放弃马克思主义基本精神的人，如卢卡奇、柯尔施、葛兰西，一方面对马克思主义和列宁主义进行反思，另一方面从实际出发开始进行新的探索。他们原本是与列宁一样充满革命热情的人，卢卡奇和柯尔施都曾以思想激进引人注目，卢卡奇还因思想过“左”受到列宁的批评，但是在十月革命影响下出现的欧洲其他国家无产阶级革命的失败，使他们看到这样的革命并没有得到广大民众的拥护。他们认为，原因是这些国家的无产阶级在思想上、心理上还没有为革命做好准备。他们于是着手从哲学、文化问题的研究出发寻找培养无产阶级阶级意识进而进行革命的可能性。他们的工作开启了一场新的马克思主义运动——西方马克思主义，在随后的发展中，西方马克思主义者与列宁彻底分手。

科学社会主义运动的上述分化，对马克思主义哲学产生了重要影响。

马克思主义哲学的发展总是和马克思主义者的实践需要结合在一起，实践方向上的分化，决定了对马克思恩格斯哲学思想的不同态度和不同选择。列宁等人致力于在落后的东方国家俄罗斯发动无产阶级革命，突出了恩格斯强调的世界的客观性、必然性与可知性以及马克思和恩格斯关于"革命辩证法"的思想和对阶级斗争的高度重视，形成了苏联哲学的辩证唯物主义历史唯物主义体系。

伯恩施坦没有提出完整的哲学思想，然而由于在政治上选择了修正主义，放弃了对资本主义制度的革命批判，在哲学上必然同样背离马克思主义。他提出"最终目的微不足道，运动就是一切"，历史发展的客观规律和共产主义的历史必然性不见了，有用就是一切。他实际奉行的是资产阶级的实证主义哲学。在晚年，他自己也承认，他是"实证主义哲学和社会学的信奉者"①。

列宁曾经说，考茨基等人"承认马克思主义中的**一切**，就是**不**承认革命的斗争手段"，他们只承认"无产阶级的非革命的'阶级'斗争"②。考茨基等人以马克思主义的正统自居，政治上既不赞成伯恩施坦，也不赞成列宁。政治理论上缺乏新意，哲学上也只能重复马克思恩格斯已有的结论。他们刻板地解释历史唯物主义，强调社会发展中的"自然必然性"，基本上只是马克思主义哲学基本原理的宣传员和捍卫者。

卢卡奇等人从探寻十月革命后欧洲其他国家无产阶级革命失败的原因出发，看到了西方国家无产阶级阶级意识淡化这一基本事实，看到了现代西方国家物控制人的新形式以及在新的历史条件下意识形态、文化对人的思想意识的重要作用。他们的工作极大地丰富发展了马克思主义哲学关于人、文化、意识形态以及社会发展的理论，为马克思主义在西方国家的发展开辟了新的方向，进而形成被称为西方马克思主义的哲学运动。

列宁的哲学思想以及苏联哲学，是以俄国为代表的东方国家的马克思主义者从自己的实践需要出发对马克思恩格斯哲学思想的选择，是马克思主义与俄国实际相结合的产物；西方马克思主义则是马克思主义与西方发达资本主义国家实际相结合的产物，是这些国家的马克思主义者对马克思恩格斯哲学思想的选择。流行于西方和东方的这两种哲学流派共同构成了20世纪的马克思主义哲学。

第二节　西方马克思主义概况

在马克思主义哲学发展史研究中，人们经常提到约瑟夫·狄慈根（1828—1888）、

① ［德］伯恩施坦：《一个社会主义者的发展过程》，转引自［英］戴维·麦克莱伦：《马克思以后的马克思主义》，42页，北京，中国社会科学出版社，1986。

② 《列宁选集》，3版，第3卷，588页。

弗兰茨·梅林（1846—1919）、卡尔·考茨基（1854—1938）、保尔·拉法格（1842—1911）和安东尼奥·拉布里奥拉（1843—1904）的名字，称他们为马克思恩格斯的战友和学生。实际上，这些人所做的工作，如上面讲到考茨基时提到的，主要是宣传和捍卫马克思恩格斯已有的思想，他们自己没有提出多少重要的新观点，对于马克思主义哲学的发展贡献不大，只是马克思恩格斯的学生和战友而已。真正在这一方面作出贡献的，是列宁主义和西方马克思主义，因为只有列宁主义和西方马克思主义反映时代的变化，紧紧抓住马克思主义哲学在东西方国家发展中遇到的具有历史意义的重大实践问题，有所创新，有所前进。

西方马克思主义并不是一种统一的哲学理论，而是一种哲学运动。它经历了大半个世纪的孕育发展，涌现出众多的派别。有鉴于情况的复杂，我们先对它的大致情况做一简要介绍。

一　社会文化背景

西方马克思主义的产生有着深刻的社会文化背景。其社会背景，如前文所说，是资本主义国家在发展中出现的新趋势和马克思主义的发展由此遇到的新问题。简言之，是西方国家无产阶级的革命热情在日益淡化。

十月革命成功后，欧洲国家的工人运动普遍高涨，一些国家的马克思主义者效法布尔什维克发动革命。1919 年 1 月，德国的左派马克思主义者成立“斯巴达克同盟”，同年 4 月慕尼黑苏维埃共和国问世；这一年的 3 月，匈牙利共产党发动革命，建立了匈牙利苏维埃共和国。这两场革命未能得到广大人民群众的响应，很快遭到镇压。在意大利，1921 年共产党成立，但第二年法西斯主义者墨索里尼上台执政。1924 年葛兰西就任共产党的总书记，两年后被捕入狱。

革命遭受的失败和挫折迫使这些国家的共产党人开始进行深入的理论思考。这时，革命已经实际地发生过并且失败了，他们所思考的已经不是要不要革命的问题，而是革命失败的原因和今后的策略。他们在思考中形成了对马克思主义及其哲学的新的理解。

严格地按照科学社会主义理论来看，俄国是不具备进行社会主义革命的条件的，但是社会主义革命在那里成功了；在西方国家这样的条件也未必成熟，但生产力和整个社会的发展程度无论如何比俄国要高，更接近马克思恩格斯设想的社会主义革命，然而革命为什么却失败了？匈牙利的马克思主义者卢卡奇、德国的马克思主义者柯尔施和意大利共产党领导人葛兰西认为，基本的原因是这里的无产阶级缺少应有的革命热情、革命意识。但是，这些国家的无产阶级为什么会缺少革命的热情和意识？卢卡奇认为主要是因为资本主义社会存在着无所不在的物化现象。在这里，人由物来支配，人的关系成为物的关系，人的意识成为物化结构的内化，工人生活于支离破碎的世界之中，社会丧失了历史的总体性。无产阶级因此失去历史感，不可能意识到自己的伟大历史使命。葛兰西提出，在西方社会，文化活动构成决定人的思想意识的市民社会，资产阶级长期拥有文化霸权和意识形态领导权，这是西方国家无产阶级革命失败的主要原因。

基于以上的分析，他们的结论自然是：马克思主义者必须揭露、批判并努力消除资本主义社会的物化现象，争取建立无产阶级在文化领域的领导权，培养无产阶级的阶级意识，最终完成社会主义革命。

在卢卡奇、柯尔施和葛兰西的革命反思中，他们强调哲学是马克思主义最重要的内容，强调无产阶级的革命意识的巨大作用。这一切显然与第二国际考茨基等人对唯物史观的宿命论式的理解针锋相对。卢卡奇、柯尔施和葛兰西坚决反对第二国际理论家（例如考茨基）过于强调历史发展的客观条件而忽视意识的作用的所谓对马克思主义的“科学”理解。他们认为，马克思所设想的无产阶级世界革命并没有发生，社会主义革命在落后的俄国成功但在欧洲先进的资本主义国家遭到失败，表明第二国际正统马克思主义一味强调生产力的发展以及列宁过于突出世界的物质性和物质运动的客观必然性的思想都是不正确的，不符合欧洲的实际情况。第二国际对马克思主义的这些理解以及列宁的哲学思想都是错误的，进而对恩格斯的自然辩证法思想提出批评。第二国际的理论家把社会主义革命视为生产力水平等经济条件成熟后的自然结果，是“经济主义”；列宁主义重视革命，重视革命者的主观能动性，但他强调世界的物质性及物质运动中的客观必然性，在理论上与第二国际并无根本不同，两者都是机械唯物主义。这些理论只讲客体不讲主体，只重物质不重意识，是对马克思哲学思想的歪曲。马克思的思想来自黑格尔，它重视的不是人以外的物，而是主客体的相互作用，是基于实践活动的历史辩证法。既然主客体的相互作用，人的实践活动，是历史辩证法的源泉，那么人的意识就在历史发展中起着决定性的作用。卢卡奇最主要的著作取名《历史与阶级意识》，已经生动地表明他是如何高度重视意识在社会变革中的作用的。他提出：**“无产阶级对自己历史地位的正确理解具有头等重要的意义。**……无产阶级的正确观点和正确决心具有**决定性**的作用，危机的解决在极大程度上**取决于无产阶级本身。”**[①] 柯尔施则一再强调马克思主义就是哲学，而且是旨在改造世界的哲学，无产阶级革命不仅是政治革命，而且是经济革命、文化革命、意识革命。葛兰西认为，最重要的还不是政治革命，而是与资产阶级争夺决定着人的思想观念的文化霸权，是意识形态领域的领导权。在重视阶级意识和人的主观能动性上，他们比列宁走得更远。

卢卡奇、柯尔施和葛兰西对马克思辩证法思想的黑格尔式的解释，对列宁哲学思想和苏联哲学的批评，对意识在社会发展中的重要作用的强调，对资本主义社会物化现象的分析，是一种从欧洲的新情况出发对马克思主义哲学的新的理解和运用，是西方马克思主义诞生的标志。

卢卡奇等人的反思很快成为过去，但无产阶级革命热情衰退这一问题，在西方发达资本主义国家却日益发展，更加突出。在这里，物质生产力发生质的飞跃，广大群众的生活状况迅速改善，阶级界限日渐模糊，阶级斗争逐渐沉寂，科学技术成为第一生产力，现代资本主义制度具有了技术上的合理性，暴力革命和无产阶级专政理论越来越难于被人接受。上述情况使得西方发达国家的马克思主义者必然高度重视卢卡奇等人的思想，对发达资本主义社会对人和人的思想的控制问题进行深入的分析研究。

他们发现，广大群众物质生活的改善、阶级斗争的缓和，都以技术理性对全部社会生活的主宰为基础，科学技术本身成为为资本主义制度的合理性提供支持的意识形态。

---

① ［匈］卢卡奇：《历史与阶级意识》，403页，北京，商务印书馆，1992。

技术理性凸显的同时价值理性失落，技术对人的支配意味着人的异化，资本主义制度的深层危机逐渐显现。革命的可能性暂时不存在了，资本主义制度的合理性又因人的异化的深入发展而遇到新的挑战。人的异化是资本主义制度与生俱来的问题，马克思在早期著作中就对它做过深刻的分析批判。在 20 世纪，科学理性深入生活的一切方面，不仅是工人，社会的所有成员都日益沦为生产的工具；不仅是生产活动，全部社会生活都不再是按照人的需要而是本着生产的技术需要加以组织的，连消费也成为促进生产的手段。在物质生活得到改善的同时，物质生产成为社会的主宰。按照马克斯·韦伯的说法，工具理性压倒了价值理性。财富增加了，人自身丧失了。

因此，西方发达资本主义国家的马克思主义者，把注意力由社会革命转向对资本主义制度的哲学、文化批判。社会批判理论应运而生。它的关注焦点是，资本主义制度以及在 20 世纪资本主义国家得到高度发展的技术理性对人性的压抑，是资本主义的非人本质。这些理论的集中代表是专门从事资本主义社会批判的法兰克福学派。此外一些非法兰克福学派的哲学家，结合西方哲学的最新成果对马克思主义哲学作了新的理解阐发，也提出了许多颇有价值的思想。

西方马克思主义既是西方国家社会矛盾的产物，也和西方的文化传统有关。

西方文化的灵魂是基督教。作为一种宗教，基督教有贬低人的物质欲望，否定人的现世幸福，鼓励人们把自己的一切都奉献给上帝，因而具有极不人道的一面。但是，基督教又十分重视对自由等精神价值的追求，宣扬同样是上帝的创造物的人与人的平等以及人与自然界的和谐相处，并在一些方面包含了对人的理性的肯定，其宗旨是要使人在现实生活的苦难中得到拯救。对人的深刻关怀是基督教和西方文化的深层内涵。

文艺复兴运动的兴起打破了中世纪基督教对人性的压抑，高高举起了人道主义的旗帜；它对人的理性的弘扬极大地促进了科学技术的发展，为改善人的物质生活提供了可能，以此为基础建立起资本主义工业文明。历史证明，资本主义工业文明的进步作用是不容否认的，马克思恩格斯曾经对此做了高度的肯定。[①] 资本主义工业文明的历史成就，它向全世界的迅速扩张，使人道主义和科学理性深入人心，隐含在基督教中的对人的关怀得到极大发扬，成为西方文化的传统。

本书在前面已经指出，由于这种传统的存在，资本主义社会出现的阶级苦难和人的异化等非人现实必然要引起经过人道主义洗礼的西方国家先进知识分子的批判，寻找实现人道主义理想的新途径，成为西方进步人类的共同追求。在政治上由此产生了各种空想社会主义和马克思恩格斯创立的科学社会主义运动，在思想上则产生了马克思对资本主义社会异化现象的批判。其实，除马克思恩格斯以外，同样高举人道主义旗帜批判资本主义制度对人性的压抑的，还有问世于 19 世纪后半叶的叔本华、克尔凯郭尔、尼采的人本主义哲学。这些哲学理论高度颂扬人的价值和人的自由，力图匡正文艺复兴以来形成的对人道主义的片面理解，它们是对资本主义工业文明压制人的不人道现实的抗议与批判，是被压抑的人性的呐喊与抗争。马克思主义把人的解放与社会发展的客观规律

① 参见马克思恩格斯：《共产党宣言》。

结合起来，是科学；空想社会主义理论和上述人本主义哲学，无视社会发展规律，一味奢谈人的自由和尊严，是空想。但它们都是对资本主义不人道现实的批判谴责，共同构成了从人道主义传统出发对资本主义工业文明的否定。

在20世纪，阶级矛盾仍未消失，而物对人的奴役，物欲和工具理性对人的支配以及它们在全部社会生活中的统治，人与大地母亲的分裂、对立和由此带来的对自然界的破坏和人类的生存危机，简言之，人的异化，人道主义的失落，达到前所未有的程度。作为对资本主义社会上述现象的反应，人本主义思潮在西方国家得到进一步的发展，先后涌现出现象学、存在主义、弗洛伊德主义等哲学理论。人本主义思潮的发展以及对资本主义工业文明的批判，是马克思主义哲学在20世纪西方国家发展的总体的文化背景。它与马克思早期哲学思想中突出的人道主义精神以及对异化现象的批判相呼应。西方马克思主义便是西方资本主义国家的马克思主义者对马克思哲学思想的继承与发展。它和20世纪西方国家上述种种人本主义哲学互相影响，互相借鉴，构成对现代资本主义的声势浩大的文化批判运动。西方马克思主义不是孤立的偶然的现象，它是20世纪西方国家资本主义批判运动的重要组成部分。

二　基本特点与演化发展

西方马克思主义这一概念，最早见于柯尔施1930年写的《关于〈马克思主义和哲学〉问题的现状——一个反批判》中[①]，1955年，法国哲学家梅洛·庞蒂在《辩证法的历险》中用专章对西方马克思主义做了论述，此后这一概念开始在学术界流行。

西方马克思主义是今天学术界普遍使用的一个概念，但对它的理解，迄今为止国内外众说纷纭。[②] 分歧的实质在对这一概念的内涵上，表现却在它的外延上，即究竟哪些哲学家应该列入西方马克思主义哲学家的行列。有人着重从地域的角度理解它，也有人强调西方马克思主义是与列宁主义、苏联哲学对立的马克思主义哲学流派。这样的理解当然各自都有自己的道理，但都未必妥当。主要问题是，它们将把一些相互间有重大区别的哲学理论归拢在一起，同时无法凸显20世纪西方发达资本主义国家最重要的马克思主义哲学理论的特点。

在这个概念的理解上，对我们最有帮助的其实是柯尔施本人。在《关于〈马克思主义和哲学〉问题的现状——一个反批判》中，柯尔施说：“**一场有关现代马克思主义的一般状况的基本争论**现在已经开始，而且有许多迹象表明，在一切主要的和决定性的问题上的真正分界线是存在于下列双方之间，即：以考茨基的旧马克思主义正统派和新的俄国‘列宁主义’正统派之间的联盟为一方（尽管它们之间有次要的、暂时的或琐碎的冲突），而以当代无产阶级运动中所有批判的进步的理论趋向为另一方。”[③] 这里所说的“当代无产阶级运动中所有批判的进步的理论趋向”，就是西方马克思主义。

按照他的理解，西方马克思主义既反对考茨基的正统马克思主义，也反对列宁主

---

① 参见［德］卡尔·柯尔施：《马克思主义和哲学》，57页，重庆，重庆出版社，1989。

② 我国学者陈学明教授对这个问题做了深入细致的研究。参见陈学明：《西方马克思主义教程》，第一编，北京，高等教育出版社，2001。

③ ［德］柯尔施：《马克思主义和哲学》，57页。

义，苏联哲学①，考茨基和列宁都属于马克思主义中的“正统派”。反对列宁主义的，显然不能是苏联或后来东欧国家的马克思主义哲学；反对考茨基的，自然也不能是其他欧洲国家的社会民主党人；柯尔施提出西方马克思主义是当代无产阶级运动的批判理论，就当时，即1930年来讲，主要是卢卡奇和柯尔施自己，在此之后，也只能是既对资本主义持批判态度，又与卢卡奇、柯尔施一样，同时对强调世界的客观性、必然性的马克思主义正统派进行批判的人。西方马克思主义是当代无产阶级的理论，应当是从当时西方国家无产阶级运动中出现的新问题出发的理论。

这样看来，把马克思主义作为纯学术问题研究的“西方马克思学”，不属于西方马克思主义；阿尔都塞、德拉-沃尔佩和科莱蒂等用结构主义、实证主义精神解释马克思主义的人以及西方共产党的理论家们也不能算是西方马克思主义者，因为他们对马克思主义哲学的理解与考茨基、列宁和苏联哲学，并没有重大的区别，都充满“科学”精神。第二次世界大战后东欧国家，如南斯拉夫，出现的新马克思主义理论没有包含对现代资本主义的批判，把它列入西方马克思主义，也和上述精神不符。属于西方马克思主义的哲学家主要是：20年代—30年代：青年卢卡奇、柯尔施、葛兰西；30年代—70年代：法兰克福学派，存在主义的马克思主义者萨特、梅洛·庞蒂、列斐伏尔等人，弗洛伊德主义的马克思主义者赖希等；70年代以后西方世界的一些马克思主义哲学家。②

上述西方马克思主义哲学家的理论有三个基本特点：

第一，它们紧紧抓住了20世纪资本主义在西方国家发展的新趋势，抓住了科学社会主义运动在这些国家遇到的新问题。新趋势就是资本主义制度的完善，新问题就是那里的无产阶级革命意识的淡化。青年卢卡奇、柯尔施以及葛兰西的著作，讨论的直接就是无产阶级的阶级意识和阶级觉悟问题；法兰克福学派和其他西方马克思主义者，研究现代资本主义控制人的新形式，探讨了最发达的资本主义国家美国，以及第二次世界大战后德国、法国等国阶级界限模糊、科学技术成为意识形态、人的单向度化等问题，集中力量对资本主义展开哲学、文化批判。这一特点是西方马克思主义与其他马克思主义哲学理论最重要的区别。

第二，他们体现出强烈的人道主义精神。西方马克思主义者反对苏联哲学的物质本体论，也反对第二国际理论家对历史发展自然法则的过分强调，他们强调的是主体、人、人的意识和能动性在历史发展中的作用，是对处于异化状态的人的关注。为此，他们高度重视马克思的《1844年经济学哲学手稿》等早期著作，不惜把恩格斯与马克思对立起来。与此相关，它们着重分析了西方发达资本主义社会人的异化问题。这一分析贯穿于全部西方马克思主义的理论之中。

第三，他们关注的是与苏联哲学家根本不同的问题。在苏联，哲学家的注意力主要放在对纯哲学，即马克思主义哲学原理及其发展历史的研究上，他们不可能就现实的政治问题发表意见，即使涉及这些问题，也只是对党的有关理论和政策进行论证。在苏联

---

① 柯尔施在《关于〈马克思主义和哲学〉问题的现状——一个反批判》中，对列宁的哲学思想和苏联哲学做了在当时可以称得上是比较详细的批判。

② 参见陈学明：《西方马克思主义教程》，26页。

哲学的全部发展历史中，党中央一再对哲学家提出批评，要求他们大胆创新，有所前进，但哲学家们又总是令党中央失望。这是因为，党和政府对社会生活实行高度集中的管理，政治问题和国家的大政方针只是党中央考虑的事情。西方马克思主义的情况与此相反。西方马克思主义的哲学家们几乎没有人集中研究纯粹的马克思主义哲学原理或发展史问题，他们的注意力始终在当前的社会政治生活及相关的问题上。由于贴近现实生活，创新是哲学家的生命。只有创新才能对现实生活中的重大问题作出回答，哲学理论才有生命。

西方马克思主义不是一种统一的哲学理论，而是一场哲学运动。它开始于 20 世纪二三十年代卢卡奇、柯尔施和葛兰西的著作，30 年代以后由法兰克福学派所继续，在第二次世界大战后的欧洲形成高潮，涌现出一批法兰克福学派以外的西方马克思主义哲学家。在西方马克思主义的发展历史中，除前述西方资本主义国家出现的新情况和对科学社会主义运动提出的新问题起了决定性的作用外，一些具体事件也产生了重大影响，使整个运动发生转折，表现出若干小的阶段。

第一是《1844 年经济学哲学手稿》的发表。1932 年马克思的《1844 年经济学哲学手稿》首次全文发表，马尔库塞等许多西方国家的马克思主义者，其中也包括卢卡奇，立即加以研究并发表了大量相关论著。他们对这部著作予以高度评价，认为它的发表意味着马克思的第二次降临：第一次是革命家马克思，这一次则是人道主义者马克思。他们从中看到马克思对资本主义社会异化现象的深刻分析和批判，看到了马克思对人道主义的颂扬以及从人道主义出发对共产主义的理解，也看到了马克思对人的意识和主体性的巨大作用的肯定，看到了马克思的主客体辩证法与黑格尔的深刻联系。对《1844 年经济学哲学手稿》的研究极大地促进了西方马克思主义理论的形成和发展。卢卡奇在写作《历史与阶级意识》时还未能见到《1844 年经济学哲学手稿》，但他对马克思哲学思想的理解已经达到了这部著作的深度。《1844 年经济学哲学手稿》的问世使卢卡奇等人对马克思主义哲学的理解得到许多西方哲学家的认同。卢卡奇的思想洞察力令人惊叹。

第二是法西斯主义的上台。1929 年秋天，一场空前猛烈的经济危机把所有的资本主义国家都卷入其中，似乎资本主义的末日已经来临，共产党执政、社会主义运动胜利在这些国家指日可待。然而事实却是，在危机最严重的国家之一的德国，人民群众并没有把选票投给共产党，相反，法西斯分子经过选举上台掌权，共产党被取缔，并很快爆发了第二次世界大战。人们不得不思考：其中的原因究竟是什么？西方马克思主义者认为，这一现象用生产力的发展和阶级斗争是无法解释的，它与弗洛伊德做过深入分析的人们的心理和深层的个性结构有关。对人的心理结构的分析，使得卢卡奇、葛兰西有关物化和意识形态对人的控制以及资产阶级文化霸权对无产阶级阶级意识的影响的思想进一步深化，马克思主义也因此具有了新的面貌。

第三是法兰克福学派的主要代表人物流亡美国。法西斯主义上台后，法兰克福学派的领袖霍克海默以及阿多尔诺、马尔库塞等人先后来到当时最发达的资本主义国家美国。在美国，社会和人的物化，技术理性对人的支配，比欧洲更加突出。在那里，生产实现了自动化，人受物的支配这种异化现象进一步发展，无处不在；与此同时，物质生产力极大提高，资产阶级民主更加完善，工人阶级白领化，阶级矛盾进一步缓和。整个社会真正成为一架按照物质生产的需要合理组织起来的机器。这种情况使西方马克思主义者对欧洲资本主义国家正在发生的变化有了更进一步的理解，使他们已经开始的研究具有了更好的客观条件。他们一方面深入思考社会革命究竟还有没有可能、如何可能的问题，另一方面积极批判资本主义制度对人的更为严重的压制。第二次世界大战后，法兰克福学派的多数哲学家回到德国，而德国和其他欧洲资本主义国家的发展再现了美国的情况，这些哲学家在美国开始的工作得以延续和深化。在研究中，他们抛弃了剩余价值学说和阶级斗争理论等马克思主义的传统内容，通过把主要注意力放在对异化以及人的研究上，使马克思主义进一步哲学化。他们还把马克思主义与各种现代西方哲学结合起来，出现了弗洛伊德主义的马克思主义、存在主义的马克思主义、结构主义的马克思主义、实证主义的马克思主义等新的理论。

第四是1968年的"造反运动"。1968年5月法国爆发了学生和工人的"造反运动"，运动迅速波及西欧和北美的许多国家，一些激进的西方马克思主义者从中看到社会革命的希望，似乎已经出现了把对资本主义的理论批判变为实践批判的可能，给予造反者积极的支持。但是运动没有得到广大人民的认同，很快被政府平息下去。此后，西方马克思主义中仅有的革命精神丧失殆尽，完全成为一种哲学、社会学的理论研究，具有了越来越明显的改良主义性质。它本身还是不是马克思主义理论，受到质疑。

苏联东欧剧变之后，西方学者对马克思主义的研究又有了新的内容，并出现了一批引人注目的哲学家。这些人是不是马克思主义者？与西方马克思主义是什么关系？他们有哪些值得注意的理论观点？有待研究。

西方马克思主义的社会文化背景、它的理论特点和演化历史，表明它是马克思主义和西方国家的实际相结合的产物，是这些国家的马克思主义者从自己的实践需要出发对马克思恩格斯哲学思想的不同于东方国家的选择与发展。国情的不同使西方马克思主义成为一种哲学理论，而不是革命理论；使西方马克思主义者选择的主要是马克思，是马克思主义的人道主义思想，而不是恩格斯，不是辩证唯物主义和历史唯物主义。

西方马克思主义运动中涌现出了众多的哲学家，但就其发展历史的总体来看，最重要的是它的创始人卢卡奇、柯尔施、葛兰西和他们的主要继承者法兰克福学派。

第三节　卢卡奇、柯尔施、葛兰西

卢卡奇、柯尔施和葛兰西是早期西方马克思主义的主要人物，或者说西方马克思主义创立阶段的主要人物，他们的思想为整个西方马克思主义运动奠定了基础。他们都是共产党员，党的领导人，也都是从总结欧洲国家革命运动失败的原因出发写出自己主要的哲学著作的，因此他们的思想在各具特色的同时有许多共同之处。三者之中，最重要的是卢卡奇。他对马克思主义哲学的理解深度，远远超出同时代人之上，在去世前夕曾被人称做"在世的最伟大的马克思主义者"。他的著作《历史与阶级意识》被认为是西方马克思主义的"圣经"。

一　卢卡奇

乔治·卢卡奇（1885—1971），西方马克思主义的主要奠基者，自称“出自纯粹的犹太家庭”，父亲是匈牙利布达佩斯的一位银行家。早年曾从事文学创作。思想深受德国著名哲学家齐美尔和社会学家马克斯·韦伯的影响，第一次世界大战中转向马克思主义。参加了1917年和1918年的匈牙利革命，1918年加入匈牙利共产党，当选为中央委员。1919年3月匈牙利苏维埃共和国成立，卢卡奇任教育人民委员，革命失败后流亡国外，从事理论研究。他在这一时期的著作，因观点极左而受到列宁的批评。1923年，他最主要的著作《历史与阶级意识》问世。1928年到柏林从事写作和教学，30年代初曾在苏联马克思恩格斯研究院工作，认真研读了即将发表的《1844年经济学哲学手稿》。1933年至1945年在苏联生活和工作，埋头著述，成果众多，在一定程度上接受了斯大林主义。第二次世界大战后，卢卡奇回到匈牙利，成为布达佩斯大学教授。1953年斯大林逝世，开始批判斯大林主义。“匈牙利事件”期间曾任纳吉政府文化部长。1971年病逝。

卢卡奇的理论研究视野开阔，在美学、文艺学、哲学、哲学史、政治理论等方面都有著作问世，拟议出版的他的著作全集有近20卷之多。最主要的著作有：《心灵与形式》（1910年）、《审美文化》（1913年）、《历史与阶级意识》（1923年）、《青年黑格尔》（1948年）、《存在主义还是马克思主义?》（1948年）、《理性的毁灭》（1954年）、《审美特征》（1963年）、《关于社会存在的本体论》（1971年）等。

在卢卡奇的所有著作中，最重要、影响最大的是《历史与阶级意识》。这本书收集了卢卡奇1919年至1922年间所写的八篇文章，其宗旨是批判第二国际领袖们对马克思主义哲学的曲解，总结十月革命后匈牙利等国无产阶级革命失败的教训。该书展示了卢卡奇对马克思主义哲学的深刻独到的理解，其中关于物化问题的分析尤其表现了他从资本主义社会新情况出发发展马克思主义哲学的努力。该书出版后引起广泛争论，褒贬不一，但对西方马克思主义的诞生与发展起了极为重要的作用。卢卡奇本人对该书的评价几经变化，曾多次就其中的哲学观点进行自我批评、自我否定。某些批评意见，似乎言不由衷，书中的基本观点卢卡奇事实上直到其最后也是部头最大（共三卷）的著作《关于社会存在的本体论》中仍在坚持。该书在中国有几个译本流行。下面将依据这本书对卢卡奇的基本思想做一简要介绍。

（一）总体性与主体—客体辩证法

在卢卡奇看来，马克思主义哲学最本质的东西，是它的哲学辩证法。他提出：“正统马克思主义并不意味着无批判地接受马克思研究的结果。它不是对这个或那个论点的‘信仰’，也不是对某本‘圣’书的注解。恰恰相反，马克思主义问题中的正统仅仅是指方法。它是这样一种科学的信念，即辩证的马克思主义是正确的研究方法，这种方法只能按其创始人奠定的方向发展、扩大和深化。”① 即使马克思的每一个具体论点都被驳倒，只要坚持马克思的辩证法，就是坚持了马克思主义的正统。

把马克思主义作为哲学来理解，是整个西方马克思主义的基本观点。柯尔施的主要

① ［匈］卢卡奇：《历史与阶级意识》，47～48页，北京，商务印书馆，1992。

著作《马克思主义和哲学》一书的书名，就表明了这一特点，而且柯尔施所说的马克思主义哲学，最重要的也是辩证法。第二次世界大战后，阿多尔诺于1966年出版了《否定的辩证法》一书，强调辩证法的否定性，排斥同一性，主张否定一切。注重哲学研究并从哲学的角度研究现代资本主义社会的各种现实问题，也是其他的西方马克思主义者的共同特点。

与上述对马克思主义“正统”的理解相关，卢卡奇认为总体性观点是马克思主义与资产阶级思想的根本区别之所在。他说：

> 马克思主义与资产阶级思想的根本分歧并不在于从历史来解释经济动机的首要作用，而在于总体性的观点。总体性范畴，总体之于部分的完全至高无上的地位，这是马克思从黑格尔那里汲取的方法论的精华，并把它出色地改造成一门崭新学科的基础。……无产阶级科学是革命的并不仅仅是因为它有与资产阶级社会相对立的革命观点，而首先是因为它有自己的方法。**总体性范畴的首要性在于它在科学中是革命原则的支撑者。**①

这就是说，两种思想体系的根本分歧是方法论，而马克思主义的方法论的精华，是总体性观点，它是整个马克思主义这门崭新科学的根本。

什么是卢卡奇所说的总体性？概括而言，他所使用的总体性概念是要强调：人类社会并非各个组成部分的简单组合，而是这些部分的有机统一；这个统一体在历史中形成，在历史中辩证地运动发展，表现为一个有机的整体。作为一种方法，它要求把社会作为总体来认识，也即作为整个社会的辩证地发展着的历史过程来认识。他说：

> 黑格尔辩证法的革命原则之所以能够在这种颠倒中并通过这种颠倒②而显露出来，是因为马克思维护了这种方法的本质，总体的观点，把所有局部现象都看做整体——被理解为思想和历史的统一的辩证过程——的因素。马克思的辩证方法，旨在把社会作为总体来认识。一方面由于研究对象的实际分离，另一方面由于科学的分工和专门化，产生了专门科学和方法论上必要的和有用的某些抽象概念，资产阶级科学或者朴素现实主义地把某种“现实”或者“批判地”把某种自律归因于那些抽象概念；相反，马克思主义却通过把它们提升为和归并为辩证的因素而扬弃了这些分离。……对马克思主义来说，归根结底就没有什么独立的法学、政治经济学、历史科学等等，而只有一门唯一的、统一的——历史的和辩证的——关于社会（作为总体）发展的科学。③

如果对他的总体性思想再做进一步的考察，我们可以看到这是一个内容极为丰富的概念，具有众多的理论侧面。

第一，卢卡奇认为，作为马克思重要方法论原则的总体性只涉及人类社会，不包括

---

① ［匈］卢卡奇：《历史和阶级意识》，30～31页，重庆，重庆出版社，1989。

② 即马克思对黑格尔唯心主义辩证法的唯物主义颠倒。

③ ［匈］卢卡奇：《历史与阶级意识》，77页，北京，商务印书馆，1992。以下除特别标注外，仅指商务印书馆版《历史与阶级意识》的引文。

自然界在内，对于马克思主义来说，只存在一门科学，即“关于社会（作为总体）发展的科学。”

第二，总体性首先表现为社会生活的各个部分之间的有机联系，表明它们是一个统一的整体。卢卡奇说：“庸俗唯物主义者，甚至披着伯恩施坦等人的现代伪装，也没有超出再现社会生活的各种直接的、简单的规定的范围。他们以为把这些规定简单地拿过来，既不对它们作进一步的分析，也不把它们融为一个具体的总体，他们就特别‘精确’了。他们只用抽象的、与具体的总体无关的规律来解释事实，事实还是抽象的孤立的。”①

第三，总体性的最重要的表现是在社会的历史运动之中，因为作为总体的社会是历史的产物，与此相应，总体性原则也要求人的认识在历史中再现社会的现实的具体的存在。卢卡奇指出：

> 只有在这种把社会生活中的孤立事实作为历史发展的环节并把它们归结为一个**总体**的情况下，对事实的认识才能成为对**现实**的认识。这种认识从上述简单的、纯粹的（在资本主义世界中）、直接的、自发的规定出发，从它们前进到对具体的总体的认识，也就是前进到在观念中再现现实。这种具体的总体绝不是思维的直接素材。马克思说：“具体之所以具体，因为它是许多规定的综合，因而是多样性的统一。”②

他还说：

> 马克思的名言：“每一个社会中的生产关系都形成一个统一的整体”③，是**历史**地了解社会关系的方法论的出发点和钥匙。所有孤立的部分的范畴都能作为任何社会始终都有的东西来孤立地考虑和对待（如果它在某个社会里找不到，则把这说成是“偶然”，是规则的例外）。但是这些单独的孤立的部分所经历的变化，并不能清楚地明确地说明社会发展的各个阶段的真正区别。这些区别只有在各阶段与整个社会的关系的历史总过程中才能真正辨明。④

第四，总体性是在历史中形成的，总体性原则要求在历史中再现社会的现实与具体，但是历史是在社会内在矛盾的推动下的辩证运动过程，因此总体性要求分析社会的内在矛盾，以便揭示社会的整体的辩证历史运动。卢卡奇指出：

> 具体的总体是真正的现实范畴。但是，这一看法的正确性，只有在我们集中注意力于我们的方法的真正物质基础，即资本主义社会及其生产力和生产关系的内在对抗性时，才完全清楚地表现出来。自然科学的方法、一切反思科学和一切修正主义的方法论理想，都拒不承认它的对象中有任何矛盾和对抗。……但是我们认为，就社会的现实而言，这些矛盾并不是对现实的科学理解还不完全的标志，而是**相**

① ［匈］卢卡奇：《历史与阶级意识》，56～57 页。
② 同上书，56 页。
③ 《马克思恩格斯选集》，2 版，第 1 卷，142 页。
④ ［匈］卢卡奇：《历史与阶级意识》，57～58 页。

> 反，它们密不可分地**属于现实本身的本质，属于资本主义社会的本质。**它们在对总体的认识中不会被扬弃，以至**停止**成为矛盾。完全相反，它们将被视为必然产生的矛盾，将被视为这种生产制度的对立的基础。①

卢卡奇认为，这种注重分析社会内在矛盾的辩证法，是理解历史从而理解总体性的必不可少的方法：

> 如果摒弃或者抹杀辩证法，历史就变得无法了解。这并不是说，没有辩证法的帮助，就无法对特定的人或时代做出比较确切的说明。但是，这的确使得不可能把历史了解为一个**统一的过程。**……
>
> 我们重说一遍：总体的范畴绝不是把它的各个环节归结为无差别的统一性、同一性。只有在这些环节彼此间处于一种动态的辩证的关系，并且能被认为是一个同样动态的和辩证的整体的动态的辩证的环节这层意义上，它们在资本主义生产制度中所具有的表面的独立和自主才是一种假象。②

第五，卢卡奇特别强调实践的作用，强调辩证法就是主体和客体的相互作用，思维和存在、理论和实践的统一，进而强调意识的巨大能动作用。卢卡奇有关这一方面的思想是他的总体性理论的关键所在，也是引起理论争论最多的地方。

由于卢卡奇把总体性原则作为马克思主义的根本方法，又把总体性局限于社会现象，所以当他强调要把社会作为辩证发展的历史过程从总体上加以理解时，他所说的辩证法仅仅是社会辩证法，而这又决定了他必然赋予体现主体和客体的相互作用以及思维和存在、理论和实践的统一的实践活动以巨大的意义，归根结底，赋予人的意识以巨大的意义，因为社会的辩证发展，其动力不是人以外的自然界，而是主体对客体的作用——人的实践活动。他所说的辩证法是主体—客体辩证法。

他说：

> 历史不再是**在**人和事物**身上**发生的难以捉摸的过程，只有用超验力量的介入才能加以说明，或者只有同对历史来讲是超验的价值联系起来才能变得有意义。历史一方面主要是人自身活动的产物（当然迄今为止还是不自觉的），另一方面又是一连串的过程，人的活动形式……③

这就是说，历史是人的实践活动的产物。因为，“行动，实践——马克思把实践的要求放在他关于费尔巴哈的提纲之首——按其本质，是对现实的冲破，是对现实的改变”④。由于这种改变，社会才能变化发展，成为历史。

出于这样的认识，卢卡奇十分强调思维和存在的统一性，实际上是强调思维在历史中的巨大作用。按照他的理解，思维具有创造性，具有一种“生成的特性”。他说：“只有当人能把现在把握为生成，在现在中看出了那些他能用其辩证的对立**创造出**将来的倾

---

① ［匈］卢卡奇：《历史与阶级意识》，58页。

② 同上书，60～61页。

③ 同上书，274页。

④ 同上书，90～91页。

向时，现在，作为生成的现在，才能成为**他的**现在。只有感到有责任并且愿意创造将来的人，才能看到现在的具体真理。……在这种生成中，意识（无产阶级的已经变成实践的阶级意识）就是一种必不可少的、基本的组成部分。因此，思维和存在是同一的，就不是说它们是互相‘符合’，互相‘反映’，它们是互相‘平行’或互相‘叠合’的（所有这些说法都以隐蔽的形式包含着僵硬的二重性的思想）。它们的同一在于它们都是同一个现实的和历史的辩证过程的环节。”① 这也使得“历史才真正地变为人的历史。这是因为在历史中再也不会有任何最终不能回溯到人，回溯到人与人的关系的东西”②。

卢卡奇高度肯定人的作用——“人本身作为历史辩证法的客观基础，作为历史辩证法的基础的同一的主体—客体，是以决定性的方式参与辩证过程的”③。他不仅强调思维与存在的同一，而且把它视为唯物史观的本质。他说：“黑格尔使思维和存在——辩证地——统一起来，把它们的统一理解为过程的统一和总体。这也构成历史唯物主义的历史哲学的本质。”④

对意识的历史作用的刻意强调，使得卢卡奇对突出世界的客观性必然性的反映论和自然辩证法感到无法接受。

他认为，反映论是对思维和存在、意识和现实的“二重性”的具体化，是从马克思的实践理论立场上的倒退。卢卡奇批评恩格斯说：

> 他在描述把马克思和他同黑格尔学派区分开来的对立时，曾这样说过：“我们重新唯物地把我们头脑中的概念看做现实事物的反映，而不是把现实事物看做绝对观念的某一阶段的反映。”但是，这里出现了一个问题，恩格斯不但提出了这个问题，而且就在下一页上完全按我们的意思回答了，他说道：“我们认为世界不是一成不变的事物的集合体，而是**过程**的集合体。”但是，既然没有事物，思维“反映”什么呢？……“反映”论使对于物化的意识来说是不可克服的思维和存在、意识和现实的二重性在理论上具体化了。而从**这一观点**来看，承认事物是概念的反映还是承认概念是事物的反映，其结果都是一样的，因为在这两种情况下，这种二重性都被从逻辑上不可克服地固定下来了。⑤

卢卡奇认为，对于这种思维和存在、意识和现实的二重性问题，马克思早就通过把存在和现实视为实践的产物而解决了：

> 马克思在他的《关于费尔巴哈的提纲》里所提出的答案在于使哲学变为实践。但是，正如我们已经看到的，这实践具有它的客观的结构上的前提，具有它的另一面，那就是认为现实是“过程的集合体”，认为较之经验的僵化的物化的事实，历史发展的倾向代表的虽然是产生于经验本身的，因此绝不是彼岸的，但确实是一个更高级的、真实的现实。对于反映论来讲，这就意味着，思维、意识虽然必须是指

---

① ［匈］卢卡奇：《历史与阶级意识》，298～299 页。
② 同上书，275 页。
③ 同上书，279 页。
④ 同上书，84 页。
⑤ 同上书，293 页。

向现实的，真理的标准虽然就在于切中现实，然而这现实决不与经验的事实的存在相同一。这现实并不是现成的，而是生成的。……对象的真正的本质就在这一生成之中，在这一倾向之中，在这一过程之中展现出来。①

既然现实、存在本身是人的实践活动生成的、创造的，还有什么反映论可谈呢？卢卡奇说："当生成的真理就是那个被创造但还没有出世的将来，即那正在（依靠我们自觉的帮助）变为现实的倾向中的新东西时，思维是否为反映的问题就显得毫无意义了。"②

关于辩证法问题，卢卡奇从突出意识的创造作用的主体—客体相互作用辩证法出发，明确否定自然辩证法的存在。他在批评恩格斯关于辩证法是自然界、社会和人的思维的普遍规律的说法时说道：

他（指恩格斯——本书作者）对最根本的相互作用，即**历史过程中的主体和客体之间的辩证关系**连提都没有提到，更不要说把它置于与它相称的方法论的中心地位了。然而没有这一因素，辩证方法就不再是革命的方法，不管如何想（终归是妄想）保持"流动的"概念。③

卢卡奇认为自然界不是人创造的，因此无辩证法可谈，他说：

这里把这种方法限制在历史和社会领域，极为重要。恩格斯对辩证法的表述之所以造成误解，主要是因为他错误地跟着黑格尔把这种方法也扩大到对自然界的认识上。然而辩证法的决定性因素，即主体和客体的相互作用、理论和实践的统一、在作为范畴基础的现实中的历史变化是思想中的变化的根本原因等等，并不存在于我们对自然界的认识中。④

第六，由于卢卡奇把总体理解为整个社会及其辩证历史运动，所以对他来说总体不是既定的存在，而是人这一主体的创造物，是人的设定。他认为，这样的主体不是个人而是阶级，对马克思主义而言，就是无产阶级。他说：

总体的观点不仅规定对象，而且也规定认识的主体。资产阶级科学——自觉或不自觉地、天真地或理想化地——总是从个人的观点来考察社会现象。而从个人的观点里不会产生出总体，最多能产生某一局部领域的一些方面，而且大多只能产生一些零碎不全的东西：一些无联系的"事实"或抽象的局部规律。只有当进行设定的主体本身是一个总体时，对象的总体才能加以设定；所以，为了进行自我思考，只有不得不把对象作为总体来思考时，才能设定对象的总体。⑤

卢卡奇所说的"设定"，就是创造。谁能把历史作为总体创造出来？当然不会是个人，这样的主体自身必须是总体，即必须是能从总体上认识、理解和创造历史的主体。

---

① ［匈］卢卡奇：《历史与阶级意识》，297页。
② 同上书，299页。
③ 同上书，50页。
④ 同上书，51页。
⑤ 同上书，77～78页。

卢卡奇指出，这样的主体只能是自身就作为总体、整体存在的阶级。在资本主义社会，它就是无产阶级和资产阶级。由于只有无产阶级才能把握历史的方向，才代表历史的未来，所以归根到底这样的主体就是无产阶级。

正是基于这一认识，卢卡奇把无产阶级的阶级意识，即无产阶级对自己的历史使命的清醒认识，视为实现社会主义取代资本主义这一历史进步的决定性力量，提出“历史与阶级意识”的问题。无产阶级怎样才能完成自己的历史使命？卢卡奇认为必须通过革命，暴力革命。对于这一点他有许多论述。现在看来这些论述显然夸大了意识的创造作用，带有明显的“左”倾幼稚病、急性病色彩，但它们也生动地表现出卢卡奇作为一个马克思主义者，面对无产阶级革命意识的淡化这一事实是怎样急切地盼望革命的到来的。

（二）物化和物化意识

对物化问题的分析是卢卡奇哲学思想中最有价值的内容。

上述卢卡奇关于总体性和主体—客体辩证法的思想，特别是他对反映论和自然辩证法的批评，在马克思主义者中引起了长期的激烈争论，但这并不能表明这些思想的重要。实际上在卢卡奇的思想中，对马克思主义哲学发展影响最大的，是他对资本主义社会物化现象的分析。这一分析是对发达工业社会的文化批判，抓住了技术和科学理性对人和整个社会的统治以及人丧失主体性、陷入价值迷误这一当今工业文明的核心问题，也即他所理解的异化问题。《历史与阶级意识》一书的主要意义正在于它第一次提出了这个问题。卢卡奇说：“人的异化是我们时代的关键问题，并且无论资产阶级还是无产阶级的思想家，无论政治上和社会上的右派还是左派思想家都看到和承认这一点。因此，《历史与阶级意识》对青年知识分子产生了深刻的影响：我知道，有一大批优秀的共产党人正是被这一事实吸引到共产主义运动中来的。”① 西方马克思主义、东欧国家的新马克思主义、苏联哲学的人道化倾向，在一定意义上都是对卢卡奇物化思想的继承和发展。卢卡奇对物化的分析和对发达工业社会的文化批判，是马克思主义哲学对资本主义社会新变化的回应，就思想来源看，除马克思的异化理论外，明显地受到马克斯·韦伯思想的影响，是马克斯·韦伯资本主义批判的继续。换言之，卢卡奇的物化思想是在吸取马克斯·韦伯的思想的基础上立足现实对马克思主义哲学的重要发展。

对于物化概念，卢卡奇并没有给出明确的定义，他有时把“物化”和“异化”作为同一个概念来使用。② 马克思在《资本论》中对商品拜物教现象做了分析，指出，在资本主义社会里人与人的社会关系在人的面前采取了物与物的关系的虚幻形式。卢卡奇认为这是马克思对物化的基本现象的描述，并进而指出：由于物化，“人自己的活动，人自己的劳动，作为某种客观的东西，某种不依赖于人的东西，某种通过异于人的自律性来控制人的东西，同人相对立”③。这段话可以视为卢卡奇对他所理解的物化概念根本特征的说明。它的意思是说：人的劳动成为客观的东西，成为不依赖于人的东西；这样

① ［匈］卢卡奇：《历史与阶级意识》，17 页。

② 参见上书，229 页。

③ 同上书，147 页。

的劳动，第一，人的活动同人本身相对立地被客体化，成为商品；第二，产生出一个由现成的物以及物与物之间的关系构成的世界，即商品生产及商品在市场上的运动的世界，它的规律，不论是商品生产的自然规律，还是商品运动的社会规律，都是自律性的，人无法控制，并反过来与人相对立，控制了人。上述第一层含义就是马克思在《1844年经济学哲学手稿》中所说的劳动活动的异化；第二层含义则是指人要受到物与物的关系的主宰，显然超出了马克思关于异化劳动的论述。

透过卢卡奇有关物化的多角度、多侧面的论述，我们可以看到，他在使用物化概念时，更多的是突出事物的"物"化。他想要表达的是：在资本主义社会里，运用科学技术最大限度地发展物质生产是人们的基本目标，这使得整个社会成为一架巨大的机器，所有的人，也包括资本家，都丧失了自己的个性，成为工具，成为这架机器上的零件；这又把人片面化了，每一个人都成为孤立的存在，失去整体感、历史感；这也使得人与人的关系不是取决于个人自身的需要、好恶，而是取决于物质生产和商品运动的需要，取决于人在其中扮演的角色，因为每一个人事实上都把自己作为商品，所以人与人的关系就成为商品交换的物的关系；最后，由于整个社会都成为一架机器，所以效率、合理化高于一切，技术理性深入到社会生活的各个领域，自然科学的方法被运用到对社会和人的研究中，所有一切都被作为计算的对象；综上所述，社会生活中的一切都失去了人的特点，成了物。

为什么会发生物化？卢卡奇认为对合理化的追求是基本原因之一。为了使物质生产的效率最大化，必须使生产本身和整个社会生活都合理化，即合乎生产的客观需要。为了合理化，第一必须有详尽的分工，第二必须有科学的完善的计算。他说：

> 如果我们纵观劳动过程从手工业经过协作、手工工场到机器工业的发展所走过的道路，那么就可以看出合理化不断增加，工人的质的特性，即人的个体的特性越来越被消除。一方面，劳动过程越来越被分解为一些抽象合理的局部操作，以至于工人同作为整体的产品的联系被切断，他的工作也被简化为一种机械性重复的专门职能。另一方面，在这种合理化中，而且也由于这种合理化，社会必要劳动时间，即合理计算的基础，最初是作为仅仅从经验上可把握的、平均的劳动时间，后来是由于劳动过程的机械化和合理化越来越加强而作为可以按客观计算的劳动定额（它以现成的和独立的客观性同工人相对立），都被提出来了。随着对劳动过程的现代"心理"分析（泰罗制），这种合理的机械化一直推行到工人的"灵魂"里：甚至他的心理特性也同他的整个人格相分离，同这种人格相对立地被客体化，以便能够被结合到合理的专门系统里去，并在这里归入计算的概念。①

卢卡奇对物化的具体表现也做了深入分析。首先他从宏观上指出，物化既发生在客观方面，也发生在主观方面：在客观方面是产生出一个由现成的物以及物与物之间的关系构成的世界，即商品及其在市场上的运动的世界，它有自己的运动机制，它的规律即使被人所认识，人也无法改变现实过程本身，它与人对立而存在。在主观方面是人的活

---

① ［匈］卢卡奇：《历史与阶级意识》，149页。

动被客体化为同人本身相对立的存在，劳动力变成商品，而商品在进行着自己的不依赖于人的运动，服从的是社会规律的那种异于人的客观性。

其次，他还分析了物化的种种具体表现形式。他认为，在物化问题上最重要的是根据计算即可计算性来调节社会生活使之合理化的原则，这导致了一系列的变化：

第一，对劳动过程进行计算的要求破坏了产品本身的有机的、不是由量而是由质决定的因而从技术的角度看未必合理的统一。

> 在对所有应达到的结果作越来越精确的预先计算这种意义上，只有通过把任何一个整体最准确地分解成它的各个组成部分，通过研究它们生产的特殊局部规律，合理化才是可以达到的。因此，它必须同根据传统劳动经验对整个产品进行有机生产的方式决裂：没有专门化，合理化是不可思议的。……对劳动过程的合理—计算分析，消除了相互联系起来的和在产品中结合成统一体的各种局部操作的有机必然性。①

这是指劳动及其产品丧失了整体性。

第二，“由于劳动过程的合理化，工人的人的性质和特点与这些抽象的局部规律按照预先合理的估计起作用相对立，越来越表现为**只是错误的源泉**。人无论在客观上还是在他对劳动过程的态度上都不表现为是这个过程的真正的主人，而是作为机械化的一部分被结合到某一机械系统里去。他发现这一机械系统是现成的、完全不依赖于他而运行的，他不管愿意与否必须服从于它的规律。随着劳动过程越来越合理化和机械化，工人的活动越来越多地失去自己的主动性……”② 这是说人这一主体日益变成了客体，由外在于他的生产技术的必然性所主宰。

第三，人不仅变成客体，而且成为孤立的存在，原子化了。这是生产分工和劳动者的专门化的必然结果。卢卡奇说：

> 在这种抽象的、可以准确测定的、变成物理空间的时间里（它作为环境，同时既是科学—机械地被分割开的和专门化的劳动客体生产的前提，又是它的结果），劳动主体也必然相应地被合理地分割开来。一方面，他们的机械化的局部劳动，即他们的劳动力同其整个人格相对立的客体化（它已通过这种作为商品的劳动力的出卖而得以实现）变成持续的和难以克服的日常现实，以至于人格在这里也只能作为旁观者，无所作为地看着他自己的现存在成为孤立的分子，被加到异己的系统中去。另一方面，生产过程被机械地分成各个部分，也切断了那些在生产是“有机”时把劳动的各种个别主体结合成一个共同体的联系。在这一方面，生产的机械化也把他们变成一些孤立的原子，他们不再直接、有机地通过他们的劳动成果属于一个整体，相反，他们的联系越来越仅仅由于他们所结合进去的机械过程的抽象规律来中介。③

---

① ［匈］卢卡奇：《历史与阶级意识》，149～150页。

② 同上书，150页。

③ 同上书，151～152页。

卢卡奇还认为，随着分工越来越细致、越来越合理，上述情况也越来越严重，人的原子化遍及社会生活的一切领域。

第四，法律和国家物化了。卢卡奇说："要使资本主义生产完全产生效果的前提成为现实，这种变化过程就必须遍及社会生活的所有表现形式。这样，资本主义的发展就创造了一种同它的需要相适应的、在结构上适合于它的结构的法律、一种相应的国家等等。"①"法律、国家、管理等等形式上的合理化，在客观上和实际上意味着把所有的社会职能类似地分成它的各个组成部分，意味着类似地寻找这些准确相互分离开的局部系统合理的和正式的规律。"② 他引用马克斯·韦伯的话指出，由于法律和国家的物化，"法官像在具有合理法律的官僚国家中那样或多或少是一架法律条款自动机，人们在这架机器上面投进去案卷，再放入必要的费用，它从下面就吐出或多或少具有令人信服理由的判决：因此，法官行使职责至少大体上是**可以计算出来的**"③。

问题还不仅如此，在这种情况下，这些部门的工作人员完全成为被动的客体，他们的工作程式化了，服从于类似企业在技术上的合理但非人性的分工："这不仅是指下层官僚统治完全机械化的'无聊的'劳动方式——它非常接近单纯的机器操作，甚至常常在无聊和单调划一方面超过这种机器操作。而且这一方面是指，在客观方面越来越强烈地按照正式和合理化的方式处理所有问题……另一方面这也是指，分工中片面的专门化越来越畸形发展，从而破坏了人的人类本性。"④

第五，形成了物化的意识。在资本主义社会里，人们的思想接受了商品生产的规则，成了它的观念形态。卢卡奇说：

> 这时，商品的商品性质，即抽象的、量的可计算性形式表现在这种性质最纯粹的形态中：因此，在物化的意识看来，这种可计算性形式必然成为这种商品性质真正直接性的表现形式，这种商品性质——作为物化的意识——也根本不力求超出这种形式之外；相反，它力求通过"科学地加强"这里可理解的规律性来坚持这种表现形式，并使之永久化。正像资本主义制度不断地在更高的阶段上从经济方面生产和再生产自身一样，在资本主义发展过程中，物化结构越来越深入地、注定地、决定性地沉浸入人的意识里。⑤

在这种情况下，"商品关系变为一种具有'幽灵般的对象性'的物，这不会停止在满足需要的各种对象向商品的转化上。它在人的整个意识上留下它的印记：他的特性和能力不再同人的有机统一相联系，而是表现为人'占有'和'出卖'的一些'物'，像外部世界的各种不同对象一样"⑥。就是说，人的知识、气质、表达能力，变成人以外的物，与拥有者的人格无关，像商品一样可以出卖。他认为这在新闻工作者身上表现得

---

① ［匈］卢卡奇：《历史与阶级意识》，158页。
② 同上书，162页。
③ 同上书，159页。
④ 同上书，162页。
⑤ 同上书，156页。
⑥ 同上书，164页。

最明显，“新闻工作者们‘没有气节’，出卖他们的信念和经验”①。这表明，世界的彻底的“合理化”，已经深入到人的心灵的最深处。

（三）无产阶级的阶级意识

卢卡奇对物化问题的分析，目的是要研究它对无产阶级阶级意识的影响，说明为什么十月革命后欧洲国家的无产阶级革命遭到失败，以及怎样才能为新的革命创造条件。

前面已经提到，卢卡奇把总体性视为马克思主义哲学与资产阶级哲学的根本区别之所在，认为人类历史是一个不断地辩证发展着的过程，本身具有总体性，只有自觉地把握了这种总体性，才能有所作为，改变社会。他又指出，只有当主体本身是一个不得不把对象作为总体来考察的具有总体性的存在时，它才能把握历史的总体，这样的主体不可能是个人，只能是阶级。

所谓总体性，具体到资本主义社会，就是马克思主义所揭示的资本主义社会因自身内在矛盾决定的必然灭亡和社会主义必然胜利的历史大趋势。由于阶级利益的局限，资产阶级不可能确立总体性观念；无产阶级的历史地位虽然决定了它有可能把握历史发展的总体性，但是资本主义社会无处不在的物化在腐蚀着无产阶级的思想，消解着他们的总体性意识，无产阶级本身还远远没有发展到形成总体性意识的程度。

这种消解作用表现在两个方面。第一是自然科学方法的普遍使用。自然科学的进步是资本主义社会发展的基础，它们所体现的是科学理性的成功，而把自然科学的方法运用于对社会的认识，有碍于人们对资本主义社会辩证运动总体趋势的认识。卢卡奇说：

> 自然科学的认识理想被运用于自然时，它只是促进科学的进步。但是当它被运用于社会时，它就会成为资产阶级的思想武器。对资产阶级来说，按永远有效的范畴来理解它自己的生产制度是生死存亡问题：它必须一方面把资本主义看成是由自然界和理性的永恒规律注定永远存在的东西，另一方面必须把无法忽视的矛盾看做与这种生产方式的本质无关而只是纯粹表面的现象。②

他还说：自然科学讲究事实，但是所谓事实实际上是从现实生活的辩证联系中抽象出来的，“自然科学的‘纯’事实，是在现实世界的现象被放到（在实际上或思想中）能够不受外界干扰而探究其规律的环境中得出的。这一过程由于现象被归结为纯粹数量、用数和数的关系表现的本质而更加加强”③。一旦把这一方法运用于对社会的认识，就会像自然科学家一样，只注重“事实”而看不到“过程”，这样做显得十分“科学”，但却使人们看不到社会整体运动的总体的辩证趋势。“只有当‘事实’的这种方法论上的优先权被打破了，当**任何一种现象都具有过程的性质**这一点被认识了，人们才能懂得，即使是人们习惯称之为‘事实’的东西也是由过程组成的。然后人们才能懂得，‘事实’也只是整个过程的一部分，是分离出来的、人为地孤立的和僵化了的**环节**。”④卢卡奇认为，这种重事实、重“合理性”和有效性的认识方法，是资本主义社会普遍流

① ［匈］卢卡奇：《历史与阶级意识》，164页。
② 同上书，59页。
③ 同上书，53页。
④ 同上书，273页。

行的方法，广大工人群众也难逃它的影响，社会民主党的资产阶级化就与上述自然科学方法的运用有关。他说："机会主义必须始终以'事实为基础'，以便据此或者否定发展的倾向，或者把它们贬低为一种主观上、伦理上的应该如此。"① 机会主义是物化的产物，它在腐蚀、破坏着无产阶级的阶级意识。这里显然包含了对伯恩施坦哲学思想的深刻批判。

第二是人在资本主义社会中的孤立化、原子化。在资本主义社会，每一个人都只是商品所有者，依靠用自己的商品与他人交换求得生存发展，因而只关心自己，只能从自己个人的角度出发认识事物。就工人而言，他处在巨大的异己的系统之中，琐细的分工使他成为片面的孤立的原子式的存在，资本主义早期生产中工人与工人之间的有机联系被切断了，这进一步限制了他的视野，使他看不到整体，也看不到未来。

前面已经提到，卢卡奇的总体性思想强调，只有自身作为总体的无产阶级才能具有总体性观念，意识、无产阶级的阶级意识是改造资本主义社会的决定性力量。他说：

> **只有阶级才能在行动中冲破社会现实，并在这种现实的总体中把它加以改变。**因此，从这种观点作出的"批判"是对总体的考察，从而是理论和实践的辩证统一。在这种不可分的辩证统一中，阶级既是历史—辩证过程的原因，也是它的结果；既是历史—辩证过程的反映，也是它的动力。无产阶级作为社会思想的主体，一下子打破了无所作为的困境，即由纯规律的宿命论和纯意向的伦理学造成的困境。②

无产阶级的阶级意识之所以是改造资本主义社会的决定性力量，是因为它既不是"纯规律的宿命论"，也不是"纯意向的伦理学"，而是主客体的相互作用，是理论和实践的辩证统一。

但这仅仅是一种可能，物化的存在使得无产阶级不可能自动地获得这样的总体性观念和阶级意识。

卢卡奇认为，能不能使无产阶级获得这样的阶级意识，是无产阶级能不能发动革命和革命成败的关键。怎样才能获得这样的阶级意识？卢卡奇认为要靠无产阶级的自我教育，学会从资本主义创造的生活方式的意识形态束缚下解放出来，不让这些生活方式内在地影响它的行动，也就是说无产阶级要摆脱物化对自己的思想影响。同时，他还指出："无产阶级的自我教育是无产阶级使自己在革命方面成熟起来的漫长而艰苦的过程，一个国家的资本主义和资产阶级文化越发达，这个过程就越艰难，因为无产阶级受到资本主义生活方式的意识形态污染就越严重。"③

要完成这样的自我教育，无产阶级必须投入革命实践之中，"这种意识的改革就是

---

① ［匈］卢卡奇：《历史与阶级意识》，270页

② 同上书，91页。此处所说宿命论，是指一味强调客观规律的重要忽视人的意识的作用的倾向；所说的伦理学是指过于夸大意向（意识）的作用，把社会主义变成对资本主义不人道现实的道德谴责，无视客观规律的决定作用。前者属于第二国际的机会主义，后者属于各种空想社会主义和患有幼稚病的"左"派。它们一右、一"左"，使无产阶级"左"右都没有出路，陷入困境。

③ 同上书，353页。

革命过程本身”[①]。他还说：

> 无产阶级革命不仅是和外部敌人，和资产阶级的斗争，而且同时也是无产阶级和自身的斗争，和资本主义制度对它的阶级意识的破坏和腐蚀的影响的斗争。只有当无产阶级克服了这些影响，它才取得了真正的胜利。……无产阶级决不能害怕自我批评，因为只有真理才能给它带来胜利，因此，自我批评必然是它的生命因素。[②]

也就是说，无产阶级应该在斗争中进行自我教育。

卢卡奇认为，从总体上看，无产阶级本身以及它的阶级意识都是历史唯物主义所描绘的历史发展的产物，无产阶级的“认识的产生和发展同它本身在历史进程中的产生和发展只是同一实际过程的两个不同的方面”[③]。这表明，卢卡奇虽然高度肯定无产阶级阶级意识在历史发展中的作用，但并没有陷入历史的唯心主义。

（四）卢卡奇在马克思主义哲学发展史中的历史地位

卢卡奇一生勤于思考，勤于著述，哲学思想十分丰富。怎样评价卢卡奇，曾是一个充满争议的问题。卢卡奇在马克思主义哲学发展史上的地位，主要与人们对《历史与阶级意识》一书的认识评价有关。

在这部著作之前和之后，卢卡奇写了许多关于哲学、文艺学、美学以及政论性质的论著，但它们都没有像《历史与阶级意识》这样，涉及马克思主义哲学的一系列根本性问题并产生了广泛而深远的影响。需要特别提出的是他在晚年写的《关于社会存在的本体论》一书。这部著作的篇幅远远超过《历史与阶级意识》，并受到卢卡奇本人高度重视。它是卢卡奇对自己一生思想的总结，从总体上看比《历史与阶级意识》更为全面、更为成熟，客观地讲，代表了卢卡奇哲学思考的最高水平，理论上更为重要。[④] 但这本书的出版并没有引起人们应有的重视。其中的原因，除了这是一部没有最后修改完成的著作，对许多问题的论述不够准确集中之外，最主要的是：

第一，这本著作的基本精神与《历史与阶级意识》完全一致。例如它们都肯定了社会生活的总体性，都突出实践的巨大作用（《历史与阶级意识》着重讲无产阶级革命实践在历史发展中的意义，《关于社会存在的本体论》着重讲劳动、实践是整个社会存在的本体），因此也都强调意识等主观因素的重要性，它们还都对异化和物化问题作了深入的探讨。但是这些思想在《历史与阶级意识》出版后已经为人们所熟知。

第二，由于比较完整、比较全面，因此这部著作的思想显得更为平稳，面面俱到，特色不够鲜明。在苏联哲学家看来，它和《历史与阶级意识》一样有把马克思主义哲学人本主义化的倾向，背离了马克思主义；在西方的思想家看来，它又肯定了自然辩证法和辩证唯物主义，向教条式的苏联哲学做了过多的让步。因此不论哪一方面都不可能给

---

① [匈] 卢卡奇：《历史与阶级意识》，347 页。

② 同上书，142 页。

③ 同上书，72 页。

④ 在这部著作中，卢卡奇提出一个特色鲜明的关于马克思主义哲学体系的初步设想，非常宝贵，但论述不够清晰、完整，要真正理解它，需要对这部篇幅巨大的著作进行详细的梳理。

予它过高的评价。

第三，任何思想受关注的程度都取决于它与现实生活的需要相吻合的程度。1923年，当主客体辩证法、总体性、物化等思想在《历史与阶级意识》中问世时，由于这些思想是第一次出现于马克思主义哲学的著作中，而且切中时弊，因而振聋发聩，引人关注。1971年出版的《关于社会存在的本体论》虽然对这些问题的论述更为成熟和全面，但已不再给人以新鲜感；更重要的是它们已经在法兰克福学派的著作中得到进一步的深化和发展，卢卡奇似乎有些落伍了。正因为如此，卢卡奇在《历史与阶级意识》的新版序言（1967年）中说："由于社会的发展以及这种发展所产生的各种政治理论的作用，这本书中那些我今天认为在理论上错误的部分往往影响最大。"①

有鉴于此，从马克思主义哲学发展史的角度看，卢卡奇对马克思主义哲学的主要贡献不在于他的成熟著作《关于社会存在的本体论》，而在于其早期著作《历史与阶级意识》。

《历史与阶级意识》中的许多思想都对马克思主义哲学的发展产生了影响。例如，它对辩证法的具有鲜明特色的理解，对列宁、恩格斯哲学思想的批评，对人的主体性和主观能动性的高度肯定，都曾引起较大的反响、争论或批评，并被后来的西方马克思主义哲学家和东方社会主义国家的各种新马克思主义理论所接受。但是真正在马克思主义哲学发展史上产生重大影响的，如前所述，是卢卡奇对物化问题的分析批判。他强调资本主义社会是为了物质财富的最大化按照科学理性的要求组织起来的一架巨大机器，它使全部社会生活都计算化了，技术化了，生活于其中的人则孤立化、原子化了。与此相应，社会的政治法律生活以及人的意识这些本来应该直接体现人性和人的个性的存在，变成冷冰冰的，无人性、无个性、按照效益原则和科学理性组织起来的物化存在。它们与人对立，使人成为物。卢卡奇是西方马克思主义者中最早明确提出并深入研究上述物化问题的人，他的工作启发了西方国家的马克思主义者，本着人本主义精神就物化问题展开对现代资本主义社会的批判成为西方马克思主义鲜明的理论特点，西方马克思主义最重要的成果也是在对这个问题的研究中取得的。此外，我们只要略加比较就可以看出，法兰克福学派对资本主义社会，尤其是对科学技术的分析批判，不少具体观点都是对卢卡奇思想的深化和发挥。

就卢卡奇本人来看，正是因为他最早从马克思主义立场出发研究了物化问题，使他成为马克思主义哲学发展史中承上启下——上承马克思，下启西方马克思主义运动——的关键人物，使他的思想成为马克思主义哲学在西方国家历史发展中的重要转折。

资本主义经过长期的发展，到19世纪初因人道主义理想的失落而招致了严厉的批判。空想社会主义是对资本主义的道德谴责，除了对未来社会主义共产主义社会的乌托邦设想之外并没有提出对资本主义的系统深入的理论分析。最早作出这种分析的是马克思。在全部的马克思主义著作中，马克思以《1844年经济学哲学手稿》为代表的早期著作，着重分析了资本主义社会严重存在的异化现象，以实践为基础本着科学理性的精神提出了意味着人道主义彻底实现的科学共产主义设想，在此之后，马克思和恩格斯的

① ［匈］卢卡奇：《历史与阶级意识》，23页。

著作关注的主要是实现共产主义理想的具体途径。马克思和恩格斯的早期著作可以说是对资本主义的文化批判、社会批判，此后的著作则是对它的经济批判、政治批判和实践批判。马克思对资本主义的文化和社会批判的主要体现是马克思的异化理论。这一理论强调，在资本主义制度下劳动产品与劳动者相对立，从而劳动活动本身对劳动者成为一种痛苦，它以及它所体现的人的本质，包括人与人的关系，都异化了。这一理论的直接出发点是劳动产品对人的异化，矛头指向是资本主义社会的阶级关系。

从事资本主义批判的并不仅仅是马克思主义，这一批判是19世纪和20世纪西方国家整个思想文化领域的一个重要内容。在马克思主义之后，西方国家的哲学界、社会学界涌现出了许多对资本主义进行文化与社会批判的理论，它们同样体现出对人的人道主义关怀。但这些理论的切入点不是劳动产品，矛头所指不是阶级关系，而是资本主义社会中片面化了的主宰一切的科学理性；目的不是要否定资本主义制度，而是要对它进行改良，给它以新的生命。这主要是指19世纪后半叶一批具有自由主义、浪漫主义色彩的德国社会学家的理论。这些社会学家有托尼斯、齐美尔、李凯尔特、狄尔泰等人，他们无法忍受流行于英、法等国非批判的实证主义社会学，开始了对资本主义社会的文化批判。他们之中最有代表性的是马克斯·韦伯。

韦伯在对现代资本主义的分析批判中提出了工具合理性与价值合理性的概念。“所谓工具合理性行动（目的—工具合理性行动），是指以能够计算和预测后果为条件来实现目的的行动；价值合理性行动，则指主观相信行动具有无条件的、排他的价值，而不顾后果如何、条件怎样都要完成的行动。”① 韦伯认为，现代资本主义文明的全部成就和问题都来源于工具合理性与价值合理性的紧张和对立。按照他的思想，现代资本主义的发展已经背离了新教禁欲主义价值关心的初衷，现代资产者为赢利而赢利，他们使用精密的理性计算技术把社会的一切都全盘“理性化”了，一切都变成了自己赢利的工具，过去以“上帝的召唤”为天职的清教徒已经变成了“没有精神的专家，不懂情感的享乐者”。因此，资本主义的“合理性”，是一种“工具的合理性和价值的非理性”，或者说，是“形式的合理性和实质的非理性”②。韦伯和马克思面对的是大致相同的资本主义社会，他们对资本主义的文化批判事实上都是异化理论，但由于二者的出发点不同——马克思站在无产阶级的立场上旨在消灭资本主义制度，韦伯站在“超阶级”的实际上是资产阶级的立场上旨在寻找资本主义的合理性，因此马克思着眼于劳动的异化和工人群众的悲惨处境，提倡社会革命，韦伯则着眼于对工具合理性，即技术理性的分析批判，反对革命。韦伯并非简单地反对技术理性，他只是要用体现新康德主义精神的新的理性取代实证主义机械地理解的自然科学的理性。

以上只是对马克思的理论和韦伯的理论的简要概括，实际上马克思的异化理论有关物对人的统治的思想已经包含有对技术理性的批评，韦伯对实证主义理性的批评也包含着对资本主义社会工人群众非人现实的遣责，马克思和韦伯只是在侧重点上有所区别。

在19世纪上半叶，因资本主义社会阶级矛盾的突出，马克思主义得到广泛传播，

① 苏国勋：《理性化及其限制——韦伯思想引论》，89页，上海，上海人民出版社，1988。

② 同上书，97页。

对资本主义的政治批判备受关注。1848 年革命和 1871 年巴黎公社之后，特别是到了 20 世纪，无产阶级与资产阶级的阶级矛盾日趋缓和，但技术理性对人的统治，对整个社会的主宰，日益严重，触目惊心。在政治矛盾淡化的同时，文化矛盾凸显出来。现实生活的这种变化，标志着资本主义文明的发展阶段发生转化。对资本主义制度的政治批判必将让位于对它的文化批判。

在卢卡奇之前，对技术理性主宰社会造成的种种负面现象进行分析批评，主要是资产阶级社会学家的事情。在马克思之后，卢卡奇是马克思主义思想家中第一个对技术理性造就的负面现象进行研究的人。他吸收齐美尔和韦伯的有关思想①，借鉴马克思的异化理论，从马克思主义的辩证历史观，也即他所说的“总体性观念”出发，用物化概念概括这些负面现象，分析了它们是怎样主宰社会生活并销蚀无产阶级的阶级意识的。他的研究敏锐地抓住了时代的新变化，为马克思主义哲学的发展开辟出新的方向，启动了一场以对资本主义的社会文化批判为特征的马克思主义哲学运动。正因为如此他才成为西方马克思主义的奠基人。他本人在马克思主义哲学发展史上的历史意义也正在这里。

卢卡奇深入分析物化现象，只是为了探索十月革命后欧洲国家无产阶级革命失败的原因和寻找进行革命的新的途径，研究物化现象并非写作《历史与阶级意识》的初衷。但是，他的本意，即对于无产阶级革命经验教训的研究，没有产生太大的影响，倒是物化思想等“副产品”得到人们的高度重视。其中的原因正在于物化现象，富裕中的痛苦，在 20 世纪的资本主义国家越来越突出，越来越成为资本主义制度内在矛盾的主要表现。对物化现象进行批判是时代的要求，在 20 世纪，不仅有卢卡奇之后的法兰克福学派等马克思主义者从事这一工作，而且许多并非马克思主义者的学者也投入其中。弗洛伊德主义、存在主义、用“宗教冲动力”与“经济冲动力”的冲突分析资本主义制度的美国著名社会学家丹尼尔·贝尔、后现代主义，甚至以研究全球性问题为己任的罗马俱乐部，英国历史学家汤因比、日本著名宗教人士池田大作，所从事的研究与卢卡奇的物化理论都有重要的相同之处，在广义上可以归为同一个理论潮流。但就马克思主义哲学而言，在这一领域的工作是从卢卡奇开始的，时代选择了他的物化理论。

二　柯尔施

卡尔·柯尔施（1886—1961）出生于德国托茨泰德市，曾在慕尼黑、柏林、日内瓦和耶拿上大学，学习经济、法律和哲学，1910 年获法学博士学位。大学期间积极参加进步学生运动，1917 年加入德国独立社会党，1921 年该党分裂，柯尔施加入德国共产党。在党内，柯尔施在政治上比较活跃，同时积极从事理论研究，具有广泛的影响，是德国共产党的著名党员。柯尔施因 1923 年出版《马克思主义和哲学》一书以及反对德共布尔什维克化而受到批判，1926 年被德共开除，1928 年后集中精力从事教学和写作。1932 年纳粹上台，柯尔施迁居丹麦，1936 年移居美国，直到去世。后期的柯尔施已经

---

① 卢卡奇是齐美尔的学生，与韦伯也有过密切交往。卢卡奇说：“我曾是齐美尔本人的学生，他的影响也使我有可能把我在这一时期从马克思那里学到的东西‘纳入’这样一种世界观（本书作者：即新康德主义）。齐美尔的《货币哲学》和马克斯·韦伯关于新教伦理的著作是我的‘文学社会学’的榜样。”（杜章智编：《卢卡奇自传》，211 页，北京，社会科学文献出版社，1986）

完全放弃了马克思主义的基本立场，很难被列入马克思主义哲学家的行列。

柯尔施一生著述颇丰，最具代表性、影响最大的是《马克思主义和哲学》以及1930年发表的《关于〈马克思主义和哲学〉问题的现状——一个反批判》①。《马克思主义和哲学》与卢卡奇的《历史与阶级意识》同年出版，同样被视为西方马克思主义的奠基作，但实际上因完全没有涉及日后受到高度关注的物化问题，理论价值远逊于《历史与阶级意识》。

柯尔施的哲学思想中值得注意的主要是如下两方面的内容：

（一）强调马克思主义是一种哲学理论

《马克思主义和哲学》的书名表明，柯尔施对马克思主义和哲学的关系给予了高度的重视。他极力强调马克思主义的根本内容是哲学。他说："仅仅因为马克思的唯物主义理论具有不只是理论的，而且也是实践的和革命的目的，就说它不再是哲学，这是不正确的。相反地，马克思和恩格斯的辩证唯物主义按其基本性质来说，是彻头彻尾的哲学。"②

柯尔施之所以强调马克思主义是哲学，与他对马克思主义哲学的理解有关。柯尔施认为，马克思主义哲学继承了黑格尔的总体性的辩证法，强调意识的能动作用，主张思维和存在、理论和实践的统一，以改造现实为己任。他说：马克思主义哲学"是一种把**社会发展**作为活的整体来理解和把握的理论；或者更确切地说，它是一种把**社会革命**作为活的整体来把握和实践的理论"③。他还说：马克思主义哲学"是这样一种唯物主义，它的理论认识了社会和历史的整体，而它的实践则颠覆了这个整体"④。

在他看来，马克思主义哲学有如下特点：其一，它把社会看做一个整体，而不是政治、经济、意识形态等一个个孤立的部分；其二，它有突出的历史感，把社会看做发展着的整体；其三，社会发展的基础是理论和实践的统一，是社会革命。他和卢卡奇一样把这些特点概括为总体性，并把它看做马克思主义哲学的根本特征。不仅如此，柯尔施还认为，正是因为以这样的哲学为基础，马克思主义理论才体现出批判性、否定性、创造性，才面向未来，表现出强烈的历史感。马克思主义哲学是整个马克思主义理论的基础，是它的灵魂，是它的革命性之所在。

柯尔施对马克思主义哲学在马克思主义理论中的地位的这种理解，是有道理的。"辩证法是革命的代数学"（赫尔岑）。因为体现了辩证的方法，黑格尔哲学把整个世界古往今来的一切存在都理解为一个统一的辩证运动过程，除了绝对观念和他自己的哲学，他不承认任何绝对的东西。由于拥有涵盖整个世界总体的辩证唯物主义世界观，马克思主义才能把社会看做众多因素相互作用的整体，才能认识到资本主义被社会主义、共产主义所取代是资本主义自身发展的必然结果，才能看到革命在社会历史中的巨大作用。

马克思恩格斯思想发展的历史表明，事实也的确如此。马克思和恩格斯最先创立的

① 1930年以后，这篇文章与其他两篇文章一道，被收在《马克思主义和哲学》中。

② ［德］柯尔施：《马克思主义和哲学》，37页，重庆，重庆出版社，1989。

③ 同上书，22～23页。

④ 同上书，38页。

是自己的唯物辩证的哲学理论，然后才从事对经济学和无产阶级革命问题的研究。他们的经济学理论是唯物史观在对资本主义经济生活的研究中的运用，科学社会主义理论则是历史辩证法的具体体现。认为全部马克思主义理论的灵魂是哲学，这种观点与卢卡奇异曲同工。卢卡奇与柯尔施都是共产党中的激进派，他们都从革命的需要出发深入探讨十月革命后欧洲革命失败的原因，因此在对马克思主义哲学的总体性特点及其辩证法的重要方法论意义的认识上，得出了大致相同的结论。卢卡奇在回答“什么是正统马克思主义?”中说：“正统马克思主义并不意味着无批判地接受马克思研究的结果。它不是对这个或那个论点的‘信仰’，也不是对某本‘圣’书的注解。恰恰相反，马克思主义问题中的正统仅仅是指方法。它是这样一种科学的信念，即辩证的马克思主义是正确的研究方法，这种方法只能按其创始人奠定的方向发展、扩大和深化。”① 卢卡奇同样在强调，马克思主义就是作为方法论的辩证哲学。

由于把哲学看做马克思主义理论的革命性的源泉，柯尔施从马克思主义哲学的角度出发把马克思主义的发展分为三个阶段：

第一阶段始于1843年前后，标志是《黑格尔法哲学批判》，结束于1848年革命前夕发表的《共产党宣言》。在这一阶段，马克思主义刚刚创立，强调革命实践的意义，是充满批判精神的总体性理论，《共产党宣言》就是其青春活力的最好证明。

第二阶段是从1848年6月欧洲革命中巴黎的无产阶级惨遭镇压到19世纪末。柯尔施认为，在这一时期革命形势发生了重大的变化：“经过了一个漫长的时期，当马克思主义缓慢地在整个欧洲传播开时，它在事实上已经没有实际的革命任务要去完成。因此，革命的问题甚至在理论上对于大多数马克思主义者来说（不论是正统的还是修正主义的），已经不再作为现实世界的问题而存在了。对于改良主义者来说，这些问题已完全消逝了。甚至对于正统的马克思主义来说，这些问题也全然失去了《宣言》的作者面对它们时的那种直接性，而退却到了遥远的和最终相当模糊的**未来**。”② 在新的形势下，马克思恩格斯本人仍然坚持总体性的革命立场，强调理论和实践的统一，但在第二国际理论家及其追随者那里，马克思主义的总体性革命理论被改造成非批判的实证理论。与此相应，这些人坚决否认马克思主义理论包含有哲学。一旦把体现革命总体性的哲学排除在外，马克思主义也就变成与自然科学一样的实证科学，丧失了批判性、革命性和实践性。

第三阶段是从20世纪初开始直到还不能确定的未来，这是革命的马克思主义理论的“重建”时期。这一阶段的代表人物有列宁、卢森堡、卢卡奇以及柯尔施本人。他们的基本主张是：“马克思主义的科学理论必须再次成为《共产党宣言》的作者所描述的东西——不是作为一个简单的**回复**，而是作为一个**辩证的发展**：一种关于包括整个社会一切领域的社会革命的理论。”③

对马克思主义发展历史的以上描述突出了哲学的作用，颇具特色。它关于1848年

① ［匈］卢卡奇：《历史与阶级意识》，47～48页。
② ［德］柯尔施：《马克思主义和哲学》，29～30页。
③ 同上书，33页。

革命之后欧洲革命形势变化的论述，有助于我们深入理解马克思主义哲学发展中的历史曲折以及卢卡奇和柯尔施本人所作工作的意义。

（二）对列宁和苏联哲学的批评

柯尔施是最早对列宁和苏联哲学提出激烈批评的马克思主义者，在对列宁的批评上，他超过了卢卡奇。

柯尔施认为，列宁虽然特别重视哲学在马克思主义理论中的意义，但对马克思主义哲学的理解是错误的。

首先，"列宁起初并不关心他提出的唯物主义哲学是否正确这个**理论问题**。他关心的是这种唯物主义哲学应用于无产阶级或者——在资本主义尚未充分发展的国家里——应用于无产阶级和其他被压迫阶级的革命斗争的**实践问题**。……列宁**只是**根据非哲学的考虑和结果来决定哲学问题。他并不是根据这些哲学问题的理论内容和哲学内容来判断它们"①。

其次，关于列宁和苏联哲学的具体理论观点，柯尔施批评说：

> 列宁和他的追随者片面地把辩证法变成了**客体**、**自然**和**历史**，他们把认识仅仅描绘成主观意识对这种客观存在的被动的镜子式的反映。这样一来，他们既破坏了存在和**意识**的辩证的相互关系，而且作为一个必然的结果，又破坏了**理论**和**实践**的辩证的相互关系。……还不止此，他们还放弃了**历史存在的整体和所有在历史上流行的意识形态之间的关系**这个问题。这个问题是黑格尔的辩证法首先提出来的，然后由马克思和恩格斯的辩证唯物主义作了更明白易懂的详尽阐述。列宁和像他一样的那些人以一种倒退的形式通过把这个问题变成**主体和认识客体之间的关系**这样一个更狭义的认识论或"知识论的"问题而修正了它。这还不算，他们还把认识说成是一种根本协调的**进化**过程，一种**趋向绝对真理的无限上升**。他们对革命运动内部理论和实践的一般关系和特殊关系的论述完全抛弃了马克思的辩证唯物主义，退回到发现真理的纯**理论**与把这些吃力发现的真理运用于现实的纯**实践**的完全抽象的对立。……马克思的革命实践严整的辩证唯物主义的统一就衰变为一种可与最典型的资产阶级唯心主义哲学相比的二元论。②

柯尔施认为，列宁和苏联哲学的二元论把思维和存在、精神和物质绝对地对立起来，这是对唯物主义和唯心主义争论的倒退，因为这种二元对立早就被黑格尔辩证地超越了。列宁的反映论、真理观、世界观都在柯尔施的批评之列，批评的出发点是主体和客体、理论和实践相统一的辩证法，是总体性哲学。

最后，柯尔施批评苏联在意识形态领域实行专政。他说：列宁的唯物主义哲学"成了过去、现在或将来评价个别科学发现的至高无上的评判权威。这种唯物主义'哲学的'统治，覆盖了全部科学，不论是自然科学还是社会科学，以及文学、戏剧、造型艺术等等中的其他一切文化发展；列宁的追随者们又把这种统治推向荒谬的极端。这导致

---

① ［德］柯尔施：《马克思主义和哲学》，78～79页。

② 同上书，82～83页。

了某种意识形态的专政”①。他认为，在今天的苏联，这已经变成以无产阶级专政的名义建立起来的精神压迫体系，它是与社会主义格格不入的，**“社会主义，无论从其目的还是从其手段上说，都是一场实现自由的斗争”**②。

三　葛兰西

安东尼奥·葛兰西（1891—1937），意大利著名马克思主义者，意大利共产党创始人之一。1924年就任意共总书记，1926年被法西斯政府逮捕，1937年4月21日出狱，一周后在医院病逝。一生写有大量宣传性政论性文章，在狱中极为艰苦的条件下从事理论研究，内容涉及历史、宗教、教育、文学、国家、哲学、革命的战略和策略等等问题，写了34个笔记本，去世后以《狱中札记》为名结集出版。这是葛兰西最主要的哲学著作。葛兰西是党的领袖，他的哲学思想与关于党的战略、策略的思考紧密结合在一起。

因受各种条件的限制，葛兰西的哲学思想并不十分系统、成熟，概括起来看，颇具特色的主要是关于如下两个问题的论述。

（一）实践哲学

葛兰西与卢卡奇、柯尔施有许多相似之处。他们都是马克思主义者，而且都是重要的共产党的领导人。这种共同的身份，使他们在受十月革命影响的欧洲几国无产阶级革命失败后，都对失败的原因进行了深入思考。这些国家的无产阶级没有表现出俄国工人那样的革命热情，缺少他们那种战斗精神，于是卢卡奇、柯尔施和葛兰西不约而同地都强调意识和实践在生活中的决定作用，强调总体性以及辩证法的意义。这些特点在他们三个人的身上具体表现形式有所不同，对葛兰西而言，它们的集中体现，是他的实践哲学。

葛兰西所说的实践哲学，是马克思主义哲学的别名。最早用实践哲学概括马克思主义哲学的是意大利哲学家拉布里奥拉，葛兰西自认为他的实践哲学是拉布里奥拉哲学思想的发展。他之所以使用这一说法，是因为他认为实践概念反映了马克思主义哲学的实质。注重意识的作用以及总体性和辩证法，必然突出实践的意义，这在卢卡奇和柯尔施的思想中也可以看到。卢卡奇晚年用以概括自己毕生哲学思考的结果的著作是《关于社会存在的本体论》，他认为马克思主义哲学就是关于社会存在的本体论，这样的本体是什么？是劳动，是实践。葛兰西明确把马克思主义哲学等同于实践哲学，基本精神与卢卡奇、柯尔施是一致的。

葛兰西认为，在社会革命之后或新的阶级出现时，就会有唯物主义的繁荣；同时，没落的阶级总是抓住精神哲学不放，鼓吹唯灵论。“处在法国革命和复辟之间的中途上的黑格尔，给予思想生活的两个要素唯物主义和唯灵论以辩证的形式，但是，他的综合是‘一个以头站地的人’。黑格尔的继承者摧毁了这种统一，有的回到唯物主义体系，有的则回到唯灵论体系。实践哲学通过其创始人复活了黑格尔主义、费尔巴哈主义和法

① ［德］柯尔施：《马克思主义和哲学》，86页。
② 同上书，91页。

国唯物主义的这一切经验，以便重建辩证统一的综合，'以脚站地的人'。"[①] 从这段话可以看出，葛兰西认为实践是主客体相互作用的辩证法，是唯物主义和唯心主义的综合与超越[②]；黑格尔哲学已经实现了这种综合，是唯心主义的实践哲学，马克思主义哲学是以唯物主义为基础的实践哲学。

按照葛兰西的理解，马克思主义哲学是实践哲学，而实践哲学就是实践一元论。他说："'一元论'此词的意思是什么？它肯定不是唯心主义的一元论，也不是唯物主义的一元论，而倒是具体历史行为中对立面的同一性，那就是与某种被组织起来（历史化）的'物质'，以及与被改造过的人的本性具体地、不可分解地联结起来的人的活动（历史—精神）中的对立的同一性。"[③] 按照这种实践一元论，既然一切存在都是人的实践活动的产物，那么自然界也是社会存在物，具有社会性。葛兰西说："并不存在独立的、自在的和自为的现实，而只存在处在同那些改变它的人们的历史关系之中的现实。"[④] "对于实践哲学来说，对于'物质'既不应当从它在自然科学中获得的意义上来理解（物理、化学、力学等——要从其历史发展中来注意和研究的意义），也不应当从人们在各种唯物主义形而上学中发现的任何意义上来理解。应当考虑到一起构成为物质本身的各种物理（化学、机械的等等）特性（除非人们求助于康德的本体概念），但只是在它们变成一种生产的'经济要素'的范围内。所以，物质本身并不是我们的主题，成为主题的是如何为了生产而把它社会地历史地组织起来，而自然科学则应当相应地被看做是一个历史范畴，一种人类关系。"[⑤]

葛兰西并不否认物质的客观存在，但他从实践一元论出发，认为现实存在的物质是由物质自身的物理化学规律与人的社会性实践共同决定的，因而具有社会性；自然科学属于历史范畴，反映的是人类关系，也就是说同时也是社会科学。这与马克思在《1844年经济学哲学手稿》中的论述十分相似。这一观点在卢卡奇、柯尔施对自然辩证法和反映论的批判中也可以见到，是他们的哲学思想的共同特点，但葛兰西的实践一元论对它作了最集中的阐述。

（二）文化领导权理论

葛兰西认为，文化领导权是西方国家无产阶级革命的关键问题。

在他看来，西方国家和东方国家的基本区别在于市民社会。黑格尔和早期马克思经常使用市民社会概念，在他们那里，市民社会基本上是一个经济概念，指人与人的物质生产关系。葛兰西把市民社会作为与政治社会相对立的概念来使用。政治社会意味着对人的强制，表现为国家、政府对人的直接统治；市民社会主要指社会中涉及舆论、伦理等从内部影响人们思想观念的意识形态领域，包括各种民间团体、组织，以及新闻、出版等文化机构。市民社会是工业文明和商品经济长期发展的产物。东方国家缺少发达的工业文明和商品经济，没有形成成熟的市民社会，舆论和伦理的影响不大，不受民众的

---

① ［意］葛兰西：《实践哲学》，84页，重庆，重庆出版社，1990。

② 参见上书，128页。

③ 同上书，58页。

④ 同上书，29页。

⑤ 同上书，162页。

意愿控制的国家是全部生活的主宰。西方国家早已形成独立、成熟的市民社会，资产阶级对人们的控制主要不是靠政治，而是靠文化。市民社会以各种渠道把人们从思想上统一起来，为资本主义制度下的社会生活建立起社会契约、议会民主、舆论监督等合理形式，使之理性化，各种制度以人们的同意为基础，人们在自觉维护社会稳定。葛兰西说："在东方，国家就是一切，市民社会处于初生而未成形的状态。在西方，国家与市民社会之间存在着调整了的相互关系。假使国家开始动摇，市民社会这个坚固的结构立即出面。国家只是前进的堑壕，在它后面有工事和地堡坚固的链条。"① 国家和市民社会，也即强力和同意（民众自觉地认同各种政治制度和政治决定），共同维护着西方的资本主义社会。其中起主要作用的是市民社会，它是资本主义社会能够经受各种经济、政治危机的冲击而不垮台的根本原因。

由于东西方国家具有上述区别，葛兰西认为东西方国家无产阶级革命的战略、战术也有不同。在东方国家，革命的目标是打击旧的国家机器，是夺取政权，主要手段是暴力革命，因为在这里国家就是一切；在西方国家，由于有独立而成熟的市民社会，资产阶级的统治最终以人们思想上对现存资本主义制度的认同，实际上也就是资本主义制度对人们在思想上的控制为基础，所以革命的主要任务就是与资产阶级争夺文化领域的领导权。十月革命之所以在俄国成功，因为俄国没有市民社会，革命的任务仅仅在于夺取政权。十月革命后发生于西方资本主义国家的无产阶级革命之所以失败，是因为在这里存在成熟的市民社会，无产阶级虽然一时夺得政权，但没有改变市民社会，而市民社会是资本主义国家和经济制度的"工事和地堡坚固的链条"，因此文化领导权仍在资产阶级手里，大多数人在思想观念上仍然认同资本主义，不支持革命。

要进行无产阶级革命，必须首先夺取文化领导权。文化领导权不是一朝一夕可以从资产阶级手中夺得的，革命暴力在这里无济于事。夺取文化领导权不能指望向敌人发动进攻的运动战，只能立足于阵地战，在市民社会中一步步夺取阵地，直至控制意识形态领域。

针对西方国家无产阶级革命意识淡化这一基本事实，葛兰西提出关于文化领导权的思想作为解决方案，与他强调意识的重要作用的实践哲学有着深刻的内在联系，而且与卢卡奇关于无产阶级阶级意识的思考事实上一脉相承。不同的是卢卡奇比葛兰西更深刻，他在葛兰西所说的文化领导权背后进而揭示出了物化这一销蚀无产阶级阶级意识的深层原因，从而使人们对于夺取文化领导权，培育无产阶级的阶级意识这一任务的艰巨性，有了更为深刻的认识。

第四节　法兰克福学派

卢卡奇等人开创了西方马克思主义，但深入发展西方马克思主义并取得丰硕成果

① ［意］葛兰西：《狱中札记》，180页，北京，人民出版社，1983。

的，是存在于发达资本主义国家的法兰克福学派。法兰克福学派是西方马克思主义最主要的代表，从 20 世纪 30 年代起，甚至直到今天，一直活跃在理论前沿，涌现出了许多思想深刻、影响巨大的哲学家。了解西方马克思主义，重点是法兰克福学派。

一　概况

法兰克福学派因其主要成员都曾经在德国法兰克福社会研究所工作而得名。

1923 年 2 月 3 日，法兰克福大学的社会研究所宣告成立，维也纳大学历史学家格林贝格（1861—1940）应邀出任所长。格林贝格以及研究所的发起人韦尔、霍克海默、波洛克是信奉马克思主义的左派知识分子，社会研究所明确把马克思主义规定为自己的方法论原则，表现出明显的马克思主义色彩。把研究所的成员联系在一起的，是对现代资本主义社会的批判性考察，但这种批判严格限制在学术领域。从学术的角度出发批判现实的资本主义社会，是社会研究所的也是法兰克福学派的始终一贯的宗旨。

1931 年 1 月，霍克海默接替患病的格林贝格担任社会研究所所长，他进一步明确了研究所的宗旨是对现代资本主义社会进行综合的、多学科的批判，创建了《社会研究杂志》，招揽了阿多尔诺、马尔库塞、弗罗姆等优秀人才进入研究所。研究所的历史从此掀开新的一页，法兰克福学派初步形成。

1933 年初纳粹在德国上台执政。因具有公开的马克思主义色彩，而且大多数成员是犹太人，研究所被迫迁往美国。1937 年霍克海默出版《传统理论和批判理论》，批判理论成为法兰克福学派的标志。1949 年，应联邦德国政府的邀请，社会研究所迁回法兰克福大学。二战以后，百废待兴，法兰克福学派也焕发出新的青春，进入历史上最辉煌的时期。这时，德国的好几个城市建立了法兰克福小组，留在美国的成员马尔库塞、弗罗姆等与回到德国的社会研究所遥相呼应，法兰克福学派登上国际舞台。1968 年，席卷欧洲的学生造反运动把法兰克福学派重要成员马尔库塞的社会批判理论奉为指针，法兰克福学派因之声名大噪。

进入 70 年代以后，一方面因学生运动的失败使法兰克福学派的批判理论遭到怀疑，另一方面一些重要的代表人物相继谢世，再加上内部出现分裂，法兰克福学派开始衰落，其理论倾向也有所改变，但直到今天，法兰克福学派仍在积极活动。

在长达大半个世纪的发展中，法兰克福学派涌现出数十位有影响的哲学家，代表性人物有：霍克海默、阿多尔诺、马尔库塞、弗罗姆、本杰明、哈贝马斯、施密特等。

法兰克福学派成员众多，他们的观点各具特色。这些人之所以能够形成一个统一的学派并产生世界影响，是因为他们的思想具有如下一些共同的倾向：

第一，坚持马克思主义基本立场。

坚持马克思主义是法兰克福社会研究所成立的初衷，在霍克海默就任所长之前，研究所事实上是各种马克思主义理论的论坛，该所不仅坚持马克思主义，而且其过于正统的气氛令一些人难以忍受。① 霍克海默掌管研究所之后，坚持马克思主义的基本立场这一特点在法兰克福学派的哲学家那里并没有消失。他们的观点与苏联哲学家截然不同，

① 参见［美］马丁·杰：《法兰克福学派史》，17～18 页，广州，广东人民出版社，1996。

但人们仍然可以把他们作为马克思主义哲学的流派来看，因为他们都自认为是马克思主义者；都坚持对现代资本主义的批判，否定它的合理性；他们从事这一批判的主要的思想资源仍然来自马克思。

就像物竞天择、适者生存是生物进化的规律一样，环境的变化和现实的需要也是马克思主义哲学发展的动力。出于西方国家的实际情况，法兰克福学派拒斥苏联版本的马克思主义，把目光转向马克思本人，特别是他的早期思想。也正如生物在进化中会产生变异一样，马克思主义在通过法兰克福学派表现出来的在西方国家的发展中，逐渐发生蜕变，后期的法兰克福学派，例如哈贝马斯，渐渐地远离马克思主义的基本原则，连对资本主义社会的社会、文化批判也日渐淡化，以至今天的法兰克福学派还是不是马克思主义流派，西方马克思主义还是不是存在，受到某些人的质疑。

第二，坚持对现代资本主义的社会、文化批判。

卢卡奇、柯尔施和葛兰西在20世纪二三十年代，也即他们的理论创作高峰时期，本人就是革命家，进行无产阶级革命是他们的基本目标。他们从总体性理论、实践哲学出发，强调无产阶级应该积极投入自我解放的阶级斗争。法兰克福学派也否定资本主义，但是目标已经不是革命，起码不是无产阶级的阶级斗争，而是从对人，特别是对个人的人道主义关怀出发，从资本主义文化这一资本主义制度根基入手，对它进行揭露和批判，对它的合理性提出怀疑和否定。他们认为这是马克思主义的本质所在。他们的工作极大地深化了人们对资本主义的认识。

第三，在研究批判中坚持人本主义，反对实证主义。

法兰克福学派的哲学家对资本主义的批判，基本出发点是马克思的早期思想，是他的异化理论。他们把实证主义看做资本主义的理论支柱，因为实证主义导致“对事实的崇拜”和顺从，没有对现实的批判否定维度。法国学者M. 洛威，认为法兰克福学派的主要特征是：“坚定地否定现存制度并强烈地反对实证主义”，这两个方面在他们那里相辅相成“并表现出否定的辩证法的统一性”①。他们继承卢卡奇和柯尔施，反对物质本体论、自然辩证法，把恩格斯和列宁的许多思想，把苏联哲学，也当作实证主义看待。对苏联的所谓“专制”制度，更是持激烈的否定态度。

第四，在研究批判中综合运用各种思想资源。

法兰克福学派对资本主义的批判从马克思主义出发，但眼光绝不仅仅局限在马克思主义和马克思身上，因为他们面对的是与马克思时代的资本主义有极大不同的20世纪的发达资本主义，马克思主义本身的思想资源已经不足以对现实生活作出全面深入的分析批判。他们对西方世界学术资源的吸收使用，日益超出哲学的范围，广泛涉及20世纪的，特别是与他们同时代的，经济学、政治学、社会学、文化学、心理学、语言学等诸多领域。他们自己的理论，也往往被人们直接当作社会学理论来看。

法兰克福学派的理论是对卢卡奇、柯尔施和葛兰西的继承与发展。

法兰克福学派的根据地是法兰克福大学社会研究所，该所的创始人韦尔曾与卢卡

---

① ［法］M. 洛威：《法兰克福学派——理性的马克思主义》，转引自俞吾金、陈学明：《国外马克思主义哲学流派》，113页，上海，复旦大学出版社，1990。

奇、柯尔施本人有过直接的交往，筹备召开了有卢卡奇和柯尔施参加的关于马克思主义的会议——所谓的“第一个马克思主义工作周”，会议的大部分时间用来讨论柯尔施《马克思主义和哲学》一书的手稿。① 法兰克福学派在20世纪30年代的著作，如霍克海默的《传统理论与批判理论》一文，许多方面明显地是对卢卡奇所作工作的继续。

法兰克福学派对卢卡奇和柯尔施的发展，最集中的体现是它用“支配理论”取代了卢卡奇的“物化理论”，这也是马克思主义哲学20世纪在西方国家最重要的发展。②

物化是卢卡奇借鉴马克思的异化概念提出的，旨在强调资本主义社会分工的发展和可“计算性”向社会生活的全面渗透，使人孤独化、原子化了，丧失了对总体性的认识，无产阶级的历史使命感，它的阶级意识，受到侵蚀。物化是强加于人、人不得不接受的事实。支配与物化的根本不同在于，它不是由外部强加于人、人不得不接受的事实，而是人自愿地施于自身的物化或异化，自愿地服从外在于自己的各种秩序，接受它们对自己的统治。本·阿格尔说：所谓支配，是说：“资本主义把个人转变成一个实际上无头脑的并因此而不提疑问的温顺的消费者，即转变成一个甘受摆布和帮助资本主义社会有效运转的公民。”③

为什么人会变成甘受摆布和帮助资本主义社会有效运转的公民？其中的原因，很大程度上与消费有关。卢卡奇已经指出，“计算”在资本主义社会中日益发挥着重要的作用，因为计算意味着科学理性，意味着效率，意味着物质生产的发展和财富的增加，而这是不可抗拒的。随着资本主义的发展，一方面资本家越来越躲藏在生产技术和合理计算的背后，把生产本身的合理需要推到第一线，它们自己也成为技术合理性的工具，资本主义社会的各种秩序似乎不再是一种意识形态，失去了阶级色彩；另一方面科学理性的主宰也的确使物质生产力得到极大的发展，物质财富日益丰富，人们的物质需要，包括工人的物质需要，日益得到满足。人们受不断膨胀的消费欲的驱使而忙碌，成为消费的动物。消费是生产的一个必要环节，扩大消费是资本家获取更多利润的途径。作为消费者，特别是把消费视为生活目的的消费者，本来就是资本家手中的工具，但是消费欲望不断得到满足的消费者，在舒舒服服的享受中看不到或不愿意承认自己的被奴役地位，从而心甘情愿地接受了外在资本主义秩序对自己的支配。

对这种新的异化、物化，也即支配现象，进行批判，是法兰克福学派的基本宗旨。从时间上看，20世纪40年代、50年代、60年代法兰克福学派的重要著作都和这个问题有关；从内容上看，不仅霍克海默和阿多尔诺直接提出了支配问题，而且其他人的理论研究也都和支配问题有着内在的联系：马尔库塞、弗罗姆对弗洛伊德主义的借鉴吸收，是为了深入揭示资本主义社会对个人的支配造成的心理压抑；马尔库塞所说的人的单向度化，是对支配现象的揭露与控诉；阿多尔诺鼓吹否定的辩证法，反对一切同一性，表现出西方国家的马克思主义者面对支配现象生出的一种恐惧、绝望和愤怒；法兰克福学派的哲学家对实证主义和苏联哲学所坚持的物质本体论、反映论、自然辩证法的

---

① 参见［美］马丁·杰：《法兰克福学派史》，9～10页。

② 参见［加］本·阿格尔：《西方马克思主义概论》，177～287页，北京，中国人民大学出版社，1991。

③ 同上书，232页。

激烈批评，主要是因为，他们认为这些理论对客观必然性和生产力的作用的强调无助于对支配现象的批判，它们甚至是支配现象得以存在的理论支柱；至于哈贝马斯，他在20世纪70年代以后重建历史唯物主义的努力，不过是反映了他因在支配现象面前无可奈何而产生的对历史唯物主义的失望。

法兰克福学派对支配现象的分析始于第二次世界大战期间，这与他们来到美国这一最发达的资本主义国家有关。物化理论是卢卡奇这位匈牙利人立足于中、东欧20世纪最初20多年的实际提出的，法兰克福学派在20世纪30年代的成果给人的印象似乎只是卢卡奇的工作在德国的继续。在原法兰克福大学的社会研究所在美国重建之后，情况发生很大变化。法兰克福学派的哲学家，在这里亲身体验到了最发达的资本主义社会的生活。美国人那种消费至上的生活方式和对技术理性的顶礼膜拜；美国社会阶级矛盾的明显缓和，以及大多数人因生活优裕而对现存制度的认同，使这些在欧洲大陆文化熏陶下成长起来的德国人，陷入深深的思考，支配理论于是产生。第二次世界大战后欧洲资本主义国家得到迅速发展，战后回到德国的法兰克福学派哲学家们很快看到了他们当年在美国看到的情景，支配理论在这里大有用武之地。

在西方马克思主义哲学运动中，法兰克福学派和卢卡奇等人的理论分别代表了资本主义发展的不同阶段。如果说马克思恩格斯看到的是早期资本主义，第二次世界大战以后法兰克福学派面对的就是晚期资本主义，而卢卡奇等人则是处于资本主义由早期向晚期的过渡时期。马克思研究异化和无产阶级的阶级斗争，卢卡奇研究物化和无产阶级的阶级意识，法兰克福学派研究现代资本主义的文化统治也即支配问题。马克思主义理论的以上演化所反映的正是资本主义发展阶段的更替：在早期资本主义社会，无产阶级的贫困化触目惊心，阶级斗争你死我活；在晚期资本主义社会，科学技术本身具有了意识形态功能，阶级矛盾缓和，无产阶级革命遥遥无期；在过渡时期，无产阶级的阶级意识受到侵蚀，革命遭到失败，但许多马克思主义者心有不甘，仍在积极寻找启发无产阶级阶级意识催化革命的途径。

应该如何看待法兰克福学派与马克思主义的关系？在这个问题上美国学者马丁·杰对法兰克福学派的总体评价值得参考。他说：

> 尽管它（即法兰克福学派——引者）放弃了许多马克思主义理论的目标——工人阶级的革命潜能，阶级斗争作为历史的动力，经济基础作为任何社会分析的中心——它还是在其早期为马克思主义做了许多工作。在斯大林主义炙手可热的时候，通过保护马克思主义自由意志冲动的完整性，霍克海默及其同事为斯大林激进主义之后恢复这一冲动发挥了重要作用；通过坚持对马克思主义理论的哲学前提的质疑，他们把马克思主义范围内讨论的水平大大提高了一步，有助于使马克思主义成为他们范围外探究的合法对象；在其受到僵化的教条主义威胁时，通过坚持使历史唯物主义成为一个开放的、批判的而非现成真理的系统，他们帮助恢复了它的有效性；为了拓展新的基础，研究所（即法兰克福学派的大本营社会研究所——引者）使心理分析与马克思主义这类看似互不相容的体系之间富有成效的互渗成为可能；最后，他们极富创意地把马克思的一些主张熟练地运用到文化现象上，从贫瘠的社会主义现实主义的文学中拯救了唯物主义的文化批评。

> 不过，研究所最后提供的马克思主义的修正是如此根本，已无权利把它包括在马克思主义分支中。由于向实际的或潜在的可以实现合理社会的历史主体的挑战，研究所最后放弃了马克思主义的中心承诺：理论和实践的统一。其成员与60年代新左派的冲突，不过是早期这种转变的结果，甚至马尔库塞的“大拒绝”，在许多正统马克思主义者看来也不过是对政治行动的一个含糊而不准确的刺激，不过是无政府主义传统中的对社会现状“不坚决的否定”。1962年，卢卡奇就称它为“深渊上的楼阁”，以此表达他和其他马克思主义者对法兰克福学派的轻蔑。①

总之，马丁·杰认为，由于法兰克福学派对无产阶级这一历史主体的革命性不再抱有希望，它的理论也就丧失了革命性，不再是马克思主义的了。

马丁·杰对法兰克福学派和马克思主义的关系的概括，肯定了法兰克福学派对马克思主义哲学基本精神的捍卫和对其重要原理的深化与发展，因而是一种新的、具有开拓性的马克思主义哲学理论。这是符合实际的。但马丁·杰的最后的结论值得商榷。马丁·杰的这番话写于1973年。他把理论研究与无产阶级革命实践的结合作为马克思主义理论的根本标志，如果站在当时社会主义国家正统马克思主义的立场上看，这一做法无可指责。也正因为如此，西方马克思主义长期被排除在马克思主义哲学的范畴之外。但是，如果立足西方发达资本主义的实际，或者站在今天的立场上看，马丁·杰的做法又远远脱离了西方国家的实际。因为在20世纪的西方发达资本主义国家，马克思时代导致形成革命形势的那些社会矛盾已经大大缓和，暴力革命的方式已经过时。这一点，恩格斯早在19世纪末就清醒地认识到了，到20世纪中叶，更成为人所共知、无可争议、对革命者而言实在无可奈何的事实。如果无视这一事实，就不是法兰克福学派有修正主义之嫌，而是马丁·杰自己可能陷入脱离实际的教条主义了。放弃暴力革命并不等于背叛马克思主义。暴力革命仅仅是马克思在当时条件下一再主张的无产阶级实现自己的历史使命，用社会主义共产主义取代资本主义的具体途径。对资本主义不人道现实进行批判，追求全人类的解放，不仅是政治解放、经济解放，而且是从资本主义文化统治下的解放，这才是马克思主义的基本精神所在。至于具体途径，只能实事求是，从实际出发。在革命的可能性一时变得十分渺茫时，只要坚持运用马克思主义哲学基本原理对资本主义进行批判否定，就与马克思主义的基本精神相符合，就是朝社会主义共产主义方向的脚踏实地的实际努力。

无论如何，从总体上看，马丁·杰对法兰克福学派的概括是值得重视和参考的，它是当时相当流行的看法。

法兰克福学派代表人物众多而且理论各有特点，下面选取霍克海默、马尔库塞、哈贝马斯为例，对法兰克福学派的哲学思想做一简要介绍。他们是西方马克思主义基本思想的主要代表。

二　霍克海默

马克斯·霍克海默（1895—1973）出生于德国斯图加特一个富有的犹太工厂主家

---

① ［美］马丁·杰：《法兰克福学派史》，334～335页。

庭。1923年在法兰克福大学获哲学博士学位，1930年成为该校教授，1931年任社会研究所所长。希特勒上台后霍克海默移居美国，后于纽约重建社会研究所，第二次世界大战结束后返回德国。曾任法兰克福大学校长，1958年退休并辞去社会研究所所长职务，1973年在纽伦堡去世。

霍克海默的主要著作有：《传统理论和批判理论》（1937年）、《论哲学的社会功能》（1940年）、《独裁国家》（1940年）、《启蒙辩证法》（1947年）、《理性的衰落》（1947年）、《工具理性批判》（1967年）、《批判理论》（1968年）等。

霍克海默长期担任法兰克福大学社会研究所所长，是法兰克福学派的领导者，也是它的思想奠基人。他的主要理论贡献是提出了批判理论以及在对现代资本主义社会的批判中揭示了启蒙的辩证法，提出了支配理论。前者为整个法兰克福学派奠定了基础，后者为它确定了基本的理论框架。作为一个学派的创始人，霍克海默的思想视野宽阔，内容全面，为后人提供了许多理论生长点，在某些方面发展了马克思主义哲学，对西方马克思主义的发展产生了重要影响。

（一）批判理论

批判理论是相对于传统理论而言的，对于二者的关系，霍克海默在20世纪30年代初的著作中多有论述，比较集中的是发表于1937年的《传统理论和批判理论》一文。他提出批判理论的目的，是在与传统理论的比较中说明马克思主义哲学的批判本质，号召对资本主义展开深刻的文化、社会批判。

传统理论的主要特点在于，它是一个封闭的科学命题系统，和谐是它的必要条件，它内在地倾向于使用数学符号使自己成为严格的逻辑演算体系，具有科学性。在与经验事实的关系上，传统理论领域的学者，他的知识和结论必须符合原有理论的概念，就是说，它们必须构成前述意义上的理论。“在劳动的社会分工中，学者的作用是把事实纳入概念框架之中，并使概念框架保持在最新状态上，以便使他和所有使用概念框架的人能够把握尽可能广泛的事实”[①]，当经验事实不能被纳入已有的概念框架时，概念框架本身就要更新，以重建内在和谐。实质上，传统理论是对经验事实的记录、整理、解释，认为人所面对的世界是事实的总和，是我们必须接受的存在。这种理论关心的是当下的事实，对世界的改造，世界的发展是与它无关的，它的保守性显而易见。上述特点普遍存在于自然科学、社会科学之中，事实上除马克思主义以外，霍克海默认为当时所有的科学理论都属于传统理论，其中最典型的是实证主义，特别是流行于美国的实用主义。

霍克海默所理解的批判理论，“目标在于把人从奴役中解放出来”[②]，具体而言是追求社会的合理状态，这“是由现存的苦难强加给它的。设计这样一种解决苦难的办法的理论，不会为既存现实服务，而只能揭露那个现实的秘密。不管在任何特定环节上可能发现的荒谬和错误有多么不可辩驳，不管那种可能表明是复仇行为的错误有多么多，批判理论事业的总趋向是不接受所谓的人类健全理智的制裁，即使在它许诺会取得成功的

① ［德］霍克海默：《批判理论》，189页，重庆，重庆出版社，1989。
② 同上书，232页。

时候，它也不习惯于这么做”①。就是说，对现实进行批判否定是批判理论的根本特点。批判理论并不根本否定传统理论，它必须依赖传统理论以获得对现实的正确认识，但它不是要增长知识本身，而是要超越传统理论，着眼于人的解放、社会的发展而对社会加以批判。霍克海默认为这样的理论只能是社会批判理论，只能是哲学，马克思的《资本论》，即政治经济学批判就是样板。因为政治经济学批判的内容，“在于把经济学中占统治地位的概念转化为它们的对立面，把公平交换转化为社会不公正不深化，把自由经济转化为垄断的控制，把生产性劳动转化为阻止生产的僵死关系，把社会生活的日益增长转化为广大人民的贫困化。在此至为重要的，与其说是那些保持不变的东西，毋宁说是现在正接近其末日的那个时期的历史性运动。……它与纯粹的经济学专家的区别并不在于它是以某种特定的哲学对象为出发点，而是出于它对作为一个整体的社会之诸种趋向的观察”②。

霍克海默关于批判理论的思想中最值得注意的是他对哲学的理解。

由于强调批判理论和传统理论的对立，他强调哲学的超越性，即哲学不是着眼于现存的东西，而是追根溯源，揭示现存事物的本质，考察它的基础，追求理想的社会状况。他说：“哲学从来没有抛弃过真正的理想，即那种认为可以把理性引入社会个体和国家之中的理想。哲学仅仅抛弃过虚假的理想，即认为只需提出完善化的图景，而不管它借以实现的途径就足矣的理想。”③ 正是由于哲学追求超越现实的理想，它才能“不满足于不假思索地、只凭习惯而接受社会现状”，而是要对现存社会展开批判。

出于对哲学的如上理解，霍克海默对马克思劳动创造世界的实践唯物主义思想，进而对康德、黑格尔、费希特弘扬精神的创造作用的哲学，给予高度评价，甚至说批判理论表述的“就是唯心主义理性概念的唯物主义内容”④。

由于强调哲学，也即批判理论的超越性，霍克海默认为批判理论家必然处于与现实的“紧张”之中。从人的解放这一理想出发看待事物，理论家不可避免地要与资本主义现实对立，同时也要与深受传统理论影响的无产阶级对立。批判既是针对资本主义社会的，也是针对无产阶级的。无产阶级虽然深切感受到了社会中的苦难和不公正，但它不可能自发生产关于未来合理社会的理想，它被传统理论所支配，对现状表现出奴性的依赖与顺从。理论家如果“避免暂时与群众对立（他主动的理论努力可能会迫使他与群众对立），只能使群众变得更为盲目、更为软弱。实际上，他自己的思想应该是群众成长过程中的批判因素和推动因素”⑤。

霍克海默还认为哲学承担着重要的历史任务。他指出，在法国大革命那样的历史时期，“某种偏见的消除，与启开新世界的大门在实质上是等值的。传统和信仰是旧制度的两个最强大的堡垒，哲学对它们的攻击构成了一种直接的历史行动”⑥。在今天，信

① ［德］霍克海默：《批判理论》，206～207页。
② 同上书，233页。
③ 同上书，255页。
④ 同上书，229页。
⑤ 同上书，204页。
⑥ 同上书，257页。

仰和传统的作用淡化了，各种传统科学形成的对命运的愚钝的漠不关心和冷淡在支配着人们，因此哲学的任务就是激发和保护人们的思维能力与行动能力，“防止人类由于目前的可怕的事件而彻底沮丧，防止人类对社会的有价值的、和平和幸福的倾向丧失信心”①。

关于哲学的上述理解实际上是霍克海默对法兰克福学派历史使命的阐述，也是他对德国古典哲学和马克思早期哲学思想基本特点的发挥。就马克思主义哲学而言，它使人想起了青年马克思的宣言：“**德国人的解放**就是**人的解放**。这个解放的**头脑**是**哲学，**它的**心脏**是**无产阶级。**哲学不消灭无产阶级，就不能成为现实；无产阶级不把哲学变成现实，就不可能消灭自身”②。也使人想起了考茨基和列宁的“灌输论”、卢卡奇关于无产阶级阶级意识的论述和葛兰西的“阵地战”思想。霍克海默的上述思想确立了法兰克福学派批判理论的基本纲领，使马克思主义哲学具有了与苏联哲学截然不同但符合西方发达国家实际需要的鲜明特点，可以说是在新的历史条件下对马克思主义哲学的重要发展。

从另一个角度看，霍克海默对马克思主义哲学的发展大有背离之嫌。首先，马克思把人类的解放视为生产力从而整个社会合乎客观规律的发展的必然产物，是对资本主义不人道现实的谴责和科学理性的结合；其次，马克思否认救世主，认为人民群众是历史的主人，人类的解放是无产阶级的自我解放，哲学只是为它提供认识和改造世界的工具。霍克海默对哲学的理解，特别是他对传统理论的作用的贬低和关于理论家与无产阶级的“紧张”关系的思想，使他事实上把马克思的科学社会主义运动变成对资本主义的道德谴责，把一切希望都寄托在少数先进知识分子的身上，唯物史观的科学理性和阶级斗争的作用不见了。

为什么要批判否定资本主义制度？霍克海默认为，是因为“为了人的享受而生产出来的全部货物却仅仅属于一小部分人。……但是，从一开始，人们内心深处就燃烧着把同样的享受带给大多数人的欲望”③。将要建立的合理的社会应该是什么样的？霍克海默没有从分析资本主义社会的现实矛盾和发展规律出发，而是说它是由现实生活的苦难决定的，说到底是由道德需要决定的。如何实现人类的解放？霍克海默说，承担这一使命的不是无产阶级或其他什么阶级，而是全社会——“不存在这样一个社会阶级，它对批判理论的承认能使人们得到指导。今天，每一个社会阶层的意识都有可能受到意识形态的限制和腐蚀”④。既然理论批判是社会发展的推动力量，人类的希望就在知识分子身上。他说：“减轻本人见解与他想要为之服务的被压迫人民之间的紧张关系，是批判理论家的任务。但在我们要提到的社会学概念里，独立于所有的阶级却是知识分子的根本特征，是一种它引以自豪的优越性标志。”⑤ 这就是说，人类解放是在知识分子理论批判教育下全社会的追求。

---

① ［德］霍克海默：《批判理论》，257页。
② 《马克思恩格斯选集》，2版，第1卷，16页。
③ ［德］霍克海默：《批判理论》，202页。
④ 《法兰克福学派论著选辑》（上卷），88页，北京，商务印书馆，1998。
⑤ ［德］霍克海默：《批判理论》，211页。

对问题的上述回答与马克思思想的区别是很明显的，这一区别在法兰克福学派继霍克海默之后的哲学家那里也可见到，而且得到进一步的强化。霍克海默的批判理论高度强调理论批判和知识分子的历史作用，基本精神与卢卡奇、柯尔施、葛兰西的思想一脉相承而又有所发展。这是西方资本主义国家阶级矛盾缓和与资产阶级文化霸权的反映。阶级矛盾的不断缓和、文化霸权的不断强化，导致无产阶级的革命性日益淡化，甚至与其他阶级的界限都模糊不清了。卢卡奇强调阶级意识和对无产阶级进行思想教育的重要性，葛兰西强调要在意识形态领域反对资产阶级的文化霸权，开展阵地战，霍克海默进而淡化阶级划分把目光转向全社会，把历史进步的希望寄托在社会文化批判上，这表明他们一步步远离阶级和阶级斗争，一步步突出意识的作用，把希望寄托在少数以全社会的代表自居的知识分子的理论批判上。他们在理论上的这一变化正是现代西方社会自身上述变化的反映。法兰克福学派左右为难，或者说必须两条战线作战：往左走，走十月革命的道路，在西方国家行不通；往右走，像伯恩施坦、考茨基那样事实上顺从资本主义制度，有悖于自己的人道主义追求和马克思主义信仰，心有不甘。转向社会文化批判，就是这种左右为难的结果。简单地以唯物史观、唯心史观来评判霍克海默的上述思想是不适宜的，我们在介绍哈贝马斯的思想时，还会看到类似的情况。

（二）启蒙精神批判

第二次世界大战前后在美国的流亡生活，对霍克海默的思想，对整个法兰克福学派，产生了重大影响。

在最发达的资本主义国家美国的长期生活，使霍克海默痛苦地感受到，在美国繁荣稳定的生活背后存在着严重的社会不公和人的异化，其中最令他不安的是人们麻木地接受了这一现实，知识分子丧失了对社会的批判功能，只知一味顺从现实的思维方式渗透在生活的每一个角落，这当然是一种最浅薄的实用主义思想。启发、呼唤、培养社会的批判精神成为霍克海默到美国以后理论兴趣的焦点，也成为整个法兰克福学派的特色。1937 年他发表了《传统理论和批判理论》，为批判精神呐喊；1938 年萌发写作批判启蒙精神的著作的想法，到 1944 年，他与阿多尔诺合作写了《启蒙辩证法》这篇长文，1947 年出版。① 他在此之后发表的一系列著作都和这篇文章的思想有关。

《启蒙辩证法》是霍克海默最重要的著作。它立意高远，站在当时的历史高度对整个人类文明史做了新的审视，揭示出人类历史中的一个重大问题。他的论述事实上把人类历史分为三个时期：神话时期、启蒙时期和启蒙精神失落的时期，也即新的神话时期。神话时期是人类历史的史前时代。人类进入文明社会是启蒙时期的开始，它在 18 世纪达到顶峰，从 19 世纪起走向衰落，到 20 世纪启蒙又重新变为神话，重建启蒙精神成为人类面临的一项历史性任务。霍克海默对启蒙精神的批判不是要对它加以否定，而是对它的历史演化与当今处境进行分析批评，并寻找重建的道路。他的这一工作堪称“批判理论”站在历史的高度反思人类文明时所取得的重大成就，时至今日对我们仍有重要的启发意义。

---

① 启蒙精神批判是霍克海默和阿多尔诺在《启蒙辩证法》中共同表述的思想，为行文方便，下面论述启蒙精神批判问题时，只提霍克海默的名字。

在启蒙与神话的对立中考察启蒙精神及其失落，是霍克海默启蒙精神批判的基本着眼点。他强调，各种神话故事是对自然界和人间秩序的神化，使自然界和这些秩序具有了超自然的形式，人在它们面前无能为力，只能把它们作为“先前决定的事实”接受下来，奴隶般地屈从于它们的支配。告别神话就是启蒙，“就进步思想的最一般意义而言，启蒙运动的总旨在使人们摆脱恐惧，确立他们的主人权。……启蒙运动的纲领是要使这个世界清醒，消除神话，并用知识代替幻想”①。启蒙运动旨在退祛自然界和人间秩序的神秘光环，把它们转变为纯粹的日常现实，使人获得解放，成为世界的主人。

启蒙运动曾经取得巨大的胜利，人不再受被神化了的自然界和各种秩序的支配，人以自己的自由思想认识并征服自然，“知识就是力量”，自然科学和人对自然的改造一路凯歌。但是，随着历史的发展，启蒙也一步步地陷入神话之中。为了消除神话，启蒙接受了神话的全部素材，自己变为新的神话：一方面，自由思想变成数学推理，思考使自身对象化为一个机械的自我运动过程，人永远不能对它加以否定，这样的思考不能提出任何问题。霍克海默说：

> 思维被还原成一种数学机器，这表明了世界的法令即是世界自身的尺度。主体理性的胜利，即一切现实服从于逻辑的形式主义是以理性服从直接被给予的事实为代价的。……认识的任务并不仅仅包括理解、分类和计算，也包括对每一个直接的事实有规定的否定。但是，数学形式主义的工具是数字，是直接事实最抽象的形式，它坚持思维的直接性。事实取得了胜利；认识被局限于对事实的重复；思想成了同义反复。思维的机器越使生存服从于自己，那么，在重新创造生存的过程中，这种服从也越盲目。因此，启蒙又重新变为神话，并且永远不能真正地认识到如何来避免这一点。……世界是一个巨大的分析判断，是从科学的幻想中遗留下来的惟一的世界，它具有与宇宙的神话一样的模式。②

另一方面，自然界和社会秩序虽然失去了神秘的光环，但获得了铁的必然性的强制力量，开始像神一样地支配人——

> 个人还原为与风俗习惯保持一致的中心点和指望于他的操作方式，泛灵论使客体精神化，而工业主义则使人的精神客观化，甚至在全盘计划之前，经济机构就自动地使商品具有决定人的行为的价值。从那时以来，随着自由交换的结束，商品已失去了全部的经济特征，而只具有拜物教的特点，更重要的是，拜物教的影响已扩大到了社会生活的一切方面。通过不计其数的群众生产和群众文化的机构，约定俗成的行为模式被当作自然的、令人尊敬的、合理的模式强加于个人之上，每个人把自己仅仅规定为一个东西，一个静止的因素，或者是成功或者是失败的因素。他的尺度是自我保存，成功或不成功地接近他所作用的客观现实，并为之确立模式。无论什么，思想或罪行，都容忍了集体的势力，这一集体的势力控制了从教室至工会的一切事物。……这个野蛮的集体一直使个人成为无名小卒，这正说明了，人的真

---

① 《法兰克福学派论著选辑》（上卷），117页，北京，商务印书馆，1998。

② 同上书，139～140页。

正本质和他所消费的东西的价值一样微不足道。①

人的思想失去了自由，人本身不再是主体。科学理性的需要，征服自然的需要，说到底是在生产行动中获得成功以得到最大限度的物质利益的需要，使人把科学理性、逻辑、社会整体，当作新的神，赋予它们超自然的、人只能服从而不可侵犯的魔力。人类又回到神话时期。这就是启蒙由否定（即否定神话）到否定之否定（即使自己变为神话）的辩证过程，就是启蒙的辩证法。

霍克海默批判启蒙精神，目的是使启蒙精神得到再生，成为真正的启蒙。怎样才能做到这一点？他认为，法国浪漫主义哲学家卢梭对启蒙运动的批评是有道理的，只有当启蒙运动"敢于超越虚假的专断、超越盲目的统治原则的时候，启蒙运动才成之为启蒙运动。……人们从事物的力量中学会了最终取消权力。当最近的实践的目的作为目前所获得的最遥远的目标显示自身的时候……也就是说，占统治地位的科学所蔑视的自然的那些领域被承认为初始领域的时候，启蒙才得以实现，才是名副其实的启蒙。"② 霍克海默实际上是说，启蒙是与庸俗地屈从于已有现实的实用主义相对立的，它包含着对现实的超越，把自由、精神视为人的最高权利。启蒙的自我摧毁正是因为它在自己的发展中丧失了这种超越性，一味顺从现实，把物摆在人之上，因而失去了批判性。以人的名义重新举起对一切非人存在的批判大旗，是启蒙的再生之路。

（三）支配理论

霍克海默和阿多尔诺都是德国人，他们已经习惯了人文精神浓厚的德国人的生活，关于工业文明对人的压抑，他们和卢卡奇一样看到了人在物化世界的重压下的客体化、原子化，还和卢卡奇一样抱有通过理论批判激活无产阶级的阶级意识的希望。到美国之后，这个物欲横流实用主义无孔不入的世界，这个技术理性主宰一切万花筒般五光十色的世界，以及美国人，也包括无产阶级，作为公民享有的富裕的物质生活和对现有秩序的顺从，令他们震撼，令他们目眩。他们感到，生产秩序和政治秩序在美国仿佛具有了超自然的超人的力量，一方面造成了物质生活的丰裕，另一方面造成了人的精神世界的贫乏和自由思想的蜕变，人们心甘情愿地接受这种神奇力量对自己的控制。人又回到了史前时代在神的面前的客体地位。《启蒙辩证法》一文所谓启蒙变成新的神话，就是他们这两个来自德国的马克思主义者面对无法抗拒的外来控制发自内心的呐喊。

自然和社会对人的控制在霍克海默那里又被称作对人的支配。这是启蒙自我摧毁的集中体现，是启蒙辩证法最值得注意的结果。支配问题是法兰克福学派全部理论的中心，所谓社会批判，主要是批判现代资本主义社会对人的全面支配。弗洛伊德主义的马克思主义、存在主义的马克思主义，也包括哈贝马斯的社会交往理论，可以说都是从不同角度、不同立场对支配现象或者摆脱人的被支配处境的途径的分析探索，相关论述几乎贯穿在法兰克福学派的全部著作之中。

支配实质上就是人在长期的社会实践中造成的自我异化。支配理论继承了马克思的异化理论，又使它大大地得到发展与深化，反映了工业文明在马克思之后的深刻变化。

---

① 《法兰克福学派论著选辑》（上卷），141 页。

② 同上书，154 页。

为什么启蒙会变成神话从而使人成为受支配的客体？霍克海默对此做了深入的思考。按他的理解，这种支配主要是通过如下途径实现的。

第一，消费者对富裕生活的追求。霍克海默指出，在现代资本主义社会，人变成没有头脑的消费者，扮演着社会为发展生产而强加在他头上的消费机器的角色。消费者为了占有并消费更多的商品，必须使自己融入社会这个集体之中，接受社会对自己的支配。霍克海默说：

> 消费者是工人和职员，农庄主和小资产者。资本主义的生产用灵和肉紧紧地控制住他们，使得他们心满意足地享受它为他们提供的东西。当然，正如被统治者总是比统治者本身更严肃认真地坚持他们从统治者那里学来的道德，今天受欺骗的群众比获得丰硕成果的人，更加醉心于神话般的成就。他们富有愿望。他们坚定不移地相信统治者用来奴役他们的意识形态。人民酷爱统治者给他们的一切，热情地接受有关当局对他们施行的狡诈伎俩。他们严格遵守各个政府机关的苛刻规定，例如他们在大多数时间内，都严格地遵守法庭的暴政。①

霍克海默还指出：统治者不再说：你要像我一样思考问题，不然的话你就得死去。他现在说：你不用像我一样思考问题，你的生活，你的财产，你的一切都可以保存，但是从这一天开始，你在我们之中就是一个外人了。一切不顺应潮流的人，就会随着经济上的无能为力，精神上成为怪僻的人，而遭到抛弃。从事业方面来看，他很轻易地就会成为多余的人。② 对物质利益的追求使人们不得不接受社会对自己的控制，而一旦他们的生活状况得到改善，这种接受就变成自觉自愿的事情了。

第二，服从于机器需要的工作方式。社会、经济及科学工具越来越复杂和精确化，工具独立于人的意志，强迫人服从分工的需要。“划船的人们不能相互说话，每个人都像工厂里、电影院和集体事业中的现代人一样被同一的节奏制约着。社会中实际存在的工作条件需要这种一致性——而不是有意识的影响，这些影响使得被压迫的人们变成聋子，使他们脱离真理。工人的软弱无力并不只是统治者的策略，而是工业社会的逻辑结果。”③

第三，文化工业对人的控制。这是现代资本主义社会对人的灵魂的支配，是文化的异化。

首先，霍克海默指出，在现代资本主义社会，文化成为一种工业——文化工业。文化艺术本来是一种独立自主的活动，是人这一主体自我感受（包含对现实的否定）的抒发，个性是它的本质特征。但在现代资本主义社会，文化成为依靠各种大众传播媒介大量制造、一再重复生产的工业。“在垄断下的所有的群众文化都是一致的，它们的结构都是由工厂生产出来的框架结构，这一点已开始明显地表现出来。”④ 文化艺术作品成为供大众消费的商品，艺术家的个性不见了。

---

① ［德］马克斯·霍克海默、特奥多·威·阿多尔诺：《启蒙辩证法》，125页，重庆，重庆出版社，1990。

② 参见上书，124页。

③ 《法兰克福学派论著选辑》（上卷），149页。

④ ［德］马克斯·霍克海默、特奥多·威·阿多尔诺：《启蒙辩证法》，113页。

其次，文化工业是以娱乐的形式对民众的欺骗。霍克海默说："文化工业通过娱乐活动进行公开的欺骗。这些文娱活动，就像宗教界经常说教的，心理学的影片和妇女连载小说所喋喋不休地谈论的，进行装腔作势的空谈，以便能够更牢靠地在生活中支配人们的活动。"① 这种欺骗行之有效，因为它是在大众的享乐中完成的对社会现实的辩护——

> 商业与娱乐活动原本的密切关系，就表明了娱乐活动本身的意义，即为社会进行辩护。欢乐意味着满意。但是只有因为这些娱乐消遣作品充斥了整个社会过程，消费者已经变得愚昧无知，从一开始就顺从地放弃对一切作品（包括极无意义的作品）的苛求，按照它们的限制来反思整体，这种盲目的心满意足的情况才会出现。享乐意味着全身心的放松，头脑中什么也不思念，忘记了一切痛苦和忧伤。这种享乐是以无能为力为基础的。实际上，享乐是一种逃避，但是不像人们所主张的逃避恶劣的现实，而是逃避对现实的恶劣思想进行反抗。②

它使人们对未来信心十足，认为将来一定会更好，除了金钱，放弃了其他一切目的。

再次，它使人们放弃理想，崇拜事实。理想和情感是指向未来的，它们在启蒙运动中促使人们对现实进行批判，文化工业则有计划地宣传现存的事物，把现实美化为理想。霍克海默说：大众文化"十分坚定地按照需要嘲弄旧的梦想并使其破灭了老一辈的理想，它把这些梦想和理想看做不合时宜的感情和意识形态。新的意识形态是把世界本身作为对象的。新的意识形态需要崇拜事实，它使自己只限于通过尽量准确的描述，把恶劣的定在提高到真实的王国之中。通过这样的描述，定在本身变成了价值和权力的代用品"③。这样一来，人的想像力和主动性渐渐消失，思维的创造性受到抑制，人自觉地把自己局限于现实之中。

最后，"从根本上来看，虽然消费者认为文化工业可以满足他的一切需求，但是从另外方面来看，消费者认为他被满足的这些要求，都是社会预先规定的，他永远只是被规定的需求的消费者，只是文化工业的对象"④。文化工业通过广播、电影、音乐、戏剧、绘画以及文学作品，制造出供人们娱乐享受的大众文化。大众文化则通过对人的潜移默化的控制把人塑造成资本主义社会所需要的人。霍克海默说：

> 工业社会的力量对人们发生的影响，是一劳永逸的。文化工业的产品到处都被使用，甚至在娱乐消遣的状况下，也会被灵活地消费。但是文化工业的每一个产品，都是经济上巨大机器的一个标本，所有的人从一开始起，在工作时，在休息时，只要他还进行呼吸，他就离不开这些产品。没有一个人能不看有声电影，没有一个人能不收听无线电广播，社会上所有的人都接受文化工业品的影响。文化工业的每一个运动，都不可避免地把人们再现为整个社会所需要塑造出来的那种样子。⑤

---

① ［德］马克斯·霍克海默、特奥多·威·阿多尔诺：《启蒙辩证法》，135页。
② 同上书，135～136页。
③ 同上书，139页。
④ 同上书，133页。
⑤ 同上书，118页。

综上所述，人们在舒舒服服的物质和文化的享受中，在日常的工作方式中，丧失了一个人应有的独立性、主体性、批判性，甘愿接受事实世界的支配，使自己成为资本主义社会这架巨大机器上的螺丝钉。他根本意识不到现实的不合理，他已经沦入一种非人的存在状态，但对此一无所知。

关于人在资本主义社会丧失了独立性、主体性、批判性的思想，在卢卡奇和葛兰西那里已现端倪，但霍克海默对问题的分析无疑大大超过了卢卡奇和葛兰西。他把卢卡奇和葛兰西想要说的意思，说透了。

三　马尔库塞

马尔库塞是法兰克福学派中思想最激进的哲学家，他进一步发展了霍克海默《启蒙辩证法》中的思想。

赫伯特·马尔库塞（1898—1979），犹太人，1917年参加的德国社会民主党，1919年为抗议该党的叛卖行为，愤而退党。1922年获弗莱堡大学哲学博士学位，1928年回到弗莱堡大学，担任海德格尔的助手。1933年受霍克海默之邀进法兰克福大学社会研究所，1934年赴美，仍积极参与社会研究所的工作，后在美国政府和几所大学供职，第二次世界大战后留在美国。

马尔库塞一生的思想发展几经变化，在每一个阶段都有重要著作问世。在与海德格尔合作期间，马尔库塞致力于马克思与海德格尔的结合，想要用存在主义解释马克思主义哲学。1932年《1844年经济学哲学手稿》全文发表，马尔库塞立即认真研究，很快写出长文《历史唯物主义的基础》（1932年），对马克思的思想作了人道主义的解释。经过对《1844年经济学哲学手稿》的研究，马尔库塞的注意力转向黑格尔，着重探讨黑格尔哲学及其与马克思哲学思想的关系。他继承了卢卡奇、柯尔施的观点，强调马克思与黑格尔的一致，马克思的社会学说是黑格尔思想的真正继承人，在1941年发表的《理性与革命》中详细阐述了这些思想。20世纪50年代，马尔库塞致力于对弗洛伊德主义与马克思主义哲学的综合，这一工作的代表性成果是《爱欲与文明》（1955年）。在这一时期他还于1958年出版了《苏联马克思主义》，对苏联版的马克思主义理论、苏联的社会主义制度、列宁的哲学思想，提出全面的批评。从50年代中期开始，马尔库塞集中力量研究和批判现代资本主义社会，集法兰克福学派社会批判理论之大成，于1964年出版《单向度的人》。1968年席卷西欧、北美的学生运动失败后，马尔库塞开始深刻反思，认真总结其经验教训，主要成果是《反革命和造反》（1971年）。

马尔库塞在弗莱堡大学学习时，曾直接受教于存在主义的创始人海德格尔，在担任海德格尔的助手期间更深受他的影响。存在主义的非理性主义、人道主义以及它对现实生活压制个人精神自由所做的抗议，成为马尔库塞理解马克思主义、黑格尔哲学和批判现代资本主义社会时的基本的理论出发点，他关注并接受弗洛伊德主义，也与此有关。

在马尔库塞的全部理论工作中，对现代资本主义社会的异化现象进行批判始终处于中心地位。由于存在主义、弗洛伊德主义的影响，马尔库塞着重从个人、个人精神世界中的非理性因素出发考察现代资本主义社会，因此他对资本主义社会的批判格外的激烈、深刻，他的著作《单向度的人》，成为法兰克福学派社会批判理论最具代表性的著作。20世纪中期西方国家出现了一种所谓“新左派”的政治力量，这些人不满意资本主义，但同时也否定共产党和苏联的社会主义制度以及十月革命道路，他们在马尔库塞那里找到了自己的思想武器。在1968年爆发的西欧、北美学生造反运动中，马尔库塞被奉为“青年造反者的精神之父”，他的语录被书写在大学校园的墙壁上，一些人把他与马克思、毛泽东并称为“三M”。学生造反运动很快失败，马尔库塞的理论遭到否定。

马尔库塞的著作，思想庞杂，内容丰富。就马克思主义哲学发展史的角度来看，最重要的是《爱欲与文明》和《单向度的人》。前者是弗洛伊德主义与马克思主义的综合，或者说是用弗洛伊德主义对马克思主义所做的新的解释；后者把马克思的异化思想，以及卢卡奇的物化理论、霍克海默的支配理论，发展到了极致。下面主要依据这两部著作对马尔库塞的哲学思想加以简要介绍。

（一）*爱欲解放论*

马克思的理论，出发点是对资本主义社会异化现象的批判。他在《1844年经济学哲学手稿》中揭示了触目惊心的异化劳动现象，进而指出，劳动是人的本质，劳动的异化就是人的本质的丧失；共产主义是人的本质的回归，也是劳动的解放。劳动的解放一方面要靠大力发展生产力，另一方面要靠无产阶级的阶级斗争，靠无产阶级革命。

马尔库塞与马克思一样重视对异化现象的分析批判。他指出：在20世纪50年代的资本主义社会里，“劳动几乎已彻底异化。装配线的那套技巧，办公室的那套事务以及买卖的仪式，与人的潜能没有任何关系。劳动关系在很大程度上成了作为可交换的科学管理对象的人与效率专家之间的关系。……整个劳动世界和娱乐世界已成了一个有生命物和无生命物全都接受管理的体系。在这个世界上生存的人不过是一种材料、物质和工具，全然没有自己活动的原则”①。这番话与《1844年经济学哲学手稿》是完全一样的，都是讲劳动的异化和人的本质的丧失。

马尔库塞还进一步指出，到20世纪50年代，异化不仅比过去更普遍，而且有了质的不同。这就是，在人之外压抑人的本质的那种存在，弗洛伊德学说所说的“超我”，与以往相比发生了很大的变化。他说：

> 以前，超我是靠主人、首长、领袖这些人“充当”的。这些人以自己有形的人格体现了现实原则，他们既严厉又仁慈，既残酷无情又给人好处；他们唤起了反抗的愿望，又惩罚这一愿望；强迫人们顺从乃是他们的功能和责任。所以，人们对他们以及他们的所作所为不仅有尊重和恐惧，还有仇恨。他们成了这些冲动以及满足这些冲动的有意识努力的活的对象。但是，这些人格化的父亲形象逐渐消失在各种机构的背后。随着生产设备的合理化及其功能的多样化，一切统治都采取了管理的形式。当这种统治发展到顶点的时候，经济权力的集中似乎完全吞没了个性：任何人，即使是地位很高的人，在生产机构的运动和规律面前，都显得软弱无力。在一般情况下控制是由政府机关执行的。在这些机关里，无论是雇佣者还是被雇佣者都是被控制的人。主人不再起到个体的作用。虐待狂式的领导人，资本主义剥削者，都被改造成某个官僚机构中拿薪水的成员，而他们的臣民是作为另一个官僚机构的

① 《法兰克福学派论著选辑》（上卷），417页。

成员同他们打交道的。个体的痛苦、挫折和无能都是一种高产高效的制度的结果，尽管人们在这一制度中过上了前所未有的富裕生活。负责组织个体生活的是这个整体，这个“制度”，是决定、满足和控制人的需求的全部机构。攻击性的冲动失去了攻击的对象，或者说，仇恨遇到的是笑脸相迎的同事、忙忙碌碌的竞争者、唯唯诺诺的政府官员以及福利救济工作者，他们都在各尽其职，却又都成了无辜的牺牲品。①

“超我”，即对人的统治者，对人的本能的压抑者，在资本主义早期是人格化的存在，是主人、领袖、首长、资本家这样一些像父亲一样的统治者，这时对强加在人身上的异化的反抗表现为阶级斗争，表现为革命。但在发达资本主义社会，造成对人的统治和人的异化的，是作为整体的社会，是制度，而不是某一个或某一些具体的人，阶级斗争连斗争对象都找不到了。“反对原始父亲的叛乱，只是杀死一个可以为其他人所替代的人；而当父亲的统治扩大为社会的统治时，这种替代的可能性再也不存在了，推翻这种统治的罪恶就非同一般了，……反对这些东西也是最大的犯罪，因为这里不是反对禁止人们满足的野蛮暴君，而是反对明智的秩序。”②

在马尔库塞看来，异化是一种没有阶级根源的中性的存在，不仅阶级斗争不能克服它，而且也不可能通过发展生产力得到解决，因为它本身就是适应生产力发展需要建立起来的合理秩序的组成部分。在这种情况下，马尔库塞转而把弗洛伊德学说用于对异化劳动及劳动解放问题的分析之中。

弗洛伊德是精神分析学的创始人，他把人的心理结构主要分为意识和无意识两个部分，认为心理过程的核心是无意识系统。无意识系统是人的动物本能、欲望构成的，其中最重要的是人的原始性欲。性欲主要指同生殖机能有关的对异性的追求，同时也指人的机体对快乐的普遍追求。后一种意义上的性欲又称“爱欲”。无意识是人的一切行为的本能冲动，它服从快乐原则；意识是人的各种心理因素的统帅，与人的直接感知有关，它服从现实原则，往往表现为对人的本能、性欲或爱欲的压抑，也即对性欲或爱欲的能量——“力比多”的压抑。

马尔库塞努力把弗洛伊德的上述理论与马克思的劳动解放理论联系起来。马克思提出：劳动是人的本质，而劳动是人的自由自觉的活动，它应该是作为主体的劳动者的自我实现，是劳动者的第一需要，是他的一种享受。在异化状态下，劳动成为对劳动者的奴役，是他的不幸，是他的自由自觉这一人的本质的丧失。共产主义的实现是人的本质的回归，是劳动从异化状态下的解放，从而也是人的解放。针对马克思的思想，马尔库塞指出：在发达资本主义社会，人处于社会整体的支配之下，成为按照生产的需要合理组织起来的社会这架大机器的工具，在消费和娱乐享受中接受了社会对自己的统治。劳动并非人的内在需要和自我实现，而是为了满足消费的需要不得不忍受的痛苦，是异化劳动。他本着弗洛伊德主义的精神指出：“异化劳动，就其实质而言，是对人的潜力的

① 《法兰克福学派论著选辑》（上卷），413～414页。

② 同上书，409页。

压抑，因而也是对渗透到劳动中的‘力比多冲动’的压抑。”① 劳动的解放，也即异化劳动的消除，就是使劳动重新成为爱欲的体现，成为劳动者的自我实现。他说：

> 假如有机体不是作为异化劳动的工具而是作为自我实现的主体存在的话，换句话说，假如对社会有用的劳动同时也能直接满足个体的需要的话，多形态性欲和自恋性欲②的重新复活，将不再是对文化的一种威胁，它本身就是一种文化建设。在原始社会中，这一劳动的组织也许是直接的、“自然的”；但是在成熟文明中，只能把它看做解放的结果。在这样的条件下，“从身体各器官获得快乐”的冲动就可在持久的、扩大的力比多关系中寻求自身的目标，因为这一扩大能增加和加强本能的满足。更重要的是，爱欲的本性不会证明下述思想是正确的：冲动范围的“扩大”局限在肉体的领域。假如有机体的肉体部分和精神部分的矛盾分离乃是历史压抑的结果，那么，克服这种矛盾将为这种冲动开辟精神的天地。③

这样，马克思所说的劳动的解放，人的解放，就被马尔库塞用弗洛伊德主义的话语改造为爱欲的解放。

马尔库塞所做工作的实质，是把异化劳动这一社会问题转换为一个心理学问题。从积极方面来看，这样做的确使人们对异化劳动的理解深入了一层。假如生理学的进展有一天真的发现了“力比多”这一概念所表现的那种性欲或爱欲的能量，那么马尔库塞的爱欲解放理论就为异化的消除找到了自然科学的依据，把它变成一种生物学上的必然性。但是，爱欲解放理论的消极意义十分明显，因为劳动异化是在社会中形成的，是一个十足的社会问题，只有通过社会的途径才能真正解决。马尔库塞自己也说：只有社会条件的改变才能使爱欲得到恢复解放，使劳动变为娱乐活动，“用弗洛伊德的话来说，人为得到满足而作出的努力越是不受统治利益的干扰和支配，力比多就越能自由地以生命的主要需求得到满足为支撑。……性欲转变为爱欲并且扩展为一种持久的力比多劳动关系的先决条件是：对巨大的工业设施进行合理的重组，高度专业化的社会劳动分工，各种奇异的破坏性能力的利用以及广大群众的大力协作”④。

可见，马尔库塞所说的爱欲解放得以实现的关键，是对社会的改造。但是怎样才能实现这一改造？马尔库塞没有也不可能找到可行的途径。在这个问题上他一步也没有前进。相反，与马克思相比反而倒退了。因为马克思毕竟在致力于寻找改变社会的现实途径，马尔库塞则回避现实，把人们的注意力引向心理学，使劳动的解放、人的解放成为纯粹的学术问题。所涉及的至多是对劳动的异化与解放的解释，与实现劳动解放的现实途径无关，从而使劳动异化问题的研究失去了正确的方向。

（二）单向度的人

在西方马克思主义理论家中，马尔库塞是马克思主义理论色彩最鲜明的哲学家之

---

① 《法兰克福学派论著选辑》（上卷），430页。

② “多形态性欲和自恋性欲”，即丰富多彩的劳动和作为劳动者自我实现活动的劳动所表现的与生殖活动无关的爱欲。

③ 《法兰克福学派论著选辑》（上卷），428页。

④ 同上书，432～433页。

一。直到生命行将结束时，他仍然坚持运用马克思的基本思想对资本主义社会进行激烈的批判，并积极寻找埋葬资本主义的物质力量。他的全部批判工作，继承和发展了霍克海默的支配理论，中心是强调人在现代资本主义社会的全面、彻底的异化，人成为单向度的人。

所谓单向度的人，是指失去对社会现实的批判精神的人。对现实生活的肯定和否定、接受和批判，是人应有的两个向度，是人的精神世界的两面。没有前者，社会无法维系，没有后者，社会不能进步。在两者之中，批判更重要。批判是永恒的、无条件的；接受是暂时的、有条件的。对马克思主义者而言，批判资本主义是他的本质特征，是他的历史使命。

令马尔库塞痛心疾首的，是资本主义的天然批判者工人阶级，在现代资本主义社会丧失了对现实生活的批判性。他说：

> 在大多数工人阶级的身上，我们看到的是不革命的，甚至是反革命的意识占着统治地位。当然革命的意识只有在革命的形势下才会显示出来；但是和以前相反，工人阶级在社会中的一般地位和革命意识的发展是相对立的。工人阶级的绝大部分被资本主义社会所同化，这并不是一种表面现象，而是扎根于基础，扎根于垄断资本的政治经济之中的：宗主国的工人阶级从超额利润，从新殖民主义的剥削，从军火和政府的巨额津贴中分得好处。工人阶级失去的将不只是他们的锁链，这一点虽然是微不足道的，但却是确实的。①

他还指出："在美国，'人民'的大多数由'蓝领'工人阶级组成，那儿的居民不但敌视社会主义，而且也敌视老的左派和新的左派"②。工人阶级彻底地不革命了。

马尔库塞认为，这正是工人阶级单向度化的表现。单向度化使他们不仅失去锁链，而且失去批判精神。

是什么原因造成了现代资本主义社会人的单向度化？马尔库塞认为，从根本上讲，是由于科学技术的进步。他认为资本主义社会存在一个公式：

> 资本主义不但能提高劳动生产率，而且也能扩大居民的依赖性。资本主义进步的法则寓于这样一个公式：技术进步＝社会财富的增长（社会生产总值的增长）＝奴役的加强。商品和服务在不断增加，牺牲是日常的开支，是通向美好生活道路上的"不幸事故"，因此剥削是合情合理的。③

具体而言，这样的原因可以分为三种。

第一，虚假的需求和这一需求的满足。"'虚假的'需求是指那些在个人的压抑中由特殊的社会利益强加给个人的需求……最流行的需求包括，按照广告来放松、娱乐、行动和消费，爱或恨别人所爱或恨的东西，这些都是虚假的需求。这些需求具有一种社会的内容和功能，这种内容和功能是由个人控制不了的外部力量决定的；这些需求的发展

① 《法兰克福学派论著选辑》（上卷），606页。

② 同上书，605页。

③ 同上书，604页。

和满足是受外界支配的。”①

为了维持和发展资本主义生产，社会必须不断扩大消费。虚假的需求实际上是把人，包括工人，作为消费工具而人为地通过广告等途径制造出来强加在他们身上的需求。现代资本主义社会制造了虚假的需求，又使这种虚假的需求得到满足，从而使人们忘记了自己的异化、不幸，获得一种“不幸中的幸福感”，丧失了对现实的批判精神。这是现代资本主义社会控制人的基本手段。马尔库塞说：

> 思想的独立、自主和政治反对权，在一个日渐能通过组织需要的满足方式来满足个人需要的社会里，正被剥夺它们基本的批判功能。这样的社会可以正当地要求人们接受它的原则和政策，并把对立降低到在维持现状的范围内讨论和赞助可供选择的政策上。在这方面，是靠独裁主义体系还是靠非独裁主义体系来日益满足需求，这似乎没有什么差别。在生活标准不断提高的情况下，任何同这一体系背道而驰，在社会上都是无用的，特别是当它造成有形的经济和政治的劣势并威胁着整体的平稳运行时，更是如此。②

第二，技术进步。这是现代资本主义社会人被单向度化的深层原因。前述“不幸中的幸福感”就是因为技术进步造成了物质财富的丰富从而使人们的需求不断得到满足的结果。在马尔库塞看来，除此而外技术的进步还体现了“理性的狡猾”，全面改变了社会面貌和工人阶级的思想：

首先，技术进步促进了生产的机械化、自动化，体力劳动的数量和强度日益减少，传统意义上的工人——经受肉体痛苦的体力劳动者——消失了。“资本主义初期的无产者，的确是负重的牛马，以自己的体力劳动获取生存的必需品和奢侈品，同时又生活在肮脏和贫困中。因此，他们曾经是他们社会的活生生的否定力量。相反，在技术社会的先进地区，被组织起来的工人身上的这种否定性却非常不明显了，像社会劳动分工的其他人类对象一样，他们也被结合进被管理的民众的技术共同体中。而且，在自动化最成功的地方，某种技术共同体看来已经把工作岗位上的每个人，都融为一体了。”③ 马尔库塞还指出，机器甚至会给劳动者带来满足感。

其次，马克思的剩余价值理论难以成立了。现在，创造价值的是机器，劳动根本无法计量，阶级划分失去依据，如果考虑到许多工人都持有工厂的股票，阶级的界限就更不清楚了。

再次，上述特点改变了劳动者的态度和意识。生产的机械化、自动化，形成一种“有利于现行机械共同体的技术组织，也产生了把工人同工厂融为一体的更大的相互依赖性。人们注意到工人‘参加解决生产问题’的‘热忱’，即‘积极为解决明显与工艺有关的技术和生产问题而出谋献策的愿望。’在某些技术最先进的部门，工人们甚至表现出对这种部门的持久兴趣——这是在资本主义企业中经常可见的‘工人参与’的结果”④。

---

① ［美］马尔库塞：《单向度的人》，6 页，重庆，重庆出版社，1988。

② 同上书，4 页。

③ 同上书，24 页。

④ 同上书，28 页。

最后，社会生活合理化了，工人的否定立场日渐衰弱。“统治让位于行政管理。资本主义的老板和所有者正在失去作为责任总管的身份；他们在公司机器中正发挥着官僚的职能。行政人员和管理委员会的庞大等级制度，远远超出了个别机构而进入科学实验室和研究所、国家政府和国民活动中，剥削的有形根源消失在客观合理性的伪装背后。仇恨和破坏失去了其特定的目标，技术的面纱掩盖了不平等和奴役的再生产。”①

以上变化表明，技术不再是中性的，它本身就变成了对工人施行控制的超阶级的意识形态。这种意识形态赋予了现有的不合理制度以“无可置疑的合理性”。

这是马尔库塞社会批判理论的重点内容之一。他说：

> 正盛行的社会控制形式是技术的。可以肯定，生产性设备和破坏性设备的技术结构和效率，已经成为现阶段使人民隶属于既定的社会劳动分工的一个主要工具。……目前阶段，技术的控制像是增进一切社会集团和利益群体的福利的理想之体现——以至所有矛盾似乎都是不合理的，所有反作用都是不可能的。②

第三，单向度的思想文化。马尔库塞认为，技术合理性、工具合理性对社会的控制也包括对艺术、思维、哲学的控制，这些领域的形而上学的因素被扫除殆尽。体现人的个性，抒发人的非理性的情感与要求并对现实加以超越和批判，本来是文化的基本功能，但在技术合理性的压迫之下它也与现实和解，甚至屈从于现实的要求，放弃自己的批判功能而成为现实的维护者了。这种单向度化了的文化反过来又充当了社会控制人的思想的工具，促进人的单向度化。

马尔库塞详细地分析了单向度化的艺术、道德、语言、哲学对人的影响。他指出，这些文化形式的单向度化，很重要的一点是具有了现实性、可计算性、可操作性，对形而上目标的追求被作为封建社会的遗迹抛弃掉了。例如哲学。现代哲学是“实证性思维的胜利”，“哲学分析的重点是它的**治疗**功能，即纠正思维和语言上的反常行为，清除模糊之词、幻想和怪念头，或至少揭露它们”③。它使人看不到机器背后的那些使用机器的人，那些从中渔利的人和那些为之付出代价的人。他还说：“实证主义把一切形而上学、先验主义和唯心主义都当作蒙昧主义的倒退的思想方式来加以反对。……哲学的思想变成了证明性思想；哲学的批判是在社会的框架内的批判，并把非实证的概念诬蔑为纯粹的思辨、梦想或幻想。……形而上学的向度，即形式上真正的合理思想的领域，成了不合理的和非科学的。理性在自身现实化的基础上抵制着超越。”④

马尔库塞举了一个生动的实例说明思想是如何失去对现实的批判向度的。他说：当出现对现实的批评意见时：

> 在操作性思维原则指导下，研究者们开始转换或重新概括这些表述，把它们模糊的一般性还原成特殊的指称和术语，标明产生抱怨的具体情况，从而“精确地”描绘出“公司的状况”。一般形式被分解成鉴别产生抱怨的特定操作和条件的表述，

---

① ［美］马尔库塞：《单向度的人》，29页。

② 同上书，9～10页。

③ 同上书，144页。

④ 同上书，146页。

并通过改变这些特定操作和条件来消除抱怨。

> 例如，“盥洗室不卫生”这一表述被转换成“在某某时候，我进这个盥洗室，发现脸盆有点脏”。于是，要求查明这“主要归因于某个雇工的粗心”，制定反对乱扔废纸，随地吐痰等规矩，规定每个使用者对盥洗室都有永久性义务。“这样一来，许多抱怨被重新解释了，并用来促进进一步的改善。”①

这种转换手法大大改变了命题的实际意义。未经转换的命题具有普遍性，是对某种一般情况的概括，如“盥洗室不卫生”、“社会制度不合理”等。一经转换，它立即变成对一种可以经过实际操作更正的具体情况的指称，这种指称不再包含任何对整个制度的批评。充满实证主义精神的现代资本主义文化，“有助于把观念和目标同占统治地位的体系所急需的东西协调起来，把它们封闭在这一体系中，并排斥那些同这一体系不相和谐的东西”②。

上述促进人的单向度化的因素在共同发挥作用。技术理性的成功使生活富裕起来，制造出人们的虚假需求并使它们得到满足，给人以幸福感；生产的机械化、自动化使得阶级界限模糊，使统治变为管理，社会制度具有了合理性；实证主义文化则使人们根本消除了对现实生活进行批判的可能，一旦有什么否定性意见出现，实证主义的思维方法可以及时地化解它们。在这样的条件下，人成为单向度的人，社会制度似乎具有了无可指责的永恒的合理性。

人被单向度化了，但作为马克思主义者，埋葬资本主义制度的社会革命仍然是马尔库塞追求的目标。马尔库塞极力强调马克思主义必须与时俱进。他说：

> 马克思的理论始终是实践的准绳，即使在非革命的形势下也是如此。……用来分析十九世纪和二十世纪初资本主义的那些概念当然不能简单地再用来分析当前阶段的资本主义……如果人们不是根据资本主义的发展来衡量马克思的概念，和不能从中为政治实践引出相应的结论，那么他就把马克思的理论僵化为机械地反复使用的“基本语汇”，僵化为一种僵死的和现实没有关系的言论。③

坚持马克思主义必须与时俱进，这自然是正确的，但是一旦把这里的问题进一步具体化，在理解新的社会革命的可能性问题上，马尔库塞与马克思的区别就很清楚地表现出来了。

马克思主张无产阶级暴力革命，马尔库塞认为在人已经单向度化和存在强大的镇压机器的情况下，这条路是行不通的。与此同时，他对伯恩施坦开辟的议会道路不屑一顾，认为这是在向现行制度投降。究竟如何是好？正是在这里，马尔库塞陷入发人深思的困境。

现存制度为什么应该被推翻？马尔库塞认为，是因为“这个社会作为一个整体来看，却是不合理的。社会的生产率破坏人的需要和人的才能的自由发展，社会的和平由

---

① ［美］马尔库塞：《单向度的人》，92页。

② 同上书，13页。

③ 《法兰克福学派论著选辑》（上卷），628～629页。

经常的战争威胁来维持，社会的进步依赖于平息（个人的、民族的、国际的）生存斗争的各种现实可能性的压抑”①。推翻现存制度的斗争是一场社会主义革命，关于社会主义目标，马尔库塞说：它不是人的需要和追求的量的扩大与提高，而是它们的质的飞跃与转变，“这一转变体现为反对劳动的分工，反对无聊乏味的设施和商品的必要性及其生产，反对想发财致富资产阶级个人，反对隐藏在技术后面的奴役，反对幸福生活掩盖下的匮乏，反对污染环境的生活方式。道德和美学的需要成了基本必需的需要，……自由主要的就是对感官的、伦理的和合理的需要的满足”②。对社会主义的这一理解已经没有多少政治含义，社会学的含义也很模糊，它毋宁说是一种对社会主义的哲学理解。至于进行社会主义革命的理由，已经不是所谓社会基本矛盾以及阶级斗争，而是人的需要和才能的自由发展，归根结底，是人的愿望。

马克思认为由生产力的发起决定的无产阶级的阶级斗争，是社会主义革命的科学途径。马尔库塞在现代资本主义社会中看到了人的单向度化以及阶级界限的变化，于是他把革命的希望寄托在“新左派”身上。所谓新左派包括两部分人：其一是被社会遗弃和排斥的人，如有色人种，失业者，“嬉皮士”等流氓无产者；其二是知识分子、青年学生和各种类型的管理人员、技术人员。前者对社会怀有天然的不满，后者因为拥有科学知识而可以看穿现行制度合理面纱之下的不合理实质。

在新社会革命的实践中，上述两类人员将发挥不同的作用。那些有知识的人将是民众的教育者——“根本的解放不能是‘自发的’，因为这样一种自发性只能以已有制度的价值和目标为内容。自我解放就是自我教育，但它是以受别人教育为前提的。在一个知识和消息的获得不平等的社会结构里，教育者和被教育者的对立是不可避免的。已经受过教育的人有责任这样使用他们的知识：帮助别人实现和获得他们的能力”③。那些被社会遗弃的人，将是现行制度的造反者。马尔库塞说：

> 无论如何，在保守的大众基础之下，有一些亚阶层，如被遗弃者和被排除在外者，被剥削被迫害的其他种族和有色人种，失业者和不能就业者。他们全都是在民主过程之外存在的；他们的生活最直接最现实地要求结束不可容忍的条件和制度。因此，即使他们的意识不是革命的，他们的敌对行为也是革命的。他们的敌对行为从外部击中了社会制度，因而不会被社会制度所扭曲；这是一种违反比赛规则的基本力量，同时又揭露了这种比赛是被操纵的比赛。当他们汇聚一起赤手空拳而毫无保护地走到大街上，要求最起码的公民权时，他们知道他们面对的是狗、石块、炸弹、监狱、集中营，甚至死亡。他们的力量掩盖在每一种对法律和秩序的罪行的政治证明背后。他们开始拒绝参加比赛，这一事实也许标志着一个时代行将结束。④

在马尔库塞看来，这将是一场由知识分子发起的革命，在知识分子对现存制度的批判的启发教育下，广大群众，主要是“被遗弃者”，对社会表示大拒绝，实行造反。它

---

① 《法兰克福学派论著选辑》（上卷），483～484页。

② 同上书，614～615页。

③ 同上书，639～640页。

④ ［美］马尔库塞：《单向度的人》，216页。

的出发点是反抗社会对个人的压抑，追求自由，是一种精神上的需要。它和马克思所理解的社会革命是完全不同的，社会变革成了精神需要。

对于这样的革命，马尔库塞自己也没有抱太大的希望，他认为他们这样的哲学家、社会批判理论家，只是知其不可为而为之罢了。他说：任何东西也不能证明被社会遗弃者的造反将有一个好的结局，“社会批判理论并不拥有能弥合现在与未来之间裂缝的概念，不作任何许诺，不显示任何成功，它只是否定。因此，它想忠实于那些毫无希望地已经献身和正在献身于大拒绝的人们”①。《单向度的人》一书的最后一句话是：“只是为了那些毫无希望给我们以希望的人。”②

马尔库塞和马克思确实有很大不同，但是，如果人的单向度化的确是发达资本主义国家必然形成的事实，那么马尔库塞的上述理论也就不能不说是一种从实际出发发展马克思主义的努力，尽管人们从中看不到实际的希望。马尔库塞的理论给我们带来了许多值得认真思考的深层问题。

四　哈贝马斯

尤尔根·哈贝马斯（1929—　）德国哲学家、社会学家，法兰克福学派第二代哲学家的主要代表，当代西方最有影响的思想家之一。

哈贝马斯出生于德国杜塞尔多夫一个中产阶级家庭，先后在哥廷根大学、苏黎世大学、波恩大学学习，1954 年获哲学博士学位，1955 年进入法兰克福大学社会研究所，成为法兰克福学派的成员。1969—1971 年曾任社会研究所所长。对 1968 年的学生运动持激烈批评态度，被学生斥为“文化革命”的叛徒，由他任所长的法兰克福社会研究所一度被学生占领。因矛盾尖锐，处境艰难，哈贝马斯 1971 年辞去所长职务并离开法兰克福。1983 年哈贝马斯重回法兰克福大学担任哲学和社会学教授，1994 年退休。

哈贝马斯以擅长跨学科综合性研究著称，范围涉及社会学、哲学、政治学、语言学、心理学、历史学、经济学等领域。主要著作有：《理论与实践》(1963)、《认识与兴趣》(1968)、《作为“意识形态”的技术与科学》(1968 年)、《晚期资本主义的合法性问题》(1973 年)、《重建历史唯物主义》(1976 年)、《交往行动理论》(1981 年) 等。

作为法兰克福学派的成员，哈贝马斯理论研究的中心也是对现代资本主义社会，或者说对晚期资本主义，进行“社会批判”。他是法兰克福学派的第二代哲学家，与霍克海默、阿多尔诺、马尔库塞等理论前辈相比，经历了资本主义社会的一系列最新变化，而多学科的学理修养又使他拥有更为广阔的理论视野，这使他对现代资本主义社会的认识和批判更为深刻，达到了新的高度。他是法兰克福学派社会批判理论的集大成者。但引人注意的是，与法兰克福学派的前辈理论家相比，哈贝马斯的批判理论有一个鲜明的特点，这就是他放弃了传统的革命立场，特别是与激进的阿多尔诺、马尔库塞相比，表现出明显的不同。有人认为，他的“批判”是为了改良，他是从“补台”的角度出发批判现有的资本主义制度的。这一结论能否成立，需要认真分析。但无论如何，哈贝马斯的工作针对的是当前现实存在的资本主义社会，他的理论为我们提供了许多重要的启

①② [美] 马尔库塞：《单向度的人》，216 页。

示，这一点无可怀疑。

哈贝马斯的思想极为丰富，大多数属于社会学范畴。在哲学上，他对认识论问题、解释学问题、语言学问题，特别是历史哲学，都有深入的研究，从马克思主义哲学发展史的角度看，最重要的是他关于科学技术的作用和历史唯物主义重建问题的思考。

（一）科学技术的作用

在这个问题上，哈贝马斯的思想主要表现在如下两个观点上。

首先，他明确提出“科学技术是第一生产力”。

生产力的发展取决于技术工艺的更新，因此重视科学技术在生产力中的作用，是马克思主义哲学的基本观点。但哈贝马斯对这一思想做了极大的发挥。他说：

> 自十九世纪末叶以来，标志着先进资本主义特征的另一种发展趋势，即技术科学化的趋势，变得日益明显。通过引进新技术来提高劳动生产率，在资本主义社会中总会存在着这样的压力。可是技术革命往往建立在小改小革的基础之上，而这些小改小革虽然也以发展经济为动力，但带有自发的性质。当随着现代科学的发展技术的进步成了某种反馈关系的一方时，上述情形也就改变了。随着大规模地开展工业研究、科学、技术及其在工业方面的运用，结成了一个体系。从那时起，工业研究就同国家委托的研究联系在一起，这首先推动了军事部门的科学技术的进步。科学技术的信息再从军事部门流入民用生产部门。这样，科学技术便成了第一位的生产力。①

科学技术之所以成为第一生产力，是因为在20世纪，技术的发展成为科学成果的运用，形成科学—技术—物质生产的发展顺序。简言之，生产成为科学的运用。哈贝马斯认为，科学还只是潜在的生产力，但它一旦转化为技术，并在生产中得到实际运用，就成为现实的生产力。这一观点所反映的，是20世纪现实生活中的一个基本事实。

其次，哈贝马斯强调科学技术缓和了资本主义的社会矛盾，具有了意识形态功能。

科学技术成为第一生产力这一事实，理论意义十分重大。既然科学技术是第一生产力，生产成为科学的运用，那么科学技术就成为剩余价值的独立的、主要的创造者；代表先进生产力的，就不再是工人、农民这些直接从事生产的体力劳动者，而是从事创造性脑力劳动的知识分子；此外，科学研究是人自觉地、往往是有组织有计划地进行的，因而大大加快了生产力的发展速度。这一变化极大地改变了20世纪西方发达资本主义国家的政治生活，也对其他国家的发展产生了重大影响。但是哈贝马斯所关心的，不是上述这些问题本身，而是透过这些问题体现出来的事实，即科学技术淡化了资本主义社会的阶级矛盾，具有了控制人的思想，为现代资本主义的合理性作论证的意识形态功能。

按照哈贝马斯的思想，人的行为分为“工具行为”和“交往行为”两种。前者是遵从技术规则的生产劳动，后者是人与人之间通过语言进行的思想交流；前者追求的是效率，后者追求的是人与人的相互理解和意见一致。科学技术成为第一生产力，使“工具

---

① ［德］哈贝马斯：《作为意识形态的技术与科学》，见《二十世纪哲学经典文本》（西方马克思主义卷），430页，上海，复旦大学出版社，1999。

行为”合理化了，具有了科学性，极大地提高了劳动生产率。但正因为如此，“工具行为”日益侵入“交往行为”，技术合理性开始转化为资本主义社会对人的统治的合理性。

马克思创造的劳动价值论和剩余价值理论揭示了资本家剥削工人的秘密，启发了工人的阶级觉悟，是发动无产阶级革命的有力的思想武器。哈贝马斯认为，科学技术成为第一生产力，使这一理论过时了。他说：

> 由于科学技术成为第一生产力，马克思的劳动价值论的运用前提便从此告吹了。当科学技术的进步已经变成了一种独立的剩余价值的来源——与这种来源相比，马克思所认定的那种剩余价值的惟一来源，即立即生产者的劳动力只是起着一种非常小的作用——时，在非熟练（简单）劳动力价值的基础上来计算用于研究和发展的资本投资总额，再也没有什么意义了。①

这就是说，剩余价值不再完全由工人创造，它也来自科学技术。与此相应，资本主义社会人与人的关系也不再是剥削压迫的关系，人们的利益不再是阶级利益。人们的关系是由技术决定的，资本主义国家的政治统治“本身包含着一种超越了潜在的阶级界限的，对维护分配者的补偿部分的关心”，“一个阶级主体把另一个阶级主体作为可以同自己相等同的集团来看待”②。“在一切传统的社会中曾经存在的，并且出现在自由资本主义中的那种基本关系（即阶级关系——引者），将成为次要的关系，这就是说，处于制度化了的暴力的，经济剥削的，政治压迫的关系中的双方之间的阶级对立，将成为次要的。”③

此外他认为：“技术和科学今天具有双重功能：它们不仅是生产力，而且也是意识形态。”④ 这是因为，在科学技术成为第一生产力的情况下，由科学技术决定的“工具行为”具有天然的合理性，导致了人们的“交往行为”也具有了合理性，因而科学技术成为隐蔽的意识形态。他指出：

> 出现了这样一种前景：社会系统的发展似乎是由科学技术进步的逻辑所决定的。这种进步的固有规律似乎滋生了所有服从功能需要的政治都必须遵循的客观需求。……对于这种技术统治论有许多人在理论上已作过阐述。在我看来，更重要的是，它也可以成为一种渗入非政治化的人民大众的意识之中的隐蔽的意识形态，正是在这一天地里，它担负起了能促使合法化的力量源泉。这种意识形态的非凡成就是：它使社会的自我理解脱离交往活动的参照系，脱离以符号为中介的相互作用的概念，而用一种科学的模式取而代之。相应地，限制于文化上的社会生活世界的自我理解，就被在有目的—合理的行为和适应性行为的范畴之下的人的自我物化取而代之。⑤

这是一种新的意识形态，“同以往所有的意识形态相比较，具有‘较少的意识形态

---

① 《二十世纪哲学经典文本》（西方马克思主义卷），430页。

② ［德］哈贝马斯：《作为“意识形态”的技术与科学》，67页。

③ 同上书，68页。

④ ［德］哈贝马斯：《文化与批判》，转引自陈学明：《西方马克思主义教程》，428～429页，北京，高等教育出版社，2001。

⑤ 《二十世纪哲学经典文本》（西方马克思主义卷），431页。

性'，因为它并不具有作为一种欺骗的不透明性，而只有这种欺骗才会使旨趣的实施走样。另一方面，当今那种占统治地位的、相当呆滞的、在幕后起作用的、把科学变成偶像的意识形态，较之旧式的意识形态更加不可抗拒和无孔不入"①。由于科学技术虽然发挥着意识形态功能，但具有较少的意识形态性，并且披着科学技术合理性的外衣，它也就更加不可抗拒和无孔不入。实际上，它是最具欺骗性的意识形态。

卢卡奇的物化理论就暗含着科学技术具有为资本主义辩护的意识形态功能的思想，霍克海默则已经明显地指出了这一点②，马尔库塞对人的单向度化的分析，所说的也是科学技术的意识形态功能。但是，哈贝马斯的论述明确地提出了这个问题，并首次对它做了透彻的分析。哈贝马斯把人在现代资本主义社会受支配和人的单向度化的原因，说透了，极大地丰富和发展了马克思主义哲学关于意识形态的思想。

（二）历史唯物主义的重建

重建历史唯物主义，是哈贝马斯思想发展中的重要一环。有关思想主要集中在《重建历史唯物主义》一书中，《作为"意识形态"的技术与科学》、《交往与社会进化》也包含有对这一问题的深入分析。

哈贝马斯提出历史唯物主义的重建问题，原因是他认为马克思的历史唯物主义理论在现代资本主义社会遇到了严重的挑战。这种挑战主要表现在如下几个方面：

第一，生产力不再是推动人类解放运动的力量。他说：

> 如果意识形态和阶级理论概念的运用范围证明是随着历史的变化而变化的，那么马克思借以发展历史唯物主义的基本设想的范畴框架就需要加以新的阐述。生产力和生产关系的模式，应由更加抽象的劳动和相互作用的模式来代替。生产关系表明了制度结构得以稳固所需要的基础，但这只适用于自由资本主义的发展阶段，在此之前和在此之后均不适用。诚然，生产力——体现于有目的、合理的子系统中的学习过程正是用生产力凝聚起来的——从一开始就是社会发展的动力。但是，生产力并不是像马克思所认为的那样，在**任何情况下**都是一种解放的潜力，都能引发解放运动——至少，当生产力的不断发展依赖于也具有**使政治权力合法化**的功能的科学技术的进步之时，就不是如此。③

科学技术在发达资本主义国家成为现行制度的辩护者，具有了意识形态功能，是哈贝马斯对生产力是社会进步的推动力量提出批评的主要依据。他认为历史唯物主义的核心思想：生产力决定生产关系，生产力的发展促进社会进步并最终导致人的解放，在今天已经不适用了。因为在当今时代，科学技术已经成为第一位的生产力，而科学技术同时也充当着现行政治权力合法性的基础。一旦科学技术成为现行制度的辩护力量，社会生产力也就不可能是对资本主义加以否定的革命力量了。

卢卡奇关于物化问题的思想，霍克海默、阿多尔诺对"启蒙的辩证法"的分析及所

---

① 《二十世纪哲学经典文本》（西方马克思主义卷），436页。

② 参见［德］霍克海默：《批判理论》，5页。

③ ［德］哈贝马斯：《作为意识形态的技术与科学》见《二十世纪哲学经典文本》（西方马克思主义卷），438～439页。

提出的“支配理论”，马尔库塞对使人单向度化的现代资本主义现实的谴责，已经包含着科学技术具有为资本主义制度辩护的意识形态功能的思想，否定生产力在历史进步中的决定作用，是题中应有之义。哈贝马斯不但明确指出并论述了科学技术为社会现实辩护的意识形态功能，而且把科学技术成为第一生产力和具有了意识形态功能这一事实，视为对马克思主义哲学历史唯物主义核心原理的颠覆。他继承了卢卡奇、霍克海默、马尔库塞，又比他们走得更远。

第二，马克思的经济基础与上层建筑矛盾运动理论与现实不符。在今天的西方国家，生产关系已经不再是社会的基础。人们认为，生产关系决定着生产资料的结合方式和社会财富的分配，构成社会的基础。但在原始社会，决定所有制和分配的是亲族关系；在奴隶社会，这种决定作用属于社会的政治统治系统；只有在资本主义社会，经济才成为生活中的决定性因素，生产关系从而成为决定政治以及意识形态的基础。今天的西方国家，正在步入晚期资本主义阶段，在社会生活中，政治重新具有了决定作用；而在即将到来的后工业社会，“进化优势将从经济系统转移到教育和科学系统”①。

与上述情况相一致，在今天的西方发达国家，政治不再仅仅属于上层建筑。哈贝马斯认为，在前资本主义社会即传统社会中，社会的制度结构“建立在这样一种毋庸置疑的合法性基础之上，这种合法性基础是通过对整个现实——包括宇宙和社会——作神话的、宗教的形而上学的解释所构成的”②。在这时，政治具有天然的超越现实的权威，统治的合法性来自文化传统的天国，决定财产制度的是由政治决定的政治关系，而不是由市场等经济因素决定的生产关系。资本主义社会的建立使经济真正成为社会的基础，统治的合法性不再来自天上，而是建立在生产力的发展决定的生产关系的需要之上；占统治地位的思想观念由经济所决定并为经济制度服务，成为真正的意识形态。

哈贝马斯强调，马克思主义的历史唯物主义是在人类历史的资本主义阶段形成的，反映的只是资本主义社会中才突出表现出来的生产力、生产关系对上层建筑的决定作用，在晚期资本主义社会，这种决定作用不再成立了。在这样的社会里，国家以社会整体利益的代表者出现，全面干预和调节社会生活，从科学技术的发展，到生产规划、产品分配、文化教育，无处不在，成为社会稳定的保护者。哈贝马斯说：

> 通过私人所有制来利用资本的方式，只有借助于政府正确的、可稳定经济周转的社会与经济政策，才能得以维护。社会的制度结构重新政治化了。它不再直接与生产关系，即维护资本主义经济活动的私法制度以及确保这种由资产阶级国家所提供的制度的相应措施相一致。这意味着经济与政治系统的关系发生了变化：政治不再**仅仅**是一种上层建筑现象了。假如社会不再作为国家的基础和先导“独立地”通过自我调节来维护自身（它具有这种自我调节的能力正是资本主义生产方式真正的特征所在）③，

① ［德］哈贝马斯：《交往与社会进化》，148页。

② 《二十世纪哲学经典文本》（西方马克思主义卷），421～422页。

③ 这里所说的“社会”实际上是指社会的经济生活。这句话的意思是：假如经济不再是不受国家和政治的影响反而充当决定国家和政治的“经济基础”，也就是说，不再是一种自我调节的独立存在……从上下文看，哈贝马斯所要强调的是，在现代资本主义社会，经济生活已经因国家的干预而失去独立性，因此也就不再是马克思所说的决定上层建筑的经济基础。

那么，社会和国家也就不再处于马克思主义理论所说的基础与上层建筑的关系之中。但这样一来，社会批判理论的建构，也就不能惟一地采取政治经济学批判这种形式。只有当政治依赖于经济基础的时候，那种从方法论上把社会运动的经济规律视为独立自主的观点，才可断言已用其基本范畴把握了社会生活的总体结构。当着人们把“基础”理解成本来就是国家①活动和政治冲突的一种功能时，这种观点就变得不适用了。②

鉴于以上认识，哈贝马斯认为，在当今的人类社会中不是经济决定政治，而是政治决定经济，马克思的基础与上层建筑关系理论不适用了。

第三，原有的历史唯物主义理论强调社会历史发展的客观必然性、单线性，把人类社会的发展阶段概括为由原始社会经奴隶社会、封建社会、资本主义社会到社会主义共产主义的连续的发展过程，哈贝马斯不赞成这样的观点。他说：“那种显示着五个或六个生产方式序列的世界历史的进程，记下了某种宏观主体的单线式的、必然的、未中断的和前进式的发展。我倾向于反对这种种的历史模型，这是一种脆弱的解释，它经不起对历史哲学之客观主义的相似的批判。”③ 他认为历史事实已经批驳了这种严格的历史必然性。他还明确宣称：“我们既不需要乞求历史的单线性，也不需要乞求历史的必然性；既不需要连续性，也不需要不可逆性。”④

从以上认识出发，哈贝马斯提出，历史唯物主义虽然没有失去自己的价值，但是原有的形式已经无法继续存在，应该重建。什么是重建？他说：“我们所说的重建是把一种理论拆开，用新的形式重新加以组合，以便更好地达到这种理论所确立的目标。这是对待一种在某些方面需要修正，但其鼓舞人心的潜在力量仍旧（始终）没有枯竭的理论的一种正常态度，我认为，即使对马克思主义者来说，也是正常的态度。”⑤ 事实上，他对历史唯物主义的重建绝非简单的重新组合，而是借此提出了一整套自己的社会进化理论。

哈贝马斯对历史唯物主义的重建，关键的一点是赋予人的思想观念、价值追求、世界观、关于社会结构的种种设想以独立性，使它们摆脱所谓经济基础的制约。他认为，社会问题的解决，社会的进化，不再由生产力的发展所决定，而是取决于人们以语言为中介的思想交流，即人们的交往活动和在交往活动中取得的共识。社会变革的目标不再是发展生产力，而是使交往行为合理化。人的解放主要体现在合理化了的交往行为中。

讲到自己的历史理论时，哈贝马斯说：“我的出发点是把**劳动**（**labour**）与**相互作用**（**interaction**）从根本上区别开来。”⑥ 他强调，劳动是一种有目的—合理的行为，是一种工具性的活动。劳动遵循技术规则，依靠对自然知识的学习而进步，追求的是生产

① 此处译文原为“固定”，不通。从李黎、郭官义译文，改为“国家”。见李黎、郭官义译：《作为“意识形态”的技术与科学》，59页。

② 《二十世纪哲学经典文本》（西方马克思主义卷），427页

③ ［德］哈贝马斯：《交往与社会进化》，143页。

④ 同上书，144页。

⑤ ［德］哈贝马斯：《重建历史唯物主义》，3页，北京，社会科学文献出版社，2000。

⑥ 《二十世纪哲学经典文本》（西方马克思主义卷），418页。

力的增长，技术控制力的扩大。相互作用是以符号为媒介的主体之间的交往活动，通过语言人与人在交谈中形成共识，达成妥协，并渐渐地产生共同的行为规范，这些规范内化为人们共同遵守的准则，以维护既有的制度。这是两个相互独立的系统。工具性活动属于技术领域，交往活动属于文化领域；前者涉及人与自然的关系，后者涉及人与人的关系；两者都在进化发展，前者的进化是靠自然知识的学习，后者的进化依靠的是关于主体际关系知识的学习；前者的进化表现为技术的进步，后者的进化表现为社会制度的进步，如家庭、国家等制度框架的演化，它们各自有着自己的逻辑。

工具性的活动，也即有目的—合理的活动，与交往活动，是人类社会最基本的活动。按照哈贝马斯的说法，社会是这样进化发展的：在劳动过程中人通过学习促进了工具的发展，工具的发展提高了生产力，与现有的制度结构发生矛盾，也引起了人与人之间的矛盾；社会为了不致解体，自身的制度结构也必须发生相应的变化。在这个过程中，生产力的发展并不具有决定性的意义，“生产力的发展可以被理解为某种问题产生的机制——**它触发了、但没有导致**生产关系的废除和生产方式的进化性更新。……导致第一个文明的出现或导致欧洲资本主义产生的伟大的、内在的进化性进步，尽管是跟随着生产力有意义的发展，却不是以生产力有意义的发展为条件”①。生产力的发展只是一种产生问题的机制，即只是提出社会的制度结构必须加以变革这样一个问题。

至于人与人的新的社会关系（包括生产关系），也即社会的新的组织框架和新的一体化形式（即新的政治、家庭等制度，新的国家制度、国家机构），是如何产生的？哈贝马斯说：

> 我想建议用下面的思路回答：（人类）物种所学习的，不仅是对生产力发展具有决定意义的、技术性的有用知识，而且包括对相互作用结构具有决定意义的道德—实践意识。交往行为规则确实对工具行为和战略行为领域内的变化作出了反应，并推进了后者，但在这样做的时候，它们是遵循着**自己的逻辑**。②

哈贝马斯突出强调的是，社会制度结构独立于生产力，它是一个自我进化的过程。他认为这种进化有如下几个步骤：

首先，人具有内在的学习机制，社会的个体成员或边缘集团获得了某种新的知识，新的学习能力，这种能力和知识作为范例性的学习过程，通过交往进入社会的译解系统中，成为集体享有的意识结构和知识储存，成为可社会地加以运用的认知潜能。

其次，生产力的发展发出的进化挑战超出了既有社会形式的适应能力，“社会能通过应用包含于世界观中的认知潜能于重组行为系统，进化性地进行学习。这个过程可以被呈示为某种已经在世界观中发展了的理性结构的制度体现”③。就是说，世界观和道德—实践意识方面的学习创新及交往活动，可以使人们的行为系统得到重组，新的制度结构、组织原则、社会一体化水平便建立起来。

最后，新形成的制度结构“反过来又使提供（或制造新的）可利用的技术—组织知

---

① ［德］哈贝马斯：《交往与社会进化》，150～151页。

② 同上书，152页。

③ 同上书，165页。

识成为可能，它创造了一种可能性，也就是，生产力的某种增长和系统复杂性的某种延伸。这样，对于社会进化来说，道德—实践意识领域中的学习过程就作为领步者发挥着功能"①。这就是说，得自个体的思想创新和交往活动的道德—实践知识的学习，以及由此决定的社会制度结构的发展，不仅是独立的，而且在引领着社会的发展。

总之，社会发展是两个各自独立的系统——物质生产系统和人与人的交往活动系统——的相互作用。物质生产系统中生产力的发展使原有的社会结构陷入危机，生产力自身的运用和发展受到阻碍；人们在交往活动中可以使新思想形成世界观并得到普遍认同，可以建立维护社会一体化的道德观念、行为规范、社会结构，提出各种各样的走出危机的方案②；一旦新的社会结构建立起来，危机就会消除，社会就获得进步。

这就是哈贝马斯重建后的历史唯物主义。在这里，不是生产力决定生产关系、经济基础决定上层建筑，而是人们在交往活动中取得的共识，自主发展着的思想观念，决定了社会的制度结构，从而回答生产力的发展提出的问题，引领社会进化。

这种历史唯物主义把社会发展视为一个不间断的学习过程，而且赋予了道德—实践领域、交往行为和克服冲突形成共识过程中的学习以特别的重要意义。哈贝马斯认为这也是对文化在历史发展中的意义的强调，这是他对历史唯物主义所做的贡献。他说："文化一直是一种上层建筑现象，尽管它在向新的发展水平的过渡中，似乎发挥着比迄今为止的许多马克思主义者所承认的更为突出的作用。据我看来，这种突出性已经解释了交往理论可能对历史唯物主义的更新作出贡献。"③

这种新贡献是什么？我们可以看哈贝马斯的如下一段话：

> 我甚至认为，这些规范结构的发展是社会进化的起搏器，因为新的社会的组织原则意味着新的社会一体化的形式。这些新的社会一体化形式，使现有的生产力使用或者新的生产力的产生，以及社会复合性的提高有了可能。④

人们的行为规范是社会的组织原则，行为规范的更新将产生新的社会的一体化，进而为生产力的发展运用开辟道路，增进社会的组织程度，因而它成为社会进化的"起搏器"。新的规范结构又从何而来？来自人们的交往活动。说到底，他所说的历史唯物主义的重建，就是用交往理论取代原有的历史唯物主义的基本原理。

哈贝马斯所谓的重建历史唯物主义，是对马克思最重要的哲学思想所做的公开的、直接的、系统的修正，是马克思主义哲学发展史上的一件大事。人们在这里会自然而然地产生疑问：把社会分为劳动和交往两个相互独立的系统，而且强调交往活动是一种自主的自我进化的文化系统，把它视为社会发展的引领者，这样的理论还是不是历史唯物主义？既然道德规范、社会的制度结构是由自主平等的主体相互间遵循一定的语言学规则进行的自由交往、商谈决定的，这还有什么历史唯物主义可谈呢？或者说，哈贝马斯究竟是在重建历史唯物主义还是在阉割历史唯物主义的唯物主义精神？哈贝马斯早已预

① ［德］哈贝马斯：《交往与社会进化》，165页。
② 参见上书，158～159页。哈贝马斯明确反对社会发展的单线理论。
③ 同上书，101页。
④ ［德］哈贝马斯：《重建历史唯物主义》，32页。

料到人们可能会提出这样的问题。他坚持认为他并没有背弃马克思的历史唯物主义，为此，他对社会进化理论的唯物性和历史性提出了自己的解释。针对人们可能产生的关于他的理论是不是放弃了唯物主义关于社会发展动力的解释的疑虑，他说：

上面提到的疑虑是没有根据的。发展动力的分析，只有当它同生产和再生产领域中产生危机的体制问题相联系时，才是“唯物主义”；发展动力的分析，只有当它必须在那些可能发生的状况的整个范围内找到进化意义上的变化的原因时，才是“历史的”；在这些状况下，(1) 在一个人的意识中，人们获得了新的结构，并把这些结构变为世界观的结构；(2) 出现了超越一个社会的控制能力的体制问题；(3) 新的合理性结构在制度上的表现能够经受住考验并且能够得到稳定；(4) 新开发的资源将得到利用。①

这段话的前一半提出了判断一种社会发展理论是不是历史唯物主义的标准：只要它把社会发展的动力与经济领域的危机联系起来，它就是唯物主义的；只要它找到了促使社会成为进化过程的原因，它就是历史的。后一半是哈贝马斯按照自己所理解的历史唯物主义对社会发展机制的论述：意识、世界观是独立系统，新思想产生于某个个人的头脑之中并变为世界观；它可以自主地提出各种可能的社会结构，当以新的结构为依据的某种制度能够解决生产发展引起的危机时，它自身经受住了考验并得到稳定，新的生产力得到解放，社会整体得到发展。按照哈贝马斯自己的标准，他的历史观当然是一种历史的唯物主义理论。

对于这一标准，需要做一些讨论。

哈贝马斯把社会生活分为劳动活动和交往活动两个部分，强调意识的独立性，强调思想创新的历史意义，强调新的制度结构的构想产生于人的意识和世界观，从而强调文化因素、交往活动在社会发展中的重要作用。这些都有合理之处。任何一种曾经发挥过重要作用的社会制度，都是人在一定的思想观念的支配下建立起来的，这些思想和观念也一定是在日常交往活动中形成并得到普遍认同，在各种行为规范和社会结构制度中得到体现的，社会的发展的确与文化的发展、交往活动的发展有着深刻的联系。马克思并没有对社会发展的具体机制做过如此细致入微的分析，他着眼的是从宏观上揭示社会历史发展的基本规律与趋势。哈贝马斯的思想无疑是对马克思主义哲学的丰富与发展。

但是，马克思的历史观之所以是唯物主义的，是因为他认为人的思想观念、行为体系、制度结构是由生产力的性质和发展决定的。或者换个说法，是因为他主张劳动活动决定交往活动。具体而言，在马克思看来，人与人的交往活动并不是独立于物质生产过程并与之并列的领域，交往中形成、积累的思想观念、道德规范、社会的结构体系，它们的性质以及变化发展方向，最终都取决于物质生产，取决于劳动活动。哈贝马斯重建后的历史唯物主义是不是关于历史的唯物主义理论，取决于被他赋予重大意义的交往活动能不能用生产力的发展加以解释。能解释，就是历史的唯物主义，否则，就是历史的唯心主义。

---

① ［德］哈贝马斯：《重建历史唯物主义》，35页。

初看起来，找到这样的解释是很困难的。但如果对这一问题再做进一步的分析考察，我们就会看到，其实哈贝马斯的观点确有唯物主义的成分，或者说，不能说是唯心主义的历史观。这里的关键在于，按照哈贝马斯自己的意见，人们的道德—实践意识和关于社会制度结构的新设想与生产力的联系，就像生物进化中"突变"和自然选择的关系一样。① 基因突变是生物个体在其所属物种进化中的"创新"，"创新"是否正确，突变带来的基因变化能不能作为新的遗传因素被后代个体继承，长久存在，流传下去，取决于自然环境的选择。生物进化因此成为一个客观的必然过程。同样，某个人有关道德—实践意识的新思想能不能在交往活动中成为人们的共识，促进文化的发展，成为关于社会制度结构的新设想并改变现有的社会制度和生产方式，要经受生产力发展需要的选择，要看它能不能解决生产力发展中遇到的新问题。正是在这里，哈贝马斯的思想体现出了唯物主义的性质。

其间的道理与唯物主义反映论一样。认识始于感性经验，即始于外部事物对人的感官的作用，经过思维的加工，人们从感性经验中得到对事物的理性认识。不论人们是怎样加工这些感性认识的，也即不论理性认识是从何而来的，是从实践经验中归纳出来的，还是得自想像、猜测、顿悟、直觉，只要它是经过实践检验的真理，必定与客观对象相一致，它就成为对客观对象的反映。不同的人，甚至是同一个人，可以在交往活动中提出许多有关世界观和道德—实践意识的新思想，提出关于社会制度结构的种种新设想，但符合生产力发展需要的只有一个，能使生产力发展摆脱困境的，才能成为现实，成为一种新的生产方式。就形式上看，这样的设想是某个人的思维创造；就内容上看，它又是对生产力发展客观需要的正确反映。因此，我们在这一理论中仍然可以看到，是生产力发展的需要决定了人们关于符合这一需要的社会制度结构的设想，历史进步依然是一个由生产力的发展决定的客观过程。

这只是我们对哈贝马斯思想的分析。实际上，哈贝马斯自己在前面曾说，在今天的西方国家，政治不再仅仅属于上层建筑，它在社会生活中"重新具有了决定作用"。按照这一说法，社会的制度结构就不再是对生产力发展所提出的问题的回应和解决，不再由生产力的发展来选择，因而他所重建的历史唯物主义就不能成立，不是对社会历史的唯物主义解释，而所谓的"重建"，只是表明他在思想上的自相矛盾而已。

哈贝马斯的历史唯物主义重建工作，是一次立足新的生活实际对唯物史观进行的重大的理论创新尝试，值得给予高度的重视。从马克思主义哲学发展史的角度看，这一工作的意义在于：

第一，哈贝马斯把社会生活划分为工具活动和交往活动两大部分，用它们的相互作用从宏观上对社会历史的发展做了解释，并对工具活动和交往活动之间相互作用的具体机制做了细致的分析，使唯物史观深入到微观的层次上，其中包含着许多非常有价值的思想。此外，他强调学习、创新和交往活动在社会发展中的重要作用，从与马克思不同的角度上揭示了人在历史发展中的主体地位，使唯物史观具有了新的面貌。这些都应该肯定。

① 参见［德］哈贝马斯：《交往与社会进化》，174～179页。

第二，马克思的历史唯物主义的理论强调生产力决定生产关系，经济基础决定上层建筑，哈贝马斯进而对生产关系和上层建筑怎样具体地发生变化以适应生产力发展的需要做了分析。他指出，它是一个由人们的学习过程和交往活动形成相互理解、妥协、共识，进而提出关于新的社会制度结构，包括生产关系的设想，最后回答生产力发展提出的问题，使生产力得到发挥与发展的过程。生产力的决定作用表现为提出问题并对人们在交往中对问题作出的回答加以选择。应该说，这是符合历史发展的实际的，因而是对马克思历史唯物主义的理论的具体化和丰富发展。

第三，哈贝马斯使历史唯物主义由批判的、革命的理论变为建设性的改良主义的理论。马克思的历史唯物主义与阶级斗争密切相关，着眼于社会革命；从卢卡奇直到马尔库塞这些西方马克思主义者，着眼的是对资本主义的批判否定，同时也在寻找社会革命的可能。这种理论指向在哈贝马斯那里发生了重要的变化。

哈贝马斯认为科学技术在现代资本主义社会已经成为隐蔽的意识形态，使人们安于现状，非政治化了，在这一点上，他与马尔库塞有相近之处。但是马尔库塞从科学技术的意识形态化中看到的是自由民主受到排斥，人受到新的奴役，因而看到了对资本主义进行“大拒绝”甚至社会革命的必要。哈贝马斯认为马尔库塞太悲观了。他认为，现代资本主义仍然有着强大的生命力，通过人们的交往活动，各种问题都可以得到解决，科学技术可以处于人的自觉控制之下，消除其负面的效应。重要的是要使交往行为合理化。实现这种合理化的关键，是建立理想的道德规范，而理想道德规范的建立，又取决于人的“交往性资质”。“交往性资质”是人遵循语言的有效性进行交往的能力。于是哈贝马斯最终把社会的进化、理想社会的建立，转化为语言学问题。

哈贝马斯的理论重点由批判转为建设，使历史唯物主义具有了可以实际操作的建设性。但这一转变的前提，是充分肯定现代资本主义不再具有原有意义上的阶级对立，给予了人们通过交往、商谈达成共识从而决定社会制度的可能。也就是说，肯定现代资本主义具有了通过自我完善不断获得自己的合法性依据的能力。这样，马克思主义者唯一能做的事情，就是努力促进社会的改良。总之，历史唯物主义的从对资本主义进行批判革命的理论，变成对它加以改良、完善的理论了。

这是一个重大的变化，应该如何评价，有待进一步讨论。

哈贝马斯关于历史唯物主义重建的论述相互矛盾之处甚多，行文更是晦涩难懂，因此显得还不是很成熟。除此而外，哈贝马斯对生产力的发展在当今西方发达资本主义国家实际生活中促进人的解放的进步作用提出怀疑，这当然是从科学技术成为第一生产力并具有了意识形态功能这一事实出发的，但作为一个重大结论，过于简单化了。实际生活比他的论述要复杂得多。在今天，生产力的发展已经带来了严重的环境问题和资源危机等一系列威胁整个人类生存的问题，即使从技术理性的角度看，资本主义制度的合理性也开始受到人们的怀疑。人类文明正在寻找新的出路。科学技术和生产力的发展日益表现出了推动社会历史发展的进步意义，只看到它们为现代资本主义制度做辩护的一面，是不正确的。

哈贝马斯是西方马克思主义的集大成者。整个西方马克思主义运动面临的是一个共同的问题，即随着资本主义制度的发展完善，西方国家的无产阶级趋于消失，工人的革命意识在淡化。针对这个问题，卢卡奇、柯尔施、葛兰西、霍克海默、阿多尔诺、马尔库塞等人，分别提出了物化理论、支配理论、人的单向度化理论等新的理论，把注意力由生产力、阶级斗争转向对人和人的意识、人的主体性的分析研究上，揭示了现代资本主义对人的新的控制形式，为探求人的解放道路做了艰苦的努力，对现代资本主义进行了深刻的批判。哈贝马斯明确提出科学技术具有了意识形态的功能，突出人、文化和人的交往活动的意义，着手重建历史唯物主义，开始了对现代资本主义的合法性的研究批判。他的工作是对前人的继承与发展，使西方马克思主义达到了新的理论高度。

西方马克思主义从发达资本主义国家的现实出发提出的物化理论、支配理论和对科学技术的意识形态功能的分析，极大地丰富和发展了马克思的异化理论。它提出的启蒙辩证法给人以重要的启迪，深化了人们对人类历史的宏观认识，在人类历史面临重大转折的今天，同样具有重要的理论价值。西方马克思主义是与苏联哲学有重大不同而又并存于20世纪的马克思主义哲学流派，它是马克思主义哲学发展史中的一个重要阶段，它提出的许多问题都值得我们认真思考。

第七章

苏联东欧马克思主义哲学的人道化及苏联哲学的终结

第二次世界大战结束以后，在苏联的帮助下，斯大林模式的社会主义制度在罗马尼亚、保加利亚、波兰、捷克斯洛伐克、匈牙利、民主德国、南斯拉夫和阿尔巴尼亚相继建立，苏联版的马克思主义哲学也随之在这些国家登上舞台并占据思想文化的主导地位。欧洲出现了一个以苏联为首的社会主义阵营。在随后近半个世纪的时间里，由于日益复杂的内部矛盾，也由于苏共20大后兴起的非斯大林化倾向和对社会改革的呼唤，到20世纪80年代末90年代初，这些国家发生政治剧变，社会主义制度先后告终。

在上述过程中，哲学领域也经历了一场深刻的变化，这就是马克思主义哲学的人道化。人道化是从50年代起苏联东欧社会主义国家马克思主义哲学发展中最重要的基本倾向，引发了哲学领域的激烈斗争，导致了马克思主义哲学的深刻改变，其最终结果是一度被视为马克思主义哲学代名词的苏联哲学的终结。

人道化倾向存在于苏联东欧所有的社会主义国家。在苏联有斯大林去世后立即开始的关于哲学教科书的讨论，有认识论派和本体论派的斗争、对人的问题和全球性问题的高度关注；在民主德国有布洛赫的希望哲学；在匈牙利有布达佩斯学派；在南斯拉夫有实践派的哲学；在波兰有以沙夫为代表的哲学人文学派；在捷克有以科西克为代表的人类学派。本书将以最有代表性的苏联哲学和南斯拉夫实践派哲学为例对这种人道化倾向加以考察。

第一节　苏联和东欧国家的非斯大林化运动

非斯大林化运动是苏联东欧马克思主义哲学演变的总体性社会背景。这一运动从20世纪40年代末开始，50年代和60年代达到高潮，广义地看，也可以说一直延续到社会主义制度在这些国家的终结。其中的典型事件有1948年南斯拉夫和苏联的冲突、1956年苏共20大和1961年苏共22大对斯大林的批判、1956年的匈牙利事件和波兰的波兹南事件、1968年捷克斯洛伐克的“布拉格之春”等，当然，最重要的是1985年开始的苏联改革。

非斯大林化运动最早出现于南斯拉夫。社会主义的南斯拉夫主要是由铁托领导的共产党人在反法西斯战争中靠自己的力量建立起来的，因而在与苏联的关系上表现出较强的独立性。战后不久，由于不满斯大林对南斯拉夫在政治、外交和经济上的控制，与苏联发生公开冲突。1948年6月，斯大林召开共产党情报局会议，把南斯拉夫开除出情报局，并号召南斯拉夫“忠于马克思列宁主义的健康力量”推翻铁托的领导，第二年进而对南斯拉夫实行经济封锁。

这种制裁迫使南斯拉夫公开告别斯大林主义。它在经济上把目光转向西方，在国内制度上致力于回到“真正的列宁主义道路上”：在工厂普遍实行工人自治，放弃农业集体化方针，政治上赋予各地的人民委员会以更大的权力。

在这场非斯大林化运动中真正发挥作用的是苏联自身发生的变化。1953年3月5日斯大林逝世，非斯大林化运动几乎从第二天就开始。最初是有人撰文强调人民群众是历史的主人，紧接着斯大林的忠实助手贝利亚被逮捕，随后被处决。1956年2月苏联共产党召开第20次全国代表大会，会议进行期间，赫鲁晓夫在专门召集的内部会议上做了题为《关于个人崇拜及其后果》的报告。报告猛烈抨击了斯大林一手制造的个人迷信，以大量骇人听闻的事实揭露了个人迷信带来的严重后果：第17次党代会选举出的139名中央委员和中央候补委员中，98名遭到逮捕和枪决；出席大会的1 966名代表中有1 108名被捕……赫鲁晓夫还把这一切归于斯大林的个人品质，指责他任性、专横、粗暴、傲慢、病态的猜疑、自我吹嘘……报告的内容很快在苏联和东欧各国流传开来，人人对之肃然起敬的斯大林不仅被赶下神坛，而且一夜之间变成十恶不赦的恶魔。有人称报告是“一块引发山崩地裂的大石头”，也有人说苏共20大“像一股令人兴奋的暖流传遍每个党员的全身”。尽管苏联官方在随后的正式文件中对斯大林做了某些肯定，但批判斯大林事实上成为苏联社会思想的主流，仍在深入发展，直到1961年根据苏共22大的决议把斯大林的遗体迁出列宁墓草草埋葬，才告一段落。在此之后，苏联东欧国家的改革所针对的，都是被认为斯大林模式的社会主义制度，因此可以说，非斯大林化运动一直持续到社会主义制度在这些国家的终结。

斯大林是苏联模式社会主义的缔造者，长期被视为社会主义苏联和马克思列宁主义的化身。苏共自己发起的震撼世界的反斯大林运动，在东欧各国引起极大的震动，与民族主义情绪结合，形成一股要人权、要自由、要民主、要独立的广泛的社会思潮。1956年6月，波兰最大的工业企业——位于波兹南的斯大林工厂，1万5千名工人拿起武器，喊出“我们要自由”、“结束苏联占领”、“打倒假共产主义”等口号。同年10月，匈牙利爆发了有数十万人参加的反政府、反苏联的政治动乱，提出口号：“独立!”“让苏军回国，带走斯大林塑像。”军队也倒向民众，全国多处发生武装冲突。动乱在苏军坦克的镇压下平息，整个动乱中有数千人死亡，另有2 000人被事后处决。1968年捷克斯洛伐克出现所谓“布拉格之春”，知识分子异常活跃，党内民主步步深入，要求全面改革的呼声高涨，苏联式的社会主义制度岌岌可危。8月20日午夜，苏联等华沙条约五国的军队进入捷克斯洛伐克，民主运动失败。

斯大林是一个时代的象征，是20世纪30年代建成的以高度集中为特征的社会主义模式的象征。赫鲁晓夫“秘密报告”对斯大林大搞阶级斗争进行残酷政治迫害的指责，一方面唤醒了人们的民主意识，另一方面也是对人道主义的有力呼唤。与突破斯大林模式的束缚实行政治民主和经济改革的要求相伴随，苏联和东欧国家普遍出现一股人道主义思潮。早在1954年5月，苏联作家爱伦堡发表题为《解冻》的小说，比喻个人迷信的漫长冬季已经过去，思想解放的春天已经到来。“解冻”成为斯大林去世以后苏联文化领域非斯大林化运动的强大潮流。针对斯大林对人的残酷迫害，人道主义成为一面最醒目的旗帜，对人道主义的呼唤出现在文学、艺术、哲学等各个领域。苏共20大之后，人道主义呼声进一步高涨。苏共22大把“一切为了人，一切为了人的幸福”写入党的纲领，既是人道主义运动高涨的产物，又为人道主义思潮的发展提供了新的有力的推动。

对人道主义的呼唤在东欧各国更为突出。在这些国家，非斯大林化运动与民族独立的要求结合在一起，其势头、影响远远超过苏联。匈牙利事件中的“裴多菲俱乐部”，“布拉格之春”中的知识分子，都把对民主和人道的呼唤作为两个最响亮的口号。从60年代起，苏联和东欧国家出于政治稳定的考虑，开始批判“抽象的资产阶级人道主义”，斯大林时代的某些做法得到恢复和坚持，但是在社会发展，特别是经济发展需要的推动下，针对斯大林模式的改革运动在这些国家时起时伏，人道主义运动也时隐时现，并在事实上不断发展壮大。对人道主义的呼唤贯穿在这些国家近半个世纪的整个历史之中。

苏联和东欧国家的人道主义思潮在哲学上得到集中的反映。东欧国家的社会主义制度主要是在苏联的影响和帮助下建立起来的，苏联哲学也在这些国家占据了主导地位。斯大林在《联共（布）党史简明教程》第4章第2节中论述的辩证唯物主义和历史唯物主义，过分强调世界的客观性和客观世界运动规律的必然性，贬低了人的主体性以及人在历史发展中的能动作用。历史成为与自然界一样的“无主体过程”，人们遇到的是外在的、既定的、冷冰冰的“铁的规律”，个人和人的个性、自由、创造精神没有立足之地。这样的哲学不可避免地受到人道主义思潮的有力冲击。与这一时期人们在政治上、经济上在社会主义制度的框架内寻求改革一样，苏联东欧的哲学家在马克思主义框架内对30年代形成的苏联哲学发起了一波又一波的批评。他们不约而同地把注意力转向马克思的早期著作，马克思的实践理论、异化理论和关于“自由人的联合体”的思想得到高度的重视和评价。

人道主义化是苏联东欧各国自20世纪50年代以后马克思主义哲学发展中最基本、

最重要的倾向，它深受西方马克思主义的影响，在许多方面与西方马克思主义殊途同归。西方马克思主义与苏联东欧的马克思主义哲学都是出于对不人道现实的批判而高举人道主义大旗的，只是前者针对的是发达资本主义国家技术理性对人的控制，后者针对的是在个人迷信中严重变形令人无法忍受的斯大林模式。

对苏联哲学的批评是苏联东欧国家非斯大林化运动的重要组成部分，与经济改革一样贯穿在这些国家第二次世界大战后的全部历史之中，其中最具代表性的国家是南斯拉夫和苏联。

第二节　南斯拉夫“实践派”

在马克思主义哲学发展史上，南斯拉夫“实践派”是最早向苏联哲学发起系统、持久批判的哲学派别。由于执政的南斯拉夫共产党与苏共公开决裂，南斯拉夫的马克思主义者对斯大林主义的批判格外尖锐，在深度上和广度上远远超过其他国家，其中许多思想至今仍有重要的参考价值。① 在哲学方面，它的观点，它在批判苏联哲学时对马克思恩格斯哲学思想的选择，以及它的历史命运，在第二次世界大战后苏联和东欧国家马克思主义哲学的发展中，都具有很强的代表性。

一　南斯拉夫“实践派”的兴衰

南斯拉夫“实践派”是一场兴起于20世纪50年代初延续20多年的哲学运动。它有贝尔格莱德和萨格勒布两个学术中心，有将近30位代表性人物，其中最主要的有马尔科维奇、斯托扬诺维奇、彼得洛维奇、弗兰尼茨基、坎格尔加、苏佩克等。南斯拉夫实践派的主要理论阵地是《实践》杂志和贝尔格莱德大学、萨格勒布大学的讲台。

1948年发生的苏南冲突把寻找不同于苏联的社会主义道路作为一项历史任务摆在南斯拉夫人面前，这种实践需要极大地促进了南斯拉夫哲学的发展。一大批战后培养的哲学人才登上舞台。从1945年到1960年，全国发表的关于辩证唯物主义的论著有300多种，全部哲学著作近2 500种，其中大部分是在1948年以后问世的。②

在1951年举行的塞尔维亚哲学家第一次会议上，涅节里科维奇、马尔科维奇和叶列米奇分别做了题为《为社会主义而斗争的我国哲学》、《苏联对马克思主义哲学的修正》、《现代西方哲学》的报告。苏联哲学的主要代表人物几乎全都受到点名批判，报告人公开提出要抛弃哲学的党性原则，号召认真研究各种现代西方哲学理论。

1953年，包括《1844年经济学哲学手稿》在内的《马克思恩格斯早期著作选》出版，马克思的人道主义思想激起南斯拉夫哲学家的极大兴趣，开始出现对人道主义的呼吁。苏佩克撰文指出：“社会主义文化的人道主义内容或社会主义人道主义指的就是要

① 这些思想的集中体现是1958年4月通过的《南斯拉夫共产主义者联盟纲领》。

② 参见贾泽林：《南斯拉夫当代哲学》，39页，北京，中国社会科学出版社，1982。

消除或逐步战胜社会和自然界中的各种形式的异化，这些异化在迄今为止的社会主义以前的社会中被人看做一种超自然的和超社会的力量。……社会主义革命的实质在当前阶段有赖于人道主义内容的发展，也即使社会主义国家的个人得到具体的解放和丰富”①。

到60年代，哲学界关注的焦点由批判斯大林主义转向对自己的观点的阐述，高举人道主义旗帜的“实践派”出现在哲学舞台上，“实践派”和“辩证唯物主义派”开始激烈交锋。1960年11月南斯拉夫哲学联合会在贝尔格莱德举行《关于主体和客体、实践和反映论问题》的学术讨论会，坚持和反对反映论的两种意见在会上展开激烈辩论。批判反映论的意见认为，实践是马克思主义哲学的核心思想，人是实践的存在物，而实践是一种能动的自由的创造性活动，反映论恰恰抹煞了人的实践本质。这种观点得到大多数会议参加者的支持。1963年4月，南斯拉夫哲学联合会举行《哲学人本学讨论会》，会议提出4个讨论题目：哲学人本学问题；人和自由；共处、和平和社会主义问题的哲学方面；人和技术。人的问题成为关注的焦点。从1963年起，南斯拉夫的人道主义哲学家开始与西方的马克思主义者、马克思学者举办“科尔丘拉夏令学园”，每年一次讨论会，参加者有弗罗姆、马尔库塞、哈贝马斯、布洛赫及其他许多西方哲学家。人道主义的马克思主义哲学家于1964年创办《实践》杂志，有了自己的理论阵地，他们也因此被称为“实践派”。

从60年代起到70年代中期，是“实践派”最活跃、最辉煌的时期。《实践》不仅在南斯拉夫国内发行，而且用英、法、德三种文字出版国际版，编委会有12个国家的哲学家参加。“实践派”主宰了南斯拉夫哲学界，他们召集各种各样的讨论会，不仅就哲学问题，而且就社会主义、国家、政党、民主、异化等问题展开讨论，他们的理论实际上是一种内容极为广泛的社会批判理论。

“实践派”对人道主义的过分宣扬，对南斯拉夫现实生活的批判，遭到辩证唯物主义派的反对，也早就引起官方的注意和不满。个别期的《实践》杂志被禁止发行，某些人因直接卷入政治斗争而受到法律制裁。1968年是“实践派”历史的一次重要转折。这一年的6月，南斯拉夫首都贝尔格莱德的学生上街游行示威，随后占领了市内所有大学的建筑物，紧接着萨格勒布和萨拉热窝也发生了类似的事件。这些事件造成了南斯拉夫战后最严重的社会危机，南共领导人从危机中看到了“实践派”的哲学理论暗含着的对自己的威胁。从60年代末起，南联盟各级领导，包括铁托本人，多次对“实践派”提出批评。1974年《实践》和另一种宣传“实践派”观点的刊物《哲学》被迫停刊，科尔丘拉夏令学园停办；1975年1月马尔科维奇等8名贝尔格莱德大学的教授，“实践派”的重要人物，被学校解职。“实践派”遭到沉重打击。此后虽然坚持“实践派”观点的哲学家仍在国内外积极活动，但已失去了往日的影响，作为一个引人注目的哲学学派，“实践派”不复存在。

二 南斯拉夫“实践派”的主要观点及其历史地位

南斯拉夫“实践派”的基本观点，如果简单地加以概括，第一是人道主义，第二是

① ［南］苏佩克：《社会主义文化的、物质的、社会的和个人的基础》，转引自《南斯拉夫当代哲学》，43页。

社会批判。《实践》杂志的发刊词说："社会主义为今天人类自身所面临的问题提供了惟一符合人性的解决办法。而马克思的思想则给予革命行动以最重要的理论基础和鼓舞的源泉。近几十年来，社会主义的理论和实践遭受失败和被歪曲的最重要的原因之一，就是人们力图贬低马克思思想的'哲学向度'，亦即公然或暗中否认马克思思想的核心是人。不使马克思的哲学思想复活起来，加以发展，不透彻研究一切重要的马克思主义者们的著作，不对我们时代尚未解决的问题采取马克思主义的、非教条的、批判的态度，真正的、人道的社会主义发展是不可能的。"①

他们不仅把人看做马克思思想的核心，而且强调自己的宗旨是对现实生活加以批判。上述发刊词又说："编辑委员会将使杂志面向我们今日世界亟须解决的哲学问题，致力于对现存的一切进行毫不留情的批判。我们相信只有采取为弄清事物的根本，无论得到什么样的结果也无所畏惧的批判姿态，才是一切真正哲学的本性。同时我们深信，任何人在任何问题上都没有垄断批判的权利和特权，并且这点适用于一切领域。任何一般或特殊问题，都不是可以作为这个或那个国家、某个社会集团或组织的内部事务或自身问题来加以处理的。我们认为，只有在探讨今天世界一般性问题的同时批判性地研究自己国家的问题，才是各国马克思主义者和社会主义者的首要课题。因此，南斯拉夫的马克思主义者们首先要批判地讨论南斯拉夫的社会主义。"② 至于批判所用的标准，自然是被他们视为马克思的核心思想的人道主义。

"实践派"的主要代表人物之一马尔科维奇，曾对"实践派"的基本观点做过全面的具体的说明。他认为这些观点是：

1. 哲学观

"实践派"的哲学家一致认为："哲学的基本职能在于提出能够指导人类在特定的历史时期中全部活动的总体性的批判意识。由于它是**总体性的**，因而有别于各种不同的科学学科的零碎知识；由于它是**批判的意识**，它又比实证科学知识的一切简单总和要丰富得多。"③ 批判性被他们看做哲学的本质特征。

2. 哲学的出发点

"正统的辩证唯物主义观点，即认为哲学的基本问题是物质和精神的关系问题，一般被认为（被'实践派'哲学家认为——引者）是抽象的、与历史无关的和二元论的观点而受到摒弃。在马克思看来，根本的问题是在创造一个更加人道的世界的同时如何实现人的本质。这一问题中所内含的基本的哲学假设是，人在本质上是一种**实践**的存在，即一种能够从事自由的创造活动，并通过这种活动改造世界、实现其特殊的潜能、满足其他人的需要的存在。……哲学的基本任务就是对异化现象进行批判的分析，并指明走向**自我实现**、走向**实践**的实际步骤。"④ 显然，他们认为哲学的出发点是人，是以实践为本质特征的人。人们可以在这里感觉到强烈的人道主义精神。

---

① 《南斯拉夫哲学论文集》，325～326页，北京，三联书店，1979。

② 同上书，329～330页。

③ ［南］马尔科维奇、彼得洛维奇编：《南斯拉夫"实践派"的历史和理论》，22页，重庆，重庆出版社，1994。

④ 同上书，23页。

3. 哲学方法

所谓哲学方法，实际上是南斯拉夫“实践派”哲学家对辩证法的看法。马尔科维奇指出，“实践派”坚决反对正统派把辩证法理解为一套现成的固定的先验的规则的做法，在“实践派”看来，辩证法的主要特征在于：（1）现实必须被理解为一个具体的总体；（2）不能满足于两分法，应该深入揭示对立面之间的中介；（3）对共时性、结构性关系的研究必须以对历时性、历史性关系的研究为补充；（4）事物发展的动力在于事物内部各种对立力量和倾向的冲突；（5）实践这一特殊的人类活动，同物质世界之外部的、严格的规定性不同，是以自决为特征的，即人自觉地、有目的地投身于实践之中，并通过实践去实现人之特殊的、自由选择的可能性；（6）否定之否定是事物发生根本质变的原因。马尔科维奇说：“辩证法既不是一种绝对、抽象的精神结构（如黑格尔所说），也不是自然界的一种一般结构（如恩格斯所说），而是人类历史的**实践**及其本质方面的一种总体结构——批判思维。”①

4. 关于本体论、认识论和价值论的观点

“实践派”认为，从实践的辩证法的观点看，讨论“自在的”实在、“自在的”真理或“自在的”价值，是没有意义的。确有物质世界存在于我们之外，但它们的意义是人的实践活动赋予的；真理只是属于人的、历史的范畴，离开实践并不存在；至于价值，“人的实践尚未进入的世界是盲目的、无意义的、无真理的、无价值的。对象和过程只有当它们与人类需要相关时才有价值，而它们也是以往全部历史的产物”②。

5. 对实践和社会的理解

马尔科维奇指出，“实践派”的哲学思想突出哲学的实践意义，这种实践意义就在于从人出发对现实展开批判，人是哲学的根本问题。他说：

> 在这个根本问题中（它所以是根本的，是因为全部问题的根本就是人），批判探究的根本目的是要发现那些摧残人、阻碍人的发展并把某种简单的、易测的、单调而刻板的行为模式强加给人的特殊社会制度和结构。因此，如果还是用一种特定形式（社会主义）的观点抽象地否定另一种特定形式的社会组织（资本主义），那么，对各种资产阶级的社会制度的批判就只能是一种肤浅而偏执的批判。彻底而全面的人类批判的根本特点在于：这些制度不可避免地会导致各种形式的经济异化和政治异化。例如：**私有财产**产生的是自私自利、贪得无厌这种类型的人；**职业分工**使复杂的个人固定地从事简单的工作，只利用了其潜能的极小部分；**市场**对生产的调节使生产者和产品降低为简单的商品，使生产之满足需要的动机被利润动机所替代，使生产沦为受盲目的经济力支配的不可控制的竞争过程；**国家**把公民分为统治者和被统治者，使有关普遍的社会利益的决策变成了由一个异化了的统治集团所控制的职业活动；**党**成了缺乏平等和真正参与的、等级森严的政治组织，它试图通过意识形态的控制和强制性的纪律，创造和维护一种人为的统一意志和对正义事业的

① ［南］马尔科维奇、彼得洛维奇编：《南斯拉夫“实践派”的历史和理论》，26页。

② 同上书，27页。

一种虚假信仰的统一。①

这段话很好地说明了“实践派”对哲学的实践意义和社会意义的观点。实际上它是对“实践派”哲学思想的实质的生动而深刻的揭示。这一实质就是：从人道主义出发对现实生活，不仅是资本主义社会的现实生活，也包括社会主义的现实生活，进行彻底的批判。

对上述内容略加归纳，可以看出，南斯拉夫“实践派”的哲学观点，正如前面所说，第一个特点是人道主义，第二个特点是批判精神。他们把马克思主义哲学的宗旨理解为人道主义的实现，把实践理解为人的本质，反对黑格尔的唯心主义辩证法和恩格斯的自然辩证法；把辩证法与人的实践活动和批判思维密切联系在一起，认为人以外的自在存在是没有意义的；把人作为真理的尺度，强调价值对人的依赖。这些观点无不体现出强烈的人道主义精神。正是出于这种强烈的人道主义精神，他们要对一切社会，不论是资本主义社会还是社会主义社会，展开批判。

综上所述，我们可以明显地感觉到西方马克思主义，尤其是法兰克福学派对南斯拉夫“实践派”哲学思想的影响。一方面这是由于他们事实上与许多西方的马克思主义者或马克思学者保持了密切的接触，例如在举办多年的科尔丘拉夏令学园共同研讨问题，另一方面也和他们对苏联哲学的批判有关。南斯拉夫“实践派”是在南共与苏共决裂之后开展的对斯大林和斯大林模式的社会主义制度的批判中形成的，因此他们必然要积极投入对苏联版的社会主义制度的批判，必然要反对苏联哲学的辩证唯物主义历史唯物主义这一马克思主义哲学体系。马克思主义是人道主义和科学理性的结合，在哲学上，马克思和恩格斯提出了丰富的哲学思想，但没有建立完整的理论体系，苏联哲学主要继承的是恩格斯体现科学理性的自然辩证法，因此南斯拉夫“实践派”必然要把目光转向马克思，而且是早期的马克思，继承和发展他的人道主义思想。与法兰克福学派不同的是，他们毕竟生活于社会主义国家，因此他们要更高地举起马克思主义的旗帜，他们的全部思想是以“马克思的哲学思想”的名义存在的。

在马克思主义哲学发展史上，南斯拉夫“实践派”具有重要的历史地位。首先，反叛苏联哲学，把马克思主义哲学人道化，是苏共20大之后东欧各社会主义国家普遍存在的哲学思潮，南斯拉夫“实践派”是这一思潮的发起者，而且因一度得到南共的庇护而对有关思想发挥得最透彻、声音最响亮、在世界上的影响最大。他们是这一思潮的代表。其次，他们借批判斯大林模式而公开地对社会主义制度作了批判，与法兰克福学派对发达资本主义的批判相呼应，可以说是对法兰克福学派社会批判理论在社会主义国家的运用与发展。这是社会主义国家独一无二的现象，引起了很大的反响。

南斯拉夫实践派在20世纪70年代中期之后逐渐衰落了，但人们在10年以后苏联的改革中似乎再次听到了他们的声音。在社会主义国家的改革运动中出现的实践唯物主义，在一定意义上可以说是南斯拉夫“实践派”的回声。如果把社会主义国家批评苏联哲学，通过强调实践的作用，弘扬人的主体性和人道主义视为一场哲学运动，那么南斯拉夫“实践派”就是它的发轫者。

---

① ［南］马尔科维奇、彼得洛维奇编：《南斯拉夫“实践派”的历史和理论》，28～29页。

第三节　苏联哲学的人道化

出现于20世纪50年代的南斯拉夫和其他东欧国家对苏联哲学的批判以及对人道主义精神的呼唤，在苏联也有表现，这就是自斯大林去世以后艰难地但顽强地不断表现出来的苏联哲学的人道化。所谓苏联哲学的人道化，是指苏联哲学由拒斥人道主义到全面体现人道主义精神的深刻变化。这种变化几乎可以说从斯大林去世的第二天就出现了。它是苏联社会内外因素综合作用的结果，在苏联哲学的各个方面都有明显的表现，以各种形式绵延20余年，深刻影响了苏联的改革运动并直接导致了苏联哲学的终结。

一　告别斯大林时代

苏联哲学的人道化是对20世纪30年代形成的苏联哲学的修正。苏联哲学是在斯大林的主导下形成的，斯大林被长期奉为苏联哲学的最大权威，因此苏联哲学的任何变化首先表现为对斯大林版的辩证唯物主义历史唯物主义体系的突破。这种突破是整个苏联社会和苏联哲学在马克思主义框架中非斯大林化和更新马克思主义哲学与社会主义的一个重要组成部分。

1953年3月5日，斯大林逝世，过了4个月，斯大林的忠实助手，30年代以来苏联政治迫害的主要组织者之一贝利亚被逮捕（同年12月被处决）。[①] 入夏之后，为了迎接苏联共产党成立50周年纪念日，苏联报纸杂志陆续发表文章反对个人崇拜。6月10日的《真理报》指出："早已被党谴责的关于群众、阶级、政党的反马克思主义观点的残余，即个人崇拜的成分，至今还见于我国的宣传工作和书刊上。"8月出版的《共产党人》第12期在显著位置发表未经署名的文章，《人民是历史的创造者》。文章说："近几年来在我们的宣传工作中，对个人在历史上的作用问题的宣传脱离了马克思列宁主义。在宣传中不是正确地解释共产党这一领导力量的作用，而是常常陷入个人迷信，结果降低了党和党的领导核心的作用。"这是苏联社会清除个人迷信的恶劣影响拨乱反正的开始，也是最早出现的对苏联哲学的批评，是苏联社会和苏联哲学非斯大林化的开端。

在哲学领域，当时的非斯大林化运动主要表现在两个问题上。

首先是在哲学基本原理上清除斯大林的影响。这主要是指1954—1955年哲学界就科学院哲学研究所编写的《辩证唯物主义》和《历史唯物主义》两本教科书的讨论。

《辩证唯物主义》由Г. Ф. 亚历山大洛夫主编，1953年出版；《历史唯物主义》由Ф. В. 康斯坦丁诺夫主编，1950年初版，1954年再版。这两本书都是以斯大林的小册子《论辩证唯物主义和历史唯物主义》为范本编写的。《历史唯物主义》于斯大林去世以后

---

① 苏联解体以后，俄罗斯对苏联时期历次政治运动的受害者进行了艰苦的甄别平反工作，加上苏联解体前所作的同样的工作，总计有数十万人被恢复名誉，贝利亚是极个别未获平反的人之一。

的1954年再版时，在结构和观点上都做了较大的改动，纠正了斯大林的某些错误，体现了反对个人迷信的精神；出版于1953年的《辩证唯物主义》则未经修改，仍然体现了斯大林哲学思想的特点和风格。因此，新版《历史唯物主义》的出版，为苏联的哲学家们就斯大林的哲学思想发表自己的看法，提供了绝好的机会。

讨论开始于1954年初，4月、5月、6月三个月中，莫斯科大学、科学院哲学研究所、社会科学研究院、苏共中央高级党校，都组织了讨论会。《历史唯物主义》得到大家的基本肯定，批评主要集中在《辩证唯物主义》上。

对该书的批评意见主要有：第一，"该书的使命既然是系统地阐述辩证唯物主义这门科学，那就绝不能按照先讲辩证法的四个特征、后讲哲学唯物主义的三个特征的结构方式来阐述，因为在这种情况下，辩证唯物主义的很多重要问题总是得不到阐发。"①也就是说，必须打破斯大林哲学小册子《论辩证唯物主义和历史唯物主义》所规定的辩证唯物主义的结构。

第二，该书不可宽恕地轻视了认识论问题，没有按照列宁的教导把辩证法应用于认识论。

第三，该书处处把马克思主义的辩证法和整个辩证唯物主义归结为例子的简单排列。即先从斯大林的《论辩证唯物主义和历史唯物主义》中摘引辩证法或唯物主义的某个特征，然后毫无规则地加上社会生活、自然科学或哲学方面的例子，以做论证。

第四，不讲对立面的统一，丢掉了辩证法的核心，毫无道理地把否定之否定规律排除在辩证法的基本规律之外。

第五，对待非马克思主义哲学的态度存在虚无主义倾向，对它们全盘否定，否认了马克思主义哲学和它们之间的继承关系。

第六，没有明确阐述列宁关于辩证法、认识论和逻辑三者同一的思想，忽视了辩证逻辑，没有阐述辩证法的范畴。

在今天看来，这些意见所涉及的，还只是斯大林哲学思想和苏联哲学的个别方面、个别观点，还不是对其基本精神的突破。斯大林的哲学小册子着力宣扬的世界的物质性、物质世界运动规律的客观必然性和可知性等，还被当时的苏联哲学家们完全肯定。但是，这些意见毕竟公开否定了斯大林强加在辩证唯物主义历史唯物主义体系上的个人色彩，表明苏联哲学正在告别斯大林时代。

苏联哲学非斯大林化的第二个表现，是哲学在社会地位、学术气氛和发展方向上的变化。就苏联哲学日后的发展而言，这方面的变化意义更为重大。这一变化是整个苏联社会环境变化的具体体现。

首先是苏共20大的召开使苏联哲学家们彻底摆脱了斯大林哲学教条的束缚。上述关于哲学教科书的讨论是哲学界自发的对斯大林影响的清除，很快，批判斯大林成为党中央的号召。赫鲁晓夫在20大上所作的题为《关于个人崇拜及其后果》的报告，在结尾处指出："必须作出巨大努力，以在历史学、哲学、经济学以及其他科学或文学美术领域对个人崇拜的有关的种种错误见解从马克思主义的角度出发，进行批判和

---

① 《关于〈辩证唯物主义〉和〈历史唯物主义〉二书的讨论》，16页，北京，三联书店，1956。

纠正。”① 在苏共 20 大召开前后，党中央的领导人物，学术界的权威，纷纷发表文章或者做报告，指责斯大林。哲学界对斯大林的批判已经不是针对其具体的观点，而是针对他的作风，针对他的政策。例如人们批评说：“不是别人，正是斯大林提倡科学中的命令主义作风。他压制任何生动的创造性思想的表现，压制可能动摇他对马克思列宁主义的解释的垄断地位的一切东西。个人崇拜把社会科学推向教条主义的死胡同，剥夺了科学家对科学首创的权利，使他们脱离实践，脱离现实生活。”②

其次是纠正了把哲学的党性推向极端的做法，调整了苏联哲学与自然科学以及国外哲学界的关系。1958 年，苏联召开了第一届全苏现代自然科学哲学问题会议，开始纠正哲学与自然科学的不正常关系，对以往斯大林借哲学家之手干预甚至迫害自然科学的做法提出批评。1962 年《哲学问题》杂志第 8 期发表题为《再论哲学家和自然科学家的联盟》的社论，文章批评说：过去有人认为应当由哲学家给自然科学家发出“指令”，而后者则必须执行这些指令。某些人毫无根据地代表“辩证唯物主义”，企图确定哪些具体的自然科学理论与辩证唯物主义相一致，而哪些不一致，从而把不合心意的理论宣布为唯心主义的、形而上学的，禁止人们探讨和坚持这些理论。这些都是极端错误的。在此期间，苏联哲学界开始了与外国哲学家的交往。1954 年 8 月苏联第一次派团参加在苏黎世举行的国际哲学大会。1956 年苏联科学院哲学研究所加入国际哲学联合会。1961 年，逻辑实证主义的代表人物，英国哲学家艾耶尔应邀访苏并做了学术报告。

最后，1961 年 10 月召开的苏共 22 大制定了苏共的第三个党纲——建设共产主义的纲领。纲领宣告社会主义已经在苏联取得彻底胜利，全党的任务是要在 80 年代初在苏联建成共产主义社会。纲领提出了“一切为了人，一切为了人的幸福”的口号，提出培养一代具有共产主义觉悟的新人是苏共面临的一项重要任务。这次会议极大地推动了斯大林去世以后日渐抬头的人道主义思潮，为人和人的问题的研究创造了条件，苏联哲学家的社会环境发生了明显的变化。

总之，从 1953 年起，苏联社会开始逐步告别斯大林时代，苏联哲学也进入新的历史发展时期。从这时起，直到 1991 年苏联在改革中突然解体，如果从哲学理论的内容来看，苏联哲学各个领域在这一时期的变化表现出一个共同的趋向，这就是人道主义化。人道化是苏联哲学在这一时期最主要、最基本的变化。

二 认识论派与本体论派

苏联哲学的人道化，最早的表现是认识论派的出现及其与本体论派的斗争。这一斗争从 50 年代开始，事实上一直延续到 80 年代初苏联改革开始的前夕。

本体论派是指主要把马克思主义哲学作为物质本体论来理解的哲学家。他们认为世界统一于物质，自然界、人类社会和人的思维的规律说到底都是物质运动的规律。物质是存在于人的意识之外的，是世界上万事万物的本体，因此，在说明什么是“‘承担者’

① 《赫鲁晓夫回忆录》，807 页，北京，东方出版社，1988。

② Ильечев Л. Ф. Общественная наука и коммунизм. 转引自贾泽林等：《苏联当代哲学》，34～35 页，北京，人民出版社，1986。

（即常驻不变的物质客体）之前，发展概念就是毫无内容的。……此外，不对发展的承担者的实质作出事先的分析，就不可能指出唯物主义发展理论与不是把物质的东西而是把精神因素作为发展的承担者的唯心主义发展观之间的根本区别”①。如果哲学概念“不能为我们提供存在于我们的意识和活动之前、之外并不依赖于我们的意识和活动的那些客体的信息，那么客观辩证法的理论就名不副实了”②。这里所说的实际上是苏联版辩证唯物主义历史唯物主义体系的传统观点。

认识论派坚决反对这种观点。认识论派的主要代表人物是伊里因科夫和科普宁。他们是苏联哲学家中为数不多的在今天的俄罗斯哲学界得到很高评价的人。

Э. В. 伊里因科夫1953年毕业于莫斯科大学哲学系，获副博士学位，毕业后到科学院哲学研究所工作并在莫斯科大学哲学系任课。伊里因科夫讲课，因思想深刻观点新颖而深受学生欢迎。1955年春，应系领导的要求，伊里因科夫与另一位青年教师 В. И. 科罗维科夫把自己在课堂上的基本观点做了归纳，形成一个供系里讨论用的提纲。提纲也被人称为“认识论主义提纲”，它的基本思想是反对把哲学等同于本体论，认为这样做贬低和取消了认识论的应有地位。它的主要依据是恩格斯的一段著名论述：随着马克思主义哲学的诞生，“对于已经从自然界和历史中被驱逐出去的哲学来说，要是还留下什么的话，那就只留下一个纯粹思想的领域：关于思维过程本身的规律的学说，即逻辑和辩证法”③。因此，哲学只能是“对认识的认识”，即对各门具体科学认识成果的再认识，以图从中找出认识发展的辩证规律来。物质是看不见的主人，人无法直接面对它，只能借助人的认识间接地把握它。逻辑和历史是一致的，掌握了认识的辩证法，也就是掌握了客观事物的辩证法。

提纲的提出引发的不是学术讨论，而是对伊里因科夫和“认识论派”的猛烈批判。伊里因科夫本人被取消了在莫斯科大学讲课的资格，科罗维科夫被迫改行当了记者，与他们关系比较近的学生毕业后一律分配在莫斯科以外。

П. В. 科普宁同样毕业于莫斯科大学哲学系，1947年获副博士学位，1962—1968年任乌克兰科学院哲学研究所所长，1968起直至逝世（1971年）任苏联科学院哲学研究所所长。科普宁在观点上与伊里因科夫相近，但影响更大，在他身边聚集了一大批哲学家，在就任苏联科学院哲学研究所所长之前便形成了所谓的“基辅学派”。科普宁特别强调列宁关于“辩证法、认识论、逻辑三者同一”的思想。他说：“只存在一种哲学科学，即唯物辩证法。唯物辩证法同时执行本体论、认识论和逻辑的功能，它既不是以往理解的本体论，也不是以往理解的认识论和逻辑。哲学中并不存在具有不同规律的三个独立部分，存在的是一种科学，你可以根据需要把它们叫做辩证法、逻辑或者认识论（对事物的称呼并不影响它的实质），它们拥有同样的规律，这些规律既是存在的规律，也是思维的规律。”④

按照传统的理解，哲学是关于物质世界的存在及其客观运动规律的科学，是科学的

---

①② Констатинов Ф. В. Материалистическая диалектикаТ. 1，Москва，1981，с. 47.

③ 《马克思恩格斯选集》，2版，第4卷，257页。

④ Копнин П. В. Диалектика как логика，Киев，1961，с. 35.

世界观。科普宁不同意把物质世界本身作为哲学的对象，因而也不同意笼统地讲哲学是科学。他认为只有当把哲学理解为作为逻辑的唯物辩证法时，才能说哲学科学。它说："当我们从知识的角度考察哲学并依据知识来建构科学理论思维的方法时，哲学本身才成为科学，也即成为辩证法或大写的逻辑。只有作为逻辑时，哲学才在对象和方法方面是科学。"① 逻辑是力图提供关于思维的客观、真实、可靠的知识的科学，但这是一种特殊的科学，就其对象而言，它不仅不同于其他科学，而且不同于一般意义上的科学。他还指出，除了是逻辑以外，哲学还是社会意识的形式，而这样的哲学"与神话相类似，因为它任何时候都不能与人对客观世界的关系，与这种关系的表现和过程分开……马克思列宁主义哲学是对现实的认识形式，首先是对处于与周围世界的联系中的人的认识形式。这种现实不仅被从存在的方面把握，而且被从应有的方面，从人的目的的方面去把握"②。哲学家 В. И. 申卡鲁克在评价科普宁的这一思想时，把它称作"在解释哲学对象时的'人类学转折'"③。

认识论派的观点在青年哲学家中获得广泛的支持（老一辈哲学家凯德洛夫也是认识论派观点的坚决支持者），在年纪较长的哲学家中则本体论派观点的支持者居多。两派的对立时隐时现，一再地在各种具体热点问题的讨论中表现出来。1967 年，苏共中央在十月革命 50 周年纪念大会上，把研究建立唯物辩证法体系作为一项重要任务交给哲学界，激起了两派之间新一轮的争论，两派都努力按照各自的理解写作自己的辩证法著作，围绕对辩证法的理解进行的争论。1985 年苏联改革开始以后，老一代思想比较保守的哲学家受到彻底批判，认识论派的观点在事实上取得胜利。

认识论派的观点，实质上是在用曲折隐晦的方式呼唤人和人道主义。人所共知，全部苏联哲学都是建立在对世界的唯物主义解释，也即唯物主义本体论基础之上的。著名哲学家 Б. М. 凯德洛夫在批评这种观点时说：马克思主义把思维与存在的关系作为哲学的基本问题，而"人们称为本体论的那个东西是指对存在自身的考察，是指把存在看做在人的思维对它的关系以外的东西。本体论提出的不是关于人怎样认识和改造世界的哲学问题，而是完全不同的问题：这个世界作为其所是的那样是以什么形式自在地存在的"④。这就是说，本体论取消了哲学的基本问题，离开人的活动、意识去谈论自在的存在，因而根本就不是哲学问题。

认识论派认为，人不可能离开人与物、主体与客体的关系去把握物质世界，任何认识都是人的认识，也就是说认识是人从人的需要出发与人化了的世界的一种相互作用。人只有通过人的认识才能把握物质存在。伊里因科夫甚至提出，哲学就是对认识的认识，对思维的思维。哲学家贝克赫尔斯特这样评价伊里因科夫的思想："伊里因科夫的观点可以说是一种富有成效的人类中心论的柏拉图主义。……伊里因科夫试图发展马克思关于唯物主义者应该把'物、现实、感性'作为'人的感性活动、作为实践'来看的

---

① Копнин П. В. Философские идеи В. И. Ленина и логика. Москва, 1969, с. 27.

② 同上书，28～29 页。

③ Шинкарук В. И. Хрущевская оттепель. Философия не кончается……, Кн. Ⅱ, Москва, 1998, с. 428.

④ Кедров Б. М. Как изучать книку В. И. Ленина《Материализм и эмпириокритицизм》, Москва, 1983, с. 243.

思想。情况表明，伊里因科夫是十分认真地接受马克思的这一声明的，因为他有时明确提出，整个自然界都被人的活动‘观念化’了，在进入人的精神文化范围之前，客体什么都不能告诉我们。……甚至人的劳动不能直接改变的天空，也只有当它变为天然的‘时钟’、‘日历’、‘宇宙’，也即变为我们确定时间空间的手段和‘工具’时，才成为关注（和直观）的客体。”①

三　苏联哲学人道化的其他表现

除了认识论派的崛起以外，上述人道化倾向在苏联哲学的其他方面也有突出表现。具体而言：

1. 人和人道主义问题作为研究课题在苏联哲学中兴起

20世纪50年代以前，苏联哲学很少论及人的问题。据统计，在整个斯大林时代，公开发表的关于人和人道主义的论文一共只有7篇，哲学工具书中连“人道主义”这一词条都找不到。至于人本身，则只是作为“人民群众”和“个人”出现于讨论社会动力的内容之中。1953年，特别是1956年苏共20大之后，人和人道主义问题日益成为苏联哲学的热点。50年代中期，苏联开始出现关于人道主义问题的文章和著作，提出：“马克思列宁主义是工人阶级所固有的深刻的、真正的人道感情的科学表现。……真正的、社会主义人道主义的思想贯穿着整个马克思列宁主义的世界观。”② 经60年代和70年代的发展，苏联哲学家开始用人道主义解释整个马克思主义。И. Т. 弗罗洛夫于1989年说：马克思主义者的新人道主义立足于马克思的早期著作，特别是1844年手稿。现在应当对这本书重新加以理解，因为其中包含着人和人类解放与发展的科学，而这是马克思主义的实质。马克思后来所研究的经济学、阶级斗争、无产阶级革命等问题，实际上是对现实人道主义的论证，是在寻求现实人道主义的实现途径。③

对人的问题本身的研究始于60年代。1960年，В. П. 图加林诺夫出版了苏联第一部关于价值问题的专著《论生活与文化的价值》，而价值问题正是人的问题的最重要内容之一。同年，他还在《共产党人》杂志发表题为《社会与个人》的文章，开始了对个人的研究。长期以来苏联哲学只讲集体的人——社会的人、阶级的人，没有个人问题的立足之地。图加林诺夫的文章是对这种情况的有力突破。从此，与人有关的各种问题，特别是人的本质、人的发展等问题，逐渐成为苏联哲学的热点。1965年《哲学问题》第一期的第一篇文章，题目便是《人是最高价值》。到70年代，关于人的问题的各种学术会议在苏联频繁举行，仅《哲学问题》就为此多次召开“圆桌会议”。问题的范围也较前大为扩展，人性（人的生物本质、社会本质）问题、个性问题、责任问题、生活方式问题、活动问题，以及健康问题、老年问题、生命的意义、死亡、不死与永生，等等，都成为哲学研究的对象。80年代以后，不断出现成立对人加以综合研究的专门机构的呼声。1986年12月，苏联科学院成立“人的问题综合研究委员会”；1988年2月，

---

① 《Философия не кончается……》, с. 462-463.

② Петросян М. И. Марксизм и гуманизм // Вопросы философии, 1955, № 3.

③ См.: Коммунизм, 1989, № 15.

苏联召开了有800多名哲学家、自然科学家、社会科学家、艺术家出席的“全苏综合研究人的问题科学大会”；1989年1月，“全苏跨学科人的科学研究中心”成立，1991年在该中心之下组建了“人研究所”，创办了杂志《人》。对人以及与人有关的问题的研究，可以说达到无以复加的程度。

2. 基本哲学原理的人道化

苏联哲学的基石，它的基本原理，是辩证唯物主义和历史唯物主义。1953年以前，其内容基本上是对斯大林《联共（布）党史简明教程》有关章节的注释，一味强调世界的物质性及其运动规律的客观必然性，体现不出人的主体性及其积极作用。斯大林逝世以后，苏联哲学对马克思主义哲学基本原理的研究，表现出两个不同的方向。其一由官方的辩证唯物主义和历史唯物主义教材所代表。1985年开始改革以前，历年修订的教材尽管内容上有了很大的变化并不断丰富，但强调世界的物质性和物质世界中的客观必然性以及客观规律的可知性这一特点毫无变化。其二由使马克思主义哲学基本原理人道化的哲学家作代表，他们忍受重重压力，从不同方向突出强调人的因素在本体论、认识论、历史观等领域的作用，强调人的意义，弘扬人道主义。

基本哲学原理的人道化，首先表现在辩证唯物主义领域。辩证唯物主义是马克思主义哲学世界观的基础，在苏联哲学中一向以追求客观必然性的本体论为基本内容。它是一种对“不以人的意志为转移的客观物质世界”的在与人的关系以外的纯客观的描述。但是，如前所述，莫斯科大学哲学系青年教师 Э. В. 伊理因可夫和 В. И. 科罗维科夫在1955年提出的“认识论主义提纲”，以及随后出现的“认识论派”，率先对苏联哲学中传统的辩证唯物主义世界观发起冲击。60年代初伊里因科夫本人转而研究人的活动问题，着力弘扬人的主体性，对苏联哲学产生了很大的影响，逐渐形成一股研究活动问题的热潮。许多人通过对活动问题的研究不仅看到人的重要意义，而且对正统的辩证唯物主义世界观发生怀疑，进而提出修正。例如哲学家 И. С. 阿列克谢也夫于70年代提出：“应该赋予活动（首先是实践—对象性的活动）以较之单独的物—客体的地位更为基本的逻辑的和本体论的地位。”① “彻底把现实作为‘活动的形式’来思考，要求不仅在对客体的关系上，而且在对主体的关系上都赋予活动以本体论的和逻辑的优先地位。”② 他认为：对人而言，反映的直接对象是活动，但反映的结果以客体的形式出现，所谓的客体的属性，说到底其实都是人在活动中得到的认识而已。为极力突出人的作用，他自称为“主观唯物主义”者，以示其思想与“客观唯物主义”的不同。至80年代中期改革开始以后，认识论主义的观点事实上已在不同程度上为大多数苏联哲学家所接受。

其次，历史唯物主义领域同样表现出了明显的人道化倾向。斯大林逝世以后，苏联哲学强调人民群众是历史的创造者，自此开始，人的问题、活动问题日渐成为历史唯物主义研究的中心问题，以至70年代初有人呼吁对人的关注不应当压倒对历史唯物主义中心问题的重视。③ 然而人道化的倾向并未停止。例如，哲学家 В. Ж. 凯列和 М. Я. 科

① Алексеев И. С. Концепция дополнительности. Историкометодологический анализ. Москва，1978，c. 200.

② Методологические проблемы научного познания，Новосибирск，1968，c. 96.

③ 参见 Вопросы философии，1969，№7，1970，№3。

瓦尔宗于1980年在《哲学问题》杂志撰文，强调社会历史的人和人道主义意义，提出历史研究的三个方法论方面，或者说衡量历史的三个尺度：第一，揭示历史规律，也即把历史作为自然历史过程来看，这是历史唯物主义和历史唯心主义的区别所在，但并不完全；第二，把历史当作人们活动的过程和结果来分析，这样才能揭示出主体在历史中的重要作用；第三，把历史作为人自身发展的历史来观察。他们把这称作自然历史方面、活动方面和人道主义方面。① 文章发表之后引起很大反响，其观点为绝大多数哲学家所接受。

苏联哲学基本原理人道化的最终成果，是1989年出版的哲学教材《哲学导论》。贯穿这本书的基本精神便是人和人道主义。该书由时任苏共中央书记处书记和《真理报》主编的弗罗洛夫组织编写，它的出版获得苏联社会自上而下的一致好评。这表明，艰难演进30多年的苏联哲学人道化倾向，已经得到官方的肯定，成为苏联哲学的主流。

3. 自然辩证法研究的人道主义转向

在苏联哲学问世后的数十年间，自然辩证法研究一直是一个十分重要的领域。50年代中期以前，自然辩证法研究重在探讨自然科学中的哲学问题，基本上局限在本体论范围之内，事实上往往只是用自然科学材料对哲学基本原理加以论证。从50年代中期开始，情况发生明显变化。1958年苏联召开的第一届现代自然科学哲学问题会议，否定了以往自然辩证法研究中的简单化倾向。会议之后，自然辩证法研究逐渐由本体论问题转向逻辑和认识论问题，由研究自然界本身转而研究人对自然界的认识。现任俄罗斯科学院哲学研究所所长B.C. 斯焦宾院士称："在60年代至70年代，科学哲学被认为是成效卓著的一个哲学研究领域。正是在这里，我们早于其他领域开始克服由意识形态造成的孤立主义，开始讨论西方同行正在研究的问题。在这一时期，自然辩证法的本体论问题在我国关于自然科学哲学问题研究的著作中逐渐退居第二位，占据中心地位的是逻辑和科学研究方法论问题。"② 70年代以后，自然辩证法研究再次转向。一些人在研究科学方法论时重点转向历史传统、文化背景、人际交往及世界观等与人有关的问题，另一些人则通过对全球性问题的研究开始深入思考价值、道德等问题与科学技术的深刻联系。弗罗洛夫认为，这一次转向的主要成果之一便是认识到"现代科学正在人道化、社会学化。科学力图重建与认识活动的主体——人的统一。它日益以人为尺度，也即直接与人的需要和能力相适应。……我们可以要求一种新的科学，一种与人、价值、人道主义处于紧密的统一与相互作用之中的科学"③。可见，到80年代，苏联的科学技术哲学，也即原先的自然辩证法，已经以人和人道主义为中心了。

4. 全球性问题研究

苏联哲学对全球性问题的研究始于1972年。这一年的4月，罗马俱乐部的第一份报告《增长的极限》在西方国家问世。6个月之后，当时的《哲学问题》杂志主编弗罗洛夫主持召开了苏联全国的第一次关于全球性问题的讨论会。此后，全球性问题研究在

---

① 参见 Келле В. Ж. Ковальзон М. Я. Важнейшие аспекты методологии социально-философского исследования，Вопросы философии，1980，№7。

② 斯焦宾院士访谈，载 Вопросы философии，1995，№2。

③ Фролов И. Т. Философия и этика науки. // Вопросы философии，1995，№7.

苏联不断升温，进入80年代成为苏联哲学成果最突出、最引人注意、社会影响最大的研究领域。就理论观点而言，全球性问题研究的中心是弘扬人道主义。早在1974年弗罗洛夫便说：全部的全球性问题，实际上都是以现代社会条件下人的存在、人的发展问题为中心展开的。哲学家们得出的基本结论是：由于生态危机、资源危机、核武器威胁等因素的影响，人类的继续生存成为问题，因此，共同努力克服全球性问题，拯救地球、拯救人类成为全人类高于一切的任务。这一结论实际上是要从人道主义出发重新看待以往的一切，彻底否定了科学、生产力、阶级斗争等在社会生活中的决定性作用。问题还不仅如此，哲学家们的上述结论通过各种形式的新闻媒介和文学艺术广为传播，深入人心，以至于弗罗洛夫在1988年大声疾呼：必须立即实行人道主义原则，不能借口条件不成熟而把人道主义原则的实现推向以后，不允许以任何借口要求人们为了将来的人或为了实现某个抽象的目标而牺牲自己。①

苏联哲学的人道化是马克思主义哲学在第二次世界大战之后的重大变化。如果把它与东欧国家哲学界的情况联系起来考察，我们可以很清楚地看到，它们相互之间有着众多的共同之处，人道化是这些国家马克思主义哲学在20世纪50年代后的共同倾向。

这种倾向的出现不是偶然的。如果说东欧国家的马克思主义哲学人道化在很大程度上与苏共20大的影响有关，那么苏联哲学的人道化则主要是苏联哲学和苏联社会发展的内在原因造成的。

第一，它与斯大林时期阶级斗争扩大化造成的人道主义灾难有关。从20年代起直到1953年斯大林去世，苏联国内阶级斗争不断，数百万人无端遭受迫害。这种人道主义灾难必然导致对人道主义的呼唤，苏共20大和22大对斯大林的谴责批判以及“一切为了人，一切为了人的幸福”口号的提出，究其原因，都和这种人道主义灾难有关。

第二，它也是苏联社会发展的必然结果。从历史上看，人道主义是与工业文明分不开的。工业生产是一种以科学技术的发展为基础，以机器的广泛运用为主要形式，以追求物质利益的最大化为目的的生产方式。没有人道主义思想，人就不能确立自己的主体地位，科学理性，从而科学技术，就不能迅速发展，最终而言，就谈不上真正的工业生产和工业进步。工业文明以人道主义思想为前提，工业文明的建立反过来又进一步促进人道主义的发展与完善。随着工业化进程的深入，人民的生活水平和文化教育水平不断提高，主体意识必定随之日益觉醒，为人道主义的兴起和深入发展奠定了基础。俄罗斯的工业文明虽然开始于18世纪初的彼得改革，但国家的真正工业化，是在苏联时期，是在20世纪的30年代。在此之后，苏联人的物质生活水平与西方发达国家迅速接近，不仅文盲早已消除，而且在60年代初全国普及了8年制义务教育，在这样的情况下，人道主义呼声的日益强大，势在必然。

第三，与发达社会主义理论研究有关。1967年，勃列日涅夫在十月革命五十周年纪念会上提出苏联已进入发达社会主义阶段，向共产主义过渡成为直接的迫切的任务。进入70年代，苏共把发达社会主义研究规定为理论界的主要任务之一，而如何实现向共产主义的过渡，又是其中的重要课题。当时的理论界一致认为，关键的一环是必须培

---

① 参见 Фролов И. Т. Человек，наука，гуманизм. // Коммнист，1988，№ 11。

养一代共产主义的新人。于是，如何培养共产主义新人又成为理论研究的热点。这种政治上的需要极大地促进了苏联哲学界对人的问题的研究和对马克思主义中的人道主义内容的深入发掘。首先是人的本质问题，其次是人的个性问题，再次是人的全面发展问题、人的发展与社会发展的关系问题、马克思主义的人道主义内涵问题，等等。与此相关，异化问题以及马克思的早期著作受到高度重视。

第四，苏联哲学的人道化也是苏联哲学发展内在逻辑的产物。在斯大林时期，苏联哲学是一种以本体论为基本内容的哲学。由于人们所指称的本体世界的存在及其种种特征、规律都是人的认识的结果，是人对世界的描绘，因而对世界本体的研究必然要深入到对人的认识的研究。认识是对客观世界的反映，这是苏联哲学的基本观点，但是一旦把对反映论的研究具体化，深入下去，就会发现认识的内容与认识主体的各种主观因素，进而与影响人的主观世界的社会、文化、价值观、交往活动，等等，密切相关。也就是说，认识问题变成了人的问题。苏联哲学发展中的这种深化是哲学发展的内在逻辑的体现，自然科学哲学问题研究中的两次转向就是它的典型表现。

第五，来自外部的影响，主要是来自西方国家的影响，也是苏联哲学的人道化的重要原因。由于地理、历史、文化、语言、意识形态斗争需要等原因，苏联无法排除来自西方社会的思想文化方面的影响。这种影响不仅一直存在，而且随着1956年苏共20大以后苏联与西方国家往来交流的扩大和意识形态交锋的深入而不断加强，而缺少人道主义就是西方世界对苏联哲学的主要指责。西方哲学对苏联哲学的影响绝不小于它对东欧各国哲学家的影响。曾经担任戈尔巴乔夫助手的弗罗洛夫，1992年冬天在中国讲学时甚至说，社会主义之所以在苏联失败，在宣传战中输给西方以致西方思想的影响泛滥成灾，是重要原因。

第四节　苏联哲学的终结

从20世纪30年代继承下来的辩证唯物主义历史唯物主义体系一直是苏联的官方哲学，人道化仅仅是苏联哲学的一种倾向，一种趋势，人道主义始终未能在苏联哲学中占据主导地位。1985年开始的苏联改革激起了人道主义思潮对传统苏联哲学的最后冲击，哲学家们力图建立一种人道主义的马克思主义哲学，正像戈尔巴乔夫想要在苏联建设人道的、民主的社会主义一样。然而苏联哲学家和戈尔巴乔夫都失败了。苏联哲学家使苏联哲学人道化的努力，导致了对整个苏联哲学乃至马克思主义哲学的否定。它与戈尔巴乔夫改革相呼应，随着改革的失败，苏联的解体，存在了半个多世纪的苏联哲学终结了。

在苏联哲学的终结过程中，有两次学术讨论起了非常重要的作用。

一　“哲学与生活”讨论会

第一次讨论是1987年4月举行的“哲学与生活”讨论会。这次讨论会的召开，是苏联改革开始以后哲学界的一件大事。

（一）缘起

苏联改革是30年代形成的以高度集中为特点的社会主义模式陷入困境的结果。30年代形成的苏联社会主义模式，适应了当时苏联社会发展程度和生产力水平的需要，因而曾经对苏联的经济和社会发展起过积极的推动作用。与20年代末30年代初席卷整个西方世界的经济危机相比，苏联经济与社会的高速发展以及第二次世界大战以后苏联经济的迅速恢复，就是最好的证明。但是自60年代起，原子能、电子、材料、宇航等领域兴起的科学技术革命，不但极大地提高了人类的物质生产力，而且深刻改变了生产力的发展机制，使科学技术成为第一生产力。这种情况带来的一个变化是，从今以后，能否激励科技创新和能否以最快的速度把科技成果转化为直接的生产力，成为社会能否发展和发展快慢的关键，而这又要求给从事脑力劳动的知识分子以更大的自由，要求经济运行更为灵活，更能适应瞬息万变的实际情况。显然这是对高度集中的苏联社会主义模式的极大挑战。赫鲁晓夫、勃列日涅夫、安德罗波夫等苏共领导人，都曾做过改革的尝试，但都因思想认识和理论准备不充分而失败。自70年代起，苏联的经济和社会发展陷入停滞①，对苏联社会实行根本性的改革，迫在眉睫。

1985年3月，戈尔巴乔夫就任苏共中央总书记。1986年2月，苏共召开27大，提出全面改革的历史性任务。在1987年苏共中央举行的“一月全会”上，总书记戈尔巴乔夫提出了关于改革的全面设想，其中最基本的一点，是要彻底打破已沿用半个世纪的高度集中的社会主义模式。他说：虽然千百万苏联人一直在诚实地劳动，虽然共产党一直在为人民的利益积极工作，苏联的经济和社会发展还是陷入了停滞，而且在一步步下滑。其中主要的原因，在于苏共中央、国家领导，首先是由于主观的原因，未能及时地、全面地评价改革的必要性。对生活中的问题、矛盾以及社会趋向与前景的理解认识程度，在很大程度上取决于理论思想的状况和发展，取决于理论战线上存在的气氛。关键的问题是，我们“关于社会主义的理论，在许多方面停在30年代至40年代的水平上，而当时社会所完成的是与现在根本不同的任务”②。由此可见，改革的矛头，首先针对的是30年代形成的社会主义模式。

苏联哲学形成于苏联社会的社会主义改造之中，它是苏联模式的社会主义制度的有机组成部分，对苏联模式社会主义制度的否定，必然形成对苏联哲学的冲击。

在这样的背景之下，苏共领导对哲学界提出了严厉的批评。1986年，苏共中央在《关于〈共产党人〉杂志的决议》中说：“迄今为止，哲学思想主要还沉湎于过去，或是醉心于远离实践的抽象议论，因而影响了对当代迫切问题的分析。”③ 戈尔巴乔

① 我国学者中有人不同意这种说法，理由是70年代的苏联综合国力最强，可以与美国争霸世界。这种观点不符合实际。第一，即使按照夸大了的统计数字，70年代中期以后苏联经济的增长率也逐年下降；第二，70年代的石油危机使油价狂涨，苏联这个石油和天然气输出大国得益甚多，1964—1982年石油收入达2 800亿美元；第三，这一时期，在“形势大好”的背后，社会危机四伏，持不同政见者运动的影响日益扩大，官僚主义和腐败迅速蔓延。以“停滞”二字概括70年代，已是苏联和今日俄罗斯学术界的共识。

② ［苏］戈尔巴乔夫：《关于改革与党的干部政策》，7～8页，莫斯科，新闻出版社1987中文版。引用时文字略有改动。

③ 《苏共中央关于〈共产党人〉杂志的决议》，载《哲学译丛》，1987（4）。

夫则说："社会科学工作者在今天面临着一个任务，这就是克服业已形成的远离生活要求的弊病。……我只想强调：巩固实践和理论的联系不止是一个一般的号召，这是改革社会科学的关键，是学者和教师的工作原则。"① 苏共领导鼓励哲学家鼓足勇气，大胆创新。主管意识形态的中央书记利加乔夫，针对哲学家们勇气不足这一问题，对苏共27大大加称赞：27大"对一切陈旧过时的东西，对一切伪装为理论的破烂货和空话，对一切偏见，哪怕它们穿着科学的外衣，表现出了革命的批判性和不妥协性。它及时地对它所考察的各种任务做出了勇敢的决定，对许多算得上是对马克思主义理论具有经典意义的问题提出了新的见解"②。这些意见集中起来看，无非是要哲学家们从实际出发，解放思想，大胆抛弃一切过时的与实际需要不一致的东西。

1987年4月在《哲学问题》杂志编辑部举行的以"哲学与生活"为题的讨论会，就是在这样的情况下召开的。3个月之前戈尔巴乔夫刚刚在苏共一月全会上发出号召，要人们抛弃30年代形成的对社会主义的理解，"哲学与生活"讨论会自然成为哲学家们对30年代形成的苏联哲学展开批判的良机。乌克兰科学院哲学研究所所长 В. И. 申卡鲁克称："1987年苏共中央一月全会强调指出，我们在经济领域、社会领域、政治领域和我们生活的其他领域看到了停滞现象，我（和其他许多哲学家一样）确信，在哲学思想的发展中也有停滞现象。"③ 莫斯科大学著名哲学家 А. М. 科瓦廖夫说："苏共中央一月全会指出：我国有关社会主义社会的观念停留在30年代至40年代的水平上，现在已经相当陈旧了。我认为这一评价也适用于辩证唯物主义和历史唯物主义。"④

于是，对苏联哲学进行反思批判，成为讨论会的主要内容。

（二）苏联哲学批判

讨论会有来自全国的60多位哲学家参加，发言内容大体上可以分为四个方面：

1. 对苏联哲学的总体性评价

与会者不同意全盘否定苏联哲学，认为在苏联时期，"许多从事哲学工作并为之献身的诚实的人，为创造性地发展马克思主义哲学潜在的精神力量，多年来已经做了一切可能做的事情。"⑤ 一些人还具体指出了有成就的领域，如逻辑学、科学认识方法论、哲学史，值得肯定的富有创造精神的哲学家则有 В. Ф. 阿斯穆斯、Э. В. 伊里因科夫、А. Ф. 洛谢夫等。但是，大家一致认为，自20世纪30年代以来，在苏联哲学中占统治地位的是保守的、僵化的、教条主义的倾向。对于这种倾向，《哲学问题》杂志的主编 В. С. 谢苗诺夫作了详细的说明。他指出，从30年代起有5个方面，或者说5种倾向，从根本上制约着苏联哲学的发展：

第一种倾向是30年代表现出来的简单化和粗俗化。这与斯大林的《论辩证唯物主义和历史唯物主义》一书问世有关。该书在阐述极端复杂和多义的辩证唯物主义和历史唯物主义问题（即马克思主义哲学的全部实质）时，采用了过分简单化和粗俗化的方法。其后果至今依然在哲学著作和哲学教学中残留，并一再表现出来。

---

①② Правда，1986-10-02.

③ Философия и жизнь // Вопросы философия，1987，№ 12.

④ Философия и жизнь // Вопросы философия，1988，№4.

⑤ Философия и жизнь // Вопросы философия，1987，№7.

第二种倾向是哲学和其他社会科学领域发展中“以权威自居”的情况。这种尽人皆知的局面实际上是在斯大林开始一个人替所有人思考和讲话时形成的，其他人主要是听他讲话和为他讲的东西做注释。从这一时期起，注释之风开始盛行，教条式的引经据典占了上风。

第三种倾向是看风使舵。生活不断产生新事物，发生新变化，要求哲学加以说明，但究竟如何说明，只能由“上头”开口。结果形成一种“先宣布后解释”的机制。上头的权威人士先讲原则性的意见，哲学家们立即从“学术上”加以解释，“学术问题”就是这样提出的。

第四种倾向是哲学表述的规范化、义务化和教条化。由于对现实生活的研究被对官方立场的注释所取代，因而在哲学中重要的不是实际存在的东西，不是创造性的研究探索，而是官方所宣布的东西。因此，哲学表述往往很规范，是在完成任务，罗列教条，想当然，一厢情愿，描述虚假的“现实”生活。

第五种倾向是哲学成了教训人的说教。哲学不再是认识现实的辩证工具，而成为由刻板的公式组成的外表严整有序的形式化体系。它充当了关于自然、社会和思维的得到官方赞许的观点，力图深入人们的思想。受到鼓励的不再是独立思考，而是极其简单的思维公式。学术讨论中一旦出现“出格”的言论，立即被视为大逆不道，给予严厉的打击批判，对它施以“思想”纪律。

由于以上错误倾向，“苏联哲学在很多方面放弃了自己的功能和任务，在很大程度上丧失了真正的科学性和一门真正科学的品质”①。拉宾认为，苏联哲学所丧失的功能主要有：世界观功能、方法论功能、创新功能、批判功能、预测功能、实践功能。所剩下的功能只有一个，即为权威做注释和为党的政策辩护。

2. 批评苏联哲学中没有人的地位

与会者在发言中对苏联哲学的内容提出了许多批评，例如有人批评苏联哲学对现代西方哲学未予关注，没有看到其中的积极内容；也有人批评苏联哲学存在理论空白，没有关于俄罗斯传统哲学，特别是关于宗教唯心主义的应有地位。发言者讲得最多的，是批评苏联哲学缺少关于人的理论。

哲学研究所所长拉宾在讲到今后的任务时，列为第一条的就是：“我们的全部哲学都要把人视为社会进步的最终目的，视为最高的价值和一切事物的尺度，也就是说，要使哲学人道化”②。哲学家 M.C. 卡冈说：“30 年代，提到首位的哲学研究课题是有关反映论、认识活动的规律这样一些问题……直至把辩证唯物主义归结为认识论，这种认识论又被归结为分析自然科学知识的规律性。……历史唯物主义则被理解为‘一般社会学’，即被归结为研究社会结构，而没有把人看作哲学知识的一个独立的对象，因为人仅仅被看做‘全部社会关系的总和’。……对哲学知识进行根本改革的历史必要性应使这种知识得到重新建构，也即使哲学转向人文课题。我的意思不是指用某些新问题来简单地‘补充’旧有的问题，而是要把‘人与世界’的问题放到哲学的最中心的位置上。……只有在这种情况下，哲学才不至于消融在物理学、生物学、政治经济学、社会学的理论思

①② “哲学与生活”讨论会材料，载《哲学译丛》，1988（4）。

考之中，它面向人本身，帮助人思考其自身的存在和活动，意识到自己生命活动的价值取向，形成自己的世界观，即最终帮助每个求助于它的人意识到自己是有充分价值的主体，而不是客观地展开的社会过程的‘齿轮和螺丝钉’。”① 哲学家 Л. П. 布耶娃发言的题目就是“哲学的人道化”。她说：“在‘经典的辩证唯物主义’中，人的问题可以说暂时还以‘扬弃的形式’存在，作为抽象的主体和在物质发展的一定阶段产生出来的意识而存在。……在‘历史唯物主义’中，情况也好不了多少。在这里，人或者‘消融’在生产力中，或者‘消融’在各种同一性中，只是在结尾处才出现社会和人相互作用的章节。”布耶娃强调：“人道主义问题是马克思主义活的灵魂”②，人应该成为优先的和普遍的认识对象，成为优先的和普遍的活动目的，研究重心应该转移到作为主体的人。

3. 批评哲学界领导的腐朽、虚伪

苏联哲学界的领导层一直处于超稳定状态。M. Б. 米丁、Ф. В. 康斯坦丁诺夫以及 П. Н. 费多谢也夫等人，占据哲学界的领导岗位历数十年而不变。他们以及哲学界的其他一些头面人物是一贯正确派，不论党的政策有什么变化，他们都能很快适应并提出长篇论证。他们是哲学界的官僚，没有什么真才实学，而是靠政治上的投机和另外一些人的吹捧才占据了哲学界的领导位置。谢苗诺夫在发言中对这些人提出了强烈批评。他说：“至今还有不少吹起来的大人物基本上保持着所占有的位置和称号。实际上的哲学工作，他们过去没有做过，现在也没有做。”他还说：“某些人物一辈子总想当‘第一名’，‘总是走在前面’。他们在积极妨碍哲学的创造性的、勇敢的发展和妨碍尖锐地提出哲学问题和社会问题的时候是这样，在我们由于缺乏创造性和不敢尖锐地提出问题而受到毫不手软的批判和打击的时候，他们还是这样。现在当他们又一次‘首先’号召我们要勇敢的时候，他们又走在公开性和改革的‘最前列’，没有一句自我批评，似乎什么都没有发生。”③

4. 检讨苏联哲学出现上述问题的原因

哲学家们一致认为，问题的主要原因在整个苏联的社会生活之中。哲学家 Б. А. 格鲁申说：“有什么样的生活，就有什么样的哲学！而不是相反！社会总是拥有正是为它所需要的哲学，拥有那种它‘想要’有的、它‘允许’哲学家们有的因而也是它应当得到的哲学。而这也就是说，当今我国哲学的一切特点、问题、‘秘密’，都植根于我国社会的特点、问题和‘秘密’之中。”④ 哲学家 В. А. 库特列夫进一步指出：“我们，哲学家们，应当承认现在存在着对哲学的信任危机，因而也存在着哲学本身的危机。危机的实质在于哲学的辩护士角色发生了危机。哲学丧失了自己的社会威信，这是对它讨好生活，站在‘请问您有什么吩咐’这种立场上的报应。”⑤ 乌克兰科学院哲学研究所所长申卡鲁克发言的题目是“哲学・变革・政治”，他大声疾呼：哲学陷入困境，是由于自30年代起形成了这样一种哲学与政治的关系，“即把哲学变成了政治的奴仆，尽管看上

①② “哲学与生活”讨论会材料，载《哲学译丛》，1988（4）。

③ Философия и жизнь. // Вопросы философия，1987，№7.

④ Философия и жизнь. // Вопросы философия，1987，№11.

⑤ Философия и жизнь. // Вопросы философия，1987，№12.

去是高高在上的奴仆，然而终究只是奴仆”①。

许多与会的哲学家都表示了相同的看法。莫斯科大学函授学院哲学教研室主任 A.B. 哈恰图良说：苏联哲学的现状令人担忧，“如果简单一点说，其原因在于哲学变成了政治的婢女并因此而不可避免地在很大程度上丧失了自身。当然，哲学是有党性的科学，它不能不和政治以及党的政治方针紧密地联系在一起。但是，哲学的党性是一回事，哲学对政治的服从是另一回事，哲学服从于政治必然对哲学，同时也对政治，带来十分有害的后果”②。

有的哲学家还指出，来自“上面”的对哲学家的粗暴干涉和批判，是哲学成为政治的婢女从而陷入困境的重要原因。来自奥德萨的著名哲学家 A. И. 乌约莫夫说：在哲学中，苍白的、没有生气的灰色占了统治地位，但这“决不表明我们没有准备写出有光彩的和才华横溢的著作的人物。不幸的是，这样写出来的有关社会发展的迫切问题的著作，根本就不会出版，而如果一旦出版了，那么编辑就会受到严厉的斥责”③。

以上的发言内容表明，1987 年的“哲学与生活”讨论会所涉及的，主要是从总体上进行的对苏联哲学的反思。反思的基本倾向，是对苏联哲学的现状表示不满，并认为造成这种状况的主要原因在于哲学沦为政治的婢女，丧失了应有的独立性，把哲学与政治的关系简单地等同于婢女与主人之间的关系，哲学的功能仅仅是为领袖的言论和党的政策做注释因而哲学失去了与生活的联系，失去了其应有的创造功能。

与此相关，苏联哲学家们认为，振兴苏联哲学的主要途径，就是给哲学的发展以充分的自由。在这个问题上，《哲学问题》的主编谢苗诺夫的意见最有代表性。他说：“哲学的全部实质就在于，这是一种创造性的、独立的、自由的思维，它所依靠的是首创精神、思维的优点和哲学家的个性。它把真理看得高于一切。它在所有的方面都提出问题，对一切都加以怀疑，对自己也一样。它证实真理，而不是把真理作为由某个人或某个地方所给予的已经是现成的东西接受下来。此外，哲学与政治的关系是一个复杂而又重要的问题，它和我们的工作有着直接的关系。要知道，哲学总是和政治相关联的，不可能处于政治之外，它具有阶级性、党性，它的表现形式有着完全确定的意识形态意义。但是有一点很清楚，那就是，这种阶级性和党性来自阶级的和党的立场的本质本身，而不是简单地来自以往的年代规定哲学机构、哲学组织发展方向的那些个别的、具体的人物。因此哲学的最高标准是真理，并且也应当是真理。而由于真理符合人民的利益，符合先进阶级以及作为其先锋队的为新的社会和公正而斗争着的党的利益，所以这一真理同时也就有着阶级的和党的性质。”④

谢苗诺夫的这番话标志着一种重大的转折。在 30 年代，人们的逻辑是：共产党不谋私利，它唯一服从的是历史发展的客观规律，也即真理，而且只有共产党才能掌握真理，因而服从、服务于共产党也就是服从真理，就能从胜利走向胜利。现在谢苗诺夫则把上述的逻辑倒过来了：既然共产党的利益与客观规律、真理相一致，那么哲学追寻真

---

① “哲学与生活”讨论会材料，《哲学译丛》，1988（4）。

② Философия и жизнь. // Вопросы философия，1987，№9.

③④　Философия и жизнь. // Вопросы философия，1987，№7.

理服从真理，也就是服从和服务于共产党及其从事的政治斗争。简言之，无论是党还是“上面”的任何其他机构，都不应当对哲学指手画脚，应该给哲学以自由，哲学以真理为最高准则，这也就是为无产阶级政治服务。

辩证唯物主义历史唯物主义体系和为政治服务是苏联哲学的两个基本特点，“哲学与生活”讨论会从人道主义出发对辩证唯物主义历史唯物主义的批评，对于给哲学以自由的呼吁，是对这两个特点的否定。这是苏联哲学走向终结的第一步。

“哲学与生活”讨论会尽管对苏联哲学做了带有根本意义的批评，但目的在于更新，而非抛弃。拉宾在讲到如何克服哲学界存在的问题时说：“归根结底要形成马列主义哲学的新的现代的结构，要重建辩证唯物主义和历史唯物主义这个统一的、完整的、具有许多新优点的哲学，从而能够在世界哲学思想中实际上使自己的阵地日益得到加强。”①

这样的态度不是偶然的。在当时，改革还是在社会主义的大框架中进行，还是立足于更新和发展苏联的社会主义制度。戈尔巴乔夫本人也多次强调，改革不是否定社会主义方向，而是要建设民主人道的社会主义。但是，事情的发展很快就超出了人们最初的设想。改革走向自己的反面，“更新”成了否定。苏联哲学的改革正是如此。这在“哲学与生活”讨论会之后不久展开的第二次讨论中就可以看出。

二 关于“哲学是不是科学”的讨论

（一）经过

1987年4月，在“哲学与生活”的讨论会结束之后，哲学研究所组织了一个人数不多的小组，就苏联哲学面临的一系列重大问题进行研究，由于参加的人越来越多，很快成为全所性质的学术讨论，并于1989年扩展到整个社会。讨论涉及的问题较多，中心问题是“哲学是不是科学”。

“哲学是不是科学”的讨论包括两个阶段。第一阶段在1987年5月～10月，是苏联科学院哲学研究所内部的学术讨论。讨论的内容包括三个方面：苏联哲学的复杂情况；哲学意识中的焦点问题；哲学研究发展的基础。其中第一个方面又包含四个问题，即：哲学家们是不是不务正业？哲学还是伪哲学？哲学是科学还是某种特殊的理论？人们希望从哲学得到什么？在讨论中，哲学是不是科学的问题已经被十分尖锐地提了出来。

讨论于当年结束。1990年，讨论的参加者把发言记录加以整理、补充、修改，于1991年以《哲学意识：更新的艰难》为书名结集出版，成为苏联哲学发展中的重要文献。

“哲学是不是科学”讨论的第二个阶段，是1989年至1991年上半年。1989年，《哲学科学》杂志第6期刊登了哲学研究所方法论专家A.尼基福洛夫的文章《哲学是不是科学?》，把1987年讨论中的这一重大问题公之于世。《哲学科学》是面对全国哲学研究人员特别是各类学校中哲学教师的刊物，“马克思主义哲学是科学”又是数十年间苏联哲学教学反复宣传的基本结论，文章的标题便对此提出疑问，继而又对哲学的科学性

① “哲学与生活”讨论会材料，载《哲学译丛》，1988（4）。

明确、彻底地加以否定，因而不能不深深触动每一名哲学教师、研究人员和哲学爱好者的既有观念，引起他们的思考，由此开始了全国规模的对“哲学是不是科学”的讨论。1991年，《哲学科学》第一期再次发表尼基福洛夫的文章：《这场争论实际上涉及的是什么?》，对讨论作了初步总结，标志着讨论基本结束，但有关论文直到1992年仍可见到。

（二）为什么哲学不是科学?

尼基福洛夫的文章实际上是他在1987年哲学研究所讨论中的发言，这篇文章集中论述了哲学为什么不是科学，在反对哲学是科学的意见中最为典型。尼基福洛夫说：“哲学过去不是，现在不是，而且我希望将来永远也不是科学（马克思主义哲学也一样）。”① 为什么？因为哲学与科学是两种完全不同的东西。他提出：20世纪的科学哲学并未完全解决科学与非科学及伪科学相区别的标准问题，但从有关的理论中可以看出，依照判别是不是科学的三个通行的标准，无论如何都不能把哲学归于科学。这些标准是：(1) 证实标准。这是新实证主义和维也纳小组的标准。它认为理论的科学性要靠经验材料来证实，而哲学不需要也不可能得到经验证实。(2) 证伪标准。这是科学哲学家波普提出的标准。它认为科学应当是可以通过经验加以验证的，并最终将被新的经验事实所证伪，显示出自己的相对性。不能被证伪的理论，其内容没有确定性，根本不可能是科学，而哲学问题，如世界的本质、善恶、良心、自由，等等，任何时候都不可能被证伪。(3) 范式标准。这是科学哲学家托马斯·库恩的标准。它认为每一门科学都有一种或几种基本理论，也即范式，在一定时期得到大多数科学家的认可和支持。但人所共知，哲学在任何时候都不会有这样的范式存在，多元性是哲学理论的特征。

尼基福洛夫指出，除此之外，哲学与科学在如下问题上也存在重大区别：首先是使用的方法。科学广泛使用观察、测量、实验、假说等方法，并常常求助于归纳概括、数学推理，但这些方法却与哲学无关或几乎无关。其次是所研究的问题。在科学中有科学家共同感兴趣的问题，在哲学中则不存在这样的问题；科学问题一般都有为大多数人所接受的答案，哲学则不可能有这样的答案。再次是使用的语言。每一门具体科学都有自己的专门语言，力图使自己的概念更加精确。哲学则没有日常自然语言以外的语言，而且哲学语言总是那么不确定，每个哲学家都赋予哲学概念以自己特有的含义。最后是发展方式。科学的发展是由不够深刻、不够充分的真理向更深刻、更充分的真理的运动，新理论一经产生，旧理论便不再需要。哲学的发展更像文学艺术，是叠加累积式的，新哲学理论的问世只是增加了已有哲学理论的数量，使之更加丰富多彩，但并不能使旧理论退出历史舞台。②

综合以上所述，尼基福洛夫说：“当然，科学与哲学的界限并非一目了然，和任何其他界限一样，有些模糊不清。但是，如果上述科学与哲学的种种区别中任何一种都不可能把二者明确地区分开来，那么，我认为，这些区别的总和可以使我们得出如下结论：哲学与科学不能等同，这是两种不同的现象，把哲学归入科学之中是不能允

---

① Философские науки，1987，№6.

② 参见 Философское сознание：драматизм обновления. Москва，1991，с. 120。

许的。"① 他还强调，有没有个性，也是科学与哲学的重大区别之一，"最重要的是，一般而言，科学成果没有个性，其中没有留下创造者个性的任何痕迹。……哲学著作则总是带有哲学家个性的特征，取消了这一特征，也就是取消了哲学著作本身"②。

对"哲学是不是科学"的回答，显然与对"什么是哲学"这一问题的理解有关。那么，哲学究竟是什么？在1987年哲学研究所的讨论中，多数人对问题作了与马克思主义哲学教科书不同的回答。尼基福洛夫称，他基本上赞成罗素的观点，即哲学是科学与宗教之间的"无主地带"，同时他又对罗素的观点作了少许扩展。他认为，人类有三种基本的精神价值，即真、善、美；与此相对应，有三种最重要的精神文化——追求真理的科学、教人行善的宗教和力图表现美的艺术。哲学处于三者之间，同时又深入三者之中并从中借用了某些特点：从科学借用了对真理的热爱以及运用抽象概念建立逻辑结构的能力；从宗教借用了对基本原则的坚定信念和对批评的无动于衷；与艺术的接近则是由于它和艺术一样是一种创造性的活动，而且结果具有明显的个性。③

许多发言者和尼基福洛夫的观点相近，不同意简单地说哲学是科学，但对哲学的特点，理解各有不同。布耶娃认为，哲学是人对世界的态度。一方面，它是一种知识体系，是科学，追求真理；另一方面，它也是人对世界的一种特殊的方法，是价值体系，仅仅讲哲学是科学是不够的。④ 她说：哲学表现为科学的婢女，要为科学的思想和知识作解释，想要对在科学中被从不同的侧面不同的领域加以研究的东西作出整体上的考察，这是哲学在现代科学知识中的特殊地位。但是"在我看来，从价值角度和追求事物的意义的角度出发对认识加以评述，以及对世界的不断进行认识的态度，在很大程度上是哲学的特权"⑤。显而易见，布耶娃所持的实际上是一种折中性的观点。Г. С. 巴季舍夫主张，哲学是人作用于人自身的工作，运作于人的精神世界，是对内在的人的塑造。⑥ A. A. 索罗金认为哲学是人的深刻自我意识的形式，是人在世界中的自我规定，其对象是人对现实的态度，决不能把人排除在外，苏联哲学由于一味追求客观性、科学性而沦为"目中无人"的伪哲学。⑦ 他甚至说：马克思主义哲学被说成是科学，大家都很清楚它对人类历史产生了怎样的影响，我们有时都羞于谈到这一点，我们的任务就在于不要使哲学的传统完全丧失，虽然这一传统已经丧失了不少，我们应该努力设法继续和发展这些传统。⑧ B. M. 梅茹耶夫极大地扩大了哲学概念的内涵，他提出，哲学是人成为其自己的方式，哲学的存在首先是由于哲学家本人需要哲学。他说："对我来讲，哲学是人的'自我'的必要存在形式之一，是人个性的存在形式之一。从这个意义上说，事实上每一个人都是哲学家。"⑨ 他还说：将来，职业的哲学家将不复存在，而且

---

① Филосовское сознание: драматизм обновления. Москва, 1991, с. 118.

② 同上书，120～121页。

③ 参见上书，119～120页。

④ 参见上书，156页。

⑤ 同上书，152页。

⑥ 参见上书，149页。

⑦ 参见上书，176、180页。

⑧ 参见上书，179页。

⑨ 同上书，165页。

哲学思想有可能不通过概念不以理论的形式表达，而是体现于种种符号、形象之中，以艺术品的形式出现。① 梅茹耶夫明确否定哲学是科学，但并不排除有科学的哲学存在。他说："我认为哲学不是科学，它比科学更大。这一点很重要。在这个意义上，首先以科学为指向的哲学思考是可能存在的。科学的哲学并非不可能。我想，马克思主义首先就是这样的哲学。但我任何时候都不排除陀思妥耶夫斯基哲学有存在的权利，而要知道，陀思妥耶夫斯基的哲学并不是科学。"②

尼基福洛夫的文章在社会上引起了强烈的反响。就已经公布的材料看，很少有人像过去一样坚持哲学是科学，多数人持调和的中间观点。有的人与布耶娃和梅茹耶夫接近，主张哲学可以是科学，但不能把它等同于科学。也有的人认为，马克思主义哲学是科学，问题是苏联的所谓马克思主义哲学其实并不是真正的马克思主义哲学，而是斯大林对马克思主义哲学的曲解，应该回到真正的马克思主义哲学上来。尼基福洛夫的文章引起的讨论主要在 1989 和 1990 两年，《哲学意识：更新的艰难》一书 1990 年 8 月交稿，1991 年 1 月出书，时间都在苏联解体之前。不少人在这个问题上持折中的观点，这是可以理解的。就讨论所表现出的趋势看，实际上讨论本身就是对马克思主义哲学是科学这一多年宣传的基本结论的冲击和否定。在苏联解体之后，马克思主义哲学被绝大多数苏联哲学家所抛弃，已经见不到有谁仍然坚持哲学是科学的观点了。③

人所共知，苏联哲学以辩证唯物主义和历史唯物主义为基本内容，而辩证唯物主义和历史唯物主义在其创始人马克思和恩格斯那里，便是作为科学的世界观历史观出现的。辩证唯物主义和历史唯物主义，也即整个物质世界的和历史领域的辩证法，被恩格斯明确称为"关于外部世界和人类思维的运动的一般规律的科学"④。长期以来，马克思主义哲学一直被作为人类有史以来唯一具有科学性的哲学，它的产生被认为是哲学史上的一场伟大革命。"哲学是不是科学"的讨论对此发生怀疑，多数人从中得出哲学不是科学的结论，直接否定了辩证唯物主义和历史唯物主义的科学性，这是对长期被作为科学世界观宣传的辩证唯物主义和历史唯物主义哲学的巨大冲击。

否定了辩证唯物主义和历史唯物主义的科学性，苏联哲学在内容上也就无以立足了。苏联哲学的形成历史表明，"科学"二字对于苏联哲学绝非可有可无，它是苏联哲学的命脉所系、使命所在。苏联哲学以服务于无产阶级政治为根本特征，它是应这种"社会订货"的要求"定做"出来的，它的使命就是要为无产阶级社会主义革命的合理

---

① 参见 Философское сознание：драматизм обновления. Москва，1991，с. 164。

② 同上书，167～168 页。

③ 20 世纪 90 年代中期以来，俄罗斯哲学界对从苏联时期沿袭下来的哲学教学方法提出大量的批评，举行了多次讨论会。这些批评和讨论实际上是"哲学是不是科学?"讨论的延续。人们提出，教学中存在的许多问题都与把哲学当作科学有关。俄罗斯哲学学会第一副会长 A. H. 丘马科夫说：在长达几十年的时间里，马克思主义哲学把自己与科学划了等号，因此造成：第一，把所有的与自己不同的哲学都视为"不科学的"、"错误的"、"已经被克服了的"，因而把自己孤立起来，在教学中像讲授某一门具体科学一样讲授所谓"唯一的科学的哲学"——马克思主义哲学，否认其他哲学的合理性；第二，因为把哲学等同于科学，所以在哲学教学中强调要有统一的大纲、规范的教材，考试则成为按照"知道—不知道"的原则对是不是掌握了现成的科学结论进行检测。其结果是完全否认了哲学思维的特点，抹煞了学生的创造性，从而扼杀了哲学。参见 Философия преподавания философии. Калуга，2000，с. 5-11。

④ 《马克思恩格斯选集》，2 版，4 卷，243 页。

性做论证。这从根本上决定了苏联哲学必然要强调哲学是世界观，必然要把它所理解的马克思主义哲学，也即辩证唯物主义和历史唯物主义，作为唯一科学的世界观，唯一科学的哲学来看。否则它就无以说明历史发展确实是有规律的，无以完成自己的社会使命。从内容上讲，苏联哲学就是辩证唯物主义和历史唯物主义，一旦辩证唯物主义和历史唯物主义的科学性遭到否定，苏联哲学就失去了安身立命的根本。

三　苏联哲学的终结及其历史意义

讨论中争论的问题是“哲学是不是科学”，但矛头所指实际上是马克思主义哲学，这从以上所引的哲学家们在1987年哲学研究所讨论会上的发言中可以看得很清楚。在这个问题上话说得最直接、最露骨的，还是尼基福洛夫。他说：“我们已经在太长的时间里把马克思主义哲学说成是唯一可靠的真正科学的哲学了。这种说法可以追溯到普列汉诺夫，并且在《联共（布）党史简明教程》中被作为公式固定下来。……与对斯大林的个人迷信一道，也形成了对马克思主义哲学的某种被极端简单化了的直线性的体系的迷信。正是与此相关，В. И. 维尔纳茨基在30年代写道：‘想要建立唯一的每个人都必须接受的哲学的尝试，早就成为历史了。在我们的社会主义国家里，有人想要恢复它，建立官方的、人人都必须接受的唯物主义的辩证哲学，但由于科学的迅速而深刻的发展，这些尝试注定是要失败的。现在用不着怀疑……生活本身已经无可争辩地表明，它们将是短命的。’”① 尼基福洛夫在《哲学科学》杂志1991年第1期上发表了《这场争论实际上涉及的是什么?》一文，就一年多的讨论作了自己的总结。文章说：“对于我们这些苏联哲学家来说，最重要的是马克思主义哲学的地位问题，因为它与我们当代生活的各种根本问题有关……在70年的时间里，我们的国家生活在马克思主义哲学的指导之下。无神论唯物主义，阶级斗争，消灭私有制，作为人类光明未来的共产主义，等等，这就是那些我们这个巨大的多民族国家被裁剪过来裁剪过去时所依据的思想。这些思想被说成是科学的最高成就，是人类千年历史一切精神经验和实践经验的体现。几亿人的前途被为了马克思主义思想的胜利而毁掉了，或者受到摧残。其结果是我国几乎在所有的方面都落在了欧洲、美洲和亚洲先进国家的后面。还不仅如此，我国正在经历深刻的经济危机，更为痛苦的是，它还正在经历道德上的危机。可见，在关于马克思主义哲学的科学性问题的背后，就事情的实质而言，有一个我们对上述马克思主义思想的态度问题。”②

针对不少人主张排除斯大林对马克思主义的歪曲回到真正的马克思主义的说法，尼基福洛夫提出，所谓真正的马克思主义根本就不存在，马克思和恩格斯的思想一直处在不断的变化之中，伯恩施坦、考茨基、列宁、斯大林，都可以找到充分的理由认为自己是真正的马克思主义者。退一步说，即使找到了真正的马克思主义，它也未必能经受得住宗教以及俄罗斯唯心主义哲学的竞争，因为马克思主义已经过时了：“马克思主义的积极内容已经在发达资本主义国家以这样那样的形式进入所谓资产阶级的经济学、政治

① Филосовские науки，1987，№7，с. 59-60.

② Никифоров А. Л. О чём в действительности идёт спор? // Филосовские науки，1991，№1.

学和社会学理论之中，并且促进了资本主义的变化，马克思主义所追求的目的已经基本达到。马克思主义所表达的那种感情已经不再尖锐，它所寄希望的那个居民阶层已经成为少数，甚至完全消失。马克思主义在很大程度上已经丧失了社会基础。”①

整个否定马克思主义，这才是尼基福洛夫的理论基点。

就苏联哲学自身来看，1987 年关于“哲学与生活”的讨论以及随后开始的关于“哲学是不是科学”的讨论，分别是苏联哲学终结过程中迈出的两步。第一次讨论强调了哲学的社会独立性，提出哲学不应当充当政治的婢女，否定了为党的政策及其领导人的言论作论证这一苏联哲学的社会使命；1989 年在全国开始的关于“哲学是不是科学”的讨论，则通过否定苏联哲学的内容，也即否定辩证唯物主义和历史唯物主义哲学自身的科学性，进而否定了哲学有充当政治的婢女，为政治合理性作论证的能力和可能。前者是第一步，后者是与前者有内在逻辑联系的第二步。苏联哲学之所以是苏联哲学，就因为它自认为是一种具有科学性的哲学因而可以为也应该为政治服务这样一个根本性的特点。经过上述两次讨论，苏联哲学从根本上受到动摇，而随着 1991 年苏联这个国家的解体，苏联哲学彻底终结了。

苏联哲学是苏联社会主义社会的有机组成部分，因 20 世纪 30 年代苏联社会的社会主义改造而形成，也因苏联改革告别社会主义制度而终结。正像苏联解体被某些人视为马克思主义和科学社会主义运动彻底失败的标志一样，有人也借苏联哲学的终结而把它贬得一无是处。如何看待苏联哲学的历史意义，是一个值得认真思考的问题。

苏联哲学确实存在很多问题。它把哲学的社会功能定位于为政治服务，以注释马克思恩格斯和列宁的著作以及党的文件为己任；它把哲学等同于自然科学世界观，拒斥马克思恩格斯的人道主义思想，把马克思主义哲学等同于辩证唯物主义和历史唯物主义，大大限制了哲学的视野，使苏联哲学（也是整个马克思主义哲学）在内容上十分贫乏，失去了价值目标；它赋予辩证唯物主义和历史唯物主义以自然科学一样的科学性，一味追求客观性、必然性、可知性，忽视了主体的作用，极大地贬低了人在生活中包括在建构世界图景时的意义；它使辩证唯物主义和历史唯物主义成为教条，面目可憎。这些毫无疑问都是不正确的。但是苏联哲学并不是孤立的存在，它是时代的产物，对它的评价不能脱离对时代的认识。从这样的角度看，对苏联哲学的认识评价，还应该眼界更开阔一些，分析也更深入全面一些。

第一，把哲学与世界观划等号是不对的，但否认世界观是哲学的重要内容同样也是不对的。从古代起，例如从古希腊开始，世界观一直是哲学的基本内容，而且由于世界的无限和人的实践与认识的有限，世界观将永远是哲学家们思考与争论的对象。在这个问题上苏联哲学有合理之处。根据同样的道理，马克思恩格斯的哲学思想，特别是马克思的哲学思想，内容比辩证唯物主义和历史唯物主义要宽泛得多，但也不能否认辩证唯物主义和历史唯物主义确实是马克思主义哲学的重要组成部分。苏联哲学不应该把马克思主义哲学等同于辩证唯物主义和历史唯物主义，但它把辩证唯物主义和历史唯物主义作为马克思恩格斯哲学思想的重要内容，甚至是主要内容，还是符合

① Никифоров А. Л. О чём в действительности идёт спор? // Филосовские науки，1991，№1.

实际的。①

第二，在欧洲，漫长的中世纪是基于信仰的宗教世界观占据统治地位，从培根开始，大多数哲学家都在从不同的角度出发以经验或理性为基础寻求对世界的科学解释，到黑格尔终于形成了一个作为“科学的科学”的严整有序的世界观体系，辩证唯物主义和历史唯物主义只是这种努力的最后成果。

对于辩证唯物主义和历史唯物主义的科学性，可以从两个层次来看。就其具体的表述形式而言，苏联哲学的确未必科学。首先，例如辩证法，可以归结为一个规律，也可以归结为三个或四个甚至更多个规律，很难说哪一种表述就具有彻底的科学性。其次，苏联版的辩证唯物主义和历史唯物主义长期以来以列宁的理解为基础，以斯大林的表述为样板，而列宁的理解，如前所述，是以俄国革命的实际需要为出发点，斯大林的表述则带有明显的个人理论修养和思维特点的局限性，不合理之处甚多。

就精神实质而言，它的科学性是不能否认的。唯物主义作为一种世界观，无法最终证实，但也永远不会被证伪；它能够为人们提供对世界的合理解释，与科学没有相悖之处。辩证法理论在表述形式上，是三个规律四对范畴还是别的什么，可以讨论，然而从实质上看，它无非是从对立统一出发对事物之间的相互作用的描述，而这种相互作用及其所具有的对立统一性质，难道不是客观事实吗？至于历史唯物主义，实质上是用物质生产对社会结构和社会历史所作的解释，这种理论虽然不能涵盖无比复杂的社会生活的一切方面，因而不应该排斥社会学及其他社会科学，不应该无限夸大它的意义，但它的确可以从一个侧面很好地说明迄今为止的全部人类文明史，说明社会的结构及其变化，得到俄国宗教唯心主义者别尔嘉耶夫和以存在主义的马克思主义者自居的萨特的肯定。即使是当今西方国家的未来学家，也在从科学技术、生产方式的变化出发解释人类社会的发展，对它的趋势作出预测，事实上把唯物史观作为方法论来使用。因此，完全抹煞它的科学性，不是实事求是的态度。可见，简单地否定苏联哲学的辩证唯物主义和历史唯物主义理论的科学性，情绪多于理智。

第三，苏联版的辩证唯物主义和历史唯物主义过于突出客观性和必然性，过于突出科学理性，想用科学理性解释一切，对人的内心世界关注不够，没有建立在人的实践活动的基础上，因而它的确带有机械论的色彩。人们的这些批评并不是没有道理，对辩证唯物主义和历史唯物主义的理解也的确不能再停留在苏联哲学的水平上了。但是对苏联版的辩证唯物主义和历史唯物主义的评价必须考虑俄罗斯的具体国情。

1917年的俄罗斯是处于前资本主义的落后国家，列宁曾多次强调俄国不是苦于资本主义太多，而是苦于资本主义太少，资本主义在俄国的发展，从一定意义上看，是俄国的福音。思想文化领域的情况也是如此。俄罗斯的发展不可能越过工业文明阶段，而工业文明以科学技术的发展为基础，发展科学技术又必须以掌握科学理性为前提。从这样的角度看，即使是具有机械论色彩的苏联版辩证唯物主义和历史唯物主义，也是不能简单否定的，因为它在长达半个多世纪的时间里借助行政部门规定的强制性学习，向广

① 在这个问题上，许多人认为辩证唯物主义只是恩格斯的思想，是机械唯物主义，与马克思的思想相背离，这与实际不符。关于这个问题，参见本书第2章、第3章。

大群众灌输了科学思维方式和科学理性精神，而科学思维方式和科学理性正是俄罗斯的现代化所必不可少的，也是落后的俄罗斯所需要的。这一点对于中国人应该不难理解。在几千年的历史里，中国是一直处于封建社会和半殖民地半封建社会，在思想文化领域里占统治地位的是所谓儒、释、道三种思想，三种宗教，最缺乏的就是发展科学技术、发展生产从而实现现代化所不可或缺的科学理性精神。五四运动期间“赛先生”在中国成为一面旗帜，胡适宣传的实用主义大行其道，都反映了中国社会对科学理性的迫切需要。真正使科学理性在中国深深扎根的是以苏联哲学的形式出现的马克思主义哲学。1949年以后以政治课形式出现于大学讲台上的辩证唯物主义和历史唯物主义教育虽然引起不少人的反感，但今天的中国人，特别是那些在科技领域做出巨大成绩的科学工作者，哪一个在培养自己的科学理性精神时没有得益于辩证唯物主义和历史唯物主义思想的教育呢？辩证唯物主义历史唯物主义体系在苏联和其他东方国家的建立与流行，一方面是出于这些国家社会主义革命实践的需要，另一方面也是出于这些国家反封建、反宗教、反迷信，进行科学启蒙走现代化之路的需要。

苏联版的辩证唯物主义和历史唯物主义应当发展，应当摘下唯我独尊的面具，回到自己应该呆的位置上，但简单地对它加以否定和抛弃，是肤浅的不负责任的做法。按照黑格尔的思想，哲学史是万神庙，而不是停尸场。每一种哲学都有合理的值得肯定的因素，都应该在哲学史上得到恰如其分的肯定，占有一席之地。不同的哲学理论各具特色，也相互继承。对苏联哲学也应当抱这样的态度。

对于已经成为过去的苏联哲学，我们还可以放在更大的历史空间中考察。

如《共产党宣言》所说：整个人类的文明史，都是阶级斗争的历史。① 在阶级社会里，占人口多数的劳动者总是处于少数剥削者的奴役之下，生活中的悲惨处境使他们产生对没有剥削压迫人人平等未来的美好社会的向往，社会主义思想就是由此产生的。在中国，早在2 000多年之前就出现了充满社会主义精神的“大同”思想；在西方，同样在2 000多年之前社会主义思想在早期基督教中得到体现。恩格斯认为：基督教就是当时的社会主义，“基督教和工人的社会主义都宣传将来会解脱奴役和贫困；基督教是在死后的彼岸生活中，在天国寻求这种解脱，而社会主义则是在这个世界里，在社会改造中寻求这种解脱”②。社会主义是一只不死鸟，代表了幸福，代表了公正，只要尚未实现，就会有社会主义理想和社会主义追求。它在任何时候都有某种不应该受到谴责的理由。

与以往的社会主义思想相比，马克思主义的科学社会主义，它的独特就在“科学”二字上。马克思和恩格斯努力把它建立在历史发展的客观规律之上，从而赋予它以必然实现的科学性。马克思和恩格斯的哲学思想是从理论上对这种必然性的论证；苏联哲学，它所建立的辩证唯物主义和历史唯物主义理论，除理论的需要以外也是从社会主义实践的需要出发对这种必然性的论证。苏联的整个历史是一场规模空前的旨在实现社会主义理想的社会实验。苏联哲学之所以强调客观性、必然性、可知性，是为了证明苏联

① 参见《马克思恩格斯选集》，2版，第1卷，272页。

② 《马克思恩格斯全集》，中文1版，第22卷，525页，北京，人民出版社，1965。

进行的社会主义实验的合理性；苏联哲学之所以强调要为无产阶级政治服务，是为了保证这场实验能够被多数人所理解与接受；苏联哲学之所以自诩为唯一科学的哲学，是为了排除来自其他哲学的干扰，保证社会实验的社会主义方向。苏联人自以为他们已经天道在手，可以“替天行道”，殊不知“密纳发的猫头鹰黄昏才起飞”，人类社会太复杂了，人们只有在事后才能真正把握它的规律，事先就像自然科学掌握自己的对象一样准确地把握苏联社会走向社会主义的一切细节，是根本办不到的。由此才有了计划经济的低效率，才有了日益普遍的官僚主义和腐败，才有了勃列日涅夫错过改革的机会和戈尔巴乔夫改革的失败。苏联的社会主义实验是一种为人类寻求解放之路的勇敢的尝试，它的失败让人感到悲壮，任何对它的嘲笑、谴责和全盘否定，本身就应该受到谴责。苏联的社会主义实验的经验和教训中，包含着属于全人类的十分宝贵的精神财富。对于这场实验，包括为它服务的苏联哲学，全面否定的做法是情绪多于理智。

苏联哲学的终结，直接原因是戈尔巴乔夫改革导致的西方思想的泛滥和苏联共产党的下台，以及社会主义制度在俄罗斯的终结，然而我们对此还可以做更进一步的分析。

苏联哲学，辩证唯物主义历史唯物主义，全力弘扬科学理性，是俄罗斯马克思主义者从实践需要出发对马克思恩格斯哲学思想的选择与系统化，其中主要反映的是恩格斯自然辩证法研究中的思想。苏联哲学适应了共产党社会主义实践的需要，更适应了俄罗斯民族发展工业文明走向现代化时对科学理性的渴望。从这个角度看，它在俄罗斯、中国及其他社会主义国家的作用，与 18 世纪法国启蒙运动中的唯物主义所起的作用类似。就法国来看，随着工业的迅速发展，人的主体意识迅速觉醒，社会矛盾不断激化，人道主义灾难日益突显，对人道主义和人的关怀很快取代科学理性成为思想家们的关注焦点。同样的逻辑在苏联哲学人道化以及苏联改革中也可以看到，只不过由于各种全球性问题的出现，对人类命运的关心比历史上任何时候都更为迫切而已。现实生活发生了根本变化，辩证唯物主义历史唯物主义并没有过时，但它已经不能继续在人们的理论视野中占据中心位置了。一种突出弘扬科学理性的哲学终将被扬弃，是客观规律。

第八章

改革开放以来马克思主义哲学在中国的发展

1978年改革开放开始后，马克思主义哲学在中国的发展进入一个崭新的阶段。此后的20多年，是马克思主义哲学自传入中国以来最辉煌、最有生气、最有成就的时期，新人辈出、探幽入微、新见迭现，马克思主义哲学面貌一新。

中国马克思主义哲学研究中的这种新气象，在整个马克思主义哲学发展史上，意义十分重大。20世纪七八十年代改革浪潮席卷社会主义国家以前，这些国家的马克思主义哲学事实上都从30年代形成的苏联哲学脱胎而来，一如这些国家的社会主义制度是由30年代形成的苏联模式社会主义制度演化而来一样。改革意味着社会生活的巨大转折，实践需要和客观环境发生深刻改变，马克思主义哲学的发展获得新的强大的推动力量，它进入到一个与以往一百多年完全不同的发展阶段。苏联解体后，中国是当今世界唯一仍在坚持马克思主义的大国。中国哲学家在对马克思主义哲学的创新探索中取得的成就，体现了马克思主义哲学在新的历史条件下的发展，具有世界意义，十分宝贵。

第一节　社会转折与哲学新走向

中国的改革开放是由计划经济向市场经济的转变，是对经济全球化这一人类历史新趋势的积极参与，是一次深刻的社会转型。社会生活的这一变化不仅仅改变了中国马克思主义哲学的个别结论，更重要的是改变了它的发展方向，为它开辟出一片新的天地。

一　改革开放与中国的社会转折

哲学是上层建筑，它的发展是经济基础发展的必然产物。这个原理在改革开放以来中国哲学界的巨大变化中得到了充分的体现。

中国改革开放运动的开始，以1978年12月召开的中国共产党十一届三中全会为标志。1978年以来，中国社会经历了一次巨大的转折，邓小平称之为“革命”。纵观20多年的变化，有三件事情应当特别指出，这三件事情分别标志了中国改革开放运动的三个阶段。

第一是中国共产党十一届三中全会的召开。

1978年12月召开的十一届三中全会，中心议题是党的工作重心的转移，即由阶级斗争转向经济建设。这一转变的前奏，是关于真理标准的讨论。

1976年9月毛泽东去世，10月，在“文化大革命”中兴风作浪的“四人帮”被捕，“左”倾思想主宰着的“文化大革命”宣告结束。但这时，从中央到地方都有不少人并没有真正从对毛泽东的个人迷信和“左”倾思想的束缚下解放出来。1977年2月7日，《人民日报》、《红旗》杂志、《解放军报》发表社论《学好文件抓住纲》，提出：“凡是毛主席作出的决策，我们都坚决拥护，凡是毛主席的指示，我们都始终不渝地遵循”。显而易见，中国社会要发展，必须彻底告别“文化大革命”的极左路线，而告别“文化大革命”，又必须破除上述所谓的“两个凡是”。在这样的背景下，1978年5月11日《光明日报》发表特约评论员文章《实践是检验真理的唯一标准》。文章用“实践”取代“两个凡是”作为检验真理的标准，破除迷信，振聋发聩。文章的发表引发了一场关于真理标准的讨论，很快演化为一场轰轰烈烈的思想解放运动，为改革开放奠定了思想基础，也为哲学以及其他思想文化领域的发展开辟了道路。

中国共产党的十一届三中全会，高度肯定了上述讨论，批判了“两个凡是”，确定了解放思想、实事求是、团结一致向前看的思想路线。这种思想上的解放，为全党工作重心的转移提供了有力的保证。

工作重心的转移结束了“以阶级斗争为纲”的时代，把人们的注意力引向经济建设。这一变化决定了中国社会此后20多年的基本发展方向。正是因为有了这一变化，才有了随后的改革开放。

第二是“三个有利于”标准的提出。

“两个凡是”所捍卫的毛泽东的决定和指示，主要是毛泽东所谓的“无产阶级专政条件下继续革命的理论”以及有关“文化大革命”的一系列决定。这些理论和决定把毛泽东所追求的空想社会主义作为判断是非的标准，也就是把意识形态作为评价一切事物的价值尺度，用意识形态来裁剪现实生活。十一届三中全会确立了实践是检验真理的唯一标准，这里所说的实践，由于工作重心的转移，主要是指经济建设的实践，所谓实践标准，其实质就是生产力标准。实践标准和“两个凡是”之争，实际上是两种根本不同的价值标准，即意识形态标准和生产力标准的对立。改革开放，从根本上、总体上看，就是用发展生产力这一尺度去认识、评价和革除在阶级斗争为纲的年代形成的一切方针、政策与观念。

在一切变化中，价值尺度的变化最深刻、最根本。一旦价值尺度发生变化，人们对一切事物的认识和评价都必然改变。因此，在生产力标准指导下的改革开放，实际上就是一场新的社会革命，它引发了思想观念方面的激烈冲突。

这些冲突集中表现为对长期以来形成的社会主义观念的冲击。实践证明，在当前的条件下，市场经济是能够比单一的计划经济更有效地推动生产力发展的手段，中国在改革开放中不可避免地、日益明确地转向了市场经济。在许多思想比较僵化的人看来，市场经济就是资本主义，而计划经济则是社会主义的本质标志。因此，改革开放的每一项措施，从原有的社会主义观念，也即意识形态标准看，是对社会主义的背离，是向资本主义的倒退；以生产力标准看，则无疑是一种历史性的进步。在对改革开放一系列具体做法的认识上，党内外产生了姓“资”还是姓“社”的争论。这一争论严重影响着中国社会的发展。

在这一关键时刻，邓小平提出了判断姓“资”、姓“社”的“三个有利于”标准。他在1992年年初南方谈话中明确指出：改革开放迈不开步子，不敢闯，说来说去就是怕资本主义的东西多了，走了资本主义道路，要害是姓“资”、姓“社”的问题。判断一项政策姓“资”、姓“社”，应该主要看它是否有利于发展社会主义社会的生产力，是否有利于增强社会主义国家的综合国力，是否有利于提高人民的生活水平。这就是邓小平的“三个有利于”标准。这一标准的提出，标志着生产力彻底取代了意识形态作为判断是非的依据，中国人的价值标准发生了根本的改变。“三个有利于”标准的提出为改革开放真正扫清了障碍，表明中国的改革开放事业进入了崭新的阶段。

“三个有利于”标准是针对经济建设中的思想混乱提出的，但它的确立和由此而来的经济领域的变化，不可避免地要一步步超出经济生活的局限，深入到上层建筑之中。随着市场经济的深入发展，中国社会出现了“民营科技企业的创业人员和技术人员、受聘于外资企业的管理技术人员、个体户、私营企业主、中介组织的从业人员、自由职业人员等社会阶层”。这是一些新的社会阶层，是改革开放中得到发展的新的生产力的主要代表。这些变化要求对党的执政之基、力量之源有新的认识。能否妥善处理各方面的利益关系，把一切积极因素充分调动和凝聚起来，关乎中国的社会稳定和整个改革开放事业的方向与命运。上层建筑领域的改革日益迫切，改革必须进一步深化。这又要求“一定要适应实践的发展，以实践来检验一切，自觉地把思想认识从那些不合时宜的观念、做法和体制的束缚中解放出来，从对马克思主义的错误的和教条式的理解中解放出来，从主观主义和形而上学的桎梏中解放出来”[①]。也就是说，现实生活在呼唤新的思想解放。

这种新的思想解放的集中体现，是江泽民同志提出的“三个代表”重要思想，即：中国共产党一定要代表先进生产力的发展要求，代表中国先进文化的前进方向，代表中

① 江泽民在中国共产党第十六次全国代表大会上的报告，见《全面建设小康社会开创中国特色社会主义事业新局面》，13页，北京，人民出版社，2002。

国最广大人民的根本利益。

"三个代表"重要思想是作为中国共产党的党建理论提出的，它的提出表明，经过20多年的改革开放，中国社会已经发生了深刻的变化，中国的改革开放事业进入了又一个新的阶段，上层建筑领域的改革提上了议事日程。根据这一思想，中国共产党的第十六次全国代表大会提出了全面建设小康社会的目标，把政治文明与物质文明、精神文明并提，作为今后改革发展的新方向。"三个代表"重要思想实际上是邓小平提出的"三个有利于"标准在上层建筑领域的延伸，是对邓小平理论的深化和发展。

第三是"科学发展观"的提出。

2003年召开的中共十六届三中全会，提出："坚持以人为本，树立全面、协调、可持续的发展观，促进经济社会和人的全面发展。"2007年，中共十七大在此基础上进一步提出完整的科学发展观，指出："科学发展观，第一要义是发展，核心是以人为本，基本要求是全面协调可持续，根本方法是统筹兼顾。"这是中国社会发展中的又一次重要转折。

1992年初邓小平南方谈话之后，中国的改革开放进入快车道，物质生产力以惊人的速度得到发展，创造了举世瞩目的经济奇迹，13亿人的物质生活水平极大提高。然而与此同时，社会很快出现了严重的两极分化，资源问题、环境问题触目惊心，生活节奏加快，物质生产对人的支配日益明显，精神价值失落引起越来越多的人高度关切。这些情况反映了经济高速发展带来的人与自然、人与人以及人自身物质需要与精神需要之间矛盾的加剧，引起人们对发展的可持续性的忧虑，进而引发对经济发展价值目标的反思。"科学发展观"就是在这一背景下问世的。

"科学发展观"的提出，意义十分重大。

在改革开放以前，特别是在"文化大革命"中，中国实际上是在进行一场人类历史上规模无比巨大的社会实验。毛泽东力图以阶级斗争为手段把他头脑中的空想社会主义理想变为现实，此时意识形态要求高于人们的物质需要，人本身被要求为意识形态而献身。中国共产党十一届三中全会的召开把人与意识形态的关系颠倒了过来，人，特别是人的物质需要，成为全部社会生活的中心。邓小平一句"贫穷不是社会主义"和"三个有利于"标准的提出，生动地表明，改革开放使现实的肉体的人对个人幸福的追求不再是邪恶的资本主义，得到高度肯定，经济发展取代意识形态成为社会的价值目标。如前所述，市场经济的普及以及在科学技术革命推动下物质生产力的急剧发展，必然造成人与自然、人与人、人的物质和精神两种价值目标之间的紧张甚至对立。这表明，经济发展作为社会的价值目标应当坚持，但是人不能再盲目地对经济发展和物质需要的自发趋向亦步亦趋了，经济发展应该服从人的需要，而不是相反。物质不是人的生活的全部，需要有精神因素与之平衡，乃至指导物质生活和经济发展。"科学发展观"提出"第一要义是发展，核心是以人为本"，就体现了经济和人，或者说人的物质、精神两种因素，在社会发展道路问题上的相互制约与平衡。它的问世表明，中国共产党和中国人民对这条发展道路的认识在经历了"正题"、"反题"阶段之后进入"合题"阶段，成熟了。

"科学发展观"的提出，意义还不仅如此。由于中国是后发展国家，由于中国共产党能够自觉代表全体中国人民的需要，中国的改革开放以30年的时间走过了西方国家自文艺复兴以来600年的发展阶段，中国社会当前面临的问题也是全人类发展中亟待解决的。环顾海内，只有“科学发展观”自觉、全面而深刻地认识了这些问题并提出了合理的解决方案。从这样的角度看，它的提出具有世界历史意义。它对马克思主义哲学的发展将产生重大影响，这是不言而喻的。

二　马克思主义哲学发展的新阶段

上述转折极大地改变了马克思主义哲学在中国发展的条件和环境。这主要表现在两个方面。

第一，哲学家获得前所未有的自由创造的思维空间。

马克思主义哲学在苏联和中国的发展，很长一个时期受以高度集中为基本特点的社会主义模式所制约。在这样的情况下，哲学是一种“工具”，是一条“战线”，为政治服务是它的根本使命，受到严格的控制也就是它的“宿命”。哲学家的主动性和创造性受到极大的束缚。改革是一项崭新的事业，没有现成模式和经验可以遵循，实践是检验真理的唯一标准，一切问题都只能在实践中通过探索、创新加以解决。解放思想和理论创新是党中央一而再、再而三地向全党，特别是向理论界发出的号召。改革开放是创新，“三个有利于”标准是创新，“三个代表”重要思想和“科学发展观”也是创新，中国共产党为全国人民树立了理论创新的榜样。被视为绝对真理而用来统一思想的僵化教条不见了，“创新”成为全社会最响亮的口号。这一切为哲学思维的发展创造了前所未有的良好环境。

第二，社会实践向马克思主义哲学提出了新的要求。

辩证唯物主义历史唯物主义体系的建立，是俄罗斯和中国等东方国家无产阶级革命和社会主义建设实践需要的产物，西方马克思主义的形成则是马克思主义哲学适应它在西方发达资本主义国家面临的实践要求的结果。实践是理论发展的动力，从不同的实践需要出发，马克思主义者必然要对马克思恩格斯的哲学思想作出不同的选择。改革开放以后，中国的马克思主义者面临的根本任务，是适应市场经济建设、社会转型和经济全球化的需要，为改革开放提供哲学理论上的支持。为此，首先必须对以往我们所理解的马克思主义哲学本身进行深刻反思，从新的实践需要出发重新解释马克思恩格斯的哲学思想。这一任务概括地说，就是批判和建设。批判是指否定不能适应社会需要的旧思想、旧观点，建设是指对马克思恩格斯的哲学思想进行新的选择，建立起与以往不同的符合当今时代和中国社会主义建设要求的新的马克思主义哲学。

新的实践需要为马克思主义哲学在中国的发展提供了强大的动力，日益宽松的学术环境又为这一发展提供了广阔的思维空间，马克思主义哲学在中国的发展进入了崭新的阶段。

这一阶段马克思主义哲学在中国的发展有四个与以往不同的特点。

（一）呼唤主体性和人道主义

以往那种以高度集中为基本特点的社会主义制度，建立在计划经济的基础之上，在这样的社会环境中，只有“人民群众”才是历史的创造者，具体到单个的个人，只能局限于服从计划、遵守纪律、执行指示。人的主体性得不到体现。这时的马克思主义哲学突出强调世界的物质性和物质世界运动规律的客观性、必然性，就是与计划经济和整个社会生活的上述特点相适应的。

改革开放的基本目标是由计划经济转向市场经济。市场经济是商品经济，而商品交换是独立主体之间的平等交易；市场经济中竞争无处不在，这是它的生命所系，竞争迫使每一个个人、每一个集体，甚至处于经济全球化趋势中的全体中国人，必须最大限度地发挥自己的主体性、能动性和创造性。如果说在计划经济中服从和纪律是对人的基本要求，那么市场经济要求于人的则是主体性。缺乏主体性的人，必将在市场经济的激烈竞争中遭到淘汰。

市场经济所需要的主体性，除了人的独立性、能动性、创造性以外，还表现为人对现实利益的追求。改革开放带来的变化，要求把社会发展的长远目标与个人的现实利益结合起来，对每一个人追求自己现实利益的做法予以肯定。在改革开放以前，追求个人的物质利益曾被作为资产阶级思想、修正主义思想而遭到长期批判，“文化大革命”中更出现了“斗私批修”、“狠斗私字一闪念”的可笑提法。邓小平指出贫穷不是社会主义，从而充分肯定了个人追求自己现世的物质利益和现世幸福的合理性。这是对人的另一种意义上的解放。在市场经济建设中，意识形态的宏大叙事逐渐与人们对现世物质利益的追求相统一。个人不但在与他人的关系中成为独立的主体，而且摆脱了抽象意识形态的束缚，在现实的物质生活中也成为真正的主体。

从这个意义上看，改革开放是对人的主体性的呼唤，是中国人在新的历史条件下的启蒙运动，是对作为人类文明共同成果的人道主义思想的肯定。对主体性和人道主义的呼唤，在改革开放以来中国马克思主义哲学发展的各个阶段和研究的各个领域都得到充分的体现。

（二）理论视野的拓展

改革开放以来，中国马克思主义哲学研究的理论视野得到极大的拓展。

首先，马克思主义哲学本身真正成为学术研究的对象。当马克思主义哲学被教条化以后，它本身是在哲学家们的研究视野之外的，它是解释和宣传的对象，而不是研究的对象。改革开放以来，适应新的实践需要反思我们以往对马克思主义哲学理论的理解，是首当其冲的任务，原有的范畴、观点和理论被重新加以审视。此外，由于现实生活的变化，长期被忽视的马克思的早期著作及其人道主义精神，马克思的众多笔记和人类学思想，价值理论，西方马克思主义，等等，相继成为中国哲学家的研究热点。

其次，由于中国社会的发展正在经历重大的历史性转折，社会发展问题受到普遍关注。与此相关，人类历史发展的全球化趋势，各种全球性问题，文化哲学，成为马克思主义哲学家的重要研究课题。

再次，在改革开放中，社会生活的各个方面都涌现出许多新的需要借助于哲学思维加以探讨的问题，经济哲学、政治哲学、法哲学、管理哲学及其他许多所谓应用哲学油然而生。

最后，这一时期中国哲学家对马克思主义哲学的研究不再局限于马克思和恩格斯的哲学著作本身，人们开始把它放在整个人类历史发展的大背景中，放在与中国传统哲学和中外各种非马克思主义哲学的对比与对话中加以考察。马克思主义哲学研究具有了历史的、世界的眼光。中国哲学界与西方哲学家的交流，无论在深度上和广度上都与以往不可同日而语。

（三）充满了不同观点的交锋和斗争

过去人们常说哲学是一条战线，但实际上这时的所谓"战斗"并不是不同学术观点的平等对话和交锋，而基本上是对与成为传统的我们对马克思主义哲学的理解不同的哲学思想的批判讨伐。由于改革开放以来中国社会发生了重大变化，由于改革开放是前所未有的事业，是"闯"，是大胆的探索，也由于利益主体的多元化、社会生活日趋复杂以及民主建设不断取得进展，必然要产生多种多样的互不相同甚至相互对立的思想观点。在四项基本原则的框架内，学术观点的多元化和不同观点之间的平等对话逐步成为现实。思想斗争，不仅是哲学领域的思想斗争，而且是社会生活一切方面的思想斗争，成为改革开放以来中国思想文化领域的普遍特点。不同观点的交锋和斗争，已经成为哲学生活中的正常现象。

（四）哲学理论开始个性化了

宽松的学术气氛和得到极大拓展的学术空间，为哲学家进行创造性思维并坚持自己的观点提供了有利的条件。马克思主义哲学领域中僵化、教条、千人一面的局面被打破，哲学理论开始具有个性。拥有独特观点的哲学家和哲学派别开始出现并受到尊重，"我"取代"我们"成为哲学研究的主体。传统的辩证唯物主义和历史唯物主义观点依然是哲学界的主流，但同时出现了实践本体论、实践哲学、"类哲学"，还有人认为马克思主义哲学是"生存哲学"，也有人主张用"马克思哲学"代替"马克思主义哲学"。在每一种观点背后人们都可以清楚地看到具有活生生的个性的哲学家或哲学派别的存在。哲学家长期梦想的"百花齐放、百家争鸣"的局面正在形成。

哲学的发展总是与社会的发展相一致。总体上说，1978 年以来，改革开放是中国人民正在从事的前所未有的崭新事业，创新是整个事业的生命所系。建设中国特色的社会主义是中华民族的共同理想。与此相应，实现马克思主义哲学与中国特色社会主义建设实践的结合，创造性地发展马克思主义，是 1978 年以来中国马克思主义哲学研究的主流。一种具有中国和时代特色的新的马克思主义哲学理论，正在改革开放实践和哲学家们的艰苦探索中逐步形成。

第二节　关于人道主义和异化问题的讨论

"人道化"是苏联和东欧各国告别斯大林时代马克思主义哲学发展中的基本倾向，用它来概括改革开放后中国马克思主义哲学的发展，未必准确，但是人道主义思潮的兴起，也的确是这一时期中国哲学领域最引人注目的现象。这一思潮的最初表现，是 20 世纪 80 年代初出现的关于人道主义和异化问题的讨论。

讨论开始于 1980 年，到 1984 年基本上告一段落。据统计，在此期间参与讨论的有近 200 种杂志，发表文章 750 篇以上，各地出版的文集有 20 多种。讨论主要围绕如下三个问题展开。

一 人性、人的本质、人道主义问题

1978年年初，《社会科学战线》发表了朱光潜的文章——《文艺复兴至十九世纪西方资产阶级文学家艺术家有关人道主义、人性论的言论概述》，同年8月，汝信在《哲学研究》上发表了题为《青年黑格尔关于劳动和异化的思想——关于异化问题的探讨之一》的文章。人道主义和人性论是1949年以后中国文艺界和哲学界一再予以关注的重要理论问题，也是“文化大革命”中和“文化大革命”之前大批判的重点问题。在大批判的氛围中各种观点并未得到充分的阐述，因此告别“文化大革命”以后上述两篇文章的发表，立即引起文艺理论界的热烈讨论。1979年，由刘丕坤和中央编译局翻译的马克思的《1844年经济学哲学手稿》先后问世①，这部充满人道主义精神的著作的问世，使讨论迅速升温。

1980年《百科知识》杂志第一期发表了邢贲思的文章《怎样识别人道主义》。文章提出，人道主义是资产阶级意识形态，马克思主义和人道主义是两种根本不同的思想体系，不能认为马克思主义可以包容人道主义。作者甚至对马克思和恩格斯提出批评：“马克思和恩格斯认为空想社会主义者的人道主义已经超越于资产阶级人道主义，是一种更高范畴的人道主义，是没有根据的。”在此之后哲学家们纷纷发表意见，就与人和人道主义有关的各种问题展开讨论，这些问题一时成为哲学界关注的焦点。

讨论涉及与人有关的众多问题，例如人的本质、人性、人的幸福、价值、人的需要、人的全面发展、人在唯物史观中的地位，等等。在具体观点上，一些人坚持传统的观点，把人道主义和人性论斥为资产阶级理论，更多的人在坚持马克思主义基本立场的基础上对这些问题表现出宽容的态度。

1983年3月7日至13日，中共中央宣传部、中共中央党校、中国社会科学院和教育部，在中央党校联合召开了“全国纪念马克思逝世100周年学术报告会”，曾长期担任文艺界领导工作的周扬在会上作了题为《关于马克思主义的几个理论问题的探讨》的报告。报告第四部分专门讨论了马克思主义与人道主义的关系以及社会主义社会中的异化现象。会议本身的特点以及报告人的特殊身份和他对问题的尖锐提法，使上述讨论很快掀起高潮。

周扬在报告中指出：在一个很长的时期内，我们一直把人道主义作为修正主义来批判，认为它和马克思主义互不相容。这种批判有很大的片面性，有些甚至是错误的。粉碎“四人帮”之后，人们迫切需要恢复人的尊严，提高人的价值，这是对“四人帮”倒行逆施的否定，是完全应该的。我不赞成把马克思主义归结为人道主义，但是我们应该承认，马克思主义是包含人道主义的。社会主义社会比之资本主义社会有极大的优越性，但这不是说社会主义社会就没有任何异化了。在经济建设中，由于我们没有认识社会主义建设这个必然王国，干了不少蠢事，到头来自食其果，这就是经济领域的异化；

① 《1844年经济学哲学手稿》最早由何思敬译为中文，1956年出版，因译文本身的缺陷和当时学术界的状况，出版后未产生重大影响。

由于民主和法制的不健全，人民公仆有时会滥用人民赋予的权力，转过来做人民的主人，这就是政治领域的异化，或者叫权力的异化；至于思想领域的异化，最典型的是个人崇拜。异化的根源不在社会主义制度本身，而在我们的体制上和其他方面存在的问题。十一届三中全会提出解放思想，就是要克服思想上的异化。现在进行经济体制和政治体制的改革，以及不久的将来将要进行的整党，就是为了克服经济上和政治上的异化。

与会者多数人不同意周扬的观点，这些观点在会议进行中就受到批评。但在会后得到升温的讨论中，许多人发表了与周扬相近似的意见。张奎良、薛德震等人关于异化问题的文章，进一步对马克思有关异化问题的思想和社会主义社会的异化现象，作了深入探讨，肯定异化理论在马克思主义形成中的重要作用和异化在社会主义制度中的存在，产生了广泛影响。

二　人在马克思主义哲学中的地位问题

人性、人的本质、人道主义及异化问题讨论的参加者，双方都坚持在马克思主义哲学的框架中论述自己的观点，人在马克思主义哲学中的地位问题必然成为马克思主义理论争论的焦点。在这个问题上最有代表性的，是王若水的引起极大反响的论文《人是马克思主义的出发点》。按照传统的观点，马克思主义是排除和拒斥人道主义的，主张肯定和包容人道主义以及对一般意义上的人、人性等问题的讨论，不可避免地要和传统观点相冲突，王若水的文章就是这种冲突的反映。

王若水强调，忽视人的价值、人的异化、人的解放等问题，是苏联的和中国的马克思主义哲学体系始终存在的一个重要缺点。他主张人的问题应该在马克思主义哲学体系中占据重要地位，概括而言，应该说人是马克思主义的出发点。

作为自己的重要理论依据，王若水引用了马克思的这样一段话：

> 并不需要多大的聪明就可以看出，关于人性本善和人们智力平等，关于经验、习惯、教育的万能，关于外部环境对人的影响，关于工业的重大意义，关于享乐的合理性等等的唯物主义学说，同共产主义和社会主义之间有着必然的联系。既然人是从感性世界和感性世界中的经验中汲取自己的一切知识、感觉等等，那就必须这样安排周围的世界，使人在其中能认识和领会真正合乎人性的东西，使他能认识到自己是人。既然正确理解的利益是整个道德的基础，那就必须使个别人的私人利益符合于全人类的利益。既然从唯物主义意义上来说人是不自由的……那就不应当惩罚个别人的犯罪行为，而应当消灭犯罪行为的反社会的根源，并使每个人都有必要的社会活动场所来显露他的重要的生命力。既然人的性格是由环境造成的，那就必须使环境成为合乎人性的环境。①

在接下来的论述中，王若水力图说明：马克思正是如上所述以人为出发点，同时又克服了“费尔巴哈讲的那种名为现实而实则抽象的人”②，强调人的实践和人的社会性，

---

①《马克思恩格斯全集》，中文1版，第2卷，166～167页。

② 王若水：《人是马克思主义的出发点》，见《人性、人道主义问题讨论集》，40页，北京，人民出版社，1983。

才创立了马克思主义。

他在文章结尾处写道："在马克思和恩格斯看来，共产主义就是要解放全人类，就是要克服异化，废除资本对劳动的统治，私有制对无产阶级的统治，物对人的统治，盲目的、异己的力量对社会历史的统治；共产主义社会将是这样一个联合体，在那里，每个人能得到全面的自由的发展，人将成为社会的主人、自然的主人、自己本身的主人；人类将把过去统治着历史的异己的力量置于自己的控制之下，自觉地创造历史，从而从必然王国向自由王国飞跃。"① 这实际上是说，人不仅是马克思主义的出发点，也是它的最终归宿。

这些观点在今天已经习以为常，但在当时却有相当大的震撼力。

在讨论中，许多人持传统观点对此提出批评，但多数人不同程度地赞同王若水的观点。例如，有人提出："认为哲学是研究整个世界的，以整个世界及其发展规律为对象，辩证唯物主义主要以客观自然界为对象，历史唯物主义以社会发展规律为对象。结果，人的研究从哲学中排除出去了。似乎在辩证唯物主义中研究人，便成了人本学唯物主义；在历史唯物主义中研究人，又会陷入历史唯心主义。其实，哲学必须研究人，如果哲学不关心人，人也不会关心哲学。这样的哲学势必'贫困'。"② 也有人批评那些抱着传统观点不放的人"看不到或不承认马克思成熟时期的著作中有关于'人'的学说，一看到有人谈论马克思主义的人性论、马克思主义的异化观、马克思主义的人道主义，就指责别人是歪曲马克思主义，是倒退到费尔巴哈的人本主义"③。

三 《关于人道主义和异化问题》

1984年1月，胡乔木在中共中央党校发表题为《关于人道主义和异化问题》的长篇讲话④，对延续数年的上述讨论提出了自己的看法。这篇文章在社会上产生了极大的影响。胡乔木是当时党内的首席理论家，他的文章事实上对讨论做了总结。此后周扬、王若水所代表的观点一时沉寂，虽然从未绝迹，但大规模的讨论就此终结。

胡乔木的文章首先指出："究竟应该怎样来看待人类历史的发展，怎样来看待社会主义社会的发展？究竟应该用怎样的世界观和历史观，是马克思主义的历史唯物主义还是人道主义的历史唯心主义，作为我们观察这些问题和指导自己行动的思想武器？我认为，现在这场争论的核心和实质就在这里。"⑤

胡乔木说："关于人道主义，我想首先应该指出，它有两个方面的含义：一个是作为世界观和历史观；一个是作为伦理原则和道德规范。这两个方面有联系，又有区别。我们现在讨论人道主义问题，尤其需要注意两者的区别，以免造成意义上的混淆。"⑥

---

① 王若水：《人是马克思主义的出发点》，见《人性、人道主义问题讨论集》，48页。

② 张尚仁：《试论马克思主义哲学关于人的学说》，见《关于人的学说的哲学探讨》，1页，北京，人民出版社，1982。此处所述的观点与苏联认识论派的观点非常相似。

③ 薛德震、杨昭：《马克思主义关于人的学说与费尔巴哈的人本主义》，见《人性、人道主义问题讨论集》，159页。

④ 这篇讲话后经补充修改在《理论月刊》1984年第2期上发表。

⑤ 《关于人道主义和异化问题的论文集》，3页，北京，人民出版社，1984。

⑥ 同上书，2页。

这是全部讲话的立论基础。

就作为世界观和历史观的人道主义，胡乔木对“人是马克思主义的出发点”提出尖锐批评。他说：这是一个混淆马克思主义同资产阶级人道主义、历史唯物主义同历史唯心主义的界限的命题。前者从一定的社会关系出发来说明人、人性、人的本质等，后者则从抽象的人、人性、人的本质等出发来说明社会。这是二者的根本分歧，也是我们现在这场争论中的一个根本分歧。① 他的结论是：主张“人是马克思主义的出发点”或者提出“人——非人——人”这样的历史公式的人，“是要把马克思主义人道主义化。他们认为马克思主义忽视了人，要用人道主义来‘重新说明’马克思主义，要用抽象地谈论人性、人的价值，确立‘人是马克思主义的出发点’，来‘补充’、‘纠正’或‘发展’马克思主义；或者认为只有用‘人道主义’来重新说明了的马克思主义，才是本来面目的、完整无缺的马克思主义，否则就是被歪曲和有缺陷的马克思主义”②。

胡乔木认为，作为伦理原则和道德规范的人道主义是可以和马克思主义相一致的，它就是社会主义的人道主义。这样的人道主义立足于社会主义经济基础之上，同社会主义政治制度相适应，以马克思主义世界观和历史观为基础。它由革命战争年代优待俘虏、救死扶伤的革命人道主义演化而来，是社会主义社会道德总体系中低于共产主义道德的层次。他强调，只有仅仅从伦理道德原则而不是从世界观历史观出发，才能谈论社会主义的人道主义。

至于异化，胡乔木认为，这只是在马克思早期，在不成熟的马克思主义著作中使用的概念，表明马克思还没有完全抛弃思辨哲学的方法，在研究问题时仍然从某种抽象概念或抽象公式出发。胡乔木强调：“社会主义制度是一个崭新的社会制度，它是在消灭了资本主义私有制、消灭了资本对雇佣劳动的剥削的基础上建立起来的。资本主义转变为社会主义，是历史发展中的一次根本性的飞跃。这是一条极其重要的历史分界线。如果不承认这条历史分界线，把马克思用以表述资本主义对抗社会关系时使用过的异化概念，搬来分析社会主义的社会关系，必然导致严重歪曲我们的社会主义现实。”③

最后，胡乔木从政治斗争的高度总结了哲学界关于人道主义和异化问题的讨论。他说：“宣传人道主义世界观、历史观和社会主义异化论的思潮，不是一般的学术理论问题，而是关系到是否坚持马克思主义的基本原理和能否正确认识社会主义实践的有重大现实政治意义的学术理论问题。在这个问题上的带有根本性质的错误观点，不仅会引起思想理论的混乱，而且会产生消极的政治后果。”④ 这样的说法实际上又把学术争论与政治斗争等同起来了，学术讨论不可能继续下去。事实上，文章的发表确实掀起了一轮对《人是马克思主义的出发点》及与此相近观点的批判。

胡乔木的文章，所阐述的观点基本上都是人们比较熟悉的，但是他的文章把这些观点讲得很透彻，具有很强的代表性，集中反映了当时我国的哲学界一部分人对马克思主义哲学的理解的实际状况。

---

① 参见《关于人道主义和异化问题的论文集》，9页。
② 同上书，16页。
③ 同上书，48～49页。
④ 同上书，57页。

第三节 关于实践唯物主义的讨论

哲学争论与政治斗争有没有联系？的确有联系。胡乔木发表这篇文章，目的是统一人们的思想，以避免围绕人道主义问题的讨论“引起思想理论的混乱”。但是思想理论的“混乱”在20世纪80年代的中国是不可避免的，不仅不可避免，而且具有进步意义。因为当时的中国正在进行改革，而改革，按照邓小平的说法，是一场革命。这场革命需要新的思想、新的理论，也必然要从中产生出新的思想和理论。1978年以来，中国共产党一再强调“解放思想，实事求是”这一新的思想路线的重要，一再强调理论创新，而且相继提出“三个有利于”和“三个代表”重要思想，而这些思想都是对原有思想理论的突破。改革每前进一步都有思想理论争论相伴随，这些争论所反映的正是随着市场经济的建立而不断深化的中国社会在经济、政治领域的斗争。人、人道主义、人权等思想观念，是市场经济建设的需要，也是它的必然产物。1984年以后中国理论界没有再次就这些思想进行大规模的讨论，但它们在哲学、文学、艺术、法学、历史学以及经济、政治理论中以直接或间接的形式顽强地表现出来，影响一步一步地扩大，今天已经为中国社会普遍接受，在党的理论和政策中得到明确的反映。虽然这些思想观念与马克思主义的关系仍是理论界应当着力研究的问题，但它们的积极意义再也无法否认了。

就哲学领域而言，对人和人的主体性的高度肯定，在1984年以后马克思主义哲学的发展中得到更为充分的体现，其中最集中的是关于实践唯物主义的讨论。这场讨论是改革开放以来马克思主义哲学在中国的发展中的重要的内容。

一 讨论的概况

早在80年代初，在思想解放的大背景下，受到《1844年经济学哲学手稿》新译本的问世和研究的推动，同时也是受到80年代初关于人和人道主义问题的讨论的影响，人们开始对实践范畴在马克思主义哲学中的地位问题予以关注。从1985年起，《教学与研究》、《人文杂志》等刊物陆续发表文章，提出“实践的唯物主义”概念并开始就它与马克思主义哲学的关系进行探讨。① 这是实践唯物主义讨论的酝酿阶段，有越来越多的人对此产生兴趣，着手研究。

1988年1月，全国马克思主义哲学10个博士点的主要专家集中在天津，举行“哲学体系改革讨论会”。讨论会由国家教委委托南开大学哲学系组织，目的是编写新的由肖前（中国人民大学）、黄楠森（北京大学）和陈晏清（南开大学）主编的马克思主义

---

① 如李淮春：《实践的唯物主义和唯物史观》，载《教学与研究》，1985（6）；胡贤鑫：《马克思主义实践观的形成过程及其向认识论和历史观领域的展开》，载《人文杂志》，1986（2）；郑祚尧、周晓光：《“实践唯物主义”就是一体化的马克思主义哲学》，载《教学与研究》，1987（2）；王于、王霁：《马克思主义哲学一体化问题刍议》，载《现代哲学》，1987（4）；辛敬良：《马克思主义哲学是实践的唯物主义》，载《复旦学报（社科版）》，1987（6）；等等。

哲学原理教材。该教材的指导思想是用实践唯物主义改造原有的马克思主义哲学体系。教材的主要负责人肖前教授阐述了“实践唯物主义对于改造现行哲学体系的意义”，中共中央政治局委员，天津市市长李瑞环在会上做了题为《改革需要哲学，哲学需要改革》的发言。会议引起哲学界的极大关注，从此，“用实践唯物主义改造现行马克思主义哲学体系”的赞成者和反对者纷纷发表意见，一场深刻而广泛的大讨论由此开始。

《哲学动态》杂志1988年第3期发表了中国人民大学哲学系教师王于和陈朗（陈志良）的文章《“实践本体论”及其革命意义》。文章把实践的意义提高到马克思主义哲学本体论的高度，学术界为之震动。关于实践唯物主义的讨论立即进入高潮。

在很短的时间内，众多的马克思主义哲学研究者发表了难以计数的文章，观点互不相同，甚至尖锐对立。从1989年年底开始，讨论降温。进入90年代以后，中国学术界风气转向，按李泽厚的说法，“思想家淡出，学问家凸显”，“大话语”失势，人们把更多的注意力转移到对各种具体问题的深入研究上，实践唯物主义不再是讨论的热点，但相关的文章至今仍未绝迹，相关问题仍在人们思想深处发酵。

这场讨论是对马克思主义哲学的深刻反思，触及马克思主义哲学的根基，其深度在辩证唯物主义历史唯物主义体系建立以来，甚至是整个马克思主义哲学诞生以来的在历次讨论中，前所未有。经过这场讨论，尽管人们对实践唯物主义仍然存在不同的理解，但在事实上，强调实践在马克思主义哲学中的重要的基础的地位，已经成为共识，尤其在年轻一代哲学家中，实践唯物主义被普遍接受。

二　对实践唯物主义的理解阐述

关于实践唯物主义的讨论几乎涉及马克思主义哲学的一切方面，马克思的早期著作、实践的结构与动力、本体论、实践与物质世界、实践与反映论、实践与辩证法、实践与历史观、实践与人、哲学的对象、哲学的功能，等等，都是讨论的对象。讨论的焦点，是实践唯物主义与马克思主义哲学的关系问题。

王于、陈志良、杨耕在《我们时代的哲学旗帜——实践唯物主义》①一文中，对实践唯物主义支持者的观点作了透彻的说明。文章指出：马克思的哲学就是实践唯物主义，“我们今天重申实践唯物主义，一方面是因为马克思的实践唯物主义被历史地扭曲了，另一方面更为重要的是立足于人类实践、高扬人类主体性的实践唯物主义充分体现了我们时代的时代精神”。文章认为，按照马克思的见解，实践唯物主义产生于两条根本的原则：第一，哲学必须“反形而上学”。“这是马克思在《神圣家族》中提出的哲学思维方式的变革。马克思这里所说的‘形而上学’，是指对世界作本体论、实体论研究的方式，即以追溯‘世界’的本原或基质为目的的研究方式。马克思认为，‘形而上学’这种以世界的本原或基质为核心的思考方式，‘在实践上已经威信扫地’。”第二，哲学必须从实践出发。马克思的实践的唯物主义是改变世界的哲学，它的核心就是以人类发展来安排周围的世界。

实践唯物主义的建立是一场哲学革命，这是因为它包含了如下四重含义：

---

① 载《江海学刊》，1989（2），以下引自该文不再注明出处。

（1）对世界的理解由“客体原则”进入到“主体原则”，实现了哲学思维方式的根本变革。马克思的实践原则也就是主体原则。自然界无疑是客观的，但是人类周围的感性世界却是经过实践改造的世界，应该从人的主体尺度来理解物，从实践活动来理解对象世界。

（2）哲学本身的结构由“思维与存在”的两极结构进入到“思维、实践、存在”的三极结构，实现了哲学结构的根本变革。旧唯物主义与唯心主义的斗争已经成为历史，简单地回答“思维与存在，何者为第一性”已经不适合现代实践活动的要求。在哲学的三极结构中，思维与存在的关系问题依然存在，但以更高级、更曲折、更复杂的形式存在。

（3）哲学体系的建构原则由“物质原则”进入到“实践原则”，实现了哲学由封闭向开放的根本变革。实践规范着我们对“物质”、“意识”、“世界”、“规律”把握和认识的程度，不应从“物质”出发来说明“实践”，相反，应从“实践”出发来说明物质。世界是人在实践中描绘的“世界图景”，世界在发展，图景也是变动不居的。

（4）对哲学的中心点的理解由“解释世界”转换到“改变世界”，实现了哲学功能的根本变革。

文章强调，实践唯物主义从人的实践和实践的人出发，这是一种以主体为中心的唯物主义坐标系，包含八个方面：

（1）出发点范畴——实践。其他唯物主义都以抽象的“物质”为出发点，如“在所谓的‘辩证唯物主义’”那里，实践被囿于认识论之中，其意义被缩小了；实践的“物质转换性”、“客观性”得到了充分强调，但实践更为重要的一方面，即主体性、批判性被忽视了；实践被停留于中介过程、手段过程，而实践本身作为总体性的范畴却被忽视了。

（2）坐标系统——主体。实践唯物主义形成以人类为一方，世界对象为一方的新的系统，在这个系统中，人是主体，世界、对象是人的有用物。离开了主体性原则，也就丢弃了实践唯物主义的灵魂。

（3）世界——实践的要素和前提。实践唯物主义是在以下三种意义上来讨论世界问题的：世界是实践的前提和要素；世界是实践的结果；“世界”是人类通过实践而把握的相对形式，人类对世界的认识随实践格局的转化而深化。

（4）社会——人类实践活动的存在方式。社会是人类在实践活动中创造出来的，它是实践活动的展开形式，是人类实践的静态表现，而实践则是人类社会的动态过程。

（5）唯物辩证法——以实践辩证法为核心的三级系统。现行的辩证法系统是最混乱的。辩证法被界说为自然界、社会、思维发展的一般规律，被分为客观辩证法（包括历史辩证法）、主观辩证法和沟通二者的中介，即主观辩证法对客观辩证法的反映。实际上，马克思的辩证法是实践辩证法，所谓客观辩证法和主观辩证法是对实践辩证法进行主客体两极抽象的产物，实践辩证法是全部辩证法的核心。唯物辩证法“是一个以实践辩证法为核心，包含着客观辩证法与主观辩证法为三极抽象的三级系统”。

（6）认识——实践结构的内化和升华。人的认识是“反映”，但不是一般的反映，而是经过主体观念地改造过的反映。情感、意志、爱、需要也是反映，认识区别于其他对象性反映的东西，就在于认识总是以“有序的东西”、“格”、“概念”、“网络”等来整理世界。这些“有序的东西”、“格”、“概念”、“网络”绝不是仅仅通过感觉、知觉、表象得到的，它们是行为的格、实践的格的内化和升华。行为的格、实践的格的变化，表现为实践发展的历史。

（7）人类——“自我塑造”的自组织系统。人是他律的、限定的，又是自律的和自我超越的。由于是他律的、限定的，所以人是“一切社会关系的总和”；由于人是自律的和自我超越的，所以他是自我塑造的，因为社会关系和世界历史都是人自己创造出来的。实践唯物主义从人的实践和实践的人出发，最后落脚点必然是人的全面发展。

（8）新的本体论——实践本体论，以及由此产生的反对“形而上学”和开放性的建构原则。离开人的需要抽象地讨论世界的本质、运动方式、谁决定谁、最终的根源，是“形而上学”。实践唯物主义否定旧唯物主义抽象的物质本体论，否定那种以“实体”为核心的静态的、一经把握就永恒不变的“本体”。它是实践本体论，具有三种意义：实践是“整个人类世界”、“整个现存世界”的基础；实践是“整个人类世界”、“整个现存世界”的本质；实践又是人类一切新的关系“由此产生”的源泉。正是从实践是现实世界的基础、本质、由此产生三重含义上，我们认为实践具有本体论的含义。这是一种动态的本体论，是以扬弃的形式把“物质”、“自然”包括在自己之中的本体论。

以客观实在性为唯一特性的物质，是整个马克思主义哲学的基石，是世界的客观性及其运动规律的必然性和可知性的基础。恩格斯，尤其是列宁，为捍卫这一根本观点与各种夸大人的主观因素的作用的唯心主义理论做了坚决的、不懈的斗争。上述实践唯物主义观点用实践取代物质作为解释世界的出发点，的确弘扬了人的主体性，但传统的马克思主义哲学因此而受到深刻的质疑。它是辩证唯物主义和历史唯物主义自问世以来所遇到的最全面最彻底的冲击。持实践唯物主义观点的人，在对实践唯物主义的理解上相互之间并不完全一致，但上述观点还是有很强的代表性的。

这样的观点不可避免地受到激烈的批评，“火力”主要集中在实践本体论上。在批评意见中，有的人坚持原有的辩证唯物主义观点，也有的人认为只是在社会历史领域，实践活动才有了某种本体论的意义，还有的试图把实践唯物主义和辩证唯物主义结合起来，认为马克思主义哲学是辩证唯物主义，但又突出强调实践的巨大意义。批评意见所依据的，基本上还是历史上马克思主义哲学在与主观唯心主义斗争时使用的论据，只是针对性更突出了。在批评者中，中国资深马克思主义哲学家黄楠森和陈先达的意见最值得注意。他们高度重视实践唯物主义理论对马克思主义哲学的影响，就这个题目写了大量的论著，对有关问题做了深入的理论辨析。

从总体上看，实践唯物主义和传统的辩证唯物主义究竟是什么关系，二者能否统一，如何统一，这些问题因讨论未能深入继续而至今悬而未决。就马克思主义哲学本身而言，把物质作为世界的本体，还是把实践作为世界的本体，的确是一个至关重要的根本性问题。实践唯物主义强调，在马克思看来，人所面对的不是开天辟地以来就有的那种自在自然，而是被人在实践活动中改造过的人化自然。这一说法确实可以在马克思的早期著作中找到大量的理论依据，也的确符合我们今天面对的世界的实际情况。但是，它的反对者强调自然界的先在性，即列宁在批判马赫主义时所说的，在人类出现以前很久，自然界早已存在；强调实践活动本身，包括它的灵魂——人的意识，以及实践活动的产物，也是物质过程和物质存在。这些说法同样难以否定。稍加深入分析就可以看到，讨论在一定意义上，只是在一定意义上，涉及的还是历史上唯物主义和唯心主义争论的老而又老的问题，只不过在实践这一点上使之进一步深化了，而这些问题是很难彻底解决的。

实际上实践唯物主义的兴起所表达的，是人们对原有辩证唯物主义历史唯物主义体系对人的忽视的抗议，是对市场经济建设对人的价值的肯定和对人的主体性的呼唤的回应，是中国的马克思主义者从新的需要出发对马克思恩格斯哲学思想的新的选择。换一个角度看，它也是“实践是检验真理的唯一标准”大讨论的继续。此外邓小平鼓励在改革中要大胆探索，要敢于“闯”、敢于“冒”，实践唯物主义的提出就是这一精神在哲学领域的体现和深化。

遗憾的是，由于各种原因，讨论真正进行的时间并不长，参加者也远远没有取得一致意见。辩证唯物主义历史唯物主义体系是适应上一世纪社会主义革命和社会主义建设的需要建立的，我们今天面临的是崭新的历史任务，马克思主义哲学必须与时俱进，使之符合实践任务和时代精神的变化。马克思主义哲学是世界观，就它自身而言，对原有体系加以改造甚至重新建构，使各种观点自洽，是很重要的。对实践唯物主义的进一步研究，是马克思主义哲学家有待今后完成的一项工作。但是，双方的意见在这场讨论中应该说都得到了比较充分的阐述，人们对马克思主义哲学的理解毕竟大大前进了一步。更为重要的是，即使是实践唯物主义的批评者，也并不否认其中的合理因素①，实践唯物主义已经被众多的青年哲学家所接受，它的某些观点已经进入各种教科书，在新闻和文艺作品甚至党和政府的正式文件中得到反映。经过实践唯物主义的讨论，中国的马克思主义哲学面目一新。这场讨论是马克思主义哲学发展史上浓重的一笔，它的积极意义显而易见。

三　“对唯物论和唯心论对立的超越”

实践唯物主义的基本思路，是通过强调实践的意义弘扬主体性，当它因此而提出实践本体论时，学术界一片哗然。但是在20世纪80年代的中国，许多人都在遵循这条思路前进，有人走得比实践唯物主义还要远，例如高清海教授“对唯物论和唯心论对立的超越”。

1988年，高清海在《时代评论》创刊号上发表题为《重新评价唯物论唯心论的对立》的文章，随后又在《哲学动态》1989年第1期发表《再论实践观点的超越本性本质》一文，1993年，他把有关观点加以集中和发挥，扩展为专著《哲学的憧憬——形而上学的沉思》②。这些著作集中阐述了他有关超越唯物论和唯心论对立的思想。

他认为，“多年来我们所理解的以马克思主义为名的哲学理论，其实并不完全符合

---

① 参见陈先达：《关于实践唯物主义的几点想法》，载《哲学动态》，1988（12）；王正萍、李崇富：《略论物质本体论与实践本体论的统一》，载《哲学动态》，1989（6）。

② 该著作由吉林大学出版社1993年6月出版。

它的创始人马克思的思想实质。而且在我看来，那种理论有许多恰恰是与马克思哲学思想的基本精神相悖的"[①]，因而实践唯物主义、实践本体论突出强调实践是马克思主义哲学的本质特征，是值得肯定的，因为只有抓住实践的观点，才能真正理解马克思主义哲学区别于以往一切哲学派别的理论实质。

但仅仅这样做是很不够的。高清海认为，无论从本体论还是从唯物论去理解和突出实践观点的地位、性质、作用，都仍然没有从根本上跳出旧的传统思维模式的限制。以往的哲学理论是按照传统的本体论思维模式建立起来的，这种思维模式首先把存在分为本体和非本体，然后从"二体"关系把对象归结于它的始源存在。"实践唯物论"、"实践本体论"遵循的依然是这种思维模式，只不过它把实践视为世界的本原、本体。这样做会立即陷入矛盾之中。因为在人类出现以前很久，自然界已经存在，所以仅仅用实践是无法说明世界的本原的，而对于"究竟是物质高于实践，还是实践高于物质?"这样的问题，实践唯物主义无言以对。此外，如果说物质和实践两个本体并存，这在逻辑上有矛盾；如果把物质归于实践，与科学常识不合；如果把实践归于物质，实践本体论何以成立?

高清海认为，马克思主义哲学实践观的根本意义，不在于找到了新的本体，而在于彻底否定了追寻世界本原、讨论第一性第二性这种本体论思维方式。思维方式是哲学世界观理论的最高本质，实践观点就是马克思主义哲学超出旧有思维框架而形成的一种崭新的思维方式、思维逻辑。

实践之所以具有如此重要的意义，是因为：人所面对的世界是被实践活动两重化了的世界，即统一的自然世界因人的实践活动而分为"自然世界"和"属人世界"；以往的哲学家从同样的追寻世界本原这一思维方式出发，或者把属人世界简单归结于自然本质，或者把自然世界简单归结为属人本质。前者是唯物主义，后者是唯心主义，由于找不到两个世界的结合点，双方陷入长期的对立之中。"实践，按其本性说，既是造成世界两重化矛盾性质的根源，又是解决这一矛盾实现它们同一性的基础。在实践活动中既体现着自然物质的本原性作用，又体现着人及其精神的能动创造作用。既然实践是本原存在和超越形态的对立统一，自然关系本质与属人关系本质的统一，那么，它也就是理解自然世界和属人世界否定性统一关系的基础；……实践观点既超越了抽象的自然观点，又超越了抽象的人本观点，它是二者在合理形态中的具体统一。既然如此，就必然会逻辑地引申出一个结论，那就是：马克思主义哲学再也不能被容纳于传统的唯物论与唯心论派别对立的模式，既不能从唯心论观点去理解它，也不能从唯物论观点去理解它，马克思主义哲学诞生的秘密、变革的实质，恰恰就在于对唯物论和唯心论对立的超越。"[②] 高清海教授说："'实践'的'本体论'后缀不必要，附加以'唯物论'后缀同样不必要。这就是我的基本观点。"[③]

要而言之，上述观点是说：马克思主义哲学实践观的问世，意味着从根本上抛弃了追寻世界的本原这种本体论思维方式，因此必然超越了唯物论唯心论的对立。这种观点对实践的哲学意义的强调，显然进一步超过了实践本体论，更不要说实践唯物主

---

①②③　高清海：《再论实践观点的超越性本质》，载《哲学动态》，1989（1）。

义了。在学术界，高清海教授的“超越论”和者盖寡，不少人把它称之为“实践哲学”，予以激烈批评。从超越唯物论唯心论斗争的角度理解实践，在理论上完全可以作为一家之言而存在，但要用它概括马克思主义哲学，则必然会遇到难以克服的困难。第一，马克思本人曾经一而再再而三地声明自己的哲学是唯物主义，马克思主义哲学对唯物主义最集中的论述，也即恩格斯的《反杜林论》哲学编，马克思是熟知并且予以肯定的；第二，好奇是人类的天性，“世界的本原是什么”这样的本体论问题是无法抹煞的。退一步说，即使马克思主义哲学的实践观真的超越了唯物论和唯心论的对立，那也不能阻止人们站在马克思主义之外提问：“你所说的实践又是从何而来呢?”，也就是说把问题引向本体论。而一旦承认本体论问题的存在，超越论的局限性就昭然若揭了。

四　马克思主义哲学的体系问题

辩证唯物主义和实践唯物主义，一个以物质为原点，一个以实践（实质上是主体）为原点，这是两个不同的坐标系。实践唯物主义对辩证唯物主义的冲击，涉及的不是一个或几个具体观点，而是整个体系。马克思主义哲学在各种具体观点问题上的更新发展，最终都要汇集为哲学体系的创新，而哲学体系创新的集中体现，是马克思主义哲学原理教科书的更新。马克思主义哲学的体系问题，也是实践唯物主义兴起之后中国马克思主义哲学发展中的一个热点问题。

“文化大革命”结束以后，马克思主义哲学在中国的迫切任务是“拨乱反正”，即辨别和剔除“文化大革命”时期盛行的各种错误观点，其中最主要的是个人迷信和意识形态决定论以及对矛盾斗争性的意义的无限夸大。这一工作的代表性成果，是1981年出版的由中国人民大学哲学系肖前、李秀林、汪永祥主编的高等学校哲学专业马克思主义哲学教材——《辩证唯物主义》（1981年）、《历史唯物主义》（1983年）。这一套教材对马克思主义哲学体系的理解比较传统，但它是上述拨乱反正的力作，反映了我国哲学界对马克思主义哲学研究认识在当时所能达到的水平，很快在全国广为流行，一时成为各地编写马克思主义哲学原理教材的范本。

突出实践因而具有实践唯物主义萌芽性质的第一部教材，是吉林大学高清海教授主编的《马克思主义哲学基础》（上、下两册，分别于1985年和1987年出版）。这部教材酝酿于1980年。这一年，在肖前等人主编的《辩证唯物主义》一书的审稿会上，高清海不赞成因袭把马克思主义哲学分为辩证唯物主义和历史唯物主义两大块的做法，于是有了把这两个部分有机地结合在一起使之真正成为“一整块钢”的动议。该书找到的结合点，是所谓认识的基本矛盾，即主体和客体的辩证关系。该书分五个部分：

导论——马克思主义哲学是科学的世界观认识论方法论的统一；

第一编，意识与存在的关系——认识的基本矛盾；

第二编，客体——世界的同一性和多样性；

第三编，主体——人作为主体的规定性及其主体能力的根据和发展；

第四编，主体与客体的统一——在实践的基础上真善美的统一与自由的实现。

主编认为：“这部书打破了苏联教科书的传统模式，以‘主体——客体——主体客体的统一’为框架，自觉贯彻了实践观点和思维方式，内容、观点和范畴都有很大的革新。”①

这本教材的体系的确比较新颖，出版后引起哲学界普遍关注。虽然如此，但该书并没有被人们普遍接受，因为它在理论上不够彻底。作者自称“自觉贯彻了实践观点和思维方式”，但实际上却没有把实践贯穿于对客观世界和主观世界的解释之中，该书的第二编与传统的辩证唯物主义基本相同，第三编则大致相当于传统的历史唯物主义。尽管如此，该书的体系最后落脚点是实践、认识、人的自由，即主客体的统一。客观世界和主观世界是作为这一统一的前提论述的，的确突出了实践和人的主体性的意义，在一定意义上该书的酝酿和写作可以被看做实践唯物主义思潮的先声。这本书在理论上的不彻底，连主编本人也很快就认识到了。书出版后不久，主编高清海教授不仅把实践作为马克思主义哲学最重要的概念，而且认为马克思的实践观完成了哲学发展史上思维方式的革命，超越了唯物论唯心论的对立。这种观点其实也是高清海教授对自己刚刚出版的教材的否定。

实践唯物主义的兴起，必然带来对原有马克思主义哲学体系的冲击，高清海教授的自我否定只是其表现形式之一。前述 1988 年 1 月在天津召开的会议，实际上是用实践唯物主义改造原有辩证唯物主义历史唯物主义体系的动员会议，会后涌现出众多以实践为中心概念改造旧体系的设想。前面已经简要介绍了王于、陈志良、杨耕的文章《我们时代的哲学旗帜——实践唯物主义》，这篇文章按照原有辩证唯物主义历史唯物主义体系的结构，对其中的每一个问题都本着实践唯物主义的精神做了新的理解，已经是一种关于马克思主义哲学体系的新设想。除此而外，值得提到的还有下面两个方案。

夏甄陶、欧阳康在《天津社会科学》1988 年第 3 期上发表文章《试论马克思主义哲学体系的建构原则》。文章认为马克思主义哲学新体系的建构应该以实践唯物主义为理论基石，以现代社会实践为现实基础，以人与世界的总体性关系、人对属人世界的自觉能动掌握与改造为基本线索和基本内容，将本体论（包括历史观）和认识论（包括实践论和方法论）内在地统一起来，贯彻逻辑和历史统一的原则。文章作者认为新体系应该包括如下组成部分：

（1）总论。阐述哲学的对象、性质、功能以及哲学发生发展的历史逻辑和当代哲学发展趋势。

（2）马克思主义哲学的产生在哲学史上的革命性意义，实践唯物主义的本质规定，实践地改造世界是马克思主义哲学的主要社会功能。人与世界关系的时代性特点。

（3）人与世界关系的发生学前提，包括自然史前提、人类学前提、社会史前提等。自然、人类、社会相统一的世界图景。

（4）人与世界关系的结构、形式和内容。人与世界的关系就是主体与客体通过一定的中介所发生的关系，要研究其具体形式，必须分别研究人的主体地位，人这一主体的活动对象，即客体、主客体相互作用的中介系统以及人对世界的依赖和掌握。

（5）人类掌握世界的基本方式。人类掌握世界的目标系统，人类掌握世界的实践方

① 高清海：《高清海哲学文存》，第 6 卷，380 页，长春，吉林人民出版社，1997。

式、理智方式、宗教方式、艺术方式，以及人类的自我掌握和自律。

这一体系的基本线索十分清楚，即人与世界的关系。这样建立起来的体系能否准确概括马克思主义哲学的基本精神和丰富内容，可以讨论，但它的系统性和鲜明的理论特色，给人留下深刻的印象。

南京大学的孙伯鍨等人，在《马克思主义哲学的历史还原与新的理论建构——关于实践唯物主义的深层研究之一》中提出一个关于实践唯物主义哲学体系的更为全面系统的设想。作者提出："当前，**马克思主义哲学**研究正酝酿着重大的理论突破，马克思主义哲学的整体重构势在必行。我们认为，只有确认马克思主义哲学是实践的唯物主义，以实践为本位对马克思主义哲学体系进行新的理论建构，才能摆脱长期以来形成的传统哲学解释框架的束缚，真正恢复马克思主义哲学固有的生命力。"① 这段话对当时马克思主义哲学研究的整体状况做了很好的概括。

作者认为，流行的传统哲学解释框架与马克思主义哲学的原初形态之间，有着三个根本区别：

首先，哲学基本问题或中心范畴不同。原初形态以实践为中心，是否承认这一点是区分新旧哲学的根本标志。实践是马克思主义哲学的根本立场。传统的哲学解释框架则以抽象的物质范畴为中心，以物质和意识的抽象对立作为划分哲学基本派别的最高标准。

其次，对意识的本质及其结构、过程的理解不同。原初形态对意识的理解是基于实践基础上的完整把握，认为意识的本质是实践（不是物），意识的要素、结构、功能都由实践规定。传统解释框架则把一般意识的本质归结为人脑生理结构的机能和单纯的对外部对象的反映，归入"本体论"。

最后，在社会和人的问题上，更显示了两者的本质差别。在原初形态中，社会生活的实践本质，人的本质和主体性问题占有突出的位置；社会不仅是客观历史过程，而且是人们自己创造历史的活动，人是社会的主体。在传统解释框架中，社会变为外在于人的运动，人成为单纯的社会产物；人的主体本质、价值和自由问题被当作资产阶级人道主义而遭到排斥。

根据以上认识，今天提出马克思主义哲学是实践唯物主义，不是要在马克思文本之外另起炉灶，而是马克思主义哲学恢复自身生命力的必然要求。以实践为本位重新建构马克思主义哲学的体系，正是坚持和发展马克思主义哲学的客观要求。打破传统解释框架这一窒息马克思主义哲学生命力的"硬壳"势在必行。为此，要求做到：

第一，必须恢复和发展科学的实践范畴，并确立其在马克思主义哲学中的中心地位。实践是客观活动，不能把实践主观化。同时，实践又不是一个实体范畴，而是关系范畴，它是客观性和自觉性、受动性和能动性、稳定性和变动性、因果制约性和主体目的性的辩证统一，是人类活动的总体。实践是一个流动着的历史过程。

第二，必须彻底清除传统解释框架的旧本体论和传统认识论色彩。传统解释框架把哲学定义为"关于世界观的学问"，把辩证法的三大规律说成是贯穿于"自然、社会和

---

① 孙伯鍨等：《马克思主义哲学的历史还原与新的理论建构——关于实践唯物主义的深层研究之一》，载《江海学刊》，1989（3）。

人类思维的最一般规律”，实际上仍然是把哲学作为“无所不包的知识总汇”和“科学之科学”的旧形而上学体系。实践唯物主义认为，哲学的对象、内容和任务只在于研究人们在科学和实践活动中的立场（态度）、观点（感受）和方法。

第三，必须恢复和发展人在马克思主义哲学中的应有地位。传统解释框架陷入了拜物教观念，把社会关系这一实践关系变成外在于人的客体、环境的实体范畴，使人实质上陷于“非人化”的逻辑困境。实践唯物主义的重建结构将充分挖掘马克思文本中被传统解释框架掩埋了的宝藏，重新锻造出马克思主义的革命的、科学的人道主义。

作者认为，依据实践唯物主义建构的新的马克思主义哲学体系应当包括如下内容：

（1）导论。哲学是实践精神。哲学的对象、内容、任务（实践立场、观点、方法）。用实践解释哲学基本问题。

（2）实践及其在整个马克思主义哲学中的地位。

（3）自然观。自然本体论的终结，实践观与自然观的互为因果关系。

（4）历史观。社会存在的自然前提和决定性基础，社会生活的实践本质，人类社会的现实生活过程和历史发展过程。

（5）意识观。意识的物质基础和实践本质。意识的要素和结构。它的发展水平，它的形式和功能。

（6）主体性。马克思主义哲学和人道主义，人的存在和本质，人的需要和价值，人的全面发展和自由个性。

（7）实践的唯物辩证法。唯物辩证法的真正秘密和发源地是实践。实践辩证法是实践范畴展开了的体系——客观存在（“本体论”）、认识论和逻辑学的统一，主体存在（价值论）、心理学和逻辑学的统一，上述两个方面的统一（美）。

作者的上述观点，完整而透彻地表述了一种以实践为基础重建马克思主义哲学的设想，在相关思想中具有代表性。

但是，这毕竟只是一种设想。真正彻底反映马克思主义哲学实践本质而又得到哲学界普遍认可的实践唯物主义体系的专著或教材，至今没有问世。从 1989 年下半年起，相关的讨论沉寂下来。此后出现的马克思主义哲学教材，可以说是辩证唯物主义和实践唯物主义的“折中”，是对两者合理因素的综合，基本特点是在原有辩证唯物主义体系的基础上突出强调了实践活动的重要意义。直到新世纪的第二个十年，情况依然如此。

出现这样的情况不是偶然的。1989 年学术气氛的突然变化，对实践唯物主义的批判，是重要的外部原因。不过内因是第一位的。教材是人们对马克思主义哲学研究与理解状况的集中反映。统一的马克思主义哲学体系没有建立起来，不可能出现把辩证唯物主义和实践唯物主义有机整合在一起的哲学教材。这又与我国实践唯物主义研究存在的不足有关。不足之处有二：第一，全部实践唯物主义研究，尽管有的学者声称扬弃了本体论问题，超越了唯物主义、唯心主义的对立，但实际上一直是针对强调世界物质性的辩证唯物主义世界观而进行的。它的目的是要按照《关于费尔巴哈的提纲》第一条所说建立以人为中心、以实践为出发点的新世界观。这里不可避免地要遇到新的实践唯物主义的世界观与辩证唯物主义世界观的关系问题。世界的物质统一性永远不会被驳倒，在我国公开否认这种统一性也为环境所不容，这从根本上决定了实践唯物主义的尴尬处境。其实如本书导论所说，实践唯物主义和辩证唯物主义是马克思恩格斯从不同角度对同一个世界的解释，实践唯物主义只适用于物质世界发展的一定阶段，二者结合才能构成统一的、完整的世界观。实践唯物主义研究的积极意义毋庸置疑，但是无可否认，自然界的先在性、人本身是自然界运动演化的产物，一些学者批判实践唯物主义是唯心主义“扔向唯物主义的一块石头”，并非信口胡说。第二，最重要的是实践唯物主义研究者不明白马克思为什么要强调实践的重要意义，为什么要提出我们面对的自然界是“人化自然”。对马克思来说，强调自然界是人化自然以及社会关系是生产实践的产物，是因为“人是环境的产物”，只有用劳动实践活动才能对人的自然环境、社会环境及其历史发展作出科学解释，从而揭示人的发展规律与解放之路。马克思的实践唯物主义是人类学。只有在人类出现以后才有人化自然，从世界观的角度看，人化自然范畴是对辩证唯物主义世界观的补充丰富，马克思绝不是要用它否定、取代辩证唯物主义。以上不足决定了上世纪末我国的实践唯物主义研究至今仍“在路上”，一个作为马克思主义哲学基本理论的合理的实践唯物主义世界观，有待建立。

第四节　新世纪的中国马克思主义哲学

“不识庐山真面目，只缘身在此山中。”要全面、准确地认识一个事物，时间或者空间上的距离必不可少。概括和研究我们正在经历的新世纪马克思主义哲学在中国的发展，困难就在于缺少这样的距离。尽管如此，我们还是可以清楚地感受到进入新世纪以来中国马克思主义哲学研究领域的种种变化，需要对整个马克思主义哲学的现状及其未来发展作出某些分析。

一　新世纪马克思主义哲学概况

进入新世纪，中国马克思主义哲学研究的内外环境有了重大改变。

就外部环境而言，1991年苏联解体，20世纪马克思主义哲学的主要阵地，辩证唯物主义历史唯物主义体系的诞生地，不复存在。尽管如此，共产党在20世纪90年代一直是俄罗斯最大政党，拥有广泛影响，1996年曾有机会上台执政。此时马克思主义哲学家还是哲学界的主体，马克思主义课程还在大学延续，由马克思主义哲学家弗罗洛夫主编的公共课哲学教材《哲学导论》[①] 被广泛使用，马克思主义哲学还是学术会议讨论的对象。这种状况的标志是1998年召开的纪念马克思诞辰180周年的学术讨论会。讨论会由俄罗斯科学院哲学研究所主办，哲学界主要哲学家悉数到场，会后出版论文集《卡尔·马克思与现代哲学》。这些文章站在新的历史高度对马克思的哲学思想做了客观而又深入的探讨，具有很高的学术水准。[②] 1999年俄罗斯马克思主义哲学的主要代表人

---

① 该书中文版由北京师范大学出版社2011年2月出版。

② 其中的主要文章被译为中文发表在安启念主编的《当代学者视野中的马克思主义哲学·俄罗斯学者卷》中（北京师范大学出版社，2008）。

物弗罗洛夫突然去世，同时越来越多坚持马克思主义立场的哲学家改变立场或者淡出学术界。进入新世纪，俄共疲态尽显，影响急剧缩小。时至今日马克思主义哲学在俄罗斯几成绝学。仍有著作不断问世的马克思主义哲学家屈指可数，其中最重要的奥伊则尔曼生于1914年，已是百岁老人。马克思主义哲学在俄罗斯的发展，无从谈起。

在西方国家，20世纪70年代初哈贝马斯转向晚期资本主义研究是马克思主义哲学发展中的标志性事件。这时，一方面1968年学生运动失败后大规模的“造反”运动趋于沉寂，另一方面发达资本主义国家此前已经出现的种种变化进一步发展。科学技术在物质生产和整个社会生活中的作用日益突出，社会科层化和分工精细化日益明显，第三产业迅速崛起，广大民众物质生活水平显著提高，社会福利不断完善，阶级界限趋于模糊，经典意义上的产业工人数量骤减，社会革命的可能性进一步降低。更值得注意的是，现代性得到充分实现，然而物化、单向度化和相对贫困更加严重使得它不再具有鼓舞人心的力量，甚至令人失望。人们用后现代社会、晚期资本主义社会、后资本主义社会、后工业社会等称呼变化了的西方社会。不论被理解为社会革命理论的马克思主义，还是被等同于弘扬科学理性的马克思主义哲学辩证唯物主义历史唯物主义，失去社会基础。再加上西方国家赢得与苏联的冷战，苏联解体，马克思主义在西方国家的处境更为艰难。前面提到，转向后的哈贝马斯被许多人认为已经与资本主义妥协，其思想不再属于马克思主义范畴。随着时间推移，西方马克思主义淡出舞台。不仅如此，一度有声有色的东欧新马克思主义也难寻踪迹。取代它们的是“后马克思主义”，它表现为生态马克思主义、女权主义、反种族主义、争取有色人种权益运动、反全球化运动、反战争运动，等等。它的思想最大特点是解构马克思主义理论。周凡教授概括为四个方面：解构马克思主义的总体性概念、解构马克思主义的经济决定论、解构马克思主义的阶级还原论、解构马克思主义的激进革命概念。[①] 这样的理论是不是马克思主义，学术界很多人持怀疑态度。哈贝马斯的转向只是标志，西方国家的马克思主义哲学是否存在，有待研究。今天已经很难在原来的意义上认真讨论西方国家的马克思主义哲学发展史。

在上述背景之下，中国在马克思主义哲学和整个马克思主义的历史发展中的地位比以往任何时候都更加重要。一方面，中国是当今世界唯一仍然坚持共产党领导并以马克思列宁主义为理论指导的大国，马克思主义研究受到高度重视。2004年开始了大规模的马克思主义理论创新工程，国家投入大量资金，马克思主义哲学领域研究成果不断涌现，全国高校集中了一大批马克思主义哲学研究方面的青年才俊。另一方面，经过30多年的改革开放中国社会发生巨大变化。两极分化日益明显，干部腐败触目惊心，整个社会弥漫着拜金主义，许多人理想信念失落，科学发展观所要解决的GDP和人的矛盾，或者说物质需要和精神需要的矛盾，依然存在并且更加突出。越来越多的人为中国的发展目标而担忧。社会出现了对哲学理论的新的需要。第三，中国学者掌握的马克思主义哲学文献资料大为丰富，最新的马克思恩格斯全集历史考证版第二版（MEGA2）得到运用，而且随着改革开放的深入发展，与国外学者的交流渠道显著拓展，交流活动日益频繁，中国学者的眼界大为开阔，国际影响力不断增加。中国的马克思主义哲学研究水

① 参见周凡：《后马克思主义导论》，2～3页，北京，中央编译出版社，2010。

平与以往不可同日而语，令各国学者刮目相看。在今天研究马克思主义哲学发展史，最值得关注的毫无疑问是中国。全球马克思主义哲学研究的格局发生根本改变，中国在新世纪占据了中心位置。

二　研究领域的扩展与新变化

进入新世纪后，中国马克思主义哲学领域最明显的变化是研究领域得到极大扩展。对此可以从如下几个方面来看。

第一，马克思本人的哲学思想，尤其是其早期的哲学思想，成为马克思主义哲学的主要研究对象。上世纪80年代兴起实践唯物主义已经表明，人们开始把目光聚焦在马克思的早期哲学思想上，到新世纪，列宁、斯大林、毛泽东的哲学思想逐渐受到冷落。1999年张一兵出版《回到马克思——经济学语境中的哲学话语》一书，此后国内陆续出版了名为《走进马克思》、《神会马克思》、《走近马克思》的著作。俞吾金教授在2004年《哲学动态》杂志第12期发表了题为《运用差异分析法研究马克思的学说》的文章，明确提出马克思主义创始人一词只能用于马克思，因为恩格斯对马克思思想的阐述是有偏差乃至错误的。改革开放之前，马克思早期哲学著作中文版或者阙如，或者译文晦涩难懂，上世纪70年代末这种情况得到极大改变，有力地推动了马克思早期思想研究。再加上改革开放，特别是市场经济建设，对人的主体性的呼唤与培育，马克思早期思想研究蔚然成风。通过对马克思本人早期思想的深入发掘，中国哲学界对马克思哲学思想进而对整个马克思主义哲学的理解得到极大提升，达到前所未有的深度。上世纪80年代的实践唯物主义思潮在新世纪得到延续与发展。中山大学一些学者专注于实践理论研究，对马克思的实践思想做了深度发掘。山东大学何中华教授2009年出版50多万字的专著《重读马克思——一种哲学观的当代诠释》，用实践解释马克思的思想，包括对实践本体论做了详细论证。进入新世纪，不少学者把实践唯物主义引入对人的生存状态的研究，形成实践生存论，深化了对马克思人学思想的理解。

在马克思哲学思想研究中有两个领域成绩比较突出。其一是马克思与德国古典哲学的关系问题。在马克思与康德、马克思与黑格尔、马克思与青年黑格尔派、马克思与费尔巴哈，乃至马克思与施蒂纳的关系方面，都有专著问世，有的还不止一种。其二是唯物史观。在这个领域，新的论著数量之多难以计数。这一领域的研究共同特点是以马克思的实践理论为基础。在这个基础上，中国学者对唯物史观的核心思想、涵盖范围、经典表述、理论价值、形成经过、马克思和恩格斯的关系、历史地位、发展演化，以及它与人的发展解放的关系等问题，做了深刻分析，理论上达到以往难以想像的深度。

第二，马克思哲学思想的文本学、文献学研究进入中国学者理论视野。这是一个崭新的领域。新领域的开辟首先是因为涌现出了一批精通外语的中青年学者，其次是因为马克思恩格斯全集历史考证版第二版——即MEGA2——从上世纪70年代中期开始出版。MEGA2不仅收录马克思恩格恩斯著作最全，而且每卷除正文外都附有“附属材料卷”，提供了关于改卷相关著作写作、修改、出版、流布的大量信息，为对马克思恩格斯著作进行文献学和文本学研究提供了良好条件，同时国外学术界已经在这方面取得许多成果，可资借鉴。最后，这一领域研究工作的展开也是因为我国出现了重新阅读马克思的理论需要。研究工作相当深入，而且成果颇丰。例如仅仅关于《德意志意识形态》近年来就涌现出如下著作：聂锦芳著《批判与建构：〈德意志意识形态〉文本学研究》（2012 年），魏小平著《探求马克思：〈德意志意识形态〉原文文本的解读与分析》（2010 年），孔云龙著《“生活”的发现与历史唯物主义的形成——〈德意志意识形态〉研究》（2011 年），杨丽珍著《〈德意志意识形态〉中的马克思历史观新探》（2013 年）、韩立新主编《新版〈德意志意识形态〉研究》（2008 年），张周志、周树智主编《唯物主义历史观马克思恩格斯〈德意志意识形态〉研究文集》（2013 年），［日］广松涉编著《文献学语境中的〈德意志意识形态〉》（2005 年），［德］英格·陶伯特编著《MEGA：陶伯特版〈德意志意识形态·费尔巴哈〉》（2005 年），［日］岩佐茂、小林一穗、渡边宪正《〈德意志意识形态〉的世界》（2014 年），［俄］巴加图利亚编著《巴加图利亚版〈德意志意识形态·费尔巴哈〉》（2011 年），［韩］郑文吉著《〈德意志意识形态〉与 MEGA 文献研究》（2010 年），［俄］梁赞诺夫编著《梁赞诺夫版〈德意志意识形态·费尔巴哈〉》（2008 年）。

第三，国外马克思主义研究。我国的国外马克思主义研究始于 20 世纪 80 年代，随后引起越来越多的人关注，2005 年被国务院学位委员会和教育部列为马克思主义理论一级学科博士点下的二级学科，获得迅速发展。国外马克思主义是个模糊概念，上世纪主要指卢卡奇、葛兰西、法兰克福学派、弗洛伊德主义马克思主义和存在主义马克思主义等，进入新世纪上述理论仍未退出舞台，又增添了形形色色的后马克思主义、东欧新马克思主义、日本马克思主义以及曾经被明确排除在马克思主义范畴之外的国外马克思学。当前国内马克思主义研究教学队伍内越来越多的人转向国外马克思主义，马克思主义哲学专业博士生学位论文多数选题在这一方向，马克思主义哲学学术会议以国外马克思主义的会议参加人数最多，往往有数百人。因为研究者众多，不少学者指出，大家的研究对象中许多人其实很难算作马克思主义者，甚至不是马克思的研究者，更不是有所成就值得中国哲学家研究的著名学者。这方面的著作近 30 年热度不减。孔明安先生主编的《当代国外马克思主义新思潮研究》（2012 年）篇幅有 860 页之多。中央编译局组织编写的关于东欧新马克思主义的丛书，2014 年推出 20 多本，全部完成总计将有 60 多卷。

第四，出现了不少新的研究方向。除了过去人们比较熟悉的马克思主义经济哲学、历史哲学、法哲学、美学等以外，新世纪又出现了马克思主义管理哲学、政治哲学和马克思主义中国化方向的研究。其中最值得注意的是马克思主义政治哲学的研究。

政治哲学研究在马克思主义哲学领域的出现与美国哲学家罗尔斯的《正义论》出版有关。万俊人教授指出：

> 罗尔斯的《正义论》（1971 年）发表后，不仅整个西方哲学，而且整个世界哲学的发展都发生了根本性的理论转向，注重哲学之知识合法性论证的分析哲学和语言哲学逐渐淡出哲学的主题论坛，让位于关注社会现实生活与价值秩序的政治哲学和道德哲学。尽管寻求哲学知识的技术化和合理性之理论热情仍然保留了下来，而且日益精密和深入，但越来越多的哲学家已经越来越清醒地意识到，理解“生活世界”本身及其意义、目的和行为实践，更应该成为哲学的思想关切和理论责任。哲

学似乎又一次回到了苏格拉底、柏拉图和亚里士多德或者孔子、孟子和荀子的时代，再一次重温“轴心时代”的哲学智慧。①

马克思主义哲学家孙正聿教授则说：“政治哲学成为日益耀眼的显学——我们时代的哲学。”② 有的学者更直接断言：马克思哲学是政治哲学。③ 研究马克思主义哲学原理几十年的段忠桥教授彻底转向政治哲学。他说：“当今世界的新变化使得原本在经典马克思主义中关注不够的平等、公正、正义等问题变得十分突出；马克思主义者必须对这些问题做出自己的回答，这是当前摆在我们面前的一项重要而艰巨的任务。”④

政治哲学的兴起是当前中国生活实践的需要。改革开放以来，社会主义市场经济建设和社会生活发生的深刻变化，使得社会公平、制度正义、社会信用体系、权力的制约、人的自由等问题前所未有地凸显出来，社会关系和社会结构的调整成为复杂而又紧迫的任务。此外社会公共化程度日益提高，如何对它加以规范，如何享受这种高度公共化的生活，需要研究。

三　处在重要历史关头的中国马克思主义哲学

从马克思主义哲学发展史的角度看，新世纪中国马克思主义哲学领域的上述变化意义重大。

归结起来看，这些变化说明了一个问题，这就是中国的马克思主义哲学研究开始了一场重要的历史性转折。

政治哲学是以往中国马克思主义哲学从未遇到的新问题。所谓政治，我们在过去一直没有把它看做独立的需要采用哲学的方法，也即用思辨的手段，加以研究的对象。经济基础决定上层建筑，从原始社会结束直到共产主义实现，社会存在着阶级和阶级斗争，政治的核心就是阶级斗争、阶级专政。社会的政治制度乃至价值目标，都要与生产力发展需要一致，为之服务。所谓公平正义，其判别标准在于是否与生产力水平相符。历史唯物主义可以对政治生活提供令人信服的解释。在当前的中国，经济建设仍然处在工作的中心，不过已经不是唯一的中心。公平正义问题凸显，作为独立的不再以服务于生产力的发展为唯一旨归的问题出现在世人面前。物质生产力极大发展，日益现代化，同时“尊孔读经”渐成风气，各种宗教影响日隆。这些变化超出了历史唯物主义的解释范围。政治与思想文化领域正在获得某种独立性，相当程度上正在扮演经济生活引导者的角色。过去人们跟着生产力走，现在要对它加以设计引领它前行了。这与西方马克思主义当年面临的状况有些相似。科学发展观和“和谐社会建设”的提出已初露端倪。中国共产党十八届三中全会提出实现国家治理体系和治理能力的现代化，从一个角度看就是在呼唤政治哲学的出场。

国外马克思主义哲学研究虽然早在上个世纪80年代就进入中国马克思主义哲学的

---

① 万俊人：《关于政治哲学几个基本问题研究论纲》，载《天津社会科学》，2004（2）。

② 孙正聿：《建构马克思主义政治哲学的前提性思考和理论资源分析》，载《中国社会科学》，2006（6）。

③ 参见郁建兴：《马克思的政治哲学遗产》，载《中国社会科学》，2006（6）。

④ 段忠桥：《柯亨的政治哲学转向及其启示》，载《哲学研究》，2006（11）。

视野，但是今天它展现的丰富内容，它对中国哲学家的吸引力，或者说它受到的热捧，与过去不可同日而语。国外马克思主义人物众多，思想繁杂，从最早的卢卡奇开始，批判辩证唯物主义历史唯物主义就是基本内容，最新的各种后马克思主义思潮，全面解构马克思主义基本理论是重要特征。国外马克思主义研究热潮的兴起，充分显示了学术界对正统马克思主义哲学的疏离。

文本学文献学的研究在中国是崭新的领域，事实上只限于马克思的而且就哲学而言主要是马克思的早期著作，其中的一些著作，如《1844 年经济学哲学手稿》，在过去是被正统的马克思主义哲学视为不成熟的因而被排除在马克思主义范畴之外的。即使是《关于费尔巴哈的提纲》和《德意志意识形态》，因为马克思恩格斯本人对它们予以充分肯定，其理论价值一向得到承认，但是从来不是研究重点，多年来重点一直是恩格斯的《反杜林论》、《路德维希·费尔巴哈和德国古典哲学的终结》。研究重点的转移反映出人们对传统马克思主义哲学认识的改变。至于人们的注意力从马克思主义哲学转向研究马克思本人的哲学思想，是因为随着研究的深入他们发现了马克思恩格斯的哲学思想的确有相同之处且意义重大。以往我们对马克思主义哲学的理解——辩证唯物主义历史唯物主义——主要来自恩格斯，转向马克思显然带有与传统告别的意味。俞吾金教授提出“差异分析法”绝非空穴来风。

上述情况的出现给人造成十分突出的印象，这就是中国的马克思主义哲学研究领域正在发生重大变化。从关注的对象到提出的理论观点充满新意，形成一种新的局面、新的景象。关于辩证唯物主义世界观的著作日渐稀少，历史唯物主义研究不断出现新的开拓。虽然尚未成型，但是中国的马克思主义哲学正在进入一个新的阶段，这一点显而易见。

为什么会有这些变化？固然有来自外部的影响，但是从根本上看，根源在中国自身，是因为改革开放 30 多年中国社会发生了重大变化。造成中国马克思主义哲学研究领域上述变化的原因主要是现实生活发生了变化。具体来看，第一，30 多年来生产力的高速发展带来严重的生态、环境、资源等危害可持续发展乃至身体健康的问题，这些问题依靠生产力的发展是不能解决的，相反，它们的出现本身就是 GDP 快速但片面增长的结果。第二，市场经济的发展，科学技术成为第一生产力，让中国人像西方国家的民众一样感受到了异化、物化、单向度化的问题，人日益成为被物质生产和科学技术支配的对象，物的价值提高了，人的价值降低了。中国人也开始受西方后现代主义所关注的种种问题的困扰。第三，社会出现了严重的贪污腐败与两极分化，这些现象与改革开放取得的巨大成就相伴而生，而不论从什么角度看，改革开放都是不能否定的。出路何在，是新的课题。第四，市场经济不只是一个经济范畴，它意味着一种新的生产方式、生活方式，改变着人的灵魂。30 多年的市场经济建设让中国人发现了自己，开始追求现世生活的幸福（而幸福往往被理解为物质欲望的满足，如西方国家文艺复兴时期一样），意识到自己的价值。主体意识、平等自由观念深入人心，社会心理发生重大改变。

现实生活的这些变化改变了人们的实践需要和理论需要。公平正义成为关注的焦点，实现社会和谐成为社会的迫切需要，确立新的人生目标以安顿自己的灵魂并为社会寻找新的方向成为普遍关切。社会迫切需要新的理论。长期以来中国马克思主义哲学被等同于辩证唯物主义历史唯物主义，而我们知道辩证唯物主义历史唯物主义是一种以弘扬科学理性为基本精神的理论，强调世界是物质的、物质世界是运动的、物质世界的运动是有规律的，人必须服从这些客观规律。这样的理论永远不会被证伪，而且在俄罗斯、中国等后发展国家的理性启蒙中发挥了重要作用，但是对于满足进入新世纪后中国人的理论需要、理论关切，这样的世界观显然力不从心。人们在传统的辩证唯物主义世界观中找不到问题的答案，必然转而他求，出现新的领域、方向，势在必然。马克思主义哲学在青年学生和广大民众心目中有被边缘化的趋势，与近年来的宗教热潮以及尊孔读经风气，形成对照。令人痛心，却是事实。

中国马克思主义哲学，如果考虑到社会主义中国和中国马克思主义哲学在当今世界的特殊地位，同时也是整个世界的马克思主义哲学，在自己的历史发展中正处于一个重要关头。

生活之树常青，发展是理论的生命所在，也是马克思主义哲学的生存常态。创新则生，不创新则死。中国马克思主义哲学乃至整个世界的马克思主义哲学，必须有所创新、有所发展。生活走到了哲学家的前面，向哲学家提出了新的问题，也为哲学的发展提供了广阔空间和无限可能。我们有理由相信，只要经过努力，完全有可能使马克思主义哲学的发展进入一个新的阶段，获得新的发展，真正成为当今时代的哲学，因为马克思恩格斯的著作中有大量以往发掘不够而今天我们理论创新所需要的理论资源。

“回到马克思”是一个伟大的口号，它喊出了时代的需要。为创新马克思主义哲学，我们必须重读马克思，从现实生活提出的新需要出发重新对马克思恩格斯的哲学遗产进行梳理与选择。正像现代物理学没有否定抛弃近代物理学，而是把它作为一个组成部分纳入自己的体系中一样，马克思主义哲学的发展也将出现类似的情况。对马克思恩格斯哲学思想的上一次选择是由列宁那一代人从当时的情况出发完成的，已经是100多年以前的事了，时代的巨变要求从新的需要出发作出新的选择。如果我们在马克思恩格斯的著作中找不到自己需要的思想资源，无可奈何花落去，马克思主义哲学将退出历史舞台。多年的研究告诉我，他们的著作中是有这样的思想资源的，而且很丰富。应该相信，中国学者完全有能力使马克思主义哲学面貌焕然一新，获得新的生命力。

就大趋势看，历史发展没有证伪马克思主义，相反从一个角度看是对马克思主义的最终证实，因为我们从当今发达国家的现实生活中可以很清楚地看到马克思本人共产主义设想的身影。① 这是马克思主义哲学复兴的希望所在。

---

① 参见安启念：《马克思恩格斯伦理思想研究》，第5章，武汉，武汉大学出版社，2010。

马克思主义哲学发展史中需要进一步研究的几个重大问题

马克思主义哲学发展史中有待研究的问题非常之多，本书没有可能也没有必要一一罗列，但是其中有一些涉及马克思主义哲学在当今时代发展的全局的重大问题，应该予以特别的关注，现将它们列举如下，供读者参考。

一 马克思恩格斯的哲学思想与当时时代的联系问题

本书第一章已经涉及这个问题，但主要讲了资本主义的发展造成人道主义理想的失落这样一个方面。这样做可能比只讲马克思主义哲学产生于无产阶级阶级斗争的需要深入了一步，但还很不够。

任何哲学都是一定时代的产物，只有深刻理解了它所处的时代，才能深刻理解它本身，而对时代的深刻认识，需要时间的距离，也即需要跳出这一时代之外，站在新的时代的高度反思才有可能。经过100多年的发展，今天的资本主义已和马克思恩格斯当时生活于其中的资本主义不可同日而语，而且整个人类已经开始告别工业文明，向后工业社会迈进。时代已经发生了根本性的变化。从这样的历史大尺度考察马克思主义哲学，它的时代性就会凸显在我们面前。我们今天是站在新的历史高度研究马克思主义哲学发展史的，这使我们有可能从宏观上、总体上理解它在人类思想史中的意义。我们看到，整个马克思主义理论只是资本主义文明，或者说是工业文明，早期阶段的产物，它具有超越时代的真理性因素，但也不可避免地带有时代的特点或局限。时代已经发展了，马克思主义哲学是否也已经过时？回答这个问题需要对马克思主义哲学中的真理性因素，以及时代局限性，进行具体的分析。这显然是马克思主义哲学发展史研究中最基本、最重大的问题。研究这个问题对于坚持和发展马克思主义哲学是至关重要的。

二　马克思的哲学思想究竟是什么

作为马克思主义哲学的奠基人的马克思，他的哲学思想究竟是什么，无疑对马克思主义哲学及其发展史研究非常重要。如本书所说，在这个问题上东西方国家的马克思主义者上世纪形成两种不同的认识。改革开放以来我国学者着力最多的就是对马克思本人哲学思想的研究，并且取得大量成果。虽然观点尚未统一，但大大推进了以往的认识，揭示出过去中外学者很少涉足的内容，例如大唯物史观、唯物史观与劳动实践辩证法，等等。现在应该适时地加以总结，尽可能提出全面、深刻地反映马克思相关思想的新认识。它将成为马克思主义哲学回应现实生活需要并得到进一步发展的基础。在开展这一工作时有两个问题必须考虑。第一，马克思的哲学思想有无系统性？或者换个说法，怎样才能把他的哲学思想统一起来？第二，我们一再强调，马克思唯一关注的是人的发展、人的解放，那么他的主要哲学思想实践唯物主义、大唯物史观与人的发展和解放是什么关系？

三　当今时代对马克思主义哲学的挑战问题

挑战是发展的机遇，一切理论都是在回答挑战中得到发展的。回避、否认马克思主义哲学遇到的挑战，必然使之教条化，必然扼杀马克思主义者的创造性和生命力。与第一个问题一样，当今时代对马克思主义哲学的挑战也是一个具有全局性的大问题。

对于这种挑战，前文已有涉及，但是还很不够。自马克思主义哲学诞生以来时代究竟发生了什么样的变化，还需要进一步研究。对中国和俄罗斯等正在深入进行社会改革的国家来说，最大的变化就是市场经济的建设。市场经济的建设要求破除许多以往的传统观念，而这些观念的变化必然在深层次上涉及马克思主义哲学的一系列基本原理。如果就整个人类文明的发展来看，当今时代最大的变化无疑是工业文明正在被人类的实践所扬弃。首先是发达国家正在向后工业社会过渡。不仅马克思主义哲学产生时的早期工业社会已经成为历史，而且整个工业社会正在被信息社会所取代。其次是全球化浪潮的出现。这是当今时代正在经历的最重要的变化。全球化一方面造成全球经济的一体化和随之而来全球性政治文化冲突不断增加，另一方面也因生产规模的急剧扩大而造成生态、资源、大规模杀伤性武器的出现与迅速更新等问题。当今时代的后一种变化使整个人类陷入困境。人类能不能继续生存，怎样才能继续并更好地生存，是时代摆在整个人类面前的重大问题。从总体上看，人类文明正面临着一场重大的历史性转折。它的深刻性是“信息社会取代工业社会”这一说法也无法概括的。这将是一场人类生活方式的根本变革，最重要的是它将深刻涉及人类的思想观念、价值目标的更新，其中有大量极为重要的问题需要哲学家们去思考解决。

四　马克思恩格斯哲学思想的系统化问题

本书导论已经指出，马克思恩格斯本人并没有对他们的哲学思想做过系统的阐述，后人对马克思主义哲学的系统化工作也并不成功，这还是一项有待完成的任务。建立庞大的哲学体系在今天看来未必适合时宜，但问题是经过改革开放以来对马克思恩格斯哲学思想的深入研究，大量事实告诉我们，过去以为马克思和恩格斯在思想上完全一致、毫无区别的看法是不符合事实的。俞吾金教授建议的马克思恩格斯哲学思想研究的“差异分析法”，或者“求异思维”，反映了在对马克思恩格斯哲学思想关系问题上今天的中国学术界相当多的学者已经抛弃了“完全一致说”。那么他们的哲学思想究竟是什么关系？是对立的吗？如果不对立，如何统一？这也是事关马克思主义哲学发展史全局的重大问题。

五　哈贝马斯哲学思想的研究问题

在西方马克思主义者中，哈贝马斯是唯一针对现实生活提出建设性理论的人。他不仅像霍克海默、马尔库塞一样对现代资本主义社会的物化以及物质生产、科学技术对整个社会的“支配现象”、人的单向度化做了分析批判，而且进行了历史唯物主义的重建，提出了交往理论，研究了晚期资本主义的合法化问题。他的理论中有许多对我们具有现实意义。

就历史唯物主义重建来说，他力图在发达资本主义条件下重新建立对社会生活和社会发展加以唯物主义解释的理论，为我们提出了一系列的问题：这一工作有无必要？他所解释的历史唯物主义是否正确？他是在重建历史唯物主义还是在否定历史唯物主义？他所重建的历史唯物主义中有哪些思想是合理的、对我们有价值的？历史唯物主义与工业文明有何联系？今天还遇到什么挑战？它还有没有生命力？等等。大家知道，在西方国家学术界，对唯物史观的批判非常流行，与哈贝马斯《重建历史唯物主义》几乎同时，安东尼·吉登斯出版了《历史唯物主义的当代批判》一书专门批判、否定唯物史观。面对否定唯物史观的潮流，哈贝马斯对唯物史观的建设性思考显得非常宝贵。

就他的交往理论来说，这一理论放弃阶级斗争，主张通过人与人的交往、商谈，在道德规范上取得共识并进而建立得到大家认可的合理的社会结构，它能不能成立？还是不是马克思主义的？与共产主义目标有什么联系？它对当今的中国有什么现实意义？如果考虑到改革开放以来中国社会自身的变化，考虑到邓小平的“三个有利于”标准和江泽民同志提出的“三个代表”重要思想，特别是考虑到中共十八届三中全会提出的实现国家治理体系和治理能力的现代化，哈贝马斯的交往理论更是值得高度重视。因为我们自己已经否定了毛泽东晚年一味夸大阶级斗争作用的错误做法，对我们来讲，现在重要的是要把共产主义长远目标与当前的现实需要结合起来，把社会矛盾控制在一个合理的范围内，寻找不同社会阶层的妥协与共识，保持社会稳定，尽快发展生产力，而为此，各种法律、法规、政策应该使不同社会阶层的利益与要求都得到反映和保护。我们需要的是完善社会主义民主，而不是你死我活的阶级斗争。在这种情况下，研究哈贝马斯思想的重要性，是不言而喻的。

教学大纲

第一部分　课程说明

✻ 课程名称

马克思主义哲学发展史

✻ 课程的宗旨

马克思主义哲学发展史是高等学校哲学专业主要必修课之一。它的宗旨是：

第一，使学生对马克思主义哲学的发展历史有一个全面的了解，从而开阔视野，加深对马克思主义哲学原理的理解。哲学史是哲学思想、哲学原理的发展历史。只有正确全面地了解了马克思主义哲学的发展历史，才能了解我们今天在马克思主义哲学原理课中所学习的内容从何而来，从而深刻地理解和把握这些内容。

第二，创新是理论发展的生命所在，理论思维和创新能力的培养，一个非常重要的途径，甚至是唯一的途径，是学习哲学史。恩格斯说："理论思维无非是才能方面的一种生来就有的素质。这种才能需要发展和培养，而为了进行这种培养，除了学习以往的哲学，直到现在还没有别的办法。"① 因此，通过马克思主义哲学发展史的学习培养学生的理论思维和

① 《马克思恩格斯选集》，2版，第4卷，284页。

创新能力，是本课程的主要目的。

✲ **课程的基本教学要求**

1. 本课程以马克思主义哲学自19世纪40年代问世直到今天的发展历史（包括它在中国的传播发展）为学习对象，要求以马克思主义哲学原理、西方哲学史、中国哲学史为先修课。

2. 切忌把马克思主义哲学发展史课程作为马克思主义哲学原著主要内容按历史顺序的罗列来讲。这样的讲授方法虽然可以使学生了解在不同的历史时期出现了哪些新的观点，但无法理解这些观点为什么会产生，无法说明马克思主义哲学思想的产生以及演化与时代和生活实践的需要有什么关系。这一做法不能把马克思主义哲学的发展作为一个有生命的过程在理论上再现出来，更不利于学生借鉴前人理论思维的经验教训，提高自己的理论创新能力。

《新编马克思主义哲学发展史》在编写中突出了马克思主义哲学的发展与不同国家、不同地区、不同时期马克思主义者面临的实践任务的联系，与以往的马哲史教材有较大的不同，希望在使用中特别加以注意。

3. 在每一章的教学中都应该把握如下几个环节：第一，时代以及马克思主义者面临的实践任务发生了什么变化；第二，这一时期该地区的马克思主义者适应新的实践需要提出了哪些新的思想；第三，这些思想的基本内容；第四，站在今天的高度应该如何评价这些思想。

4，本教材在第八章结束后列有“马克思主义哲学研究中需要进一步研究的几个重大问题”。这些问题都很大，但又至关重要，很难立即得出大家都能认同的结论，可作为教学参考。希望提出这些具有开放性的问题能够引起学生的理论兴趣。

✲ **教学方法**

1. 在讲到某一个历史阶段时，可以把马克思主义哲学的新发展与该阶段的其他哲学理论加以比较，以加深学生对马克思主义哲学的理解认识。

2. 尽量避免单纯地由教师讲授，如时间允许，可挑出合适的问题组织学生讨论。即使是讲授，也要注意采用启发式，注意在讲授中提出问题启发学生主动思考。这也是一切哲学课程的共同方法。

3. 教材不可能也不应该是正确观点的汇集，只是作者的一家之言，教师在使用时可根据自己的认识进行评价和讨论，切记不要因教材而束缚学生的独立思考。

第二部分　教学的基本内容

导论

一、内容要点

导论的内容是讨论与整个课程有关的重要问题，如什么是马克思主义哲学以及它的发展机制，以便把学生导入课程的主题。

✻ 什么是马克思主义哲学

马克思恩格斯不是书斋里的学者，他们首先是革命家。马克思恩格斯从来没有写过系统全面地论述自己哲学思想的著作。这为准确理解什么是马克思主义哲学造成困难。马克思恩格斯本人及我国哲学界对这个问题的各种说法。能够比较准确地概括马克思主义哲学主要精神的，是辩证唯物主义和实践唯物主义的结合。

✻ 马克思主义哲学是如何发展的

为无产阶级革命服务的实践性是马克思主义哲学的基本特征之一。由此决定了，第一，对马克思主义哲学的发展作出贡献的，主要是革命家或从事资本主义批判的理论家；第二，马克思主义哲学的发展，是马克思恩格斯的哲学思想与不同国家的国情以及革命实践需要相结合的过程；第三，在今天的世界上不存在统一的马克思主义哲学。在马克思恩格斯之后，马克思主义哲学在东方国家和西方国家的发展表现出不同的方向，形成两个大的流派。西方马克思主义也是马克思主义哲学的重要派别之一。

二、重点和难点

导论部分的重点是马克思主义哲学的发展机制，以及它在东方国家和西方国家发展的两个不同方向。本书对马克思主义哲学发展史的主要观点和全书的基本结构，都建立在对这一问题的认识之上。

这一部分没有难于理解的内容。把西方马克思主义作为与苏联、中国的马克思主义哲学同等重要的马克思主义哲学平行发展的两条线索来看，与以往通行的观点有较大区别，应予以特别关注。

三、思考题

1. 什么是马克思主义哲学？

2. 革命实践的需要如何影响马克思主义哲学的发展？

3. 应该如何理解西方马克思主义与马克思主义哲学的关系？

第一章　马克思主义哲学形成的时代背景

一、内容要点

本章在对马克思主义哲学时代背景的讨论中，主要着重其理论背景。

第一节　资本主义在19世纪的发展和人道主义理想的失落

资本主义的产生与发展是和人道主义口号联系在一起的。人道主义极大地推动了物质生产的发展。工人的非人处境和人道主义理想的失落。人道主义理想的失落引发了对资本主义制度的批判反思。

第二节　空想社会主义

资本主义社会的空想社会主义者。空想社会主义者对资本主义控诉，他们的社会试验。空想社会主义的失败。时代向进步知识分子提出的历史性任务。

第三节　科学理性在黑格尔哲学中的辉煌胜利

黑格尔的伟大历史功绩。黑格尔的辩证法。自然科学的新成就。科学理性在黑格尔哲学中的胜利。自然科学的新成就和黑格尔哲学对理性的颂扬给人们的启示。实现人道主义和科学理性的结合是时代的要求。

二、重点和难点

这一章的宗旨是说明马克思主义哲学的形成背景。本书认为思想的发展总是从因实践的发展而造成的已有理论的困境开始，即是一个“问题——创新——新问题——新创新”不断循环的过程。以往的教材罗列了大量事实，但没有凸显理论发展的上述机制。本书强调，资本主义追求人道主义理想，但在其发展中造成了人道主义灾难，原有的人道主义理论陷入困境，空想社会主义应运而生；空想社会主义的失败促使人们寻找实现人道主义理想的现实的科学的途径，努力把人道主义与科学理性结合起来。这是时代提出的要求，也就是马克思主义产生的时代背景。马克思主义哲学和马克思主义就是这一结合的产物。

以上认识深入到了马克思恩格斯思想转变的具体机制，把它放在人类思想发展长河中加以考察。理解和说明这一点，是本章的重点与难点。

三、思考题

1. 从马克思主义哲学发展史的角度出发应该怎样评价空想社会主义和黑格尔哲学？

2. 为什么说实现人道主义与科学理性的结合是19世纪上半叶的时代要求？

第二章　卡尔·马克思

——马克思主义哲学的形成

一、内容要点

马克思和恩格斯共同创立了马克思主义哲学，但这一工作主要是由马克思完成的。本章全面讨论马克思哲学思想转变的历程，并对马克思的哲学思想加以系统的说明。

第一节　卡尔·马克思

马克思的出身与生平。马克思的出众才华和火一样的个性：马克思的才华在中学时期的表现。人们对马克思出众才华的评价。马克思的火一样的个性。不拘小节，热情奔放，爱憎分明，充满战斗精神。出众的才华和火一样的个性使马克思成为革命家，成为马克思主义的创始人。

哲学家马克思的思想历程：第一阶段，进入大学学习到参与《莱茵报》的工作之前。法学研究中的困惑与转向黑格尔哲学；成为黑格尔哲学的信徒；《博士论文》；开始了解费尔巴哈的哲学思想。第二阶段，开始参与《莱茵报》的工作到《1844年经济学哲学手稿》之前。《莱茵报》时期的苦恼；告别黑格尔的唯心主义哲学；接受费尔巴哈的唯物主义哲学。第三个阶段，从《1844年经济学哲学手稿》到《德意志意识形态》。开始研究经济学；依据费尔巴哈的人本主义唯物主义批判改造黑格尔哲学；实践唯物主义思想形成，告别费尔巴哈；批判青年黑格尔派，写作《神圣家族》和《德意志意识形态》。第四个阶段，1846年直至逝世。马克思的哲学思想的运用与发展。马克思的主要哲学著作。

第二节　马克思主义——科学理性与人道主义的结合

马克思对普罗米修斯的热情称赞。马克思的普罗米修斯情结与《博士论文》。《莱茵报》时期马克思的普罗米修斯情结。普罗米修斯情结与《〈黑格尔法哲学批判〉导言》。普罗米修斯情结贯穿马克思的一生。

马克思是热烈的人道主义者。马克思的人道主义思想的表现。马克思的人道主义思想与资产阶级人道主义思想的根本区别：抽象的人和具体的人；用人道主义解释历史和用历史解释人道主义。马克思恩格斯对抽象人道主义的批判。马克思实现了对资产阶级人道主义的根本改造。

马克思对历史发展规律的揭示。社会主义由空想变为科学。马克思对辩证法的理解。科学社会主义是人道主义与科学理性的结合。这一结合的历史意义。

第三节　实践唯物主义

实践唯物主义是马克思对自己的哲学思想的整体定位。实践唯物主义的特点。实践唯物主义思想的由来：马克思对黑格尔精神辩证法的继承；马克思用费尔巴哈肉体的自然的人取代了黑格尔的自我意识。马克思的辩证唯物主义思想。马克思论述辩证唯物主义思想较少的原因。

实践唯物主义的丰富内涵：辩证法思想；唯物论思想；历史观；人类学思想；人道主义思想。

关于实践唯物主义在马克思主义哲学中的地位问题上的不同观点。马克思对费尔巴哈的继承和超越。马克思对费尔巴哈的误解。《1844年经济学哲学手稿》是马克思主义哲学思想的诞生地。《1844年经济学哲学手稿》与《关于费尔巴哈的提纲》。《1844年经济学哲学手稿》在马克思主义哲学中的地位。

第四节　唯物史观

马克思对唯物史观的经典表述。唯物史观的基本内容。唯物史观的“唯物”之处在劳动实践活动之中。利益在唯物史观中的意义。马克思的“自由王国”思想与唯物史观的历史相对性。

实践唯物主义是马克思的“大唯物史观”思想。实践唯物主义对人类社会的唯物主义解释。实践唯物主义对自然界的唯物主义解释。实践唯物主义对人的唯物主义解释。马克思的“大唯物史观”思想与黑格尔。

第五节　阶级斗争

唯物史观对阶级斗争的历史定位。阶级斗争与唯物史观。阶级斗争和无产阶级的历史使命。马克思阶级斗争理论中的普罗米修斯情结。普罗米修斯情结与科学理性的可能冲突。

第六节　其他重要哲学思想

作为方法论的辩证法。由抽象到具体。逻辑与历史的统一。向后看与向前看。

关于世界历史的思想。资本主义的扩张与世界经济生活的一体化。世界历史的开始。

二、重点和难点

本章是全书的重点之一。其中最重要的内容，是实践唯物主义。学习这一章时需要着重把握的是：1. 马克思是怎样实现人道主义与科学理性的结合的，即实践唯物主义的产生；2. 实践唯物主义的主要内容，即实践唯物主义体现了马克思主义哲学的辩证法、唯物论、历史观、人类学和人道主义思想。3. 实践唯物主义是马克思的“大唯物史观”，包含了对人类社会、自然界和人本身的唯物主义解释。

如何理解和评价实践唯物主义，以及与此相关的如何理解和评价《1844年经济学哲学手稿》一书，是我国学术界存在重大分歧且众说纷纭的问题，也是本章教学中的难点所在。本书在这些问题上提出了自己的看法，远不是学术界的定论。教师应依据自己对这些问题的理解，参照本教材，以开放的态度组织教学。这样做对于培养学生的独立思考与理论创新能力都很重要。除全面介绍马克思的实践唯物主义思想外，教学中还应该参考前一章着重说明实现人道主义和科学理性的结合是历史发展提出的重大任务，这样才能深刻揭示马克思思想转变的内在机制与实质。实践唯物主义和辩证唯物主义的关系是教学中可能遇到的另外一个重要问题，本书将在下面一章对它展开详细讨论。

三、思考题

1. 马克思哲学思想的发展经历了哪些历史阶段?

2. 马克思是怎样实现人道主义与科学理性的结合的?

3. 实践唯物主义思想的理论来源及其基本内容。

4. 什么是马克思的“大唯物史观”思想?

5. 马克思的哲学思想的丰富内涵。

第三章　弗里德里希·恩格斯

——马克思主义哲学的丰富发展和系统化尝试

一、内容要点

恩格斯参与了马克思主义哲学的创建，但他的主要贡献是19世纪70年代后对马克思主义哲学的丰富发展和系统化尝试。本章的基本内容是阐述恩格斯的这一贡献。

第一节　弗里德里希·恩格斯

恩格斯的简要生平。恩格斯对马克思主义哲学的贡献。恩格斯的主要哲学著作。

第二节　马克思主义哲学世界观的发展和系统阐述

恩格斯自然辩证法研究工作的意义。恩格斯关于自然辩证法的主要思想。

恩格斯对马克思主义哲学世界观的系统阐述：马克思主义哲学世界观的主要内容；恩格斯所理解的马克思主义哲学体系；《反杜林论》的写作及其基本内容。

第三节　恩格斯晚年的哲学思考

恩格斯对唯物史观的丰富与发展：恩格斯对史前社会的研究；《家庭、私有制和国家的起源》；上层建筑在社会发展中的重要作用；意识形态领域的相对独立性；关于历史发展和理论历史发展中的偶然性与必然性。

恩格斯对马克思主义哲学形成历史的概括：《路德维希·费尔巴哈和德国古典哲学的终结》。恩格斯所说的马克思主义哲学的形成即唯物辩证世界观的形成。

第四节　恩格斯与马克思

恩格斯和马克思是两位各具特色的哲学家：他们对费尔巴哈和旧唯物主义的评价不同；对辩证法的理解不同；基本哲学思想不同——实践唯物主义和辩证唯物主义，从人出发和从物质出发，强调人的创造性和强调物质世界的客观性、必然性。

马克思恩格斯哲学思想的一致：马克思的自然辩证法思想；马克思与《反杜林论》；恩格斯的实践唯物主义思想。实践唯物主义和辩证唯物主义是马克思恩格斯共同的思想。马克思和恩格斯哲学思想侧重点的不同。马克思恩格斯哲学思想的互补性。

二、重点和难点

本章的重点主要有两处，第一是恩格斯对马克思主义哲学的系统化，尤其是他对辩证唯物主义和唯物辩证世界观的阐述；第二是马克思的哲学思想与恩格斯的哲学思想的相互关系。前者对马克思恩格斯之后马克思主义哲学的发展产生了重大影响，后者是一个迄今为止国内外马克思主义哲学研究者热烈争论的问题。

正确理解马克思的哲学思想与恩格斯的哲学思想的关系，是本章的难点。这也是整个马克思主义哲学研究中的难点问题。问题的存在显而易见，但国内学术界对它的主动研究还很不够。这个问题不能回避，讲授中应给予高度重视。

三、思考题

1. 恩格斯的自然辩证法研究在马克思主义哲学中的意义何在？

2. 恩格斯系统阐述的唯物辩证世界观基本内容是什么？

3. 应该怎样理解马克思的哲学思想和恩格斯的哲学思想的相互关系？

第四章　马克思主义哲学在东方国家的发展（一）

——俄国马克思主义者的哲学选择及苏联哲学的形成

一、内容要点

从这一章起开始讨论马克思主义哲学在马克思恩格斯之后的发展。本章讨论马克思主义哲学在俄罗斯的传播、发展以及苏联哲学的形成。这一发展是马克思恩格斯的哲学思想与俄罗斯的国情以及俄国无产阶级革命实践的结合，是俄罗斯马克思主义者从自己的实际需要出发对马克思恩格斯哲学思想的选择。

第一节　19世纪的俄罗斯：社会主义与哲学斗争

东方与西方。俄罗斯的东方色彩。俄罗斯西方化的艰难历程。19世纪下半叶俄罗斯的基本国情。19世纪俄罗斯的社会主义运动。马克思主义在俄罗斯的传播。

马克思的“越过卡夫丁峡谷”理论与民粹派。马克思主义者与民粹派两种历史观的对立。批判民粹派的唯心史观。科学社会主义运动的科学性。在落后的俄罗斯进行社会主义革命尤其需要唯物史观。斗争实践的需要决定了俄国马克思主义者在马克思恩格斯哲学思想中选择的是唯物史观和辩证唯物主义，而不是马克思的人道主义思想和实践唯物主义。俄国马克思主义者的哲学选择对东方国家具有普遍意义。

第二节　普列汉诺夫

普列汉诺夫的生平。他的主要哲学著作。普列汉诺夫的政治立场，他对十月革命的激烈批评。普列汉诺夫坚持唯物论和辩证法。普列汉诺夫哲学思想的特点：强调人的主体性和实践活动的意义。普列汉诺夫的实践唯物主义思想。普列汉诺夫用生产实践对唯物史观的解释。普列汉诺夫的“地理环境决定论”。普列汉诺夫的“象形文字论”。普列汉诺夫认为社会心理是社会结构的重要因素。普列汉诺夫对马克思恩格斯哲学思想的选择及其形而上学色彩。

第三节　列宁

列宁的生平。列宁与民粹派以及孟什维克的斗争。列宁主义的实质。列宁主义的特点。列宁的“灌输论”。强调历史发展的规律性与强调革命者的主观能动性在列宁身上的统一。

列宁的主要哲学著作。列宁哲学思想的三个特点。列宁的唯物论思想。列宁的物质定义，列宁的“感官提出说”及其理论贡献。列宁的认识论思想。对列宁反映论思想的正确理解。列宁的辩证法思想。哲学的党性问题。战斗的唯物主义。

第四节　苏联哲学的形成

苏联哲学及其特点。哲学领域的三次斗争：哲学领域的无产阶级专政；机械论派与辩证法派的论战；批判德波林。辩证唯物主义历史唯物主义体系的建立：对这一体系的客观需要；米丁的工作；斯大林的“四章二节”及其影响。俄国的国情及其对马克思主义哲学在俄国的发展的影响：社会落后的影响；激烈的阶级斗争的影响；专制传统的影响；传统文化的影响。苏联哲学是马克思恩格斯的哲学思想与俄国实际的结合。

二、重点和难点

苏联哲学对马克思主义哲学在东方国家的发展影响十分巨大，因此需要重点掌握的内容较多。主要有：

1. 普列汉诺夫的哲学思想。

2. 列宁主义。

3. 列宁的哲学思想。

4. 苏联哲学的形成，其中包括哲学领域的三次斗争，米丁所做的工作；斯大林的《联共（布）党史简明教程》第四章第二节及其影响。

5. 俄国的国情对俄国马克思主义哲学的影响。

除此而外，马克思主义哲学在俄国的传播与发展，从普列汉诺夫到斯大林和苏联哲学的形成，集中体现了马克思恩格斯的哲学思想是如何与俄国这一东方国家的国情以及革命实践需要相结合的，因此非常重要的一点是，在学习这一章时应该着重理解俄国的马克思主义者如何从实际需要出发选择马克思恩格斯的哲学思想，这一选择对马克思主义哲学发展的影响，以及苏联哲学的特点。

本章的难点有两个。其一是列宁的物质定义及其“感官提示说”；其二是马克思恩格斯的哲学思想与俄国实际的结合、俄国马克思主义者的哲学选择以及这一选择对马克思主义哲学发展产生的影响。

三、思考题

1. 怎样认识和评价普列汉诺夫的哲学思想？

2. 列宁主义的实质是什么？

3. 怎样深入理解列宁的物质定义和反映论思想？

4. 苏联哲学是怎样形成的？

5. 马克思恩格斯的哲学思想与俄国实际的结合是如何实现的？

第五章　马克思主义哲学在东方国家的发展（二）

——马克思主义哲学在中国的传播及毛泽东的哲学思想

一、内容要点

中国是最典型的东方国家，中国马克思主义哲学的形成发展是马克思主义哲学在东方国家发展的集中体现。由于特殊的国情，这一发展主要表现在毛泽东的哲学思想的形成与发展上。

第一节　马克思主义哲学在中国的传播

中国是典型的东方国家。五四新文化运动。李大钊，陈独秀。他们对马克思主义哲学的宣传。马克思主义与其他西方理论思潮的冲突：三次思想论战。中国共产党成立后对马克思主义哲学的深入宣传。

第二节　毛泽东的哲学思想的形成

毛泽东的生平。毛泽东走向马克思主义的思想历程。《实践论》。《矛盾论》。毛泽东哲学思想的两条基本线索：唯物主义；唯意志论。毛泽东对阶级斗争的推崇。

第三节　新中国成立以后到"文化大革命"前毛泽东的哲学思想的发展

马克思主义哲学在中国的普及。1949年以后中国马克思主义者实践任务的变化。唯物主义主线在毛泽东哲学思想中的发展。《人的正确思想是从哪里来的?》。

唯意志论倾向在毛泽东哲学思想中的发展：实践中的急性病——所有制改造，"大跃进"，人民公社运动。"千万不要忘记阶级斗争"。

第四节　"文化大革命"时期毛泽东的哲学思想

斗争哲学。"五·七"道路与毛泽东的空想社会主义。毛泽东晚年空想社会主义与他的早年空想社会主义思想的发展。马克思主义哲学在中苏两国发展的相似。

二、重点与难点

本章的重点是：

1. 深入理解马克思恩格斯的哲学思想是怎样与中国这一典型东方国家的实际相结合的。

2. 毛泽东哲学思想的形成及其两条基本线索。

3. 新中国成立以后唯意志论倾向在毛泽东哲学思想中的发展。

在本章的学习中，对上述三个重点问题的把握都有一定的困难。特别是在理解和把握马克思恩格斯的哲学思想与中国实际的结合以及毛泽东哲学思想中的两条基本线索上，困难较大。尤其是后者。当前学术界在对毛泽东哲学思想的评价问题上存在分歧，简单肯定和简单否定都有片面性。把握好分寸，不大容易。

三、思考题

1. 马克思主义哲学是在什么样的背景下传入中国的？经历了哪些思想斗争？

2. 什么是毛泽东哲学思想中的两条基本线索？它们有哪些表现？

3. 如何理解毛泽东的空想社会主义思想？

第六章　马克思主义哲学在西方国家的发展
——西方马克思主义

一、内容要点

西方资本主义国家不同于东方国家的具体国情，使得这些国家的马克思主义者对马克思恩格斯的哲学思想作出了与东方国家的马克思主义者不同的选择，产生了西方马克思主义。本章是对西方马克思主义选择和发展马克思主义哲学思想历程的考察。

第一节　马克思主义在西方国家遇到的新问题

马克思恩格斯对西方国家19世纪下半叶社会发展新趋势的论述。科学社会主义运动在西方国家遇到的新问题：无产阶级革命热情的减退。科学社会主义运动的分化。修正主义。机会主义。欧洲国家无产阶级革命的失败以及这些国家马克思主义者的新探索。科学社会主义运动的分化对马克思主义哲学的影响。

第二节　西方马克思主义概况

产生西方马克思主义的社会文化背景。西方马克思主义者对欧洲无产阶级革命失败原因的思考。西方国家无产阶级革命热情的进一步减退与西方马克思主义者注意力的转向。西方文化及其在西方马克思主义形成中的影响。

西方马克思主义的基本特点与演化历程：西方马克思主义概念。西方马克思主义的基本特点。它的演化阶段。西方马克思主义对马克思恩格斯哲学思想的选择及其主要代表人物。

第三节　卢卡奇、柯尔施、葛兰西

卢卡奇：生平与主要著作；总体性与主客体辩证法；卢卡奇哲学思想中最有价值的内容——对物化和物化意识的分析；卢卡奇在马克思主义哲学史中的历史地位。

柯尔施：生平与主要著作；马克思主义是哲学；对列宁和苏联哲学的批评。

葛兰西：生平与主要著作；实践哲学；文化领导权理论。

第四节　法兰克福学派

法兰克福学派的概况：产生与发展；主要代表人物；他们的共同思想倾向；法兰克福学派与卢卡奇、柯尔施、葛兰西的关系。

霍克海默的生平与主要著作。批判理论。启蒙精神批判。支配理论。

马尔库塞的生平与主要著作。马尔库塞理论工作的中心及其社会影响。单向度的人。马尔库塞理解的社会革命。

哈贝马斯的生平与主要著作。哈贝马斯与法兰克福学派的前辈理论家。科学技术的作用问题。重建历史唯物主义。哈贝马斯的交往理论对马克思主义的贡献。对哈贝马斯重建历史唯物主义工作的评价。

对西方马克思主义的总体认识。

二、重点与难点

西方马克思主义是马克思主义哲学在与东方国家不同的西方发达国家发展的产物，它针对实际情况提出了许多值得我们认真对待的思想，整个这一章都比较重要。其中的重点是：

1. 马克思主义在西方国家遇到的新问题。
2. 卢卡奇的物化理论。
3. 霍克海默的支配理论和他对启蒙精神的批判。
4. 马尔库塞有关“单向度的人”的思想。
5. 哈贝马斯的重建历史唯物主义的思想。

这一章涉及的新思想较多，而且大多数我们不太熟悉，学习起来难度较大。其中的难点是：

1. 对西方马克思主义的总体认识。
2. 卢卡奇的物化理论。
3. “单向度的人”。

4. 哈贝马斯所重建的历史唯物主义。

其中第一点主要涉及目前国内学术界的观点分歧，不好把握；第二点需要从西方国家社会发展的新情况出发细心体会并与马克思的异化理论加以比较；第三点和第四点除理论本身比较费解以外，目前国内相关著作中文译本的质量较差也为我们增添了一定的难度。

三、思考题

1. 19世纪下半叶以来西方发达国家的实际情况发生了哪些新的变化？

2. 如何理解卢卡奇的物化理论？

3. 霍克海默启蒙精神批判的产生背景及其理论意义是什么？

4. 什么是人的单向度化？它是如何产生的？

5. 如何理解和评价哈贝马斯的历史唯物主义重建？

6. 如何从总体上评价西方马克思主义？

第七章　苏联东欧马克思主义哲学的人道化及苏联哲学的终结

一、内容要点

本章讨论斯大林去世以后人道主义思潮在苏联东欧的兴起和发展以及苏联哲学怎样在人道主义思潮的冲击下走向终结。

第一节　苏联和东欧国家的非斯大林化运动

非斯大林化运动是苏联东欧马克思主义哲学演变的总体性社会背景。它的主要表现。苏共20大后苏联东欧对人道主义的呼唤。

第二节　南斯拉夫“实践派”

南斯拉夫“实践派”的兴衰。南斯拉夫“实践派”的主要特点：人道主义，社会批判。马尔科维奇对南斯拉夫“实践派”哲学观点的概括。西方马克思主义对南斯拉夫“实践派”的影响。南斯拉夫“实践派”在马克思主义哲学史上的地位。

第三节　苏联哲学的人道化

斯大林去世后苏联哲学领域的非斯大林化运动。对斯大林哲学思想的批判。苏联哲学在社会地位、学术气氛和发展方向上的变化。

本体论派。认识论派。认识论派与人道主义。

人和人道主义问题在苏联哲学中的兴起。马克思主义哲学基本原理的人道化。自然辩证法研究的人道主义转向。全球性问题研究。苏联哲学人道化的原因。

第四节　苏联哲学的终结

“哲学与生活”讨论会：讨论的缘起；苏联哲学批判。关于“哲学是不是科学”的讨论：讨论的经过；哲学为什么不是科学；对这一问题的其他观点；讨论的深刻影响。讨论对马克思主义哲学的冲击。

苏联哲学终结的“两步走”。苏联哲学的历史评价：它的正面和负面。

二、重点和难点

本章的目的是通过讨论苏联东欧马克思主义哲学的人道化以及苏联哲学的终结，说明马克思主义哲学在东方国家是怎样演化并遭受重大挫折的。重点是苏联哲学的人道化和苏联哲学的终结。因为苏联哲学曾经在很长一段时间里被许多人视为马克思主义哲学的同义语，影响巨大，所以对苏联哲学的评价问题应该给予特别的注意。

对苏联哲学的评价也是本章的难点所在。这一问题涉及面很广，不好把握，目前国内学术界众说纷纭，甚至观点严重对立。要正确理解这个问题，本书认为把它放在思想史和社会发展史的大背景中加以考察，是关键所在。

三、思考题

1. 南斯拉夫“实践派”的兴衰、主要观点及历史地位问题。

2. 苏联哲学的人道化有哪些表现，其原因是什么？

3. 苏联哲学是如何终结的，应该怎样认识苏联哲学的历史意义？

第八章　改革开放以来马克思主义哲学在中国的发展

一、内容要点

第一节　社会转折与哲学新走向

由计划经济向市场经济的转向是中国社会发展中的一次重要转折。关于真理标准的讨论与党的十一届三中全会。“三个有利于”标准。“三个代表”重要思想。

中国马克思主义哲学发展条件和社会环境的变化。新阶段中国马克思主义哲学发展的特点。

第二节　关于人道主义和异化问题的讨论

讨论的经过。周扬在马克思逝世100周年纪念大会上的发言。王若水的文章《人是马克思主义的出发点》。文章引来的各种意见。胡乔木的文章《关于人道主义和异化问题》：对作为世界观、历史观的人道主义和作为伦理原则与道德规范的人道主义的区分；对“人是马克思主义的出发点”的批判；胡乔木关于异化问题的观点；文章的影响。

第三节　关于实践唯物主义的讨论

对理论创新的鼓励和人道主义思想的影响。关于实践唯物主义的讨论的概况。对实践唯物主义的理解与阐述。讨论的焦点。一种对实践唯物主义的系统解读。这一解读引发的争论。

“对唯物主义和唯心主义对立的超越”。

马克思主义哲学的体系问题。各种教材的涌现。对原有马克思主义哲学体系的冲击。关于马克思主义哲学体系的各种设想。

第四节　新世纪的中国马克思主义哲学

新世纪中国马克思主义哲学的研究领域。“回到马克思”及其原因。马克思学。“政治哲学转向”，它的原因与意义。马克思主义哲学迫切需要理论创新。苏联哲学与西方马克思主义的“综合”。

二、重点和难点

本章的重点是：

1. 新世纪中国马克思主义哲学研究内外环境的变化。它的历史重任。

2. 新世纪中国马克思主义哲学研究领域的扩展。

3. 马克思主义哲学遇到的挑战。

4. 理论创新的重要性。

其中最重要的是第3、4两点。

本章的主要难点在于，所讲内容是最近十几年的情况，要对其特点、存在问题、解决问题的关键之处以及中国马克思主义哲学未来走向作出比较准确的把握，不大容易。在讲中国马克思主义哲学当前遇到的挑战时，一方面要把问题讲透，引起学生高度重视，激发其理论创新的热情；另一方面要注意不能否定现有的马克思主义哲学体系，从中得出虚无主义、悲观主义的结论。现有体系并没有错，但是时代发生改变，现实生活提出新的要求，它必须有所创新，有所前进。马克思主义哲学的发展空间和未来前景是有待学术界认真研究的问题，尚无定论。本书是一部关于马克思主义哲学发展史的教材，无法对此做展开讨论。学生有可能提出相关问题，这将为讲课教师造成一定困难。

三、思考题

1. 新世纪中国马克思主义哲学研究有什么重要意义？
2. 中国马克思主义哲学当前遇到怎样的挑战？
3. 如何理解理论创新在当今中国马克思主义哲学发展中的意义？

阅读书目

一、马克思主义哲学发展史及相关历史著作

丁守和，殷叙彝．从五四启蒙运动到马克思主义的传播．北京：三联书店，1979

[英] 洛伦・R・格雷厄姆．俄罗斯和苏联科学简史．上海：复旦大学出版社，2000

衣俊卿等．20世纪新马克思主义．北京：中央编译出版社，2001

[美] 马丁・杰．法兰克福学派史．广州：广东人民出版社，1996

[英] 戴维・麦克莱伦．马克思以后的马克思主义．北京：中国社会科学出版社，1986

[英] 戴维・麦克莱伦．马克思传．北京：中国人民大学出版社，2008

[美] 罗斯・特里尔．毛泽东传．北京：中国人民大学出版社，2013

余源培，虞伟人．马克思主义哲学的理论与历史．上海：复旦大学出版社，1990

杨春贵主编．马克思主义哲学发展史教程．北京：中共中央党校出版社，1995

马泽民．马克思主义哲学前史．重庆：重庆出版社，1994

黄楠森主编．马克思主义哲学史．北京：高等教育出版社，1998

黄楠森，施德福，宋一秀主编．马克思主义哲学史．上、中、下册，北京：北京大学出版社，1987

黄楠森，庄福龄，林利主编．马克思主义哲学史（八卷本）．北京：

北京出版社，1991

中山大学哲学系主编．马克思主义哲学史稿．北京：人民出版社，1981

［德］马·克莱恩、埃·朗格、弗·李希特．马克思主义哲学史（从马克思主义哲学的产生到巴黎公社之前）．北京：中国人民大学出版社，1983

徐素华．马克思主义哲学在中国：传播、应用、形态、前景．北京：北京出版社，2002

贾泽林．南斯拉夫当代哲学．北京：中国社会科学出版社，1982

［南］马尔科维奇．南斯拉夫"实践派"的历史和理论．重庆：重庆出版社，1994

［俄］И.С.纳尔斯基等．十九世纪的马克思主义哲学．北京：中国社会科学出版社，1984

贾泽林等．苏联当代哲学．北京：人民出版社，1986

陆南泉等．苏联兴亡史论．北京：人民出版社，2002

安启念．苏联哲学70年．重庆：重庆人民出版社，1988

［俄］B.E.叶夫格拉弗夫．苏联哲学史．北京：商务印书馆，1998

孙伯鍨．探索者道路的探索．南京：南京大学出版社，2002

熊子云、张向东．唯物史观形成史．重庆：重庆出版社，1988

［加］本·阿格尔．西方马克思主义概论．北京：中国人民大学出版社，1991

陈学明．西方马克思主义教程．北京：高等教育出版社，2001

艾众，李唤编．新中国成立以来哲学问题讨论综述．长春：吉林人民出版社，1983

庄福龄主编．中国马克思主义哲学传播史．北京：中国人民大学出版社，1988

杨春贵主编．中国哲学四十年．北京：中共中央党校出版社，1989

邢贲思主编．中国哲学五十年．沈阳：辽海出版社，1999

何萍．马克思主义哲学史教程．北京：人民出版社，2009

俞吾金．从康德到马克思．桂林：广西师范大学出版社，2004

卜祥纪．青年黑格尔派与马克思的哲学革命．北京：商务印书馆，2007

孔明安等．当代国外马克思主义新思潮研究——从西方马克思主义的后马克思主义．北京：中央编译出版社，2012

二、工具书、资料汇编

［德］阿·科辛编．马克思列宁主义哲学辞典．北京：东方出版社，1991

李淮春主编．马克思主义哲学全书．北京：中国人民大学出版社，1996

冯契主编．哲学大辞典·马克思主义哲学卷．上海：上海辞书出版社，1986

张念丰，郭燕顺．德波林学派资料选编．长春：吉林人民出版社，1982年。

上海社会科学院哲学研究所外国哲学研究室．法兰克福学派论著选辑．北京：商务印书馆，1998

黄楠森，庄福龄主编．马克思主义哲学史教学资料选编．上、中、下册，北京：北京大学出版社，1984

三、研究著作

［美］诺曼·莱文．辩证法内部对话．昆明：云南人民出版社，1997

《哲学动态》编辑部. 不竭的时代精神. 北京：社会科学文献出版社，2001

[英] 佩里·安德森. 当代西方马克思主义. 北京：东方出版社，1989

安启念. 俄罗斯文化与列宁主义问题. 北京：中国人民大学出版社，1994

余其铨. 恩格斯哲学思想新探. 北京：北京大学出版社，1992

徐琳. 恩格斯哲学思想研究. 北京：北京出版社，1985

衣俊卿等. 20世纪的文化批判. 北京：中央编译出版社，2003

衣俊卿等. 20世纪的新马克思主义. 北京：中央编译出版社，2001

张一兵. 回到马克思. 南京：江苏人民出版社，1999

巴加图利亚. 马克思的第一个伟大发现. 北京：中国人民大学出版社，1981

袁贵仁. 马克思的人学思想. 北京：北京师范大学出版社，1996

[德] 科尔纽. 马克思的思想起源. 北京：中国人民大学出版社，1987

张奎良. 马克思的哲学历程. 上海：上海人民出版社，1992

王金福. 马克思的哲学在理解中的命运. 苏州：苏州大学出版社，2003

[德] 科尔纽. 马克思恩格斯传. 北京：三联书店，1963

沈真编. 马克思恩格斯早期哲学思想研究. 北京：中国社会科学出版社，1982

张一兵. 马克思历史辩证法的主体向度. 南京：南京大学出版社，2002

张传开. 马克思主义哲学范畴的历史发展. 南京：南京大学出版社，1995

高齐云. 马克思主义哲学原生形态研究. 广州：广东人民出版社，1998

[德] 弗·梅林. 马克思传. 北京：三联出版社，1965

李锐. 毛泽东的晚年悲剧. 海口：南方出版社，1999

[美] 弗里德里克·韦克曼. 毛泽东思想的哲学透视. 北京：中央文献出版社，1992

毛泽东研究述评. 北京：中央文献出版社，1992

[美] 莫里斯·迈斯纳. 毛泽东与马克思主义、乌托邦主义. 北京：中央文献出版社，1991

李锐. 毛泽东早年读书生活. 沈阳：辽宁人民出版社，1992

汪澍白. 毛泽东早年心路历程. (1893—1921)，北京：中央文献出版社，1993

毛泽东早期文稿. 长沙：湖南出版社，1990

毛泽东哲学批注集. 北京：中央文献出版社，1988

黄允升. 历史怎样选择毛泽东. 北京：中央文献出版社，2003

黄楠森等. 列宁哲学思想的产生和发展. 桂林：广西师大出版社，1987

张翼星. 列宁哲学思想的历史命运. 重庆：重庆出版社，1992

南斯拉夫哲学论文集. 北京：三联书店，1979

王荫庭. 普列汉诺夫哲学新论. 北京：北京出版社，1988

[英] 戴维·麦克莱伦. 青年黑格尔派与马克思. 北京：商务印书馆，1982

杨步鑫. 青年毛泽东与近代湖湘文化. 长沙：湖南师范大学出版社，1998

黄克剑. 人韵——一种对马克思的解读. 北京：东方出版社，1996

邹诗鹏. 实践—生存论. 南宁：广西人民出版社，2002

肖前等. 实践唯物主义研究. 北京：中国人民大学出版社，1996

李泽厚．试谈马克思主义在中国．见《中国现代思想史论》，合肥：安徽文艺出版社，1994

尹树广．晚年马克思历史观的变革．哈尔滨：黑龙江人民出版社，2000

顾骧．晚年周扬．北京：文汇出版社，2003

孙伯鍨等．西方“马克思学”．南京：江苏人民出版社，1992

[加] 本·阿格尔．西方马克思主义概论．北京：中国人民大学出版社，1991

徐崇温主编．西方马克思主义理论研究．海口：海南出版社，2000

[英] 佩里·安德森．西方马克思主义探讨．北京：人民出版社，1981

复旦大学哲学系．西方学者论1844年经济学哲学手稿．上海：复旦大学出版社，1983

中央编译局编译．《1844年经济学哲学手稿》研究．长沙：湖南人民出版社，1982

马建民．哲学，向马克思恩格斯实践人类学的回归．北京：中国社会出版社，1996

高清海．哲学与主体自我意识．长春：吉林大学出版社，1988

孙伯鍨，张一兵主编．走进马克思．南京：江苏人民出版社，2001

陈先达．走向历史的深处．上海：上海人民出版社，1987

何中华．重读马克思——一种哲学观的当代诠释．济南：山东人民出版社，2009

吴晓明，王德峰．马克思的哲学革命及其当代意义——存在论新境域的开启．北京：人民出版社，2005

第1版后记

书稿即将付印，作者愿借此机会对中国人民大学出版社领导、李艳辉编审，以及责任编辑符爱霞，表示真挚的感谢。没有他们的支持与辛勤劳动，本书是根本不可能出版的。中国人民大学哲学系聂耀东副教授、徐飞副教授曾通读全稿提出宝贵意见，并参与了部分章节的写作，在此对他们也一并表示感谢。

此时，除上述感谢之情外，心里还有几分期待。俗话说："敝帚自珍"。在我，并不尽然。本书由于涉及的问题众多而且复杂，疏漏错误之处在所难免，恳请方家指出。此外，本书集中了我多年从事马克思主义哲学发展史研究与教学的心得体会，写作态度固然严肃认真，观点也有一些新意，但因内容涉及许多重大理论问题，其中不少是学术界曾热烈争论迄今众说纷纭的热点问题，所以我更期待的是学术界同仁的批评。艺术作品以个性为生命，学术著作又何尝不是如此？如果学术著作没有个性，学术界就不会有百花齐放百家争鸣的局面。本书若能引起大家的讨论成为引玉之砖，将是值得为之高兴的事情，因为它毕竟还有些与前人不同之处，启发了大家的思考，促进了马克思主义哲学的发展。

安启念

2004年5月8日

于圆明园花园

第2版后记

这次再版对全书作了多处修改，不过其中绝大多数是对各种技术性错误的纠正，也有内容上的改动。重要的改动在第八章，这一章的第四节是重写的。

一切历史都是当代史，马哲史也不例外。历史事实和已经发表的著作或已经写成的文字，成为过去，失去生命，但对它们的理解，不同的人以及同一个人在不同的历史时期或不同的背景之下，会有所不同，不断变化。在对马克思主义哲学发展史的研究中，我们深切感受到的，正是这种情况。2003年召开的中共十六届三中全会，提出以人为本、构建社会主义和谐社会和科学发展观，是中国社会发展乃至人类历史发展中的一次重大转折。它是人类第一次在实践层面上对自己从文艺复兴以来一直遵循的发展道路所作的自觉的批评反思与补充纠正，体现了一种价值目标上的深刻变化，为我们这些从事理论研究的人提出了重新认识工业文明历史的任务，并且提供了重要的思考角度。本书第1版问世于十六届三中全会之后，但对十六届三中全会提出的新理念、新构想的理解和认识显得还不够充分，因为只是在最近几年，这些新理念、新构想才日益显示出它们的重要意义。就马克思主义哲学而言，这一意义主要有两点。第一，它提示我们，应该站在更高的、大尺度历史的高度对整个马克思主义哲学以及马克思主义和它的历史作出新的认识；第二，应该进一步解放思想，适应生活实践的这一历史性变化，努力创新和发展马克思主义哲学。上述第一点是一项宏大的长期的任务。本书与其基本精神吻合，但任务远未完成，修改后的第八章只是本着上述精神对改革开放以来我国马克思主义哲学发展作了简要概括。至于第二点，近年来我国马克思主义哲学发展的历史表明，多数马克思主义哲学研究者的工作事实上都是自觉不自觉地围绕马克思主义哲学的创新展开的。旧的理论并没有过时，但已经不能适应新的变化满足我们认识和改造世界的需要了。创新发展是马克思主义哲学的当务之急，是它的生命所系。我相信，要不了多少年，中国的马克思主义哲学必将以崭新的面目展现在我们面前，本书若有第 3 版，内容将有新的变化，而且比现在更加丰富。

安启念

2010 年 1 月 6 日

于圆明园花园

第3版后记

距离第2版问世，5年过去了。

本次修订集中在导论、第二章、第三章和第八章。导论的修改涉及对马克思主义哲学的理解，主要是对马克思的实践唯物主义思想的理解。观点没有重大改变，论述更为完整了。第二章第四节第二目是关于马克思"大唯物史观"的，这次重写了。重写后的内容凸显了"劳动实践活动改变环境，被改变的环境反过来改变人"这一劳动实践辩证法。这是人的发展的秘密所在。应该说，大唯物史观才是马克思的核心哲学思想，因为探索人类解放之路是马克思全部理论研究的宗旨。实践唯物主义的理论意义就在于它是大唯物史观的理论基础，或者说大唯物史观就是从人的发展的角度对实践唯物主义的解读。这一认识是本世纪我国马克思主义哲学研究的重要收获之一，以往在马克思主义哲学发展史上没有得到应有的重视。第二章第三节的修改增加了马克思关于物质概念的能动性的思想，颇具新意。第三章的修改突出了恩格斯哲学思想与马克思哲学思想的差别与互补。应该说在这个问题上还有很多话可讲。除了西方一些人刻意制造"马恩对立"之外，进入新世纪我国学者对马克思恩格斯的思想差异也予以更多关注，认识大为深入。全面认识马克思恩格斯哲学思想的关系，成为重要课题。最重要的修改在第八章。这一章的第四节"新世纪的中国马克思主义哲学"，出第2版时曾经重写，这次修订再次重写，内容与第2版有了明显不同。

"不识庐山真面目，只缘身在此山中。"对许多事情，只有隔开一定距离才能看得更清楚。新世纪的中国马克思主义哲学至今只走过15个年头，时间不够长，但是与修订出版第 2 版时相比，许多问题看得更清楚了，我们对新世纪中国马克思主义哲学面临的问题及其未来，有了更深入的认识。最主要的一点是，近年来马克思主义哲学的发展从各个方面显示出它正在遇到严重挑战。挑战和西方国家的意识形态渗透不无关系，但根本原因是中国社会发生了巨大变化。30 多年的改革开放深刻改变了中国社会和中国人，广大民众有了新的关切，现实生活产生了新的理论需要，马克思主义哲学只有通过理论创新、自我发展，才有可能对这些关切和需要提供满意的回答，获得新的生命力。过去的马克思主义哲学原理，即辩证唯物主义历史唯物主义，没有也不可能被现实生活证伪，但它是一种弘扬科学理性服务于中国这种落后国家发展科学技术、实现国家现代化需要的哲学，适应了中国理性启蒙的需要，但对于回答今天中国社会遇到的以人为本和实现国家治理体系、治理能力现代化提出的问题，例如人的精神需要和物质需要究竟是什么关系、怎样实现社会的公平正义、如何重建中国社会发展的价值目标，等等，力不从心。创新则生，不创新则死。重写后的内容突出了这些问题的重要性、紧迫性，以期引起读者的重视。当今中国马克思主义哲学没有比创新更重要的问题了。马克思主义哲学在其发展历史上处于重要关头。

其实上述道理在本书“第 2 版后记”中已经做了说明，然而 5 年来我国马克思主义哲学领域的实际状况使我们不得不再次就这个问题发出大声呼吁。第八章第四节就是本着这样的精神重写的，特点是突出了上述挑战。

从上个世纪 70 年代起，西方发达国家步入后现代阶段，正统的马克思主义哲学和西方马克思主义哲学明显式微。1991 年苏联解体，东欧社会主义阵营随后崩塌，这些地区的马克思主义哲学研究举步维艰。中国马克思主义哲学是今天创新、发展从而坚持马克思主义哲学的希望所在。

安启念

2015 年 4 月 9 日

于圆明园花园

图书在版编目（CIP）数据

新编马克思主义哲学发展史/安启念著．—3版．—北京：中国人民大学出版社，2015.7
新编21世纪哲学系列教材
ISBN 978-7-300-21740-6

Ⅰ.①新… Ⅱ.①安… Ⅲ.①马克思主义哲学-哲学史-高等学校-教材 Ⅳ.①B0-0

中国版本图书馆CIP数据核字（2015）第175175号

新编21世纪哲学系列教材
新编马克思主义哲学发展史（第3版）
安启念　著
Xinbian Makesizhuyizhexue Fazhanshi

出版发行	中国人民大学出版社		
社　　址	北京中关村大街31号	**邮政编码**	100080
电　　话	010－62511242（总编室）		010－62511770（质管部）
	010－82501766（邮购部）		010－62514148（门市部）
	010－62515195（发行公司）		010－62515275（盗版举报）
网　　址	http://www.crup.com.cn		
经　　销	新华书店		
印　　刷	北京昌联印刷有限公司	**版　　次**	2004年7月第1版
开　　本	787 mm×1092 mm　1/16		2015年8月第3版
印　　张	21.75	**印　　次**	2025年1月第4次印刷
字　　数	488 000	**定　　价**	42.00元